PENGUIN
History *of* Britain Vol.4

企鹅英国史卷四

空王冠

中世纪晚期的
不列颠

THE HOLLOW CROWN

A HISTORY OF BRITAIN IN THE LATE MIDDLE AGES

MIRI RUBIN
[英] 米里 · 鲁宾 ♦ 著　　王楠　张帆 ♦ 译　　薛瑶 ♦ 校译

上海社会科学院出版社
SHANGHAI ACADEMY OF SOCIAL SCIENCES PRESS

图书在版编目(CIP)数据

企鹅英国史. 卷四，空王冠 ：中世纪晚期的不列颠 /
（英）米里·鲁宾（Miri Rubin）著 ；王楠，张帆译 .—
上海 ：上海社会科学院出版社，2024
书名原文 ：The Hollow Crown ：A History of
Britain in the Late Middle Ages
ISBN 978-7-5520-4178-1

Ⅰ.①企… Ⅱ.①米… ②王… ③张… Ⅲ.①英国—
历史—1272-1485 Ⅳ.①K561.0

中国国家版本馆CIP数据核字（2023）第125788号

审图号：GS（2023）2819号

上海市版权局著作权合同登记号：09-2023-0328

空王冠：中世纪晚期的不列颠

The Hollow Crown: A History of Britain in the Late Middle Ages

著　　者：［英］米里·鲁宾（Miri Rubin）
译　　者：王　楠　张　帆
校　　译：薛　瑶
策 划 人：唐云松　熊文霞
责任编辑：范冰玥
封面设计：别境Lab
出版发行：上海社会科学院出版社
上海顺昌路622号　　邮编200025
电话总机021-63315947　销售热线021-53063735
https://cbs.sass.org.cn　　E-mail: sassp@sassp.cn
印　　刷：上海盛通时代印刷有限公司
开　　本：890毫米×1240毫米　1/32
印　　张：13.5
字　　数：325千
版　　次：2024年5月第1版　2024年5月第1次印刷

ISBN 978-7-5520-4178-1/K·694　　定价：78.00元

致谢

我买的第一本历史书是多萝西·斯滕顿（Dorothy Stenton）的《鹈鹕系列英国史》(*Pelican History of England*)。对 20 世纪 70 年代耶路撒冷的一个穷大学生来说，平装书也算一种奢侈的享受。除了买书的乐趣，在最老式的路德维格·迈耶（Ludwig Mayer）学术书店的书架上翻找书籍也别有一番意味。从那时起，在耶路撒冷，在我的生活里，在我们的购书习惯中，在历史的实践下，许多事情发生了又过去了。就像许多珍贵的书一样，《空王冠：中世纪晚期的不列颠》旨在与那些热爱历史、珍视历史，但没有把历史作为职业的人分享史学性的反思、发现和热情。它是我作为一名历史学家的 20 多年的人生结晶，但它并不只是为历史学家准备的。法国人有一个非常好的词来形容他们的目标受众——*le grand publique*——伟大的公众，即那些用部分闲暇时间来阅读和参观的人，他们最后会问：我们何至于此？我们是如何变成我们想成为的样子的？我们与前人有何不同？从历史所揭示的令人目眩的人类经验中，我们可以选择学习什么、抛弃什么？

虽然我说这本书的主要受众不是历史学家，甚至不是历史系的学生，但它绝对离不开历史领域成百上千人的智慧、勤奋和奉献，他们不仅包括史学理论家、人文历史学者，还包括学习中世纪文学的学生、考古学者等。在写作《空王冠：中世纪晚期的不列颠》的时候我开始意识到，如今在英国的大学之外还有很多历史学家：他们在研究和发表优秀的学术成果的同时，也在保存档案、在校执教、保护历史遗址、在博物馆策展；很多人在退休后的很长一段时间内，或在家庭里照顾孩子的同时，还在继续学习和写作。

在写作这本书的过程中，最主要的、也可能是唯一的遗憾是我不可能以脚注的形式一一列举获得的知识资源。我在剑桥大学图书馆的阅读和研究得到了科林·克拉克森、卢卡斯·埃尔金、迈克尔·富勒、尼尔·赫德森、安德鲁·肯尼迪和莫拉格·劳的无私帮助。

对于那些在书籍尚未出版之时慷慨给予我相关资料或为我解答释疑的人，我在此对他们表示诚挚的谢意，他们是：卡罗琳·巴伦，吉姆·波顿，克里斯·布里格斯，克里斯托弗·弗莱彻，伊恩·福里斯特，哈罗德·福克斯，芭芭拉·哈纳沃特，凯蒂·霍克斯，理查德·赫姆霍尔兹，布莱恩·帕特里克·麦奎尔，玛丽戈尔德·诺比，马克·阿姆罗德，丹娜·皮罗杨斯基，伊凡·博兰克，理查德·史密斯，克雷格·泰勒，安妮·德·温特和埃德温·德·温特。多年来，在剑桥大学图书馆或大英图书馆，在各种会面、研讨会和学术会议上，许多朋友帮助了我，他们知道我是多么感激，知道一起创造历史是多么有趣。

有些人的名字必须提及。我年轻的同事们，我亲眼看着他们从才华横溢、略显羞涩的研究生成长为自信、富有创造力的学者——安东尼·贝尔，克里斯·布里格斯，克里斯托弗·弗莱彻，伊恩·福里斯特，朱利安·勒克斯福德，鲁思·尼森，丹娜·皮罗杨斯基，马克斯·萨切尔，菲利普·斯科菲尔德，大卫·斯通，马里恩·特纳，安娜·怀特罗克——他们用令人兴奋的方式创造历史，这使我一直保持活力、与时俱进。我很高兴地感谢理查德·史密斯，他以聪颖的天资和才能主持了对英国农村社会的活跃研究；马克·贝利将对自然地理的细致理解与经济史的精华结合起来；保罗·宾斯基对英国中世纪各种艺术形式的了解无人能及，他热情大方、慷慨分享；约翰·沃茨与已故的、令人哀悼的西蒙·沃克一道，为中世纪晚期的政治研究带来了新的风潮和视角；马克·阿姆罗德，他总是提醒我们英国是欧洲的一部分，应在国家形成的漫长历史背景下进行研究；克里斯托弗·戴尔博闻多识，重点研究了中世纪英国人的衣食住行；理查德·布里耐尔探索了中世纪时期交换和城镇生活带来的创造力；保罗·斯特罗姆和大卫·华莱士，他们教我如何从历史角度解读文本；艾拉·卡兹尼尔森坦然将当代政治作为历史学家的工具；里斯·戴维斯，《历史故事》的杰出作者，一个支持我的朋友，我所有努力的光辉榜样。

在伦敦大学玛丽王后学院，我身边都是些在英国史上有所创新的杰出人士。2000 年，我从牛津搬到伦敦，结识了一群很棒的新同事和朋友。我和一些人一起主持欧洲历史研讨会——大卫·卡彭特（本系列书的作者之一，能力远超于我）、大卫·德阿弗雷、索菲·佩奇、布里吉特·雷斯尔和奈杰尔·索尔。我从他们及研讨会的其他积极参与者那儿学到了很多，在这本书里亦有所体现。

多亏琼·斯特德曼·琼斯，我才深入了解了赫里福德郡和马奇家族。她和克里斯托弗·沃尔班克都是历史爱好者，作为聪明的非专业读者为本书的改进做出了有意义的贡献。克里斯托弗·布鲁克、舒拉米斯·沙哈尔、乔恩·帕里和加雷斯·斯特德曼·琼斯把他们令人敬畏的历史学头脑贯注于我的草稿中，像真正的朋友一样认真地阅读这本书；他们精确地指出了需要改进的地方，也因此成为本书的合作伙伴。我的儿子约瑟夫·斯特德曼·琼斯，则可能是我在这本书的创作之旅中最好的伙伴。

我的家庭非常注重历史。我的伴侣是一位历史学家，他的儿子也研究历史。我们的儿子约瑟夫有一次在参观完诺福克郡（Norfolk）的阿克城堡（Castle Acre）后告诉我，他对城堡和修道院的喜爱几乎不相上下。当约瑟夫 6 岁的时候，他观看了迈克尔·博伊德（Michael Boyd）执导的 2001 年度皇家莎士比亚剧团历史剧，由此对莎士比亚产生了浓厚的兴趣。大多数母亲会认为这种热情是好事——我当然也这么认为——但它也将历史的厚重戏剧化了。当我们研究任何历史领域尤其是中世纪晚期的英国历史时，我们通常会考虑到历史故事和戏剧。我承认这个事实，让莎士比亚加入进来，他就不会经常纠缠我们；他的话穿插在每一章节之中，我希望这个在我家餐桌上占据了一席之地的鬼魂不要太贪心。

我感谢大卫·坎纳丁选择我担纲，也感谢我在企鹅出版社的编辑西蒙·温德尔。西蒙以天才的历史学家的敏锐眼光和同情心读完了这本书的每一个字。另外，珍妮特·泰瑞尔的编辑风格，艾莉森·亨尼西及伊丽莎白·梅里曼的精心调整，都让我由衷地感谢企鹅出版社的大力支持。

写这本书给了我一种回家的感觉——因为我住在英国，远离我出生的芝加哥和长大的地方耶路撒冷。

这本书是送给所有让英国有家的感觉的人的礼物。

地图

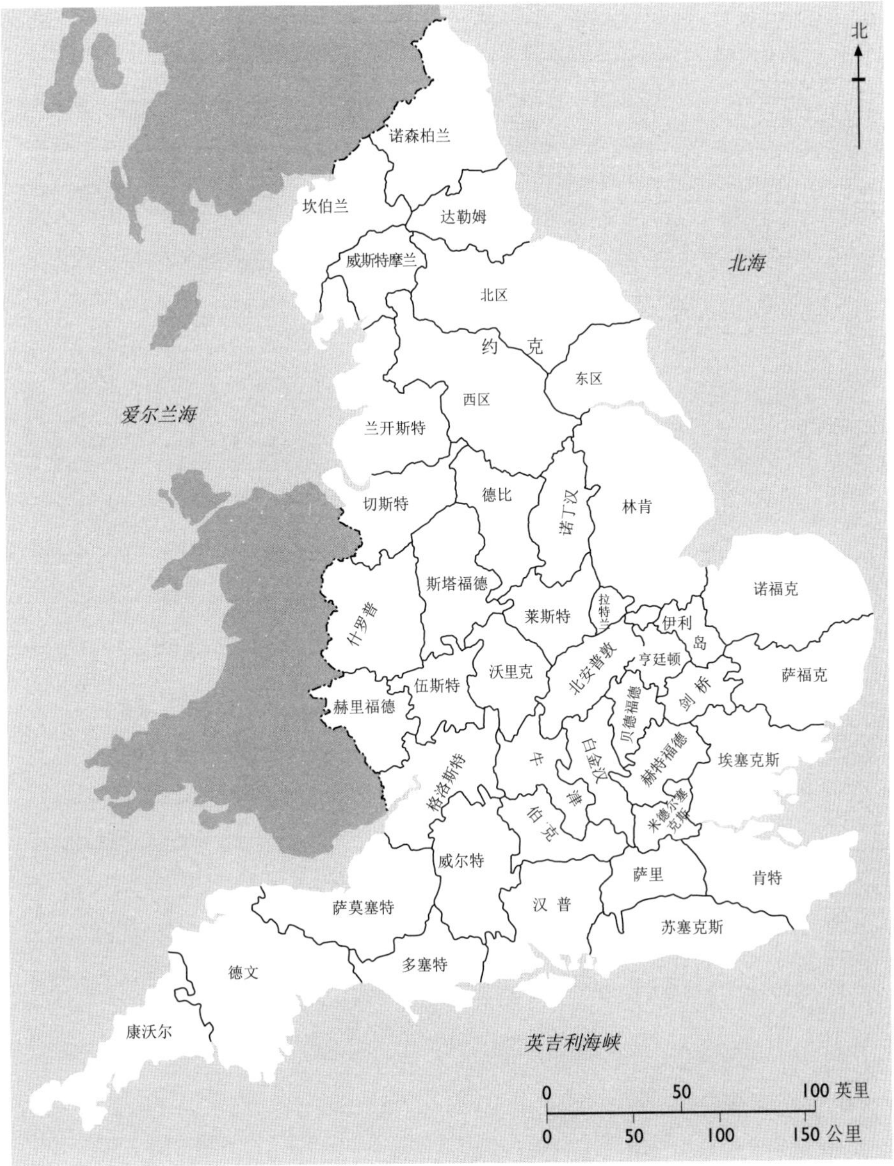

图1 英格兰各郡地图

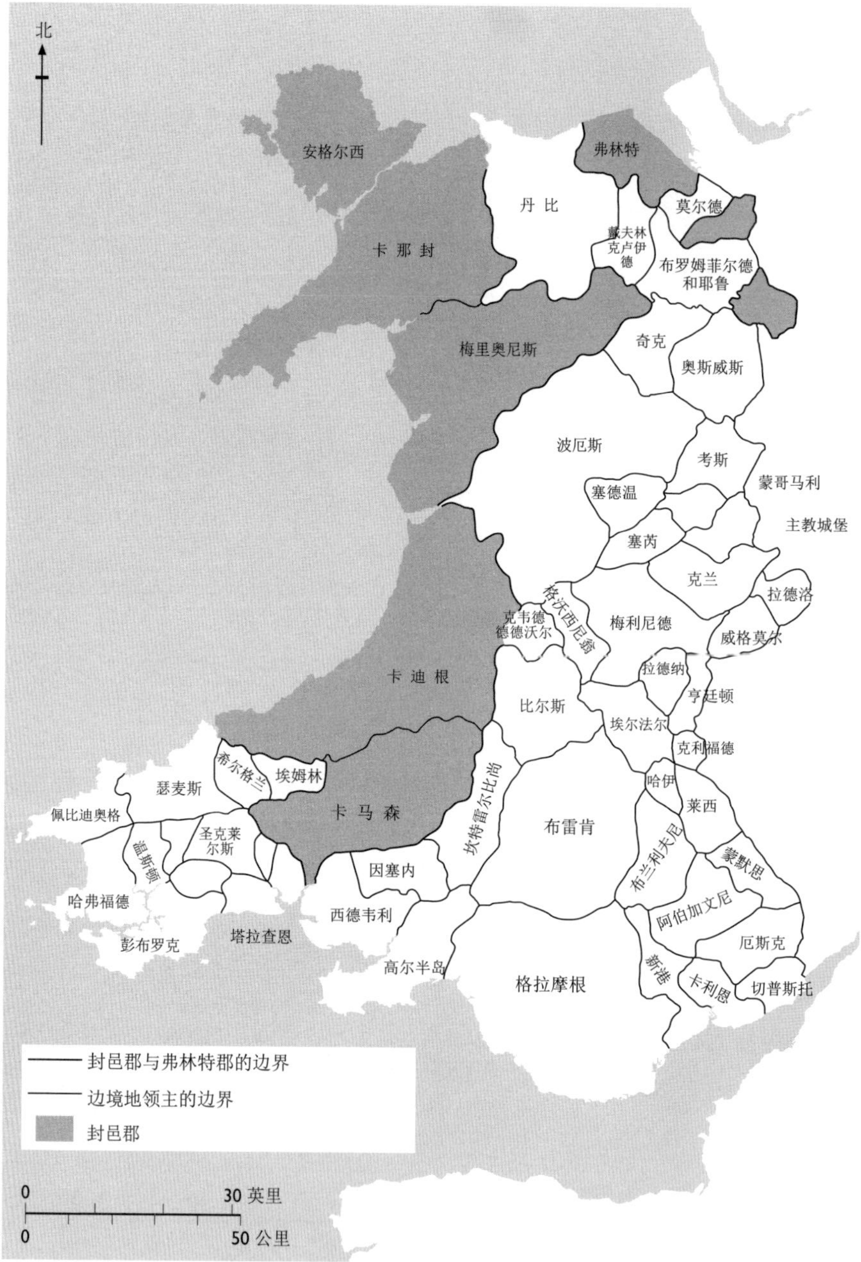

图2　威尔士行政单元地图

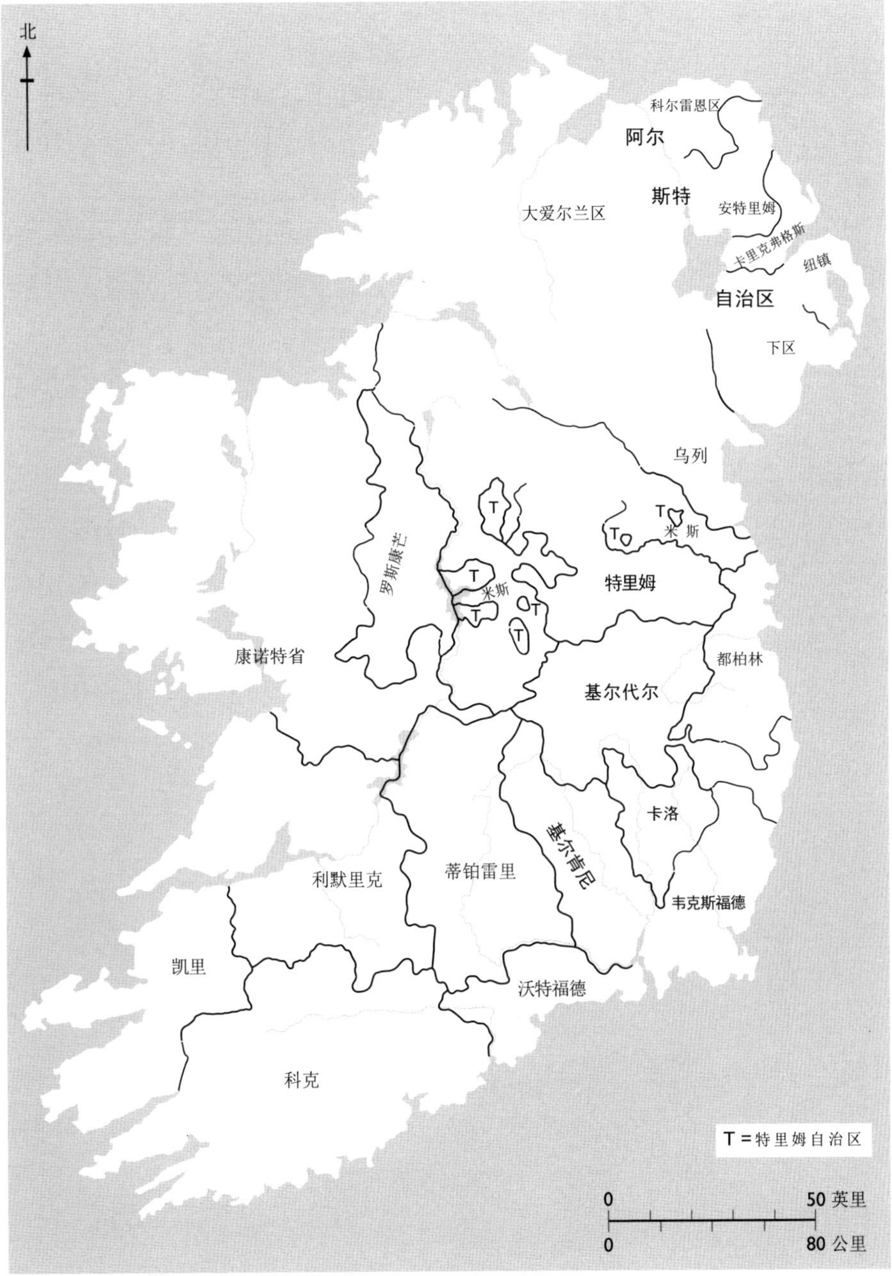

图3 爱尔兰行政单元地图

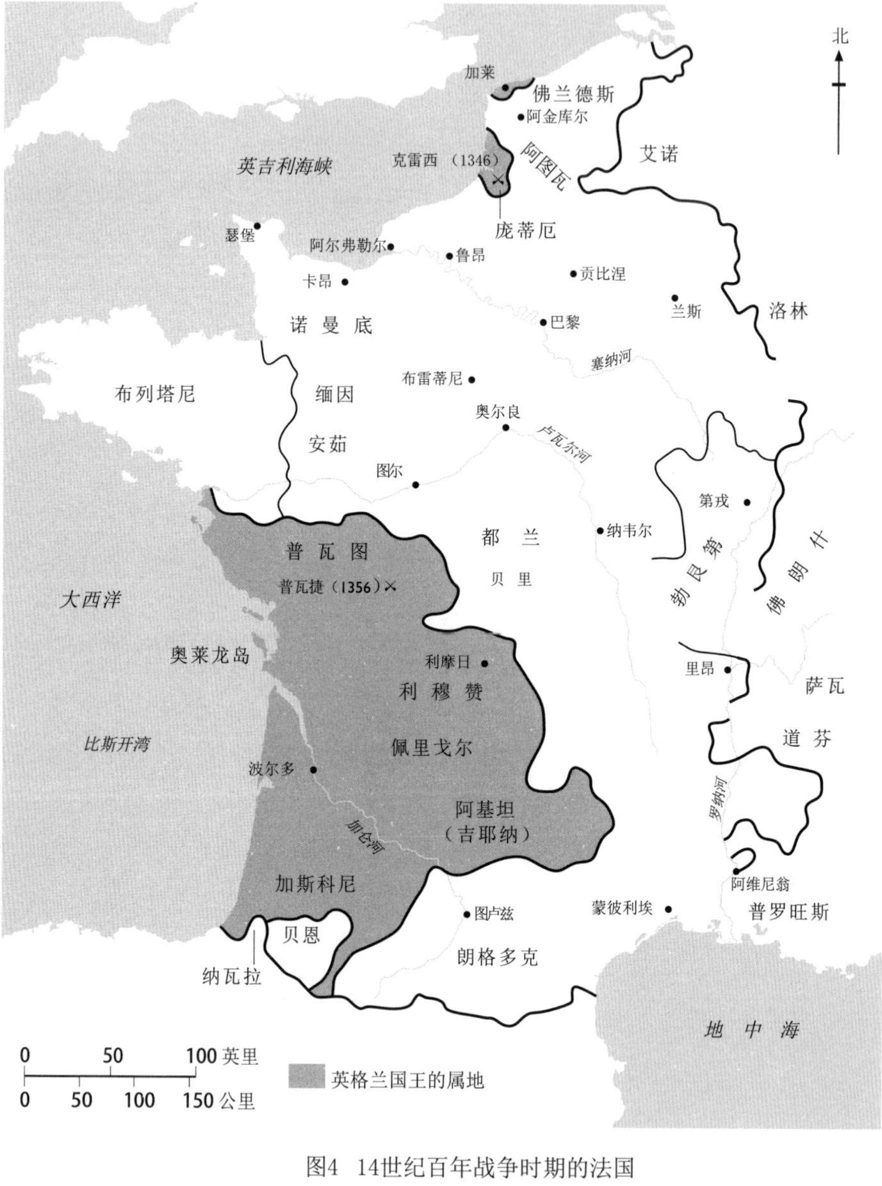

图4　14世纪百年战争时期的法国

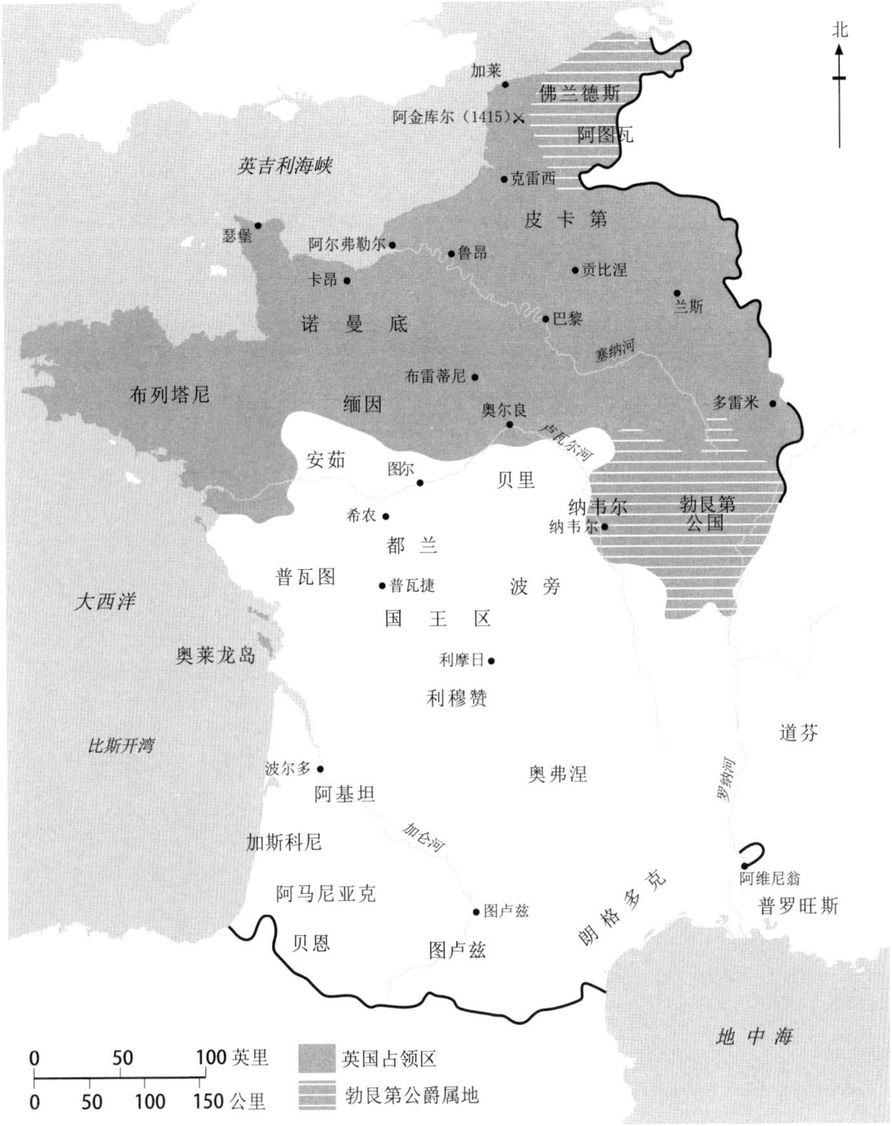

图5 15世纪百年战争时期的法国

目　录

序 言

公元 1300 年左右，有 500 万—600 万人生活在不列颠。这些生活在此的男女老少，正赶上人口大规模增长的末期，他们经历了近两个世纪的新土地开垦，见证了农耕生活和商业交换的发展繁荣。这种趋势影响了整个欧洲。1300 年前后的英格兰和威尔士岛上，大概有 1 500 个不同规模的集镇，其中 1/3 位于东盎格利亚。农民们在集镇上兜售自己的剩余农产品，工匠在此开办工坊，兼卖一些农民和小镇居民需要的商品。还有约 1 万—1.5 万个磨坊，它们逐水而建（在东北地区，也建在有风的地方），人们以其惯有的形状和配套的水塘来标记村庄。与人口增长相适应，欧洲农业生产率显著上升，1300 年之前的一个半世纪中，大庄园和地产所有者积极寻找更有效、更完备的管理方式，来提高玉米、大麦、小麦、羊毛等经济作物的生产率。羊毛是英格兰和威尔士的主要出口产品，1 000 万只羊每年能产出 4 万袋羊毛。它们被销往英格兰及海外，价格高昂，利润丰厚。

欧洲商品贸易体系有两个核心：一是地中海，一是北海和波罗的海。英格兰和威尔士、苏格兰和爱尔兰是这套完备体系的组成部分。不列颠出产羊毛，低地国家[①]再将羊毛织成布匹并染色：法国里尔（Lille）出产黄色染料，比利时伊普尔和布鲁日以红色染料闻名，偏南部的根特（Ghent）则擅长用菘蓝叶子制成蓝色染料。这有赖于由亨伯河[②]、泰晤士河[③]和塞汶河[④]构成的不列颠的重要交通系统，为通往乡下众多地域提供了可能。不列颠群岛有 89 个港口。1300 年间，若有旅人前往其中的任何一个，不管是去赫尔（Hull）、约克，还是普尔（Poole）、都柏林，都能见到海岸线上、海港或河港的专有建筑：货栈、码头、小旅馆、海关大厅，还能看到铺设板材和清除垃圾的设施，以及雇佣装卸工人的惯例安排。东南地区的五港同盟[⑤]甚至因能召集船只和运送国王及军队而获得了特殊许可。选择陆路交通的旅人能利用的就只有铁器时代以来的山脊路、部分罗马时代的铺砌路、盎格鲁－撒克逊（Anglo-Saxon）式的马车路，以及自诺曼征服以后领主们所维护的浅滩桥梁了。

在这一时期，英格兰的庄园逐渐转变成以市场为导向的产业。为了尽可能地从商品交换中获利，地主们用上了所有的惯例特权，其中最重要的就是对非自由农民的控制：控制他们的婚姻，攫取他们的劳动力，以及获得他们租借土地期间大部分的农产品。因为所处地域的不同，农业生产的集约化表现形式有很多种：从种植粮食

① 指荷兰、比利时、卢森堡。（若无特别说明，本书脚注均为译者注。）

② 英格兰东部河流，全长60公里可通航，注入北海。

③ 英格兰西南部河流，全长346公里，横贯英国首都伦敦与沿河的10多座城市，注入北海。

④ 英格兰境内最长的河流，全长354公里，注入大西洋布里斯托尔湾。

⑤ 中世纪英格兰东南部英吉利海峡沿岸诸港组成的同盟，成员有黑斯廷斯、新罗姆尼、海斯、多佛和桑威奇。

谷物到酿造谷物，为获取肉食饲养乳畜，使用马而非公牛拉车，在土地休耕期种植豆类植物等。总体上看，1350 年前绝大多数庄园已经成为农作物产地；黑死病后，田园牧业因需要较少的人力投入而受到青睐。地主们通过庄园农业和农产品贸易创造了财富，也造就了舒适的生活方式。现存最古老的农庄宅邸约始建于 1300 年，其位于小威汉姆（Little Wenham，萨福克郡），为砖石结构，富有佛兰德斯式（Flemish）风格，与农庄另一重要建筑——堂区教堂相邻。然而，在威尔士、约克郡和科茨沃尔德（Cotswolds）[①]，仍然是一片田园景象，有大批未被开垦过的荒地。索恩伯里庄园被格洛斯特郡的克莱尔伯爵引以为豪，它的面积约为 40.47 平方公里，但在我们所叙述的时代开始时，仅有一半的面积被开垦，剩下尽是些林地和沼泽，很可能就是塞汶河湿地的疟疾集中地。

1300 年左右的英格兰拥有一些大型城市：伦敦人口达 10 万，约克人口为 1.3 万，考文垂（Coventry）和诺威奇（Norwich）的人口都在 1 万人左右。数百个小城镇星罗棋布地坐落于英格兰以及威尔士、爱尔兰和苏格兰的部分地区。它们勾勒出 1300 年小城镇生活的主要特点：大约有 50 个城镇的常住人口超过 2 000 人，650 个城镇的常住人口在 300—2 000 人，小自耕农种植庄稼供养家庭，也向市场出售农产品。大概有四成的粮食被售卖，它们由出售剩余农作物的庄园管家、收取什一税的堂区牧师或农民自己运到市场，成为生活在小镇和城市里、自己并不直接从事生产的 20 万户家庭的口粮。肉类和取暖照明用的木材都是城镇居民的生活必需品，因此我们在极小的镇子上都能看到屠夫和蜡烛商的身影，如剑

① 位于英格兰西南部，现为重要的羊毛产地。

桥郡的金伯顿镇（Kimbolton）、诺森柏兰郡的安尼克镇（Alnwick）、伍斯特郡的黑尔斯欧文镇（Halesowen）等。造镇运动也有失败的时候，沃里克郡的布伦特福德镇（Brentford）、斯塔福德郡的纽堡（Newburgh）就从未兴旺繁荣过。尽管商业化传播的影响力很大，但仍有一些地区，如德文郡和康沃尔郡，几乎没有小城镇发展起来。绝大多数城镇还保留着长期以来农村生活的印记，科茨沃尔德有一条“绵羊街道”，一些道路的名字还以鹅、猪、狗作为前缀。

乡下有广阔的森林，大约能占到英格兰国土面积的1/4—1/3，它兼具自然属性和法律属性。一个林区因配备森林官员而具备法律属性。此官职的创设可追溯到盎格鲁－诺曼诸王，他们强化了国王和地主对木材、水果、猎物和野生动物的专有权。森林官员权力很大，他们可以将一张毛皮、一些动物内脏作为定罪依据来搜查居民住宅和个人，也通过行贿受贿控制强权。在流传下来的极具生命力的英格兰叙事诗、戏剧和歌曲中，只要以森林为背景，森林官员和偷猎者都是不可或缺的角色。

在林区，像达特姆尔高原、迪恩森林、埃平森林等地，一些不同寻常又饶有趣味的团体发展起来，这受益于周边王室、贵族家族或其他各种居民的特殊需要。以布里尔（Brill）小镇为例，它是白金汉郡伯恩伍德林区（Bernwood Forest）手工业和商业交换的核心，为满足周边的王室群体的需求，它出产华丽的家用器皿，如蒸煮锅、平底锅、鲱鱼盘等，这些东西还输出到了米德兰兹郡以东。木材使用的精细化指导着树木的种植。原木普遍被用于生火做饭、取暖和工业；与烧得噼噼啪啪的板栗、会产生浓烟的松果相比，白蜡木更容易燃起稳定的火焰；榉木燃烧产生的热度均匀，非常适合用于工业和烹饪；橡木则因其坚固、耐用的属性成为建造房屋、船舶的首选。

人们与其生活的土地有着极为深厚而亲密的关系。乡野给予人们礼物，如植被的色彩、土壤的质地等。有些景观随四季更迭而变化，所以人们在圣诞节使用冬青和常春藤，在圣枝主日[①]游行时手持依依的杨柳，用美丽的山楂花装饰五朔节[②]的门窗，在耶稣圣体节的夏日宴会上嗅到玫瑰的芬芳。从树叶、水果中提炼出的草药独具特性，可用于烹饪或药物治疗。这种学问既具有实用性，又被诗意地颂扬：在诺丁汉郡索斯维尔大教堂（Southwell Minster）的教士礼拜堂圆柱上，我们可以看到大量的、以真实树叶为蓝本的雕刻图像，其展示出高超的匠人技艺，试图表现造物主天启神赋的勃勃雄心。

转瞬即逝的树叶被镌刻在坚固的石头里，而最能保持色彩景观的石头则见于建筑和雕塑：坎布里亚（Cumbria）的黑石和水晶石，约克郡的浅色光面石头（产自奔宁山脉，后来会变成黑色），更东边的北安普敦郡的富含铁质的棕石，等等。在很多河谷地带，丰富的水资源、石料和草叶为村庄的诞生创造了条件，如斯文布鲁克（Swinbrook），它坐落在两畔柳叶飘飘的温德拉什河（Windrush）高地，以出产金色的科茨沃尔德石闻名。

几乎没有农民拥有能满足生活的足够的土地——需约 0.12 平方公里——所以他们需要出售自己或家人的劳动力。只拥有极少土地的农民在英格兰村庄里所占比例是很高的。他们在领主的私

① 基督教中圣周开始的日子，人们手持树枝游行，寓意为跟随基督，弃暗投明。

② 每年5月1日举行的欧洲传统民间节日，祭祀树神、谷物神、庆祝农业收获及夏天的来临。

有土地上劳作以获取日薪报酬，通常是钱币、农产品和定量配给的口粮。在英格兰东部，我们能看到比别的地方更多的佃农，他们有时候会雇用景况更为不济的邻人；当邻人实在难以为继时，他们会乐于买下邻人仅有的小块土地。自 12 世纪晚期，英格兰殖民者开始在爱尔兰定居，在他们的定居地，佃农还持有大量的羊毛和皮革产品。

在我们所描述的这个时期伊始，增长和扩张的趋势在许多地区达到了顶峰，而且在一些地区可能正在逆转。人口增长意味着很多佃农无法给子女提供足够的土地。对土地的需求促使地主和农民团体协作：他们在肯特郡的威兰沼泽和萨莫赛特平原区开垦土地，在林肯郡的霍兰德（Holland）修建排水系统，建设或维护海防工事等。随着土地竞争加剧，农民和他们的领主之间的关系变得紧张起来；在 14 世纪之前的几十年间，针对领主的仇恨和暴力事件成倍增加。

这些领主往往不是以个人身份存在的：大约有 1/3 的英格兰庄园被宗教组织持有，由受命于大修道院、大教堂或女修道院的管家和一般信徒打理。约 1/4 的土地属于大地主，他们一般是行政官员，在威尔士和爱尔兰的地产业中发挥着强势作用。相反，在边界地区拥有土地、占据权威地位、掌握武装力量也成为一些家族崛起的重要因素，如德斯潘塞（Despenser）家族或莫蒂默（Mortimer）家族。所有参与农村生活的人的命运——从农产品销售中获益的地主，生产粮食的农奴，以及监督庄园农业工作的地方贵族——都受到了 1315—1322 年大饥荒的影响，这也是本书开始的地方。连年暴雨导致颗粒无收，这块土地和生活在这儿的人们都遭到重创。

政治与农村地区的土地持有模式、城市的商业贸易和官员任职情况相关联。土地持有量界定了男性参与郡和堂区政治的权利，以及代表大地主或国王担任公职的权利。在地方行政机构，即郡、郡分区，陪审员享有至高无上的分配正义的权力。他们的地位与成就同样烙印在其土地上。西蒙·德雷顿爵士（Sir Simon de Drayton）死后，他的洛伊克堂区教堂（位于北安普敦郡）的玻璃上还保留了他的图像以示敬意。这个形象让人联想到他的土地所承载的义务，以及他对数十名教友的生活所拥有的权威。西蒙爵士重建了教堂，担任了 11 次议会代表、3 次部队长官。他的威权有时会变成绝对的暴力：他曾被指控诱拐一名妇女，对其施以挖眼割舌的暴行。他的家族则一如既往地维护、修缮和装饰这座华丽的教堂。德雷顿的拉尔夫·格林爵士（Sir Ralph Greene，卒于 1415 年）从德比郡雇佣手工匠人，用黄铜打造墓箱，上面装饰有他本人、他夫人及两条狗的肖像，至今仍清晰可见。纵使一个人像格林家族成员一样，在其领地上具有掌控一切的影响力和权力，这个社会仍然不只是以顺从为特征的。一个领主只要赢得了人们的忠心，那他可以称得上是一个“好人”；如若他像西蒙爵士那般胡作非为，那么人们很快就会改变看法，向政治活跃的自由人献上忠诚。这一时期，在乌托邦式平等的名义下，具有超凡魅力的领导人形象被创造出来。在 1381 年起义中布道的约翰·鲍尔（John Ball）为满足政治变革的需求，在圣经中寻找依据：“在耶稣基督看来，从无犹太人和希腊人之辨，也从无束缚和自由之分。”

即便以暴戾的西蒙·德雷顿为代表的威权力量可以使其家人受益，但当贵族与平民之间的互惠性被打破，这种威权力量也种下了让和平土崩瓦解的种子。法律、布道书和浪漫文学作品都旨在遏制这类人的暴力特权。一则自古代流传至今、改编自亚里士多德和朱文诺（Juvenal）[①]的格言声称：真正的高贵是通过善行和品格而不仅仅是血统来证明的。它倡导贵族男女应该谦恭、慷慨、忠诚、勇敢，一个高尚的人是自由、自主的，他（她）应遵从一系列道德准则，最终委身上帝。骑士竞相追求的特质总是浮于表面：具有特定的封号和头衔，衣着华服，携带武器，拥有马夫、侍从和猎犬，住所设有护城河、城门、城楼等防御设施以抵御想象中的攻击。虽然成千上万的男人都认为自己是骑士，但仅有数十个家族地位显赫，在国家和国际政治中持续扮演重要角色。

各个等级的贵族家族和个人都是通过优越的贵族身份联系在一起的；赢得爵位的同时可能丢掉爵位，决定并表现出这些变更的条件即可被称为政治文化。此种政治文化认可朝代更迭的产物——国王，围绕着国王实现了对若干领土的享有和管理。出于征收赋税的需要，1334 年有 1.3 万个社区群体被定义为村庄，每个村庄平均覆盖了 400 人左右（一个世纪后变成了 200 人），它们都被纳入政治体系中。在每个这样的村庄里，都有数十人通过执法和管理公共资源（如草地、出产鱼类的河流、待收获的谷物等）参与公共生活；陪审员、教区委员、税款评定人或领主则根据规章制度参与进来。地区性的大地主搭建了备受信任的法律框架，即由当地人执行并为当地人服务的王室法律。这保证了社区允许当地人——那些最值得信赖、最富裕、最明智、最善辩的人——参与社区的诸多活动。他们需遵循村规民约、教会律法，对裁判所在百户区的犯罪案件以及国家的法庭负责，以维护这些在特殊地区发展起来的调停制度。如同我们现在一样，彼时也有相当多的管理机构，相关体系能够运转

① 古罗马讽刺主义作家。

则得益于体系创造人的非凡魅力。

除了大型宗教机构，贵族持有并管理土地和土地上赖以为生的人们，他们代表了国王和数十个显赫家族的利益，也决定了王国作为一个战争国家的效率。贵族家庭通过王室赐予、购买、联姻与征服的手段，在几十年甚至几个世纪积累起巨额的土地利益。大地主的影响力是巨大的，他们个人和家族渗透了国家的方方面面：法律的执行、战争时期的领导权、对边境地区的侵略者的抵抗、通过向非自由男女出让土地和职位来换取他们生产生活等各方面的优先权。大地主是王室庄园的看守人、北境和威尔士边界区的守护者、爱尔兰或加斯科尼的副统领，他们享有一系列的官职、头衔和荣誉。主教拥有巨额财富，但不享有王朝的继承权；尽管如此，他们也仍然愿意拔擢自己的家族成员。神职人员不得结婚，故他们通过外交和行政手段为家族贡献财富，如主持婚礼、为休战和签订协议斡旋等。他们还另辟蹊径，为王室和大地主发动战争提供资金保障，保护英格兰、爱尔兰和加斯科尼的利益交汇点。在不同时期的不同方式体现下，这个利益交汇点就是不列颠，它受到的关切远超英格兰。

英格兰人、不列颠人，还是法国人？《空王冠：中世纪晚期的不列颠》中讲述的人们，生活在自奥克尼群岛（Orkneys）至比利牛斯山之间的广阔地域。在低地区（如英格兰的大部分区域）和高地区（如英格兰西北部、威尔士和西部群岛），我们都能看到他们的身影。统治这个国家的国王在绝大多数时候讲法语，有各自不同的归属和经历。举例来讲，爱德华二世（Edward II）的妻子和母亲都是法国人，他最好的朋友来自法国的加斯科尼；爱德华三世（Edward III）拥有法国籍的母亲和佛兰德斯血统的妻子；理查二世（Richard II）的两任妻子的家乡分别是波希米亚和法国；亨利四世（Henry IV）在立陶宛组织了十字军东征；亨利五世（Henry V）与爱德华二世一样，自幼被当成威尔士王子抚养长大；亨利六世（Henry VI）是来自法兰西的“少年天子”；理查三世（Richard III）成长于法国和约克郡，而亨利七世（Henry VII）在1485年前几乎不了解英格兰。这些国王及其身边的人都习惯说法语，有些人说英语，大多数人还通习另一种语言——佛兰德斯语、威尔士语或加斯科尼语。形成此现象的原因迥异，但是都涵盖在欧洲贵族文化的大框架下。

个体和群体的身份认同感是一种社会属性集合的体现，由很多因素构成，比如，年龄、性别、地域、职业、经历、教育等。当这些因素看上去大相径庭时，身份认同感就会被强化。盎格鲁-爱尔兰人比那些生活在英格兰中部的人更注重自己的“英国”属性，他们努力钻研、与时俱进地学习政治知识；临摹业已成型的英国文学，如《庄稼汉皮尔斯》(*Piers Plowman*)、祷告诗《基督宪章》(*The Charter of Christ*）等。在王室大法庭高就的北方官员们深切地感受到了约克郡人民的悲悯之心，他们自发组织起地方社会团体来相互帮助。牛津大学里的威尔士学生抱团住在特定的宿舍里，在同一所学院——耶稣学院就学，这个学院至今仍以其威尔士“血统”为荣。未婚少女们为了让阿什伯顿教堂（德文郡）拥有夜间照明而成立了宗教小团体，剑桥郡巴辛伯恩市（Bassingbourn)、萨福克郡博克斯福德市（Boxford）的单身汉也是如此。一种地方方言在其他地域的语言环境下显得格外明显，语言代表着家园，人们在温习方言之时得到乡愁的慰藉。正如乔叟（Chaucer）笔下的旅行者一样，自由的男男女女喜欢集会结社，他们平等地对待自己人和外人，在兄弟会、法院、行会、小作坊、镇议会、军事修士会等场所打造一种亲密而富有意义的团体。面对这个纷繁复杂的世界，这种暂时性的友好亲密和支持，将“我们”与“他们”区分开来。

怀着对成功、美德与生活品质的持久憧憬与向往，人们共同营造出一套被普遍认可、追求的社会价值观。在这一时期，人们越来越倾向在集体的框架下进行宗教和纪念活动，为自己、配偶和家属祈求永福。自 14 世纪初，国王、主教、贵族、官员和零星的市民在剑桥或者牛津创建学院；15 世纪，文法学校也接连被创建起来。尽管在 12、13 世纪已经有了数百个麻风病人收容所、小医院，但后来出现的堂区下辖济贫养老院仍是穷人得到救治的最佳场所。坐落在牛津郡艾弗尔姆（Ewelme）的济贫院是萨福克公爵和公爵夫人于 1437 年创建的，它设计精巧、建造豪华、受到严格的管理，共收容了 13 名穷人和 2 名牧师，时至今日仍然可见当年形制。它虽是为穷人建立的慈善机构，仍产生了不可磨灭的影响。许多类似的慈善性质的机构，如学术学院等，在宗教改革运动中得以保留，经过几代人的土地流转和建筑修缮，激发出人们创作的灵感，安东尼·特罗洛普（Anthony Trollope）的《典狱长》（*The Warden*）即为一例。

在地方框架下，对联合、统一的追求占上风。与那些生活在各地域交界处的、典型的中世纪晚期不列颠人相比，英国人的特性很难被界定。政府提供货币、法律、度量衡，以税收为支撑规划军事目标，但在此支持下的世界千姿百态。盎格鲁–爱尔兰的贵族们喜爱爱尔兰音乐、诗歌和战争兵法，生活在英格兰与苏格兰边界地区的贵族迎娶了威尔士的新娘，什罗普郡的商人集中贩卖威尔士羊毛，东盎格利亚教堂上贴着佛兰德斯风格的彩色玻璃，伦敦的诗人撷取英格兰中部地区古典押韵诗中的词句以取悦观众。英国人的特性也许更应该被视为一种管理风格，对它的效仿则是政治霸权的一个方面：都柏林、贝里克（Berwick）和卡那芬（Caernarfon）要获得财源，它们的口号都是“来吧，来英格兰”“英格兰享你所享”。

世界各地的基督教故事都是流传了几个世纪的累积和翻版再创造。身份认同作为一种特定的习惯，满足了人们的期望，是最容易被人接受的，这也使得英格兰的十字架与意大利的区别开来；晚婚少子的家庭结构与威尔士区别开来；两性关系中英格兰寡妇拥有财产继承权，这也与威尔士区别开来。从法律文书和行政运作的关系中我们可以看到：在英格兰，自由人运用本土的法律，但是普通法无法满足威尔士人民的诉求，后者运用布里恩法[①]处理私人事务。同时，书记官、主教等神职人员还以罗马法为原则维持着一个并行的律法体系。女性在教会法庭上可以充分表达个人在婚姻生活中的不满和失望，但是在普通法管理范畴下只能通过代理人或律师来实现。法律体现团体和个人的诉求，本书讲述的一些故事反映了人们在不同阶段对法律的信任程度的变动。

* * *

本书将向你介绍这个世界。辉煌和苦难激发了莎士比亚历史戏剧的璀璨光芒，喜剧《温莎的风流娘儿们》（*The Merry Wives of Windsor*）即是一个例子。莎士比亚不是历史学家，他生活的时代

① 这里指古代法。

与金雀花王朝、兰开斯特王朝、约克王朝及早期都铎王朝保持了有意义的历史距离。他对政治统治异常敏感，他本人生活的时代是一个动荡的时代。无论身处怎样的环境、属于何种等级，英格兰各地区的人们在生活中都面临着政治、宗教的艰难考验。

《空王冠：中世纪晚期的不列颠》为你打开进入这个世界的入口。在中世纪晚期，都铎王朝的作家、思想家们创作警示故事，告诫人们有关统治、暴政和变幻莫测的命运，而莎士比亚只是其中的一个例外。他读过类似的记载，对历史人物进行了诗意化的戏剧处理，有时创造出人物的身体特征，有时重新编排年表。接下来的章节将会描绘、叙述国王的堕落。此外，它还着眼于政权更迭对于英格兰国王（同时也是威尔士和爱尔兰国王、阿基坦公爵和庞蒂厄伯爵）统治下的士兵、农民、商人、工匠，城市和乡村的男人与女人们的生计、安全，以及情感产生的不同影响。莎士比亚独特的视角将帮助我们认识、反思历史记忆的本质及其对乡土的、区域性的甚至国家身份认同的贡献。

书中也有一些停下来思考的地方。在为保障物质安全（食品生产、迁徙、交换、税收、战争、抚养后代）进行斗争的同时，人们也在为改善生活付出努力，并将其深深镌刻进记忆中。记忆包含建筑、耕作和塑造环境的每一个方面。人们使用的教堂很多始建于 12 世纪；到了 13 世纪，教堂建制增加了走廊通道；14 世纪，大祭坛被涵盖进来；等到了 15 世纪，又增加了窗户和祭坛屏风。人们做礼拜的教堂有的拥有很古老的历史，如北安普敦郡布里克沃斯（Brixworth）堂区的大撒克逊教堂，以及位于埃塞克斯郡哈德斯托克（Hadstock）堂区、装饰有撒克逊风格门板的圣博托夫教堂。不同时期的建造与装饰特色在教堂建筑中相遇、碰撞，赫里福德郡的基尔佩克教堂就将当地独特的粉红色砂岩和当地雕刻融合进鲜明的盎格鲁－诺曼风格中。这些建筑物彰显了人们关于同盟和长期存在的王朝的记忆，它们变成了一扇扇彩色玻璃窗，一幅幅壁画，一座座坟墓、一张张条幅，甚至是一块块坐垫。狂热的纹章展示文化吸引了堂区名流和富人，就连普通的市民、主教和大学院校也着迷于装饰精美的建筑物和家具。

在英格兰的 9 000 所堂区教堂中，约有一半与宗教修道院相结合，尤其是本笃会（Benedictine）① 和奥古斯丁修士会的那些修道院。这些修道院从各个堂区的什一税、农产品和房租等渠道获得收入，有义务指派合适的牧师来维护修缮房子和对堂区居民予以教牧关怀。剩下的一半堂区则接受富人、贵族家庭或主教的赞助，赞助人推荐堂区牧师的候选人，以获得主教的批准。权力与影响力留下了种种象征性印记，所以无论是过去还是现在，堂区教堂总有东西值得一看：从教堂内外精致的坟墓，到窗户边缘的铭文，以及雕刻在祭坛屏风或栏杆上的家族姓氏等。

赞助人给予他人恩惠，把姓名刻在纹章陈列处，希望被人铭记，这样，就连那些不识字的人也能记住谁是他们的恩人。还有一些不那么明确的信息，比如工匠和画师的签名，刻在教堂木凳上的、方便盲人辨识的图案（罂粟花，女人，怪物等）等；有超过 3 400 条免戒室长凳留存至今，上面的雕刻图案充分展示了那个时代的知识体系：谚语、怪物、韵律诗、寓言、传说等。古老的故事被优雅地重新讲述，只有那些有特权或者学识、能够进入圣坛的人才能发现，现在也依然如此。切斯特大教堂约建于公元 1380 年，

① 天主教隐修院修会之一。

通过其雕刻，我们看到了以凯尔特人（Celtic）的《野人》为原型创作出的浪漫激情故事；10 年后，这个故事被重新包装成一个机智少女成为皇后的挪威传说，被雕刻在伍斯特大教堂里。就连《圣经》也为讽刺文学提供了素材，比如，伊利大教堂和勒德洛大教堂就描绘了这样的场景：诺亚的妻子不能忍受丈夫异想天开的建筑计划，对他大打出手。

有些记忆广为人知，如 14 世纪 20 年代的大饥荒，50、60 年代及 70、90 年代反复出现、使人口减半的瘟疫等。而有些记忆则是私人的，少有人知，比如，爱德华二世关于被处决的朋友皮尔斯·加维斯顿的记忆，丧母之痛的创伤留下的记忆，有关战争受害者遗孀的记忆，对内战和叛乱的记忆。人们也带着地区性记忆——征服威尔士，掠夺苏格兰北部的记忆。莎士比亚准确地捕捉到了这份苦痛，借一群女性之口为那些悲哀的母亲和妻子完成想象中的复仇，她们是约克的西塞莉（Cicely，约克公爵理查德的遗孀、理查三世的母亲）、安茹的玛格丽特（Margaret，亨利六世的遗孀、爱德华王子的母亲）和伊丽莎白·伍德维尔（Elizabeth Woodville，爱德华四世的妻子，她的一个儿子死于伦敦塔）。她们每个人都吟诵着逝去亲属的名字，而这些亡者都死于女性同胞之手。

在某种程度上，这种失去亲属的记忆会被典礼、新生儿诞生和家族重建的喜悦消弭。婚姻以一种和解的姿态，把家族的个体和物质结合成新的世系，把双方的精华和一定程度的善意凝聚在一起，并得到圣礼的祝福。事实上，本书将以里士满伯爵即亨利七世和约克的伊丽莎白相结合的婚姻作结，他们的结合开创了一个新的王朝——都铎王朝，其徽章是由兰开斯特家族的红玫瑰与约克家族的白玫瑰组成的都铎玫瑰。然而，典礼并不能产生神奇的效果，只有当参与者用尽了所有方式、竭尽其所能仍不能奏效时，典礼提供的和解才是最有效的。伟大家族之间的包办婚姻也可能引发漫长的诉讼，与现在一样，他们也会在嫁妆、遗产、生活层次、多代同堂等家庭问题上产生龃龉。当创伤不能被基督教的仪式治愈时，当地的法律便登场了——在这本书所涵盖的时期，法律在其司法管辖区内逐渐影响了越来越多的人，占据了他们大量的时间和精力。

户外空间的形状蕴含并揭示了当地的历史——那是人类和大自然的杰作。许多田地的名字来源于最早定居于此或将森林和草地开辟为农田的丹麦人的名字，尽管这些丹麦人已经湮没在历史中。即使在一个大庄园里——譬如温彻斯特主教的庄园——土地和景观的多样性也决定了其不同的农业用途：威尔特郡、汉普郡、苏塞克斯和威塞克斯（Wessex）的丘陵是白垩地层，威尔特郡东北部是黏土，汉普郡盆地则是砾石。一个庄园的不同部分需要不同类型的专业知识和经验，甚至还需要邻近村庄和村民们的经验。地区名称和土地名称十分本土化，即使是一个居住在几英里之外的人也可能对其一无所知：有多少人知道“奥铂草场”在哪里？有多少人知道“麦芽米莉”或者“小童帽”都在萨福克郡的克莱尔呢？然而，这些关联并非永久不变的，当土地用途改变的时候，原有的名称便会被完全遗忘。大约 1408 年，一名土地租佃的测定员这样评价阿伦德尔（Arundel）家族在米德兰（Medland，康沃尔郡）的一块土地：在农田变成牧场、树篱被推倒的地方，“田地的名字都被忘记了”。公共空间也被打上冲突及其后果的烙印。圣奥尔本斯（St Albans）修道院院长在与当地居民发生争执后，在修道院入口处放置了一块磨石。这切实地提醒着他的佃农们，修道院对碾磨的垄断是不容争辩的。1381 年农民起义期间，人们将磨石砸成碎片，把它们当成圣饼分发给围观群众。

研究英格兰国王统治下的土地和人民的历史学家是幸运的，因为他们有丰富的资料可供研究。自盎格鲁－撒克逊时代晚期以来，土地主要由国王和教会统治。它们被划分为郡和教区，是国家和教会管理的基本单位，又进一步细分为数百个小邑、乡村堂区和地方行政区。王室行政管理的记录很多：法庭卷宗、纳税申报表、王家军队招募委员会编制的名单、王室成员的账目、郡治安官向国库申报的申报表等。税收方面，王朝尝试在某些年头征收人头税，这带来的好处就是我们可以详细了解纳税人的家庭情况，从而开展大致的人口统计工作，本书开篇的数据便由此而来。议会留存的资料则包括请愿书、王室对请愿书的回应，以及协定条约和外交往来的记录。除此之外，主教法庭还保存了 14 世纪末期以来的数以千计的案件卷宗，涉及的案件事务有婚姻、诽谤、异端邪说、违背誓言等，这为研究普通村民、市民的生活提供了一些最生动的资料。教会法庭允许女性提起诉讼，所以这成为倾听女性声音的丰富来源，妇女们得以申诉（法庭书记官会进行调解，经常把证词翻译成拉丁文）或者作为证人提供意见。当书记官向法庭作证时，他们往往用自己的语言记录下一切，这些素材都反映了广泛的政治、经济和社会活动，揭示了国民的生活经历。

大多数人所生活的庄园都是根据庄园习俗（经常会被法庭强制执行），为了生产和社会秩序而组织起来的。最近几十年，庄园法庭案卷和管理账目成为细致研究当时人们工作节奏——彼时大多数人的体验就是日复一日的工作——的具有挑战性的材料。地主把土地分给一家几代人，然后索取实物、钱币和劳动力报酬，这样的租约和农村家庭在这些羊皮纸卷中以各种各样的方式出现。农奴的形象是懒惰的、任性的、忠诚和进取的、反叛和恭顺的，最重要的是，他们警惕地留意着机会和利益，因为时刻变化的形势即便看似遥远，也会影响到他们及其亲人。我们将会在记载婚姻、死亡、冲突、遗赠子女大笔遗产、修缮篱笆、交罚金或参战的庄园记录中与他们相遇。地主们偶尔会对自己的土地进行全面的调查，一本当地的《土地调查清册》应运而生，土地和其他重要资源都会被描述出来：田野、草地、磨坊、池塘、森林等。

有的乡民选择离开，到别的村庄或城镇去找工作，从而获得自由。城镇也由此产生了其他类型的信息来源：不再对日常劳动严格审查，而是对质量、价格和利润进行监管。在城镇里，人们可以自由地加入行业团体，有时他们也会留存一些记录：内部纪律，学徒期条款，金匠、裁缝、医生等行会的行为准则等。

我们的大多数信息来源都是监督甚至是惩罚机构的产物，我们要小心甚至巧妙地利用它们。那些选择了宗教职业的人——在相对隐居的修道院，或在地方行政区、堂区、大学和学校从事服务工作——经常能创作出经验性和指导性的文献。尽管受到宗教改革及其余波的冲击，但许多作品仍在机构或家庭图书馆中得以保存，我们能详细了解到宗教服务、世俗训诫，以及神秘生活中更大胆的探索。正如许多国家的官方记录那样，教会的记录也旨在监管、纠偏和记录。

社会和政治关系，以及精神上的思索和渴望，常常会激发出物质表现，蔚为大观。《空王冠：中世纪晚期的不列颠》所汇集的视角涵盖了庄园的记录，田间地头的描述，被五彩斑斓的玻璃装饰的教会的教义，礼拜仪式及其布景，家族和居所，妇女群体及其书籍、炊具、衣着，国王和诉苦诗等。那个世界的声音我们很难捕捉到，或者那个世界确实全无声响，但经过了两个世纪的动荡和考验，人们做出改变和重新思考的能力将变得非常清晰。

如果你发现，本书中人们的行为与现在你周遭的个人或团体行为十分相似，请不要惊讶。当我们承认某些观点和社会关系——比如，物质安全与达成的成就，社交能力，家庭财富，代际冲突，工作、旅行和战斗所结下的同志情谊等——具有相似性时，历史才会独具重要性、魅力不减。某些类型的人或社会行为模式似乎与现在无异：社会快速流动造成的负面影响，从权力中衍生并以此为继的阿谀奉承，统治者对其形象的关注，在评价两性行为时盛行的双重标准，公民的意见领袖身上狂妄自大与公共精神兼具的性格特质，等等。而它们最大的不同之处，恰恰在于那些最不可言喻、难以捉摸的东西，比如，气味和声音、梦魇的形状。我们有时可以在当今世界捕捉到它们：当我们访问印度或墨西哥的圣地时，当经过一个出售产自西西里岛或斯里兰卡的新鲜农产品的市场时，当听到食品小贩的沿街叫卖时，当观看君主和总统举行典礼时。历史学家的技巧便在于最大限度地用熟悉的认知和差异带来的震撼来引导读者。

第一章

大饥荒与逊位（1307—1330）

大饥荒

如果我们要了解公元 1315 年至 1322 年的大饥荒给不列颠群岛乃至整个北欧带来的巨大破坏，我们就必须提一下爱尔兰饥荒这样的灾难及其造成的苦难与混乱。这场生存危机爆发的原因不是干旱，而是异乎寻常的持久强降雨，以及伴随而来的严寒。灾难性的气候影响了那些在 13 世纪大繁荣中人口保持稳定增长的地区。数十年来农村家庭数目与日俱增，在领主的支持下新的村落逐渐形成。佃农耕种的土地越来越贫瘠，他们通常将从租赁的小块土地中获得的收入和劳动收入结合起来才能维持家用。有 10%—15% 的人口死于大饥荒，其中大部分是无地产或不稳定的小自耕农。饥馑之年，人们离开了受灾严重的村庄和诺威奇这样的市中心；谣言愈演愈烈，从诺森布里亚的人们吃狗肉和马肉到同类相食，社会结构受到重创。那些记录这个时代的人采用了圣经和道德化的语言和意象。这些灾难——饥荒、疾病、苏格兰人的袭击——被编年史学家描述为对罪恶的惩罚；《玛丽女王诗篇》（*Queen Mary Psalter*，约作于公元 1325—1326 年）的插图作者将约瑟夫的肖像放在首位，因其在饥荒来临之前明智地控制了暴君的粮仓。爱德华二世在位的繁荣昌盛的七年（1307—1314），与紧邻其后的贫瘠困苦的七年（1315—1322），似乎构成了神圣计划的一部分。

与饥荒相伴的不是经济受冲击后的萧条，而是疯狂的经济活动，因为穷人把土地和牲畜卖给富裕的邻居，来换取硬币和购买更昂贵的食物。东盎格利亚（East Anglia）领地法院里很多关于小型交易的记录都揭示了这个时代的焦虑：关于地块纠纷的诉讼证据不仅反映了继承人的期望，还反映了债权人的要求和饥荒时期积累的欠债。通常情况是，在收成不好的年份里，信贷几乎崩溃，只有少数人买得起那些为购买粮食而被迫出售的土地。活跃的土地交易市场也反映了父辈与子辈之间的土地置换，此举意在通过财产继承来帮助饥荒时期的年轻家庭。

农业生产的危机导致了牲畜数量锐减：绵羊、猪、牛、鸭子、鹅都被宰杀作为食物，牛、羊感染瘟疫，死亡率居高不下。瘟疫具有高度传染性，它肆意传播，让用于耕作、食用和产毛的牛、羊等畜类深受打击。1319—1322 年，在约克郡的波顿修道院（Bolton Priory），公牛数量从 139 头减为 53 头，耕牛数量从 225 头减至 31 头。因为天气潮湿，死去的动物皮毛不可能被烧掉，只能就地掩埋，这在泥泞的原野中可是个苦差事。羊毛是一些地区的经济支柱，14 世纪早期，英格兰就经由佛兰德斯和意大利商人出口了 4 万袋羊毛。因此，牧区受到高昂玉米价格和牲畜损失的双重打击。威尔士格拉摩根郡的摩根韦格（Morgannwg）请求免除当年赋税，因为动物都未能幸免于难。

漂亮的谷仓和粮库里堆满了供贵族家庭及其宾客享用的食物和待拿到市场上交易的农作物，坐落在大考克斯韦尔（Great Coxwell）

的科茨沃尔德暖石上的便是其中的一所。这种谷仓后来被威廉·莫里斯（William Morris）[①]比作大教堂，而托马斯·哈代（Thomas Hardy）[②]认为它们具有真正的宗教品质。大饥荒时期，谷仓成为劫掠的头号目标，种种阴谋意图清空它所蕴藏的财富。国王和议会曾努力尝试分配谷物粮食，在谷物进入市场流通前打击投机行为，但是收效甚微。1316年，爱德华二世写信给权势人物、时任达勒姆主教的理查德·凯洛（Richard Kellaw），要求他确保粮食正常销售而非被囤积居奇。议会也曾试图在1314年控制牲畜的价格，在1317年控制麦芽酒的价格；一些机构在紧急情况下还作过特别的规定，例如，1318—1319年，威斯敏斯特教堂为穷人提供额外的粮食份额。尽管如此，绝大多数的粮食仍依赖于数以千计的地方村落的自行运作来供给，后者习惯于警惕性地对谷物的生产和分配予以监督。一直到1319—1320年，通过从东盎格利亚和诺曼底进口谷物，德文郡的谷物价格才稳定下来。

大饥荒对这些村落的内部运行施加了更大的压力。一些关于集体合作的基本条款，如集体耕田、每个成员都要贡献耕畜等，都随着动物的死亡而失效了。耕种的时间被严格规定，以确保幼苗不会被邻人无意践踏。1327年，汉普郡的芒德斯梅尔（Moundsmere）规定，当橡树叶长到像老鼠耳朵那么大的时候开始播种，不得延误。当农作物不能茁壮成长时，这些关于放牧和采集的严格管理都失去了意义；而当熟悉的地貌及其创造者消失时，有关如何识别和

① 19世纪英国设计师、诗人（1834—1896），引领了英国的工艺美术运动。

② 19世纪英国诗人、小说家（1840—1928），代表作有《德伯家的苔丝》《无名的裘德》《还乡》和《卡斯特桥市长》等。

惩罚违规者的措施也随之消失了。能为农业生产提供支持的生产关系恶化；由于饥荒，服务业及其生产结构也受到重创。因为没有磨坊主，在各地，尤其是北方，磨坊都年久失修，无人照管。在兰开夏郡（Lancashire）和坎布里亚郡，本应为磨坊提供动力的水流演变成强劲的洪水，最终冲毁了磨坊。为了管理河堤和排水沟，许多地区都产生了专项委员会。伊高迪斯索普（Ingoldisthorp）的托马斯是金斯林恩（King's Lynn）大乌斯河（Great Ouse）上游、维根霍（Wiggenhall）地区的四名专员之一，他在1319年出具的报告中用"不可估量的损失"来描述灾害。14世纪20年代，专员们对建造海堤和加固河岸的开支进行监管，而此种监管则有赖于当地人民。所以一种新的官员层级产生了，当地的管理堤坝的官员在法律支持下，可以对破坏现有堤坝的行为处以2至3倍的罚款。

这些变化都影响着地主的收入：1315年，坎特伯雷大教堂（Canterbury Cathedral Priory）的庄园还有盈余，紧接着便出现赤字，到1318年时财产缩水45%。大庄园主也面临着薪酬飞涨的难题：如果要在英格兰北部区域的大片湿地上，也就是大片未开垦的平坦土地上种植农作物，不仅需要更多的劳动力，还要为此付出高薪酬才行。1315—1316年，伯里圣埃德蒙修道院（Bury St Edmunds Abbey）仍然将以蒲式耳①称量的小麦用作农业工人的报酬，而小麦价格已经远高于昔。在这些艰难岁月里，波顿修道院把目光投向手头宽裕、领退休金的老人，像奥特伯恩（Otterburn）的希格登（1314年）和当地农民亚当·普罗佩特（1317或1318年）等，通过向他们兜售退休金计划来增加自己的收入。两年间，修道院增加

① 蒲式耳，一种计量单位，在英国等于8加仑，相当于36.3688升。

了 152 英镑的收入。庄园的管理及与佃户和劳工的关系都由城镇长官监督——他在必要的时候还要雇佣车夫、牧民、农夫和奶牛场的女工，是这片饱受苦难的土地上的关键人物。

1318 年，天气开始好转；1322 年后，人口迅速恢复，幸存下来的大人孩子，连同牲畜都在饮食和享有的资源方面有所改善——这就是典型的马尔萨斯模式（Malthusian pattern）。在萨莫塞特地区的陶顿（Taunton），1313—1319 年人口减少了 9.3%，直到 1330 年才得以恢复；伍斯特郡黑尔斯欧文的人口在 1315—1321 年间下降了 15%，但此后以每年 0.4% 的速度稳步增长。

社会模式对灾难的反应非常微妙，也非常迅速。在 14 世纪初，年轻男子在土地的压力下娶有田产的寡妇为妻，以确立自己的佃农身份。在某些地区，甚至有一半的婚姻模式都是如此：1316 年，萨福克郡雷德格雷夫（Redgrave）的雷金纳德·阿特庞德（Reginald Attepond）之子约翰，为迎娶尼古拉斯之子约翰的遗孀阿格尼斯（Agnes）花了 5 个马克；而阿格尼斯的姐妹们的彩礼只有 2 个先令。大饥荒过后再婚率下降，因为随着土地压力减轻，与富裕寡妇结婚的代价降低了，年龄相仿、家庭状况类似的青年男女缔结的“伴侣式”婚姻日益增多。在这样的婚姻中，新娘通常会带来一些财产：1312 年，一个来自德比郡下层家庭的女人可以带来 20 先令现金，一头价值 10 先令的奶牛，一件价值 13 先令 4 便士的连衣裙，还承诺有一套房子。

到了 14 世纪 30 年代，随着地租和收入的恢复，英格兰、威尔士的村庄与其邻近集镇和小城镇之间的联系重新密切起来。在这段增长期，各地农业和商业的多元化发展都是对农作物歉收的有利补充，比如康沃尔郡的锡矿开采、东部海岸的捕鱼业、约克郡皮克林森林（Pickering Forest）的狩猎、东盎格利亚布雷克兰（Breckland）的兔子养殖、坎布里亚郡英格尔伍德（Inglewood）森林的烧炭业、苏塞克斯威尔德（Weald）地区的玻璃制作等。

恢复的关键在于贵族家庭重拾了他们的消费方式，单是食物这一项每年支出就高达数千英镑，占年收入的 1/3 或 1/2。面包和啤酒都是在当地烘焙、酿造的，供仆人食用，贵族家庭成员及其客人则希望得到足量供应的肉、鱼和酒。肉当然可以腌渍保存，但最精致的宴会上的肉必须是刚捕获或购得的鲜肉。

大部分商品都能在当地市场买到。商业集镇散布在这个国家的各个角落，许多人迁徙就是冲着它们来的。在这些集镇里，人们更可能因职业而非原籍为人所知，尽管原籍经常与其现居住地离得不远。在大多数小城镇，真正的专业技能是很少见的；打造器皿和工具、建筑、烘焙和酿造，甚至抄写服务，仅仅反映了一个管理良好的庄园对于技能多样性的需求和鼓励，这些技能可以很容易地从乡村转移到城镇。庄园为许多这样的行业和技能提供市场。波顿修道院足够供养磨坊主、木匠、酿酒人、面包师、铁匠、厨师、车夫，而这些人都可以在城镇找到工作。因此，车轮工人、各种各样的铁匠、酿酒商、泥瓦匠、屠夫、面包师、桶匠、兽医等在乡村和小城镇之间轻松流动，促进了交易和生产资料分配。这些熟练匠人在很多小城镇大受欢迎，代表之一就是白金汉郡伯恩伍德林区的布里尔镇，1316 年它被设为王室行政区，拥有自己的监狱、市场、磨坊、鱼塘、黏土场、窑场等，当然还建有王室住宅。有证据显示，村民之间的债务进一步说明了村民的工作与小城镇各行业之间的关系：1329 年，爱丽丝・斯皮尔曼（Alice Spileman）声称萨福克郡沃尔沙姆（Walsham-le-Willows）的威廉・肯波德（William Kembald）欠她

“一蒲式耳小麦，一些麦芽酒，以及瓮、木桶和碗”，这些东西可能是用于酿酒的。更多的家庭则像托马斯·布松（Thomas Bouzon）一家。布松家在北安普敦郡斯拉普斯顿（Thrapston）附近的伍德福德（Woodford），他们保留了 1328 年的家庭账目，账目显示他们对家庭生产的和额外购买的商品的依赖性。每两周厨房就需要一批烘烤用的面粉；每到星期六，他们就会去城市市场采购肉、家禽、鸡蛋和各种鱼。

全国最大的市场是伦敦。超过 1/3 的海外贸易都通过它实现，而与之配套的监管、调节措施以及法律和规章制度的执行都使其繁荣、发达。随着威斯敏斯特政府的发展和议会的建立，统治阶级的成员更能有序地参与治理。重要人士和企业都要在首都寻到一个临时落脚地，1311 年赫里福德郡的主教们在伦敦圣玛丽·芒肖（St Mary Munthaw）堂区的一所住宅就是其中之一：它是一间小客栈，偶尔租出去，也用来存放主教们庄园里收获的羊毛。巨头如兰开斯特的托马斯，年收入约 1.1 万英镑，其地产遍布英格兰和威尔士，在伦敦同样拥有一家酒店，它装潢精致、备有马厩，可以说是一座建立在城市里的、能够自给自足的岛屿了。就连国王也于 1325 年在萨瑟克区（Southwark）建了一所名为“玫瑰经”的房子，就坐落在艾博特小巷（Abbot’s Lane）里。为了给不断增长的、多样化的人口提供服务和商品，伦敦政府偶尔会采取行动，打击欺诈的行为，制定相关规范。在过去的几十年里，第一本伦敦习俗汇编面世，它记录了这座城市的风俗传统，并摘录了其他城市在治理方面的范例。这是安德鲁·霍恩（Andrew Horn）等人努力的结果，霍恩是一名来自大桥街的鱼商，14 世纪 20 年代他担任伦敦的宫廷大臣，对于贸易和制造业的实践有着广泛而直接的了解。这些规范在实践中发挥了作用，例如，1327 年一些面点师用穿孔模具烘焙面包（这样会使用较少的生面团），被发现后他们便受到了相应的惩罚。伦敦若想保持其领先地位、持续获得交易份额，此类控制是必不可少的。

不列颠的挑战

饥荒过后，南部地区的秩序逐渐恢复；而与此同时，北部地区的统治因这场蔓延整个欧洲的灾难对自然的破坏和对权威的挑战而变得更加复杂。就彼时来看，最大的威胁来自苏格兰，其入侵爱尔兰，并在一定程度上成了威尔士叛乱的导火索。盎格鲁 – 苏格兰休战协议破裂，一段时期的猛烈袭击开始了，大部分是从苏格兰向英格兰北部的进攻。当时并没有线性边界一说，领土占领区都是以频繁被攻陷和丧失的要塞、城堡为标志。苏格兰国王罗伯特 · 布鲁斯（Robert Bruce）的注意力被英格兰北部边境的要塞和城堡吸引，燃起了熊熊野心。

内战期间，罗伯特 · 布鲁斯曾在因弗鲁里（Invercurie）打败了科明斯，赢得了巴肯战役，他随即于 1308 年成功地建立起在家族中的霸权地位。次年在圣安德鲁斯（St Andrews）召开的议会上，在贵族和神职人员的见证下，他庄严宣誓效忠于国家。一旦苏格兰北部和西部被征服，这些地方即可为接下来的战争提供更多的战力资源。罗伯特 · 布鲁斯把注意力转向南方，他在 1311 年组织的两次突袭中没有遭遇有效的抵抗。1313 年 10 月，罗伯特 · 布鲁斯宣布，他将在年底没收那些效忠爱德华二世的人的土地。除此之外，斯特灵城堡（Stirling Castle）被罗伯特的弟弟爱德华 · 布鲁斯

（Edward Bruce）围攻。爱德华二世被迫做出回应：他于 1313 年 12 月发出征兵令，开始从威尔士征兵。那些心怀不满的贵族并不支持爱德华，他们自爱德华即位以来就一直在挑战他的权威。

爱德华二世集结了一支庞大的军队——1.5 万名步兵和 2 500 名骑兵——向斯特灵进发。苏格兰军队约 8 000 人，他们尽量避免在城外正面相遇——在不列颠，军队更习惯于突袭和小规模战斗，这种正面对抗非常罕见——并在斯特灵以西的丘陵地区班诺克本（Bannockburn）发起了进攻。在步兵和弓箭手的支援下，英格兰军队发动了进攻，但被苏格兰军队（主要由步兵组成）挫败。第一天矛兵经历了激烈的战斗，紧接着（6 月 23—24 日）重型骑兵遭受了彻底失败。尽管编年史学家们声称，爱德华二世效仿父辈在贝弗利圣约翰的旗帜下像狮子一样战斗，班诺克本却是一场灾难。许多大将死去，爱德华勉强保住性命。很少有政权能在战争失败的情况下得以保存，这对爱德华来说是一种惩罚。

与此同时，战斗的成功也鼓舞了罗伯特·布鲁斯。这使他在苏格兰的反对者们偃旗息鼓，吸引了英格兰边境线两侧的地主，并鼓励了他争夺英格兰北部霸权的野心。这是以破坏、劫掠农村为代价的，北方农村的生活在各方面都受到了灾难性的破坏。特罗克洛韦（Trokelowe）的编年史家约翰，同时是圣奥尔本斯修道院（St Albans Abbey）的修士，他这样描述 1315 年的事件：

> 苏格兰人与他们的军队，走遍了诺森伯兰郡和整个西部地区，从卡莱尔到约克，在没有任何反抗的情况下屠杀和抢劫，所到之处无不用刀剑摧毁殆尽，声名狼藉。卡莱尔、泰恩河畔纽卡斯尔的城镇、泰恩茅斯的修道院和诺森布里亚的一些市镇

付出巨大的代价，勉力对抗苏格兰军队的进攻，除此以外，再无英格兰人的安全栖身之所……

苏格兰战争在几个方面改变着北方：它们强迫各家族选择效忠英格兰国王还是苏格兰国王；它们让农村陷入贫困的境地，迫使人们不再那么关注英格兰南部的事务及其所属政治阶层的诉求。不断的入侵和袭击还打击了王室的威信。因为国王不得不依赖那些在资金和兵力上做出巨大贡献的贵族们，并对肩负重任的人给予最大的补偿。正如征服者威廉[①]青睐定居在英格兰与威尔士交界的“边界地区”并维护此地的伯爵们一样，北方的监护制度所带来的相对权力和自主权也造就了这样一些大家族。内维尔和珀西——在接下来的叙述中我们还会反复提及——在这几年里地位日益显赫：罗伯特·内维尔（Robert Neville）在班诺克本被捕，并死在1319年的贝里克之围中；守卫英格兰北部边境的珀西家族从贝克大主教（Archbishop Bek）手里得到了约克郡的安尼克城堡（Alnwick Castle），也一并承接了维护城堡、保护以此为据点的贸易区的义务。出于卫护北方边界地区的需要，爱德华一世设立卫戍机构，这对数百年的英国历史发展至关重要，它是政治权力的象征，捍卫了王权。但是，它还是一柄对政治秩序造成极大破坏的双刃剑。威尔士贵族们在封地上支持国王，但他们也效忠于各自的领主，拿里斯·海维尔（Rhys ap Hywel）举例来说，他效忠于赫里福德伯爵、布雷肯勋爵，而约沃斯·利沃奇·勒文尼（Iorwerth ap Llywarch Lleweni）则效忠于登比勋爵兰开斯特的托马斯。

① 即英格兰国王威廉一世（1066—1087）。

爱德华一世用若干年的时间，企图勾勒出征服威尔士、统治苏格兰，实现英格兰政治霸权的愿景。但在其执政的早年间，这种努力并没有奏效。北方的城镇只能靠自己的力量卫护自己，他们增收城墙税（为修理城墙而征收的税款），贝里克、哈特尔普尔（Hartlepool）和赫尔都是如此。爱德华二世身陷权力斗争的漩涡，使罗伯特·布鲁斯得以巩固自己苏格兰国王的地位。布鲁斯并非没有敌人——巴肯、罗斯和阿盖尔伯爵都视布鲁斯为眼中钉——但他寻求了苏格兰东南部的支持，并攫取了意外之财，比如，在领主缺位的情况下控制马里等。班诺克本战役的胜利鼓励苏格兰贵族们臣服于唯一的君王布鲁斯，而不是同时效忠于英格兰国王和苏格兰国王。那些从两方统治者手中夺取土地的人现在必须做出选择，浮现在他们面前的是一个更诱人的政治图景：不再是英格兰人，而是不列颠人。

布鲁斯的政治野心是将苏格兰、爱尔兰和威尔士视作彼此独立、适时联合的政治体，此设想得到了海峡对岸的法国的支持。这其实是一个松散的贵族联盟，各国都拥有各自的国王。通过这种联合，可以名正言顺地开垦由英格兰人征服并管理的、从安格尔西到阿尔斯特的广袤土地。尽管1314年底英格兰和苏格兰进行了和平谈判，但谈判失败；1314年4月，苏格兰议会在艾尔（Ayr）举行了一场集会，旨在支持入侵爱尔兰，鼓舞起义，其支持者包括阿尔斯特的爱尔兰国王多纳尔·奥尼尔（Domnal O'Neill）。1315年5月，罗伯特·布鲁斯的哥哥爱德华率领舰队前往阿尔斯特的卡里克弗格斯（Carrickfergus），战役的第一阶段开始。

爱德华·布鲁斯在苏格兰、爱尔兰和威尔士的压力下，推动了一项联合抵制英格兰统治的计划。事实上，1315年秋天，苏格兰船只截获了威尔士船只。1316 年，卢埃林·布伦（Llewellyn Bren）发动的叛乱煽动了格拉摩根地区[①]。爱德华二世有意培植威尔士盟友，提拔他们并授予他们王室职位，但此举更多的是针对边界的领主，而非难以预料的苏格兰人的入侵。总的来说，这些是站得住脚的。罗伯特·布鲁斯试图动员格鲁菲德·鲁维德（Gruffydd Llwyd），鲁维德曾在苏格兰和威尔士战场上与爱德华并肩作战，领导威尔士军队。爱德华二世迅速做出反应，回应了威尔士人的请愿，并将宫廷的注意力转到讨论威尔士城堡的状况以及臣属的要求上来。1316 年林肯议会通过决议，尊重威尔士习俗，取消威尔士人购买土地的限制。同年晚些时候，爱德华从北威尔士集结了 1 500 人，率军者正是格鲁菲德·鲁维德爵士和约沃斯·格鲁菲德（Iorwerth Gruffydd）。特别值得注意的是，在爱德华二世统治早期，威尔士首领们坚定地致力于保持与英格兰在政治上的互惠互利。在大军前往苏格兰的途中，威尔士王室城堡常作为军队集结地以及体现王室尊严和权威的中心。几乎没有威尔士人相信爱尔兰占上风的谣言和凯尔特人篡夺君权的承诺，试想，如果苏格兰和爱尔兰成为大苏格兰和小苏格兰，威尔士在这样一个联合体中该如何自处？

爱德华·布鲁斯发起战争是个错误，它使爱尔兰人的生活在饥荒年代更加艰难。爱尔兰和英格兰北部的郡县经历了连年的破坏和掠夺，若非如此，它们可能已经从饥荒与流行病中恢复过来。约克郡西区和兰开夏郡遭受的苦难尤甚，描述生计艰难、民不聊生的资料比比皆是。1318 年 5 月，贝里克城堡沦陷后，其他几座城堡纷纷投降了，苏格兰军队如入无人之境。突袭往往从东至西，

① 位于如今威尔士公国境内。

贯穿约克郡，将庄园、宗教场所、小镇和村庄洗劫扫荡一空。当英格兰军队试图解除贝里克之围时，有能力的人、城镇和农村居民加紧防御，那些不能参与战斗的人则困在那里承受战乱。1319年的资料显示，主要由于苏格兰人的暴行，数十个村庄未能向教会组织缴纳捐税。农作物毁于一旦，建筑物被付之一炬，当地领主、教会组织、大小修道院等北方地主的收入骤然减少。纳尔斯伯勒（Knaresborough）森林的自然资源和沃夫河谷（Wharfedale）下游低地的殖民地相继在1318、1319、1322年蒙受损失，而达勒姆、诺森伯兰郡和西北地区在很长一段时间内都没有从这些打击中恢复过来。

在北方，生活的各个方面都出现了衰败的迹象，之后幸存的种种资源也是如此。科克茅斯（Cockermouth，坎伯兰郡）的相关记录显示，由于劫掠和磨粉机器的毁坏，1316—1318年的租金收入骤减。在帕克斯顿特威德（Paxton-on-Tweed），一个配置齐全的待租地块应包括房子、谷仓、牧场和村舍，价值约2英镑16先令8便士；而在1315年的和平时期，此价格是微不足道的。因当地经济蒙受的损失过大，1313年坎伯兰郡得以完全免税，这已经是非常罕见的让步了。袭击仍在继续，教会神职人员的日常工作无以为继。1319年，约克大主教写信给修道院院长，要求推迟他的访期，因为苏格兰的入侵使其不能如期到访。宗教机构的版图也在变化：危险迫近，几乎所有的宗教场所渐趋分散，正如1322年约克郡的莫克斯比修道院那样。1323年，威顿主教封圣，约克大主教抗议说这应该是英格兰的教区，而教皇则坚持确认其苏格兰教区的属性。一场对抗苏格兰人的新战役于1323年悄然拉开序幕。人们评估社区的潜在贡献在于每个村庄所能提供的步兵数量——每个村庄有两到三名步兵。于是从赫明福德（Hemingford）到亨廷顿，西蒙·斯泰尔（Simon ate Style）、西蒙·埃弗雷德（Simon Everard）和亨利·巴伯（Henry Barber）纷纷北上。由此组成的陆军步兵中有一半是威尔士人，这成为此后几十年的地域特征。但这场斗争从未取得进展，人们把这些事件牢记在心，却只能将其归咎于“英格兰人的傲慢”；上帝把苏格兰人当作复仇的工具。

苏格兰入侵摧毁英格兰北部的同时，也使苏格兰人的政治目的和野心蓬勃发展起来。1320 年，罗伯特·布鲁斯的幕僚们撰写了一份激动人心的民族自决文件《阿布罗斯宣言》(The Declaration of Arbroath)，宣示了苏格兰的主权主张，反对英格兰霸权。正如年鉴所记载的建国史上经常发生的那样，一小撮人（39 位伯爵和男爵）通过主张共同的历史根源和道德权利，在有利的政治气氛下，宣称要求解放。《阿布罗斯宣言》优雅简练，它谴责了爱德华一世：

> 我们的人民自由而和平地生活着，直到高贵的英格兰王子爱德华——也就是现任英格兰国王的父亲——登基，他打着友谊和支持的幌子攻打我们的王国，压迫永无尽头。

签名的贵族们请求教皇敦促爱德华二世和平离开苏格兰。

当然，现实事与愿违。因为在班诺克本之后的岁月里，英格兰北部对苏格兰国王的恐惧远远超过了苏格兰人对爱德华二世的恐惧。此外，宣言的起草者修辞优美地向教皇呼吁自己的立场，却选择性地忽略了这样一个事实，即当时布鲁斯已被革除教籍 14 年，他因未向教皇约翰二十二世（苏格兰贵族向其致信）称臣而于 1320 年 1 月再次获罪。但是，宣言彰显了苏格兰在班诺克本挫败英格兰以及入侵英格兰后的雄心壮志，即使入侵爱尔兰以惨淡失败告终也没有减损其光辉。它是苏格兰历史和文化发端的奠基性文件，为苏格兰人民虚构了谱系和种族本源（传统上人们把苏格兰人与法老的女儿联系在一起），并通过与不列颠人、皮克特人、挪威人、丹麦人和英格兰人的斗争得以加强。任何英格兰国王和英格兰军队都无法忽视或反驳这些主张；苏格兰人取得的这些成就不仅打击了英格兰国王和他的臣民，也平息了反对布鲁斯王朝霸权的声音。

英格兰国王征服爱尔兰后，在上面建立了一整套英式机构：议会、教区、税所、行政区、军队和王室随从。盎格鲁－爱尔兰殖民地集中在东海岸，行政中心是都柏林，爱尔兰财政部和议会亦坐落于此，与威斯敏斯特的整套体系遥相呼应。1308 年，爱德华二世加冕为英格兰、威尔士和爱尔兰的国王。仪式结束后，他写了一封信，其中包括《温彻斯特条约》（Statute of Winchester，1285 年），展示出将爱尔兰纳入国王和平治下的姿态；他宣布自己将信守承诺，成就一个以加冕誓言为基础的契约。但是英格兰的控制是有限的；它没能渗透到伦斯特省（Leinster）的高地，阿尔斯特省和康诺特省的大部分地区仍由爱尔兰国王统治。在盎格鲁－爱尔兰殖民地区，与爱尔兰本土居民共同生活的家族把持着统治权。这些家族试图在英格兰和爱尔兰持有混合地产。在这一时期，大多数盎格鲁－爱尔兰家族都决定走同一条道路：要么作为缺席者，要么作为永久定居在爱尔兰的领主。

爱尔兰长期处于低水平战争状态，从未有过激烈的侵略战争，但这仍然关系到生活的方方面面，且影响深远。爱德华二世追随他的父亲，调动了爱尔兰轻骑兵作为战争的有生力量。这些轻骑兵没有马鞍，骑在与笨重的英格兰战马截然不同的体型纤细的马上，在地形战和游击战中发挥作用。1311—1312 年，这些爱尔兰轻骑兵成为护卫贝里克城堡要塞的一部分，后于 1314 年帮助解除了卡莱尔地区的武装。未来几十年间，这些部队成为爱尔兰中尉领导下的盎格鲁－爱尔兰军队的中坚力量。

爱尔兰为支持苏格兰战争提供补贴。虽然在英格兰，骑士服役的概念已经过时，但这仍然是爱尔兰招募当地新兵的基础。盎格鲁－爱尔兰贵族也会派出家臣家丁，爱尔兰传统歌曲则会纪念这些死去的勇敢的人。在敌对冲突中，盎格鲁－爱尔兰血统的意义浮现出来：1324 年，阿诺德·鲍尔（Arnold Power）在爱尔兰的都柏林议会向英格兰奥索里主教抗议，在这个原本应该被称为“圣徒岛”的地方，当地人被新来者当作异教徒一样对待。因此，当爱尔兰的中尉们上台时，他们更愿意带着自己的军队，对盎格鲁－爱尔兰的政治阶层心存疑虑也就不足为奇了。

国王爱德华二世

“他的降生带来福祉，我们终能在有生之年，看到一位配得上基督教尊荣的君王。”先知书《亚当·戴维的爱德华二世之梦》(*Adam Davy's Dream of Edward II*) 用欢呼雀跃的话语赞颂爱德华一世的儿子，也就是爱德华二世的诞生。毕竟在爱德华一世的长期统治下，英格兰王权振作起来，他开疆扩土，把英格兰变成了一个帝国。正如所有的殖民和征服一样，这付出了巨大的代价，不仅英格兰人民为其买单，威尔士、爱尔兰和苏格兰人民的命运也因此而改变。爱德华二世生来就不像他父亲那样积极进取。1300 年，父子俩前往苏格兰，途中曾造访萨福克郡的伯里圣埃德蒙修道院，这既是作战前的休息准备，也是遵循寻求圣埃德蒙保护的传统。爱德华一世把他十几岁的儿子留在那里一段时间；当他再来召唤王子时，王子却一点也不急于离开。

爱德华王子为继承王位的仪式做了充分准备。1306年，他举行了封爵仪式，许多权贵的继承人在典礼上被授予爵位。布里德灵顿修道院（Bridlington Priory）的教士彼得·朗托夫特（Peter Langtoft）将其描述为亚瑟王时代的一场盛会：

自上帝诞生以来，
英国的市镇和城市何曾有过如此的尊荣？
唯有古时，
亚瑟王在卡利恩的加冕，可以与之媲美。

1307年，爱德华一世死后，一首颂歌这样人们表达对爱德华二世的希望：

秉承父德，
威势不减；
匡扶贫弱，
纳谏良言。

爱德华二世从不担心王朝稳固的问题，在他登基时，国家机器运转良好。15岁时[①]，他与法国国王腓力四世（Philip IV）的女儿伊

① 其实应该是13岁。

莎贝拉（当时她只有 2 岁）订婚；10 年后，他在伦敦迎娶了伊莎贝拉。爱德华二世在 23 岁时继位，他的加冕礼是一个华丽的仪式，是在他与伊莎贝拉结婚后举行的。国家通行一种新的服务秩序：通过祈祷来支持国王，反对他的敌人、叛乱分子和异教徒。1312 年，他们的儿子在王宫安然降生，将来准备继承王位。伊莎贝拉成长于基督教氛围最为浓厚的宫廷，当时的形象和评论使她很受欢迎。她丈夫的印章上印着英格兰和法国的盾，这通常是圣母马利亚的专属。贝弗利大教堂的一块石刻歌颂她的美貌，编年史称她“非常聪明”。她不单是一位配偶，更是一位女王，其政治目标和抱负有时在连贯性和影响力上甚至超过了她的丈夫。

几乎从一开始，爱德华二世就需要面对王国贵族们压抑许久的要求。爱德华二世作为王子和国王，其在宫廷中养成的习惯让一些主要的政治人物担忧不已。有些伯爵老态龙钟，有些又少不更事，但以兰开斯特、赫里福德、沃里克为代表的利益群体都与爱德华关系密切：作为爱德华二世在苏格兰战争中的战友，他们敏锐地观察着新政权下政治权力的运作。爱德华偏信旁人，几乎完全放弃了北方的军事区域，而北方对兰开斯特伯爵的土地安全至关重要，这就制造出一种焦虑和不信任的气氛。爱德华的领导与当前政治阶层的诉求相悖，也违背了一个几乎完全教会化的政府机构的愿望，而后者期待并尊重王室的领导和奖赏。随后两个世纪的很多政治事件都能在这种关系中找到源头：人们期望国王能扮演好良性政府的关键人物，国家机构之间的仲裁者，一群极其强大、有自主权且雄心勃勃的贵族的理性领导者等角色，而这种希望必须与王权的自主性达成平衡。

即使爱德华二世已经登上王位，他的智慧和选择仍饱受质疑。

1308 年，他的同袍兼密友加斯康・皮尔斯・加维斯顿（Cascon Piers Gaveston）被封为康沃尔伯爵。二者的友谊引起政坛不满，人们认为国王受加维斯顿的蛊惑，不能独立行使统治权力。两人之间形成了一种非常亲密的工作关系：几位同时代的人用“溺爱”来评论爱德华对加维斯顿的感情，后世的宫廷编年史学家让・傅华萨（Jean Froissart）则将这种关系描述为“鸡奸”。正如历史上其他有名的政治伙伴一样，这位“朋友”招人怨恨，并扮演了避雷针的角色，将愤怒从当权者（在这种情况下通常指的是国王）身上转移，至少在一段时间内是这样的。加维斯顿地位显赫、财产丰厚，迎娶克莱尔的女继承人玛格丽特为妻，而贵族们对这位国王最好的朋友十分不满。加维斯顿所享有的康沃尔领地，正是王国的京畿之地；他还担任爱尔兰总督和摄政王，在加冕典礼上出尽风头。1308 年，贵族们要求流放加维斯顿，国王最终不情愿地同意了。

政治要求的提出不仅仅是因为人们反感加维斯顿，它们反映了统治阶层对结构性参与王室财政和军事管理的渴望。1311 年，贵族发布一系列诉求、条例，用这种形式与王权斗争，这些贵族后来被称为圣职者。他们要求参与所有重要的决策，比如，对战争的决议等；他们还要求更大程度上监督王室财政和司法，包括对郡长的集体推举等。有传言称国王滥施货币政策，随即国王便被控挥霍无度。一个专门负责监督王室收入及其管理的委员会应运而生；王室最主要的 5 名官员中，有 2 名——王室总管大臣和锦衣库执掌大臣——今后将在议会上议院同意的情况下才得以任命。另一项条款要求停止对债务人的迫害。国王需采纳贵族们的建议，尊重这些天然选民，因为他们是国王的顾问和亲密伙伴。贵族们起草的这份文件，几乎不涉及市民和骑士的利益。

贵族们提的要求中充斥着一种不耐烦和不宽容的论调。这些人一直是国王的相识和密友，他们的抱怨和要求反映了近一个世纪以来贵族政治的激进主义传统。《1311 年法令》（Ordinances of 1311）的一些条款让人想起 1297 年爱德华一世令人不满的行为；其他的一些则在爱德华三世早期及晚期重新浮现出来。《1311 年法令》所达成的政治成果是，国王必须接受合理的建议，考虑政治选民的意愿。议会逐渐成了此类辩论的地点，争论的焦点则变成财政和司法事务的决策制定过程。

关于对国王的建议和影响，贵族们提出的政治诉求必然会反映在皮尔斯·加维斯顿的问题上，1311 年，爱德华的这位亲密朋友被流放了。当加维斯顿流亡到欧洲大陆时，爱德华试图为其铺平道路。他给布拉班特公爵（Duke of Brabant）和法国国王写信，请求他们保护和接待他。1311 年圣诞节后，加维斯顿的女儿出生，他偷偷溜回了英格兰。爱德华想让他永远留在国内，但未能如愿；1312 年 5 月，国王被迫同意将他交给彭布罗克伯爵保护，这样既让他远离宫廷，又保证了他的安全。但沃里克伯爵耍了个花招，设法接近加维斯顿并把他带到了沃里克城堡。在兰开斯特伯爵和阿伦德尔伯爵的陪同下，沃里克举行了一场模拟审判，以叛国罪判处加维斯顿死刑。在赫里福德伯爵的领地布莱克洛（Blacklow），两名威尔士随从处死了加维斯顿，砍下了他的头颅。对加维斯顿怀恨在心的反对派诗歌表达了摧毁他的喜悦，并恭维了兰开斯特伯爵：

彗星闪耀，
唯有兰开斯特伯爵比肩，
无人与之能敌。

佞臣贼子，
命丧威尔士人刀锋之下，
身首异处。
愿上帝保佑锄奸之手。

讽刺诗还开创了一种庆祝文体：

赞美我的舌头吧，因它吟咏着彼得“皮尔斯”之死
他摧毁了英格兰。
国王爱他胜过一切，
让他在康沃尔安眠。

虽然编年史家托克劳的约翰（John of Trokelowe）声称，只要加维斯顿活着，英格兰就不得安宁，但处决他的做法让国王更加孤立，变得更加依赖他人了。爱德华二世悲痛欲绝，愤愤不平。在加维斯顿一周年忌日之际，他极为任性、不顾礼仪地撕破脸：锦衣库大臣记载了他欣赏伯纳德小丑和 54 名裸体舞者跳踢踏舞表演的费用支出。他甚至试图把他从前的朋友封为圣徒。国王渴望得到他身边信徒们的安慰，这些信徒对他心存感激。继加维斯顿后，德斯潘塞父子成为爱德华二世青睐的宠臣。

国王登基后不久，苏格兰军情告急，他必须马上应对。英格兰的领土完整岌岌可危，促使决策者调整行动领域和人员配置。1310—1323 年，宫廷长期驻于北方。戍卫北方带给后勤方面的压力是巨大的：1314、1318、1319、1320 年，以及 1322 年 5 月和 11 月，议会会议屡次在约克郡举行，王室法庭、普通上诉法院和

财政部也在北方待了很久。从 1298 年到 1338 年的 40 年里，王室有一半时间是在北方度过的。王室仆从们不断地把家具、卷宗、财物等打包并运送到约克郡和诺森布里亚。1320 年 9 月，国王的一位侍从奉命在 8 名警卫的协助下将 1 000 件物品从伦敦转移到诺森布里亚的芬汉姆城堡（Fenham Castle）。这样北上的车队络绎不绝，一度把北方变成了真正的政府中心。直到 14 世纪 30 年代，随着法国逐渐占据了英格兰军事和外交的主导地位，这种特殊情况才宣告结束。但与北方的联系已深深烙印在政府核心，并对未来的成员构成产生了深远的影响。

身处如此困境，国王得到了主教们的支持和建议，还受到一个乐于打破常规的家族的追捧。来自莱斯特郡的德斯潘塞家族既非贵族也不信奉贵族精神，在爱德华二世统治中期占据了重要的地位，深受国王信任，成为隔离国王和权贵们的屏障。1318 年，休·德斯潘塞（Hugh Despenser），这个曾与爱德华一世并肩作战，并在班诺克本为爱德华二世效力的亲密伙伴，被任命为沃里克伯爵爵位继承者的监护人，这可是有利可图的肥差。德斯潘塞一家人控制着全国各地以及加斯科尼的任免大权和政务信息。父子俩竭力钻营、跻身高位，讨国王欢心，但他们冒犯了社会和政治契约的另一方——贵族。贵族们旨在巩固和捍卫在 13 世纪 90 年代和爱德华二世统治初期取得的政治成果；他们意图接近国王，并在提供咨询方面占主导地位；他们还希望让议会取代朝廷，成为政治决策的场所。

即便饥荒席卷整个国家、苏格兰人入侵北方，这个国家仍处于内战的边缘。兰开斯特的托马斯是他那个时代最有威势、最富有的大贵族，他于 1316 年辞去了王室首席顾问一职，表明了政治上的不满和采取某些行动的意愿。这个国家几乎被一分为二，王室官员无法涉足北方。神职人员试图平息这种冲突，双方勉强同意签署一项协议。1318年7月签订的《利克条约》(The Leake Treaty)旨在重建贵族对国王的忠诚，安抚他们对其统治的不满。据编年史记载，当双方正在讨论各自的要求、谈判仍在进行时，在北安普敦，一名自称是爱德华弟弟的男子——来自埃克塞特（Exeter）的制革工人的儿子约翰·鲍尔汉姆（John Powerham）——被逮捕了。有些史学家认为他是个学者，可能是一位在牛津受过教育的办事员。他声称自己是爱德华一世的儿子，因疾病在襁褓之中被换走。在动荡不安的14世纪20年代，这个故事被视为描述爱德华缺陷的一个例子：因为国王打了这个人一顿，轻描淡写地处理了此事。贵族和王后坚持在国王缺席的情况下进行审判，所以约翰·鲍尔汉姆最终被绞死。他的尸体被吊着，以示警告。

1320—1321年，随着北部地区达成停火协议，威尔士和各个贵族之间的紧张局面再次浮出水面。贵族党——一个谨慎而脆弱的联盟——表达了对瓦伊河谷（Wye valley）的德斯潘塞家族的不满：1321年，由兰开斯特家族的托马斯率领的一支军队在威尔士领主的治下被消灭和屠戮。许多不满的领主加入了托马斯的阵营，因为即便他们推翻了德斯潘塞在瓦伊河谷的统治，但也失去了自己的土地，比如奇克的莫蒂默家族和赫里福德伯爵。德斯潘塞的统治权是国王认可的，也是在合法继承人——如高尔半岛的约翰·莫布雷勋爵（John Lord Mowbray）——的面前建立的。英格兰的许多贵族显然都愿意为改组王廷而战，但他们的目的不是宣誓效忠，而是羞辱和胁迫国王。1321年，兰开斯特的托马斯伯爵几乎统治了整个北方；那个夏天，在庞蒂弗拉克特（Pontefract）和舍伯恩（Sherburn）召开了两次议会，贵族们宣誓反对德斯潘塞。爱德华二世召集了一支军队来镇压叛军，他们从威尔士出发，穿过斯塔福德郡，向约克郡进军。1322 年 3 月 16 日，两支军队在巴勒布里奇（Boroughbridge）的路口兵戎相见：一边是国王和德斯潘塞，另一边是兰开斯特的托马斯伯爵和贵族们。战争残酷血腥，以赫里福德伯爵战死、托马斯伯爵投降而告终。

作为国王的堂兄，兰开斯特的托马斯伯爵是最富有、最显赫的贵族，他被审判并处以极刑。他被控叛国、谋杀、抢劫和纵火罪，以及在议会携带武器，勾结苏格兰人。他地位高贵，因此被采用了更体面的处决方式——用剑斩首，而不是通常对叛国罪犯实施的绞刑和分尸。然而在兰开斯特这片土地上，人们对托马斯报以同情，认为他是某种殉道者，保存其尸体的庞蒂弗拉克特修道院则成了朝圣的地点。国王取得了胜利，但他的统治却令人发指，因为它见证了邪恶的政治。《布鲁特编年史》（*The Brut Chronicle*）这样表达对政权现状的不满：当叛乱分子被抓获时，“他们遭到抢劫，并像小偷一样被绑起来，唉，这就是战争中的骑士风度，多令人感到可耻！”

罗伯特·布鲁斯伺机而动，于 1322 年再次入侵北方，一时间生灵涂炭、民不聊生。尽管爱德华二世战胜了反叛贵族，但他仍被认为是造成这一切苦难的罪魁祸首。

继巴勒布里奇之后，一个新的定居点建立起来了。它对威尔士影响很大，因为有一半的威尔士领主的土地易主。爱德华二世继续享受威尔士的贵族家庭为他服务，并将威尔士骑士召集到议会中。但他在威尔士所取得的成就，难以复制到英格兰其他地方；就像爱德华一世的最后十几年一样，人们不安的情绪显而易见。一系列阴谋被揭穿，促使人们加入帮派以寻求相互支持与保护；还有小团伙串谋诈骗和叛国。在对罗伯特·勒·马雷斯卡尔（Robert le Marescal）的审讯过程中，就是这样一个案例：罗伯特于1324年因谋杀罪受审。在他的大量供词中——因为他是国王的证人——他指控27个考文垂人密谋杀害国王，以及他们的死对头——考文垂修道院院长的支持者德斯潘塞。在一名魔法师引导的神秘仪式中，他们多次用别针扎国王的蜡像。为什么一群市民会将争取考文垂优先市场权利的斗争诉诸魔法？为什么这种铤而走险的行为会发生在一个法务人员和司法程序都如此完善的国家？显然，法律已不再得到充分的信任了。就在罗伯特因犯罪被处决的几个月后，国王本人也被杀了。

爱德华二世没能让王国步入清晰的政治轨道，国王、贵族和议会也没能做到合理有序的互动。这些年来，对王国的牢骚和不满倒是极大地丰富了本土文学的创作领域。诗歌，如《生活在邪恶的爱德华二世时代》（"on the evil times of Edward II"），便是用东部方言讽刺了各种各样的人（仅指男人）——牧师、律师、医生、公职人员和法官等。天灾与人祸密切相连，因此在多年的"丰衣足食"之后，又出现了"饿殍遍地"的景象。这一切都是上帝的惩罚，是虚荣和野心时期的报应，而且与爱德华一世的统治脱不了干系。

然而，爱德华二世的例子也激发了人们建立、资助宗教和教育机构的热情。伊利主教霍顿（1316—1337年在任）被爱德华二世从加维斯顿家族的废墟中救出，他于1317年实现了在剑桥建立国王学院的计划。国王学院是王室礼拜堂的分支，可接收40名男孩入学，他们之后会分别去王室礼拜堂和大法官办公室供职。爱德华二世开创了某种潮流；他的儿子爱德华三世进一步将这个机构发扬光大，因此被认为是这种潮流的开创者之一，他的雕像至今仍然矗立在三一学院的大庭院里。财政大臣哈维·德·斯坦顿（Harvey de Stanton）于 1324 年创建了迈克尔学院（现在是冈维尔和凯厄斯学院的一部分）。牛津大学也效仿了这种半时尚、半方便的做法，沃尔特·德·斯特芬顿（Walter de Stapledon）支持创建埃克塞特学院，为康沃尔和德文郡输送人才；亚当·德·布罗姆（Adam de Brome）则一手创办了奥里尔学院。

欧洲王室

王室的开支表明，它与西欧在外交、婚姻和文化交流方面保持着联系。和他的父亲一样，爱德华二世在位的大部分时间里此项花费约为每年 1.3 万英镑，而在 1323—1326 年，这一数字降到了 1 万英镑。此项支出涵盖了在英格兰、苏格兰边境、爱尔兰和加斯科尼的广泛活动，且是在一系列财务人员的积极监管下完成的。1310 年，诺威奇主教建议在加斯科尼建立王室档案馆，以加强对加斯科尼地区的管理，里士满伯爵负责统筹此事。1315 年，加斯科尼的王室委员会请求国王议会提供重要文件的副本，以便与法国就权利、土地和城堡问题进行谈判；1319 年其要求在威斯敏斯特核对一些文件的原件。国王在加斯科尼的统治地位是通过多项权利实现的，如宣誓效忠、控制城堡、法律裁决等，但如果要对抗法国国王对加斯科尼臣民的敌对统治，这些权利必须得到适当的维护。1322 年腓力五世（Philip V）去世后，爱德华对加斯科尼的主权要求变得更加复杂，因其既是一位强势的国王，又是法国国王的封臣，而他向阿基坦公国和庞蒂厄郡效忠的时限已至。

1322 年查理四世（Charles IV）登上法国王位，由于爱德华二世再次被苏格兰的麻烦缠身，所以他没有申述诉求。1323 年，爱德华二世与罗伯特·布鲁斯谈判并达成休战协议后，人们希望他访问法国并向法王效忠。但是爱德华二世闪烁其辞，加斯科尼的局势变得不稳定，某些方面甚至处于无主状态，许多待解决的案件——尤其是关于土地和遗产的纠纷——因不明朗的封臣关系而得不到处理。如果爱德华持续缺位，他将失去法国的封地。因此，在加斯科尼，当国王看似遥不可及时，当地贵族就会提出诉求。在圣萨尔多斯（Saint-Sardos），一个由巴黎议会批准兴建的、主要用于战备防御的村庄，被当地一位领主——爱德华二世的家臣——烧毁了。1323—1325 年，一场战争因此爆发，其预示着在未来即将引爆一场更大规模、更血腥的战争——百年战争。

爱德华二世有很强的公众展示欲，他经常采用别出心裁的形式，创造性地应用到不同场合上。他在访法期间也依旧如此，比如，1313 年他在巴黎和波伊西（Boissy）参加的、为腓力四世的儿子们（也就是他的妻舅）举行的奢华授爵仪式。腓力四世是那个时代最显赫的欧洲君主，当他于 1314 年去世时，爱德华二世令王国的所有教堂为其祈祷。爱德华王室的事务是由一个庞大的外交网络打理的，尽管其经常轮换，但有赖于来自法国的王后所提供的外交协助，它似乎仍是一个有效的系统。爱德华喜欢宫廷庆典：他恢复了自约翰国王时代就暂停的王室濯足节[①]。

因为成本高昂且易于区分，制服被特地使用，而且还附加了一

① 从英国国王爱德华一世开始英国王室每年举办的节日，在这一天国王访问一座英国大教堂，并向当地百姓和穷人们发放象征着濯足节礼物的“救济金”。

些等级标识，以便应用于宴会和列队等场合。根据王室条例，1318名王室仆人的报酬由工资和服装组成，方旗武士能收到20马克的酬金和价值16马克的制服。贵族家族周围有相当多的骑士和武装力量，他们效忠于贵族，使得制服也带有了军事意味。这些都可以反过来用于对付国王。1321年，当威尔士领主威逼国王遣散宠臣德斯潘塞父子时，威格莫尔的罗杰·莫蒂默（Roger Mortimer）、赫里福德和埃塞克斯的汉弗莱伯爵、罗杰·艾默利和小休·奥德利——托马斯·兰开斯特的所有盟友——都为自己的骑士武装准备了各色盔甲和制服。那些因加入贵族部队而被指控和受审的人——如赫里福德郡前治安官罗杰·德·埃尔默鲁格，他在王室服役期间就有此举——都是穿着制服被绞死的。

爱德华二世在王室中拥有广泛的人脉，并监管着英格兰、威尔士、爱尔兰和加斯科尼的事务。王室在整个不列颠拔擢人才：1317、1318年，爱德华二世的随身护卫是两名威尔士弓箭手高夫兄弟；1325年，他的号兵是曾在巴勒布里奇伴侍左右的苏格兰人约翰。只要有可能，他愿意重用曾为其父效力的、值得信赖的官员。安德烈·萨皮提（Andrea Sapiti）就是这样一位长期担任要职的大臣，他不仅在阿维尼翁教皇法庭担任国王的代表，还与意大利金融家就国王的重要贷款进行谈判。爱德华二世一直与多位枢机主教保持通信，其中几位枢机主教曾领导英法就加斯科尼问题进行谈判。爱德华二世积极参与国家治理，他成年后登上王位，事必躬亲。尽管他似乎只需要对自己忠诚的密友，但他还是欣赏并提拔了一些官员。他尝试与高级教士和贵族巨头保持联系：他曾向神职人员报告外交和军事方面的进展，向国内请求祈祷，以支持诸如伊莎贝拉王后1325年访问法国之行。他的兴趣范围很广，从解决1290

年被他父亲驱逐的犹太人的未偿债务问题（1326 年他完全取消此债务），到惩处加斯科尼的腐败官员，以及为他的军队订购西班牙优质马匹等，不一而足。

贸易和交通

加斯科尼的统治，及其与低地国家和卡斯提尔（Castile）[①] 的外交关系共同构成了英国贸易活动的背景。这些年来，英国在欧洲羊毛贸易中的地位稳步提升，并为卡斯提尔和葡萄牙商人建立了港口。在英格兰的意大利商人深入参与羊毛贸易，经手了超过一半的羊毛出口，并带来了黄金、地中海货物和珍奇物品。繁忙的交通见证了葡萄牙船只卸下无花果、葡萄干、皮革、染料和蜂蜜等货物，并满载宽幅布、帷帐、锡、铅和威尔士布匹离开。这些都是史无前例的。商业交易的数额急剧上升，从 13 世纪 80 年代到 14 世纪的第一个 10 年，几乎翻了一番。尽管苏格兰战争使约克郡的羊毛产量有所下降，但大部分羊毛仍产自约克郡，其次是诺福克郡、德文郡、赫里福德郡和德比郡。区域差异不断发展，这受到出口商的青睐，他们可以从一系列毯子、精纺毛纱、粗呢、平纹料、印花布中进行选择。爱德华二世政府试图促进和支持国际交流，认为这是良性和有利的。保护主义的举动只体现在少数几个具体案例中，如反对荷兰渔民在东盎格利亚海岸外捕捞鲱鱼。

这一时期，能将食物和牲畜相对快速、方便地输送到全国各地的运力，促进了中世纪英格兰和威尔士的商业发展。14 世纪中

① 西班牙古国。

叶的高夫地图显示了连接伦敦和全国各地的 5 条主要道路，它们分别是通往埃克塞特、布里斯托尔（Bristol）、圣戴维斯、卡莱尔的道路，以及到约克郡的旧北路。这种交通网络基本是由水路组成的，它使人们能够在两周内从任何地方到达伦敦。除去常见的洪水问题，在天气允许的情况下，从约克到伦敦只需 4 天。体格健壮的人一日能步行约 30 公里，骑行约 40 公里。但当旅行受阻，进度就会慢得多。一本牲畜贩子的日记详细记载着，1323 年王室仆从约翰与 8 个男孩和 1 个牧羊人一起，赶着 19 头奶牛、1 头公牛、313 只母羊、192 只小绵羊、272 只羊羔、1 只公羊从林肯郡的霍兰德到约克郡的塔德卡斯特（Tadcaster）。1323 年 5 月 13 日，他们出发了，穿过城镇和村庄，沿途还带上了更多的牲畜和有用的东西。这次行程历时 12 天，他们还曾乘船渡过利特尔伯勒（Littleborough）的特伦托河（Trent）。

宗教和教堂

大多数城镇有密集的宗教机构。到 14 世纪早期，堂区已经建立得很好，宗教场所和医院也随之完备。英格兰有 22 座城市大教堂，威尔士有 3 座，爱尔兰有 23 座，苏格兰有 17 座，其中的神职人员非常引人注目。教徒、办事员和神职人员混杂在大教堂的区域内；而对大教堂来说，无论是其建筑样式、风格，还是其居民的受保护程度，都是独树一帜的；教堂和宗教场所对生活在其周边的城市居民具有相当大的经济影响力。它们通过教徒的赠予积累财产、获得收入，但最重要的是有计划地扩大地产。因此，即使英格兰大部分地区在十余年的时间里都经历了经济难关，诺威奇的多明我会[①]仍从当地的土地市场上获得了至少 12 块城市用地。宗教机构是主要的建设者，也是雇主。1322 年 2 月，伊利的盎格鲁－诺曼大教堂的十字架坍塌，修缮工作几乎立即启动，并用奢华的刻雕拱门和精美的浮雕装饰，形成令人印象深刻的伊利八角风格。类似的工程创造了对石头雕刻工艺的需求，技艺高超的著名雕塑家备受追捧。

尽管新教的圣像破坏运动毁坏了大部分中世纪嵌板画，但一些传世的精品仍彰显了这些年来东盎格利亚学派的辉煌。譬如，索海姆帕瓦祭坛组塑，很可能属于约公元 1330 年萨福克郡塞特福德（Thetford）的多明我会机构。在这一作品中，基督耶稣、他的母亲和主要的圣徒——圣・埃德蒙（埃德蒙・冈维尔，东盎格利亚教派的创始人，也是诺威奇主教）和圣・多米尼克——造型细腻，宛若从精致的小幅手稿中拓出，可与同期的巴黎佳作比肩。在多塞特的金斯顿莱西（Kingston Lacy）发现的橡木祭坛和上面的油画，其色调之温润、品质之奢华与前者类似，它描绘了高级教士与圣洁的国王（东盎格利亚国王埃德蒙，英格兰国王忏悔者爱德华）同排而坐。在其他地区，雕刻石屏和祭坛则最为常见，比如，大约 1320 年威尔士牛顿（赫里福德郡）的圣坛屏风，其上展示了更为端庄而华丽的精致花球主题。这个屏风将圣坛与世俗隔开，但也让人们通过整齐的拱形开口一窥圣坛景象。在宗教界，这也是一个充满伟大的音乐创造力和创新性的时期：14 世纪早期的赞美诗，如成篇于 1310—1320 年的霍华德诗篇，其内附插图，用歌曲的形式呈现修

① 又称“多米尼克派”，是天主教托钵修会主要派别之一。1217 年由西班牙人多明我创立。同年获教皇洪诺留三世批准。

士和圣典的形象。画面如此精妙，以至于我们有时可以解读出正在唱的赞美诗、歌手面前的乐谱上的音符和文字。

金斯顿莱西祭坛正面的落座主教们，都是14世纪初在宗教建设、资金支持和文化工作方面取得很大成就的领军人物。在英格兰、爱尔兰和威尔士，主教们已成为王室事务的核心管理者，并监管着庞大复杂的教会法律、礼拜仪式和教育体系。每座教堂都是一个活动核心区，配有教会法院、在每一个复活节召集堂区牧师的议会、藏有神学和教会法工具书的图书馆、有专业神职人员供职的学校，以及有世家大族的资产支持运营的庄园。主教往往回避，不直接参与王室事务，但其双重身份往往能影响教会和国家的目标：在北方，主教是确保边界安全的关键人物，而林肯和伊利主教分别主管欧洲两所最负盛名的大学——牛津大学和剑桥大学。主教们还对艺术事业给予资金支持，鼓励科技创新，重视外交，在他们的委任下，有越来越多的人接受罗马法和教会法的训练，进入教会官僚机构。这些人被授权管理繁杂的大众事务：缔结和取缔婚姻、财产继承、性道德、经济获利和赔付、信仰和不洁、万人堂区的任命，以及神职人员的降阶等。

堂区内的宗教生活是主教及其工作人员“微管理”的主题。“探访”本应是一年一度的活动，实际上却不那么频繁。当将目光聚焦于一个社区及其活动时，这可能被视为一种侵犯。1327—1328年，对肯特郡的探访即凸显了社会结构和供应方面的不足：伊克汉姆教堂的窗户破损，没有适合教众使用的讲台或座位；堂区的牧师一旦结婚了，必须另找一位能替代他的牧师。韦斯特韦尔（Westwell）的院长因与女人非法同居被降职，改任一个可由已婚人士担任的职位。受过良好训练的牧师往往愿意进一步深造，或为有影响力的世家服务。只要不影响所属堂区事务，主教们允许他们有一定的假期。1326年，肯特郡天鹅谷（Swanscombe）的教区长就被准许休假一年，为彭布罗克伯爵夫人服务。

对堂区居民的供给水平在很大程度上取决于宗教机构或其资助者贵族世家的资产和配置。堂区的收入经常分配给宗教机构，这些机构有义务对教堂建筑进行妥善的料理和维护。根据英格兰的传统习俗，堂区牧师负责维护圣坛，这就意味着，宗教机构对教堂也负有同样的责任。在这种情况下，圣坛和教堂中殿在建筑质量和风格上存在很大的差异，譬如剑桥郡的樱桃镇（Cherry Hinton）。当这一制度发挥作用时，它对堂区居民是有好处的：例如，在东盎格利亚地区有约300个社区享有高水平的教育，这是因为萨福克郡克莱尔的奥古斯丁修士定期访问这些社区，并在那里讲道、听取忏悔、收集施舍和供品。

到13世纪晚期，坎特伯雷大主教约翰·佩查姆编写了一部基督教基本教义文集和几本手册，以协助牧师进行教学和进一步阐释相关主题。要使这些文本得到最广泛的应用，就必须使用英语，而有几部作品恰好能满足这点。肯特郡利兹修道院的威廉·肖勒姆大约自1320年起担任查特萨顿堂区的牧师，他创作了一部韵文，主题广泛，涉及教义问答和圣礼：七圣事、十字崇拜、十诫、七宗罪、马利亚的五大喜乐、对圣母马利亚的祈祷词，以及对三位一体、创世、亚当和夏娃的阐述。生动的肯特语将神学娓娓道来：

耶稣基督用伤口涌出的鲜血
涤荡你我。
神圣教会的圣礼

由此发端。

他这样解释圣礼：

至于说到圣礼
这是圣事的象征。

圣餐则是这样的象征：

教堂里的面包
代表耶稣基督的身体。

骑士和贵族阶层的宗教教义，常以私人藏书的形式出现，多为盎格鲁－诺曼语写就，而盎格鲁－诺曼语是诺曼征服时引入不列颠群岛的法国北部方言。尼古拉斯·博松（Nichloas Bozon）是一名方济会教士和诗人，他为久经世故的听众提供精妙的论点，用优雅的诗句巧妙地布道。他反对某些修士声称的生动、大胆的布道，认为其中可能蕴含着罪恶的思想。他宣称：

当一缕阳光透过窗户进到房间……
它便经过玻璃沾染上了尘埃。

他解释说，那道光芒（也就是传道）并没有创造看不见的尘埃（罪）；正因前者阐明了后者，从而区分了对和错。

这样的诗句易于记忆或阅读，有时配有可视化的形象，便于讲述基督教的故事。《圣徒全传》记载，在约 1310 年北安普敦郡的克莱顿，南墙上分成三层的多组彩绘图画描绘了圣母马利亚的生活和婴幼儿时期的耶稣，紧接着在北墙上便有耶稣受难的场景。有了这些帮助，复杂、晦涩的宗教基本教义很容易地在教众中传播，因为大多数教众既不会读也不会写。这样的故事甚至可以为那些想通过独立或集体阅读进一步求知的人增加道德深度。

堂区为大多数人提供适合祈祷、仪式和礼拜的场所。教会法通过神父解答忏悔者的提问、教职人员探访时的检查而渗透整个堂区。农村堂区通常与人们从事生产和生活的基本单位——庄园重合。在小城镇，堂区与定居点相吻合。在英格兰的市镇（法国西北部也是如此），许多小堂区都是并存的。剑桥小镇有 15 个堂区，每个堂区只占一两个街道。根据婚姻和遗嘱遗产的相关规定，教会法会触及堂区居民的财产和福利。行政和宗教领域在某些地方有交集，例如，在征收农产品的什一税、审查非法所得的财产，以及要求获得非法工作的赔偿等方面。尽管沿海地区的惯例是回收失事船只的货物，但教会法依然对此进行干预。1313 年 7 月，巴约讷的“圣玛丽号”在怀特岛（Isle of Wight）凯尔湾（Cale Bay）悬崖附近失事，沃尔特·德·哥德斯顿（Walter de Godeston）和一些当地人打捞起 174 桶葡萄酒，并救出了船员。沃尔特却因此领了份苦差事，因为这些酒属于皮卡第的一座修道院：作为惩罚，他要在圣加大肋纳丘陵上建一座灯塔。

一些负担得起宗教生活投资的世俗人员，在家里也创造了礼拜空间，或尝试获得严苛的宗教体验。贝德福德城外的朗索普塔（Longthorpe Tower）是索普一家的住所。大约在 1330 年，罗伯特·索普把一间拱形日光房改造成了一处装饰华丽的居所，墙上全是壁画，至今看来仍令人赏心悦目。其道德主题涉及家庭和个人生活的重要阶段：人所经历的七个阶段描述了从摇篮到衰老的过程，每个月的日常活动与十二使徒及其信仰约束相关联。这虽是一个世俗的场景，但其叙事框架和内容都是基督教的内核和意象化。

成篇于 1320—1330 年的《德莱尔赞美诗》(*De Lisle Psalter*)为约克郡的罗伯特·德莱尔的女儿所有，其特点是将自然世界、生活经验贯穿于道德戒律中：它将对圣母的祈祷词与生动、活泼、有趣的乡村生活图景相融合。类似的作品还有 1325—1335 年成篇的《泰茅斯时光》(*Taymouth Hours*)，这是为爱德华二世和伊莎贝拉的女儿、大卫·布鲁斯未来的新娘——公主琼创作的。这本书可能是为她结婚而准备的。根据 1328 年的《爱丁堡条约》(Treaty of Edinburgh)，琼在 7 岁时嫁给她年仅 4 岁的丈夫，作为英格兰与苏格兰和解的部分条件。它包括了各种场合的祈祷和仪式：圣灵仪式、三位一体仪式、圣母仪式、十字架仪式、死者仪式，以及忏悔的诗篇。只要这位公主学会了拉丁语和法语，她就会像同时代的其他贵妇人一样，掌握了这本书的宗教纲要。拥有此类书籍的不只是贵族妇女：成篇于 1320—1324 年的《雷登时光》，就是为萨福克郡王室律师罗伯特·德·雷登爵士的妻子爱丽丝·德·雷米创作的，这本书的内容稍微轻松一些，介绍了耶稣基督幼年的场景，也是一本四季祈祷书。

对大多数拥有者来说，这样的书可谓是一生的礼物或遗产，因为其珍贵、神圣、私人化。人们在祈祷书上写下重要的日子、事情，并在背面做注解。时光的印记和生命的历程从这些页面中浮现出来：上面绘有各种阶级、不同年龄段的男人和女人，人们在四季的各种活动和生活追求，乡村生活尤为如此。书籍并不是唯一的图像载体，其他的人工制品也可以激发人们的想象和思考。赫里福德郡、埃塞克斯郡的汉弗莱·德·波罕伯爵留下了一份1319—1322年的财产清单，上面记录着“一座礼拜堂中的女士的象牙画像”，以及圣加大肋纳的一幅象牙画像。罗杰·莫蒂默在被执行死刑后，其财产被扣押，其中就包括一幅圣母的象牙图像，这曾属于他的妻子。

书籍和画册被赠予者和受赠者视为珍宝；它们在生者之间流传，并由死者遗赠，是关于爱、记忆和纪念的一部分。随着为死者举行纪念会这一风潮的兴起，旧有的机构衍生出新方式来表达新风格和新想法：12世纪位于约克乌斯桥北端的圣威廉市民教堂，在1321—1331年的10年间被约克市民改造成4个全新的小教堂。这几十年来建立起来的建设与赞助模式一直持续到宗教改革：每个人，不管男人和女人，都致力于为那些已经在炼狱中受苦的灵魂祷告，希望减轻死后原本属于自己的、或自己所爱之人的处罚。死亡让人精神紧张、心神不宁，这一时期的许多鬼故事都告诉人们，亲人的死亡并不是一个章节的结束，而是与将来的未知紧紧相连。约1324年的威尔士故事“格维德与修士”中记载了一个有关提问与回答的假想场景，通过一名修士，格维德与他悲伤的遗孀之间进行了一场有关炼狱与祈祷的交流。相反，爱尔兰基尔代尔的前修士迈克尔在一首关于天堂的诗中表达了一种不甚焦虑的观点：与想象的安乐乡相比，天堂这个地方似乎太沉闷了。

女人对死去的配偶负有责任，这在寡居期间，甚至在后来的婚姻中，都是一项重要的责任，需要仔细规划和执行。基尔佩克勋爵艾伦的妹妹琼，与赫里福德、埃塞克斯的汉弗莱伯爵的孙子亨利再婚，并举行了盛大的婚礼。亨利死于班诺克本后，她着手准备在赫里福德大教堂的一座著名圣母堂中举行一场体面的纪念祷告仪式。

圣母堂里满饰壁画，其中有一张是她跪在圣母面前。琼于 1327 年去世，她要求以基尔佩克夫人的身份安葬在那里，还在教堂修士的祈祷中加入了更卑微的人——朴茨茅斯上帝医院的收容者——的代祷。这是一种真正意义上的选择，它表明亡者意识到，不同的祈祷者所产生的宗教价值有微妙的不同；这种选择是亡者追求最佳祈祷效果时所做的审慎判断。

死亡也是可以被选择的，极少数杰出的男人和女人选择离开家人和朋友，过着独居生活。男人可以隐居于森林和洞穴中，女人却不能自由地漫游，因此一种严格的“隐居”生活标准发展起来。到了 14 世纪，这类妇女必须参加由主教主持的葬礼，仪式结束后，有人会陪同她们到堂区教堂隔壁的小房间里。朋友们和社区居民会选出一个人，通常此人还带着一位女仆，陪伴她的封闭生活。虽然与世隔绝，但她仍可以观看教堂里的礼拜仪式，接受递到她房间里的食物。这个体系由主教们管理，每个案例都是公开上演的个人秀。1329 年，萨里郡木匠威廉的女儿克莉丝汀表示想成为一名隐士，经过其所在堂区牧师的调查后，该请求得到了温彻斯特主教的批准。克莉丝汀如期修行，但她的选择并不幸福；据我们所知，还不到 3 年，斯特拉特福德主教便寄出一封信，信中附带了一个特许状，上面说只有她“时常离开隐居地、回到世俗世界中来”，她才可以继续修行。人们可以采用很多途径实现自我修行，但大多数人都望而生畏，甚至不敢予以尝试，于是便选择了堂区的宗教。那些极少数选择终身进行宗教修行的人常常发现这条路太过苛刻、孤独、令人沮丧，同时代有关叛教的报道清晰地证明了这一点，有时这种离经叛道甚至是悲剧性的。

法律和秩序

通过约束和震慑、社会和道德规范、法律的制裁和承诺等方面的相互连接与作用，一套针对庄园和社区、堂区甚至市场的秩序被建立起来。所以，当国王作为权威和法律制度的最高代表，被认为与社会礼仪和法律正义不相符时，便具有极为严重的破坏性。王室成员罗伯特，将英格兰军队在1314年7月班诺克本战役中败于苏格兰人之手归咎于国王没有参加弥撒，而是喜欢从事一些无聊的、开渠挖沟一类的活动。罗伯特因此被逮捕。作为肯特郡的一名特使，罗伯特后来抱怨说，当他带着王室密令出现在肯特郡时，人们“把密令扔到地上，然后踩在脚下”。在王后的调停和坎特伯雷大主教的担保下，他最终被释放，但我们在此看到这样一种观点——国王不负责任——被爱德华二世的野心勃勃的反对者、他自己的宫廷和家庭成员利用来为其过激行为辩护。

不管地位高低，一些王室成员不仅嘲笑国王，还公然损害国王的利益。1317年9月，吉尔伯特·德·米德尔顿（Gilbert de Middleton）袭击了达勒姆主教当选人路易·德·博蒙特（Louis de Beaumont）的护卫队、两名红衣主教和其他官员，路易·德·博蒙特是王后最喜欢的人。这些高级教士是去执行教皇对罗伯特·布鲁斯的任务的，在从达灵顿（Darlington）前往达勒姆的路上被抓；主教当选人和他的同伴被关在米特福德城堡（Mitford Castle）长达几个星期，其他红衣主教们被抢劫了财物后才被准许前往达勒姆。犯罪者来自王室，还曾从国王手里得到年金和礼服，最后他被抓住受审，以叛国罪被判处死刑。

在这几十年里，有两种截然相反的趋势在共同作用。一方面，司法体系建立起来，律师接受了良好的培养，在威斯敏斯特的中央法院大约有 200 名律师——就像都柏林法院一样——可以在王室法官面前为对手辩护。在这几十年里，正规议会出现了，并成为政治生活的预期特征。另一方面，那些为体系运作提供支持和领导力的人与国王出现分歧：他们怀疑国王是否有魄力和能力在战争、财政和任免权限上代表他们的利益。关于培训和晋升的精密制度促使律师和法官的做法和态度趋于一致。当律师学院（Inns of Court）于 1329 年第一次被提到、还是一个不成熟的机构时，律师们就已经在工作中接受了职业培训。当国王的公正没有起到威慑作用、也没有及时惩罚罪犯时，人们开始寻求其他的保护手段。

贵族与士绅之间的一些区别渐趋明显：当男爵们上任、表达诉求、反抗国王的时候，士绅们在很大程度上被动员起来，以复杂而具创新性的行政司法手段来维护边界稳定、监管地区正义。王室官员和当地社区执行普通法来遏制犯罪。他们是由国王和议会选出的，是地区各郡安全的维护者，他们主要依靠自己作为当地重要地主的力量，了解当地情况，与同阶层的人建立联系。这一时期的铜像描绘了这样的优秀人物，有时是士兵，有时是当地官员，如 1325 年生活在剑桥郡附近韦斯特利·沃特莱斯（Westley Waterless）的约翰·克雷克爵士和他的妻子阿琳，斯托克·阿伯农（Stoke d'Abernon，萨里郡）的小约翰·德·奥伯农爵士等。王室法官没有薪水，但他们有旅费；最重要的是，他们从王室赞助中受益，获得土地和年金补贴。

马丁利（Madingley）的罗伯特就是这样一位王室官员，他来自剑桥郊外的一个叫马丁利的村庄，可能是为爱德华二世效力的最勤勉的王室法官之一。罗伯特在剑桥郡拥有三处房产，其中两处是其叔父的赠予。在他1321年去世前的10年里，他曾担任埃塞克斯郡和赫特福德郡治安法规执行专员、剑桥郡地方税务评估专员、萨莫塞特郡税务违规调查专员。他游历全国，从埃塞克斯到萨莫塞特，在途中有时会到自己的庄园休息，有时必须携妻子到威斯敏斯特。无论是旅行还是逗留某地，他都有充足的食物供应，其中一些是他自己庄园的产品，他在国内和当地的产业足以支持他的旅程。

另一个有趣的例子是阿德伯里的罗伯特，他的职业生涯在1327年和1330年的政权更迭中显得更加戏剧化。1325年，他从爱德华二世治下的地方巡警晋升为宪兵专员兼治安官。1328年，他负责监督治安官，这一职位通常由地位较高的人担任。爱德华三世登基后，他再次得到提拔，于1333年担任牛津郡和伯克郡的郡长，同年被封为爵士。这两位罗伯特因其在当地的声望和管理能力而声名鹊起。

在那些受贵族们影响而动荡不安的年代里，阿德伯里的罗伯特和像他这样在当地有重要影响力的人，是最可能被信任和提拔的，他们的任务超出了当地的范围。在几十年中的议会工作中，这些人的希冀和忠诚被大大调动起来。阿德伯里作为郡里的一名骑士，他很可能会被召集到议会，组成下议院，其中包括郡代表和市镇代表，他们往往也是贵族成员。上议院则由大贵族、主教、一些修道院院长和其他教会机构的代表组成。在坎特伯雷大主教主持的“主教会议”上，神职人员还作为一个团体参与了讨论。

爱德华二世在位期间，议会程序得到进一步扩展并经受住了考验。到他的儿子爱德华三世执政的时候，议会已经成为可以讨论财政和军事决策的有力机构。爱德华二世统治时期，最具说服力的议会文件是《议会召开法》（Modus tenendi Parliamentum），这很可能是 1322 年由一名议员撰写的，是一篇技术性文件，经常被后世法律文献延用；17 世纪 40 年代，约翰·皮姆[①]还将其作为一个成功的典范予以发扬光大。这份文件认为议会有多种职能：它是一个审判当代人、包括叛国罪人的重要场所，是解决国王与臣民之间争端的适当场所，它还作为上诉法院受理当事人的申诉。文件强调议会的责任及其长期记录的作用：档案要以 25 厘米宽的卷宗形式保存，然后形成文档，所有的资料都由 5 名职员保管，他们每天拿 2 先令的薪水。国王主持议会，辅助他的有官员、贵族和教士，他们都是按照严格的次序排列的。该文件既描述了当下的实践经验，也为将来的变化制定了原则。随着议会在政治事务中的地位稳步上升，该文件也被律师、贵族顾问和国王所使用。

来自公民个人、企业和社团的请愿书会特别强调那些悬而未决的法院案件、关于土地主张的冲突、涉及王室利益的案件。这种情况解释了法官——不管是国王法院的法官，还是普通法院的法官——在经议会筛选组成的委员会中的重要性。这也解释了为什么当地律师——往往是当地有名的人——会频繁地被选入议会。最终结果是，国王在议会上提出征税要求，在那里讨论征税水平，并确定了征税方式。

这一时期的议会是一个不断扩大和发展的王室议会，其职能是收集和审议信息，并试图仲裁调和政治利益。来自战争和行政管理的挑战，加上贵族和市民的政治诉求，让 13 世纪的议会成为一个可以听到不同意见的平台，只要国王扮演好一个公平的仲裁者的

---

① 英国资产阶级革命的发起人和领导者，是英国资产阶级和新贵族的典型代表。

角色，他还是可以让议会为其所用的。议会在审查立法方面仍有待发展，但该职能正在人们抱怨普遍存在的不公平现象和要求纠正中萌发。投诉来自个人或团体，也来自世俗界和神职人员。主教们受邀，或者更确切地说，被“预先警告”出面应对投诉。神职人员并非必须出席，只是被邀请出现。坎特伯雷大主教和约克大主教举行集会，旨在召集神职人员进行磋商。神职人员也利用议会来表达不满，比如，1323 年坎特伯雷的神职人员拒绝缴税。几位主教和领班的神父都是重要的王室官员、学者和经验丰富的外交官；与法官一样，他们为议会的审议工作提供专业依据。

爱德华二世议会主要处理王室事务，以王室活动为中心，松散的组织结构使有特殊魅力的人物在议会中留下浓墨重彩的一笔。正如我们已经看到的，在与苏格兰作战期间，北部举行了几次议会会议。1311 年和 1327 年，贵族们迫使国王认真考虑王室的能力和贵族的不满，议会因此成为制约国王的工具。爱德华二世召集了许多次议会，但并不总能控制它们，因为他并没有赢得议会所有意见选区的尊重。

爱德华二世的逊位

爱德华二世的统治最后定格在议会场景上。尽管贵族对国王有长达 10 年的不满，但最终的反对还是来自他的家庭，由他的妻子、儿子而非臣民发起。伊莎贝拉王后从法国回来后，彻底地孤立了国王。在艾诺伯爵的支持下，她率领一支入侵部队从多德雷赫特（Dordrecht）出发向萨福克进军。1326 年 9 月 24 日，伊莎贝拉王后和她的情人罗杰·莫蒂默以及 14 岁的王子一起登陆；王子的加入促使“王国联合体”成立。伦敦欢迎她，国王从威斯敏斯特撤退到威尔士。在那里，爱德华二世试图争取支持；他命令他在威尔士的长期盟友增兵，但收效甚微。在格拉摩根伯爵治下的德斯潘塞家的兰特里桑特城堡附近，也就是爱德华寻求庇护的地方，他被捕了。威尔士成为这场戏剧性政治斗争的舞台，尽管在那里国王有许多忠实的王室追随者和仆从，但他仍以失败告终。

家庭秩序的混乱从侧面印证了爱德华二世统治的失败。在一位大贵族的支持下，他的妻子与他斗争，他的儿子被迫选边站队。随着 1323 年加斯科尼战争爆发和苏格兰入侵，王国陷入困境。议会提供了一个宣泄不满的场所，并第一次见证国王被罢黜。王位继承人被称为王国的“监理人”：毕竟王子是国王的血肉；但他的母亲在秋天继续搞破坏性活动。最终国王被囚禁，他的儿子登上王位并于 1327 年 2 月加冕。

就在这些事情发生的时候，一位王室职员，米尔米特(Milmete) 的沃尔特，正在翻译一本旨在昭示国王智慧的书：《论国王的高贵、智慧和谨慎》(*On the Nobility, Wisdom and Prudence of Kings*)。此书是爱德华二世用以教诲他的儿子威尔士亲王爱德华的，据说是亚里士多德为亚历山大大帝写的。这本书插图丰富，包含了许多切合当代英格兰现实的可行性建议。它教导国王不应该参与贵族派系斗争，而应该听取他们的主张，特别是那些在“议会”中提出的。在分配自由、婚姻、土地和租金之前，他应该听取意见；在判断是应该奖励还是疏远某人时，他应该考虑所有的情绪；他应该会读会说拉丁语和法语（爱德华的确会说英语和法语），并能够写得很好，这样就不用依赖书记员和抄写员了。一个国王应该表现出怜悯之心，照顾可怜的臣属、尤其是年老的士兵的需要。他必须追求和平，但又要为战争做好准备，招募不同岗位、不同技能的人——譬如不用奢侈享受、坚持战斗的顽强的农夫。他应该慰问他的军队，提振士气。

这本关于英格兰王权的绘本描述了国王即位，维护正义和慷慨，接纳来自不同阶层、不同技能和不同出身的人们的要求。然而这只是一个希望、一个梦想、一个依据古代智慧而打造的理想模型，用来强调当时时代的明显缺失：一个站在政治链顶端的领导者，因未能与潜在的顾问和支持者达成和解，从而使得力量被削弱。

爱德华二世逊位、声名狼藉的德斯潘塞被处决，既不是议会的决定，也不被议会记录在案。议会构成这一行动的背景，所以有些人认为议会真正诞生于 1327 年。当年 1 月，爱德华二世召开议会，但他拒绝出席，这实际上是他儿子第一次出席议会，那些抗议暴政的愤怒的人群开始欢呼拥护新国王。

爱德华二世于 1 月 21 日退位，3 天后宣布爱德华三世开始统治。2 月 1 日，爱德华三世在威斯敏斯特大教堂举行了盛大的加冕仪式，锦衣库为他耗资 1323 英镑准备了奢华的服装。服装标志着政治集团的等级：国王穿金色衣服，下一级的人穿丝绸，更低层级的人穿蓝色衣服。官方文件可以很容易地在君主之间传递，但官僚政治的连续性却因正在上演的政治和家族戏码而几乎无法维持。1327 年还标志着议会的职能进入新的阶段：它提出了全套请愿书，并由此产生了第一个法案。爱德华二世的困境比以往任何时候都更突出了政治辩论和纠正的必要性。

这次政权更迭所带来的暴力行动尚未到来。1326—1327 年之交的冬天，国王一直被囚禁在肯尼沃斯城堡（Kenilworth Castle），由他的堂兄兰开斯特伯爵亨利看管。在这几个月里，伊莎贝拉巩固了她的成果，奖赏了她的追随者；与此同时，企图释放国王的行动不止一次地开展。1327 年 3 月，来自南威尔士的德斯潘塞计划营救他但以失败告终。东南部也不太平，如坎特伯雷 3 月中旬发生骚乱，罗彻斯特（Rochester）6 月发生动乱等。因此，爱德华二世在当年 4 月被转移到格洛斯特郡的伯克利城堡，由托马斯 · 伯克利和约翰 · 马尔特拉弗斯照料。罗杰 · 莫蒂默 7 月进军英格兰北部平息骚乱，年轻的国王与苏格兰人作战——苏格兰人最近与法国签订的协议鼓舞了他们——但收效甚微。新政权面临的危机和信念感的缺失使爱德华三世意识到，如果他想保住王位，就必须采取大胆的行动。这样做的后果可能导致了他的父亲于 1327 年 9 月 21 日在伯克利被杀，也直接导致了反对他母亲的政变。

后世一些记叙将伊莎贝拉称为“法兰西母狼”，并对她怀有强烈的敌意，然而她在外交方面的努力卓有成效，她有能力为自己营造一个崇高而自主的地位。她诞下子嗣作为王位继承人，当 1318 年她的丈夫和贵族关系闹僵时，她还扮演了调解员的角色。她在服侍国王的同时，也建立起了自己的关系网，涵盖家族、金融和法律领域，后者最终不仅发展成一个独立的板块，而且取爱德华的统治而代之。她崛起于她丈夫的声望式微之时，获得了自发性动力，最终向国王效忠的模式彻底破裂，她的生活得以重塑。14 世纪 20 年代初，无论是在政治上还是个人生活上，伊莎贝拉与马奇伯爵罗杰 · 莫蒂默（Roger Mortimer Earl of March）的命运都结合在一起。马奇伯爵是爱德华二世的儿时伙伴，他年轻时在竞技赛中崭露头角，并在处理爱尔兰事务中证明了自己。他如今卷入了爱德华的家庭闹剧。

这种情况在人伦关系、法律正当性和权力分布方面极不寻常。在父亲死亡这件事上，年轻的国王不可思议地维持了他的清白；除了议会所认定的自然死亡，爱德华二世的死被大肆谣传为各种版本。按照惯例，爱德华二世的遗体在伯克利经由各种处理和防腐措施后应被公开瞻仰；但这个被废黜的国王的遗体前所未有地被他的遗孀、儿子和继承人直接埋葬了。葬礼如期在 1327 年圣诞节的前几天举行。爱德华二世的墓穴位于格洛斯特大教堂，由雪花石膏、大理石和科茨沃尔德石灰石建造而成，有着华丽的天篷。爱德华二世死后，关于其逊位的文章言之凿凿地对他提出一系列指控：能力不足，迫害教会和贵族，失去了苏格兰、爱尔兰和加斯科尼的领土。

史学家亨利·奈顿（Henry Knighton）将伊莎贝拉的最终失败归因于五点：篡夺王位、滥用王室收入、与莫蒂默有染、处决她的小叔子——肯特的伍德斯托克伯爵埃德蒙、与苏格兰人维持可耻的和平。她恣意挥霍爱德华二世留下的全部国库财富，这是千真万确的：短短几个月间，光用于她对追随者的奖励，伦敦塔和威斯敏斯特的国库中的 61 921 英镑便减少到了 12 031 英镑。1327 年 2 月 1 日，就是她儿子加冕的那天，她收到了若干庄园地产和来自英格兰各地的税收，年收入达 2 万英镑；这还不是全部，后来许多属于已故国王支持者的土地也被没收和重新分配。

伊莎贝拉从 13 岁起就开始在残酷的宫廷里生活，在那里，她不得不花了好几年的时间，接受自己处于国王的宠臣男伴之下的次要地位的现实。面对非常恶劣的待遇——情感上的、经济上的、礼仪上的——她选择了自己的道路。她用一种非常强硬的姿态来对抗此番境遇：1325 年，她开始自我放逐，像个寡妇一样身着黑衣，直到她恢复了应有的尊严和家庭地位。她对一个才华横溢、魅力四射的男人——罗杰·莫蒂默——产生了富有政治性和浪漫的幻想，他令那些显赫的对手闻风丧胆；尽管对手们拥有高贵的血统和财富，但他们在 1327 年后的影响力远不能与莫蒂默相提并论。一个有趣的场景是，伊莎贝拉和莫蒂默打扮成亚瑟和桂妮维亚[①]的样子出现在竞技赛场上。她迷恋亚瑟王的种种，她的儿子则把这种癖好发扬到新的高度。

莫蒂默在伊莎贝拉身边把持朝政令人不安、麻烦不断。1327 年爱德华二世被废黜后，两人都曾想取而代之，但都被伊莎贝拉那早慧而独断的儿子挫败了。在他那富丽堂皇的拉德洛城堡（Ludlow Castle）里，莫蒂默在城堡的一翼为伊莎贝拉准备了一套公寓，另一翼则属于他的妻子。但这一切都是徒劳的。就像爱德华最喜欢的宠臣加维斯顿一样，莫蒂默——伊莎贝拉在野心和欲望上的伴侣——也难逃惨死的命运。他在诺丁汉被捕，并被带到威斯敏斯特接受审判，在这次审判中，他被指控谋杀了爱德华二世。虽然伊莎贝拉恳求她的儿子饶了她的爱人，但莫蒂默还是被从伦敦塔拖到了泰伯恩（Tyburn）的行刑场，像个小偷一样被吊死在绞刑架上。伊莎贝拉——国王的母亲，加冕王后，法王的女儿——一直活到 1358 年。游客们仍然可以在诺福克的城堡里看到她度过余生之处。她的遗体被安葬在伦敦的方济会修道院，似乎没有人认为她会和爱德华二世合葬。

---

① 亚瑟王的妻子。

第二章

瘟疫与战争（1330—1377）

黑死病及其影响

从中世纪的世界地图看，大陆是围绕着中心点——耶路撒冷及其核心，即耶稣基督的圣体安置所——排列的，赫里福德大教堂里著名的古世界地图便是如此。不列颠群岛通常位于世界的边缘。但英格兰、威尔士、苏格兰和爱尔兰人民的命运与欧亚大陆命运的紧密联系在 1348 年表现得明显；当年 6 月，一种被后世称为“黑死病”的传染病从英格兰多塞特郡的梅尔康姆雷吉斯（Melcombe Regis，现称韦茅斯）开始传播，据说是由一艘从加斯科尼开往布里斯托尔的船只带来的。

这种病几年前已经在金帐汗国的蒙古人中肆虐，并沿着丝绸之路扩散到伏尔加河下游、黑海，然后被许多频繁往来于地中海地区的商人、水手和旅行者带到欧洲。那些伟大、富裕和人口众多的城市相继沦陷：君士坦丁堡（1347 年），佛罗伦萨（1348 年）。传染病从多塞特到苏格兰高地和爱尔兰东部，只花了几个月的时间。大规模死亡带来了多种深远的影响：感染者往往在腋下和腹股沟出现疱疹后的几天内死亡，并伴有高烧和恶臭。据史学家亨利·奈顿了解，由于没有人手来敛埋，尸体躺在街上，人们失去了一切：他们的亲人、邻居、看护者和工人。种种变化只有历史学家和后见之士才能在长时间坐标中揭示。

要计算这种难以估量的损失，也许最简单的办法是想象一下每个社区都有 1/3 到一半的人因此丧命。神职人员留下的证据显示，在 1349 年至 1350 年的 12 个月里，东盎格利亚地区的人员流失率接近一半，尤其在 1349 年 6 月至 8 月的夏季，人口变化尤为迅速。同样，在 1349 年 3 月下旬遭受瘟疫侵袭的诺威奇教区，几个月内数百名牧师和几位宗教所院长被任命。死的人那么多，人们非常担心将死之人在没有基督教仪式的情况下孤独终了，因此巴斯（Bath）和威尔斯（Wells）的主教什鲁斯伯里的拉尔夫（Ralph of Shrewsbury）在 1349 年做出如下规定：

> 如今瘟疫持续不断……许多堂区的教堂都没有教士或牧师……如果人们在死亡的边缘，不能得到牧师的服务，那么他们应该相互忏悔。即使忏悔时没有男人在场，对着女人也是可以的。

若要解释灾难为何如此具有压倒性，那么这几乎是所有人的罪责，尤其是富人和贵族。约克大主教谴责那些沉迷于“繁荣的喜悦”的人，他们忘记了基督教道德准则中上帝赐予的礼物。除了极少数幸免于难的幸运者，所有人的生活受到了 1348—1349 年瘟疫的影响。家庭再也不能履行其基本职能：一个庄园法庭希望登记 1348—1350 年未成年人的法定监护人，但只有 28% 的未成年人父母健在；而在后来几十年，这一比例为 60%。城市作坊缺少技术娴熟的员工，没有他们，产品不可能生产出来，即使制作一个简单的马鞍，也需要木匠、马具工匠和油漆匠的合作。王室官员似乎也遭受了巨大的冲击，他们的职责是在全国各地执法和收税。最初的灾难开始后，死亡变得更加区域化：1361—1362 年瘟疫第二次来袭，苏格兰国王大卫二世（David II）为躲避已经影响到边境和苏格兰南部各县的瘟疫，搬到了阿伯丁郡（Aberdeenshire）。一些地区的人产生了免疫力，在随后的疫情暴发中形成了感染模式：1361 年，伦敦的不少儿童死于秋天，在晚些时候的第二年的春季，成年男女才相继病逝。那些目睹过瘟疫的人都不会忘记它。它袭击了所有地区，并持续复发。可怜的威尔士诗人格威利姆（Gwilym）被瘟疫夺去了 7 个儿子和 3 个女儿。

无论是年轻人还是老年人、富人或是穷人，死亡关系着每一个人；但在人口密集和接近动物的地区，死亡的传播速度最为惊人。城镇反复受到严重影响，人口聚集的村庄比人烟稀少、周围都是田野和草地的地区更容易受到侵袭。1349 年，阿尔马（Armagh）的菲茨拉夫大主教（Archbishop FitzRalph）写信给教皇，报告爱尔兰岛上 2/3 的英格兰人已经死去。由于大多数盎格鲁 - 爱尔兰人都是城镇居民，这并不奇怪；相反，盖尔 - 爱尔兰人似乎在很大程度上幸免于难。

这对农村生活意味着什么？约 90% 的人口居住在农村地区，因此，这一地区的死亡人口绝对数量最多。约成书于 1340 年的《勒特雷尔诗篇》（*Luttrell Psalter*）有精美手稿存世，通过其作者对艺术的感知力，我们得以一窥农耕生活。这本书描绘了一幅乡村男女从事典型劳动的图景：耕田、打土块、撒种、除草、收割、堆禾捆、打谷。食物从田野、农家院子或围圈中获得，人们采集水果、宰杀牲畜，司膳总管和厨师予以加工，食物最后来到领主的餐桌上。《勒特雷尔诗篇》还从农村人饲养、培育丰富多样的自然资源的角度描绘农村生活：女人喂小鸡、侍弄风车、养兔子、在磨坊引水渠中抓鱼等。还有一些提供服务的劳动力，如磨刀的铁匠、受训的弓箭手、放血的理发师等。《勒特雷尔诗篇》描述了一个业已分化、却又相互联结的庄园，里面的人们具备不同技能；社会地位或高或低，活跃在各种相互依赖的活动中，尽管他们的报酬不尽相同。

这就是黑死病爆发前的农村。到其爆发时，人口已经从1315—1322年大饥荒造成的死亡中完全恢复过来。到了14世纪40年代，资源再次面临压力。白金汉郡和贝德福德郡的一些村庄的收缩就说明了这一点。在这些村庄里，土地因已经贫瘠，不再值得耕种而被废弃了。正因如此，一些旨在通过开垦新土地来提高粮食产量的措施得以推行，比如，在1347—1348年的佩特沃斯公园（Petworth Park），人们可以养兔子、播种豌豆和燕麦。随着1348年7—8月瘟疫的到来，常规的农活（指的是佃户的租地或领主自留地上的那些活计）被严重破坏。佃户死后，庄园法庭会将其财产移交给男性继承人；但在没有男性继承人的情况下，该怎么办呢？租赁登记簿讲述了一个有关“缺失”的悲惨故事：农民的付款记录栏记载了“vacat”这个词，意思是“它是空的”。在大量土地闲置的地方，为了减少给继任佃户的预期工钱，领主们搬走了或完全放弃土地。庄园领主和佃户之间必须重新建立秩序、收入形式和实物支付流，如果这意味着收入减少，那么这就是防止土地归于荒野的代价。只有这样，社区才不会陷入混乱，领主的收入也不至于一无所有。

纪念死者的重任，以及为突然离去者的灵魂祈祷的期望，现在落在了幸存者肩上。由各类组织机构来承办纪念活动是最适当和可靠的，因为修道院不会消亡；家人和朋友可能会死于疾病，但社团会通过其成员关系继续存在。这些组织承担起了祷告的重任，这样做还提高了它们的重要地位、扩大了捐赠范围。各种新的纪念形式也逐渐产生。剑桥大学基督圣体兄弟会（这个宗教团体团结了城镇的主要人物）的幸存成员决定在 1352 年成立一所新的学院，并赋予其祷告和纪念的意义。它把自己的财产（其中许多是已故成员的遗产）赠予学院，后者负责纪念任务。它的牧师学者在圣贝尼特（St Benet）堂区教堂履行这些职责，这是他们的礼拜堂。纪念和服务死者的责任激发了这种独特的捐赠形式。

工作和手工业

除了少数富裕、有地产、有时安逸的家庭，男人和女人的工作相互交织、相辅相成，构成一个复杂的家庭经济体。无论是在保留了习俗的农村，还是在城镇的工艺作坊，家庭内部组织都有分工。在最贫穷的城市劳工家庭和最享有特权的贵族家庭中，男女活动的结合程度最低。对前者来说，夫妇俩及其后代（从很小的时候）为工钱而工作；对后者来说，男人多离开家，进入几乎全是男性的领域，从事战争、政治和公职等工作。但对大多数人而言，家庭经济需要高水平的协作和并肩工作。行业协会记录了会员的姓名，涉及木匠、布匹商人、屠户或蜡烛商等；它们也证明，女性参与了学徒的培训、原材料的准备、手工制作，在临街的车间充当小贩的角色以出售厂家的货物。

在家庭经济中，一些外部规则支持男性户主的特权。在大多数情况下，他在世俗法庭上代表家庭，签订买卖合同，缴纳什一税，提供劳务并支付租金。此外，学徒期非常漫长（大多数手工艺都是7年），这个过程需要训练和指导，学徒的父亲和师傅都参与其中。然而在实践中，妇女也参与培训和栽培学徒（最小的学徒从7岁便开始接受培训），如果她们的丈夫在没有成年继承人的情况下去世，她们甚至会独自完成培训。手工艺行会是一个政治组织，它不仅管理业务，还派代表进入城市机构，只有男人才能参与其活动。但是，妇女、成员的妻子也能因贫穷或丧夫从社会和宗教支持中受益。男性和女性之间的互动更多的可能是非正式的，因为手工艺与特定的区域和社区是相吻合的。在交流、债务和亲属关系都如此紧密共存的情况下，妇女之间的合作和团结甚至更胜于男子。对妇女来说，家务劳动和手工劳作交织在一起；她们也在培训和指导其他妇女、车间里熟练或半熟练工人或家里的佣人。

在农村，妇女的法律地位与其承担的家庭工作之间也同样存在不符。一个家庭存在的基础——承租的份地——是给予男性及其后代的，预期效益和使用权却可以明确地给予女儿、寡妇。在劳动方面，妇女参与各种农村劳动。她们操持家庭，必要时干农活，从事一系列有关的农业作业，如照料牲畜、家禽，打理菜园和草木园林等。她们用必要的家庭工具或与邻居们合作来梳理毛线、纺纱和织物。农户中流传着许多医学知识，村民们很少寻求外科医生的帮助，更不用说内科医生了。养育孩子，虽然其系统性远远不如今天，但它的优先等级是人们认可的。人们努力让房屋更加安全，利于儿童；特别注意防范水沟和明火，验尸官的记录显示在这些地方容易发生严重的事故和死亡案例；教会法规建议母亲和奶妈避免与婴儿同眠，以免婴儿窒息；孩子们要由母亲或家里的其他女性亲戚至少照顾到六七岁。

尽管在法律上佃农家庭拥有份地并提供劳务，但实际上，这种家庭可以不受领主干预地拥有财产、收入和其他经济利益。13 世纪的领土扩张热，让人们高价买下小块土地，为儿子们留作遗产，给女儿们提供嫁妆。佃农活跃在当地的土地交易市场上，他们用劳动和交换得来的收入养活子女。1315—1322 年大饥荒之后，即便有一定程度的缓解，许多地区的高地价趋势仍一直持续到黑死病时期。农村家庭在为即将成年的儿女提供结婚所需的土地方面遇到越来越大的困难，正因如此，在父权的约束和对父母的依赖下，年轻人可能比先辈们待在家里的时间更长。这也部分解释了农村法庭记录中家庭成员之间的紧张关系和暴力相当高的比率。移民到城镇，是更有进取心或掌握更好技能的一部分人的选择，尤其在东盎格利亚和肯特这样的地区，活跃的城市经济提供了诱人的机会。但在 1349 年以前的这段时期，劳动力过剩，工资很低，人们的期望值也很低。在威尔士，由于内涵更广泛的亲缘群体地位突出，这种变化可能不那么明显。威尔士的佃户家庭从未“消亡”，因为土地传给了远房亲戚：1322 年，克卢伊德的卢埃林在没有继承人的情况下去世，他的两个表亲继承了他的土地。因此，威尔士年轻人的土地来源比英格兰人更加广泛。有人可能会说，英格兰的土地所有权和家庭模式变得与威尔士类似，因为资源不足的压力赋予了拥有土地的上一代领主更大的权力。在黑死病爆发前的几年里，在莱斯特郡的基布沃斯哈科特（Kibworth Harcourt），没有一个家庭离开村庄或割让它的传统土地。

中世纪晚期的经济为家庭劳动提供了广泛的收入来源和生产渠

道。农村虽然受到习俗的高度约束，但也提供了各种可能性：那里有放牧牲畜的牧场，在农业活动较少的几个月里，人们在家里从事各种各样的手工活动。北方一个显著的经济特征是有丰富的羊毛资源，纺纱和织布工作吸纳了大量家庭中年轻女性成员。这反过来又训练年轻妇女掌握一门手艺，凭这种手艺可以在城镇里换取报酬。事实上，14 世纪“老姑娘”的比例很高，她们独居或与类似的女性生活在一起，在纺织车间工作，生产用于出口的布料从粗糙的呢料到柔软的毛料，应有尽有。

为了给老年人提供更大的保障，农村逐渐形成了赡养协议：这是一个即将退休的老人或夫妇与一对年轻夫妇之间的正式交换，老人将土地移交给年轻人，以换取每年一定数量的食物、衣服、寝具和一定程度的援助。对于社会地位较高的人，有的宗教机构提供了类似的养老场所，也能使其在退休时光拥有一个宗教环境。非常贫穷的人也能从中受益：1352 年，东约克郡耶丁汉姆（Yedingham）的小修女院向退休后的奶牛场女工艾玛·哈特承诺，艾玛将在“姐妹之家”拥有一席之地。人们所计划的退休，便是在一个熟悉的社区里确保衣食无忧，安居无虞。

1348 年以后

若要清楚地了解黑死病及其余波带来的整体反应，我们必须收集大量的例证，来说明领主和农民在面对一个全新的、难以预测的悲惨现实时做出了怎样的选择。14 世纪 60 和 70 年代，通货膨胀和粮食需求让食品价格仍然维持在高位，但许多地产中介已经看清楚英格兰南部和中部大部分地区典型的劳动密集型的耕种体系，随着劳动力的减少，已无法维持。许多解决方案被提出来，例如，肯特郡东北部是集约化混合农业地区，该地区侧重用马匹来犁地和运送粪肥，从而削减了人的工资支出。1366 年，坎特伯雷基督教堂的修士们、东肯特郡伊克汉姆庄园的领主们都购买了拉货的马匹和耕牛，把耕地的人手从 10 个减少到 4 个，耕地队伍也从 5 个减少到了 2 个。从耕地到牧场是人们普遍接受的变化：1350 年，瓦伊的南肯特庄园有 660 只绵羊和羊羔，到了 1371—1372 年，这个数字变成了 964 只；1349—1351 年，伊克汉姆庄园有 300 只羊，到 1370 年时飙升到 499 只；1348 年，温彻斯特主教的庄园里羊的数量大约为 2.25 万只，到了 14 世纪 50 年代中期变为 3 万只，至 1369 年又增至 3.5 万只。牛的数量也在增长：在 1350 年以前的诺福克地区，平均每群奶牛的数量为 5—25 头，到了这一世纪后期，这一数字已升至 35—40 头。有了如此数量庞大的羊和奶牛，东南部传统的乳制品中心更专注于对乳制品的开发，这一趋势传播开来，乳制品得到更广泛地消费，为劳动人民提供有益的膳食蛋白质。

养羊需要投入的劳动力比种地少；绵羊能出产羊毛、羊肉，如果晚上把羊群仔细地关进圈里，还能给剩余的耕地和牧场施肥。像布雷克兰（位于诺福克与萨福克郡交界处）这样的地区，土壤贫瘠，可耕种的土地面积小，于是发展了另一种产业——兔子养殖业。只要在份地以及在所圈土地引进兔子并进行少量的初始投资，便能获得高回报，兔肉和皮毛很容易就能销往伦敦。这些牧场举措反映并强化了新消费模式，即城镇工人和农民对肉类需求的大大增加：13 世纪晚期，塞奇福德（Sedgeford，诺福克郡）的农仆只能从肉类中获得 2% 的热量，到了 15 世纪 20 年代，这一比例增长到 23%。

另一个值得注意的变化是啤酒消费量的增加，在 14 世纪晚期，平均每人每天啤酒消费量可达到 3 品脱左右，成为热量摄入的重要来源。对酿造玉米酒的需求也影响了地理景观，尤其是在那些为伦敦供应玉米的郡县，人们播种哪个品种的玉米，最先考虑的便是那些永远口渴的消费者。

随着黑死病带来死亡的厄运，不管是从短期还是长期的维度上看，人们的生活和社会关系都发生了变化，自然环境也是如此。1375 年，林肯郡的村庄濒临变成沼泽。土地租赁发生了十分剧烈的变化，新兴的土地占有模式又相当混乱，以致于几乎没有人再承担维护堤坝和沟渠的责任。像诺福克郡的斯玛里河（Smallee）这样的河流几乎无法通航，因为缺少人定期清理河流淤积物。有些以前以制盐为主要产业的地区，现在变成了盐沼；但到了 14 世纪 70 年代，运盐手推车在林肯郡的林德塞（Lindsey）仍然很常见，它们主要是用于配送当地、甚至从靠海的威因夫利（Wainfleet）运过来的盐。地理景观的变化带来了意想不到而又无处不在的环境影响。农村工业的发展需要并鼓励建造水坝、木材厂、缩绒厂和锯木厂，鱼类的迁移受到阻碍，因此渔民更容易获得新的鱼类品种。克瑞菲尔德（Cryfield，沃里克郡）的一个磨坊每年从池塘捕获的鱼有鲷鱼、鲤鱼、鳊鱼、鲈鱼和梭子鱼。事实上，中世纪晚期饮食的标准和多样性普遍提高，产生了对鱼类的新需求，促进了内陆渔业以及德文郡南部等海岸区域专业渔业的发展。锡矿工人吃的是鱼而不是肉，因为鱼很容易在海滩上买到，在内陆沿海的农村鱼市也是如此。人们对渔业的投资之巨，促使 1351 年出台法令：拆除阻碍泰晤士河、塞汶河、乌斯河和特伦托河上阻碍船只通行的堰坝和磨坊。

土地越来越多，而与之相匹配的定居佃农越来越少，领主和农民之间的联系也日益松散。传统上佃农所拥有的土地，正被外来者占有。如果一个家庭拥有两份或两份以上的租约，它可能会忽视非定居地点上的建筑物、水道和花园，使其愈发流于年久失修、管理混乱。土地上的总人数持续减少，到了14世纪80年代，村庄被废弃的情况变得非常明显：1381年位于戴夫林克卢伊德的一块农庄上只有47名佃农，先前则足足有212名；到了1386年，北安普敦郡的金斯索普（Kingsthorpe）已经荒无人烟。至于那些坚守在这片土地上的人们，他们很清楚地知道自己的相对优势和有利地位：1364年，西雷恩顿颁布了一项庄园禁令，禁止称东雷恩顿的佃户为“内夫”（neifs），即领主的农奴。

即使在高死亡率下，农奴的需求发生了转变，领主的期望也适应了新的现实，农村人口减少的趋势却依然存在。于是在14世纪60年代和70年代，一种真正的变革出现了，它影响了地理景观、劳作活动的组织，进而影响了家庭和社区关系。集体农业经营，如联合耕作和联合租赁牧场，在英格兰甚至在威尔士等更多的地方出现，这种方式有赖于共同利益和每个家庭投入的时间、精力和资金等。显然，此类需要开放土地的社区合作，其阻碍主要是各种活动的碎片化，以及整片土地的废弃，而这往往导致村庄收缩、最终被废弃，在诺福克郡的埃格米尔（Egmere）和布丁诺顿（Pudding Norton）仍然可以清晰地看到这些痕迹。在英格兰中东部地区，有趣的是，河谷地带的村庄并没有销声匿迹，而中心村庄（即定居点建筑聚集在一起的村庄，最常见于英格兰东部和南部）在灾荒之年变得更加脆弱，那些相对贫穷的村庄更是如此——在这些村子中，家庭成员往往在经济上、社会上更加相互依赖，所以随着圈子凝聚力下降，就更容易受到侵蚀。另一方面，小村子和更分散的定居点习惯于更大程度的自给自足；他们通常生产基本用品，能够更好地承受混乱和死亡的冲击。此外，靠近城镇有时会加剧人口减少：乌斯河谷的村庄几乎没有出现人口减少，那些靠近贝德福德、白金汉、新港、昂德尔（Oundle）和托斯特（Towcester）等城镇的村庄则恰恰相反。大庄园的行政中心可能会进一步增加一个社区生存繁荣的机会。在许多地区，这段时期成了长期变化的开始，人口减少的趋势从未停止过，到 15 世纪末，村庄变成牧场是注定的。

领主们重新评估他们所控制的资产——牧场、水源、绿地和矿山，并对畜牧业的性质产生了一些全新的看法，这意味着领主和佃户生活方式的改变。帕克兰德区（Parkland）是领主猎鹿的区域，也出产基建和销售木料，其下层灌木林可供出售或出租。黑死病之后，园林受到等级制度复杂的庄园机构的密切监控：1385—1386 年，沃尔萨尔庄园（Walsall Manor，斯塔福德郡）的领主将整个园区封闭起来以保护木材，养肥园子内的 20 头小母牛、家禽和竞技鸟类等。园区曾经的主导景观——林地，如橡树、桦木、蜡木、榛树、榆树等，渐渐消亡。矮树丛继续充当重要财产的边界标记，其结出的果实受到农民的欢迎，也颇受城市消费者的青睐。该举措是与专业的地产管理人员沟通后做出的，管理人员会因成功而获得奖励，也会因失败而遭到解雇。他们的地位也提高了：1354 年，伯克利勋爵定期邀请地方行政长官和家政人员一起在拉格兰城堡（Raglan Castle）用餐。

土地和其他资源在领主和农民之间的再分配以多种形式出现，并引起了复杂的生活变化，其全面影响难以判断。总的来说，移民的范围更广了：在 1300 年左右，约克郡有 51% 的姓氏表明其出生地在30公里以内，7%的姓氏表明其出生地在30公里至60公里以内；而到了1360年，有34%的人来自附近，35%的人来自较远的地方。死亡率显然影响了家庭关系：许多日益萎缩的村庄笼罩在阴郁气氛下，也许受此推动，年轻人往往移居他乡，对自己找到工作的能力充满信心。此外，不仅土地和工作机会变得更加丰富，法国和苏格兰战争也为男性提供了越来越多的就业机会，妇女也随着纺织业的不断扩大得到培训机会。在物质匮乏的年代，彼此的依赖关系曾使许多年轻人贴近家庭生活，但现在这种联系已经减弱了。在英格兰国王统治的广袤疆域内，人们在海上、陆路和河流上来来往往。也有外国工人，比如，1368年在布兰卡斯特（Brancaster，诺福克郡）工作的佛兰德斯人，这些工人被称为“佩克斯”（Pekkers，此称呼源于法国的皮卡第）；还有威尔士人，他们在夏末秋初的英格兰中部庄园里工作，工资很高。

庄园体系下，可拥有的土地变得更多了。我们越来越多地发现佃农在积累大量财产，例如，1371年坎伯兰郡的罗杰·德·萨尔克尔德持有土地约0.81平方公里。到了14世纪70年代，领主们急于出手大片可耕地。在非牧区，优质的自留地被出租，租期长达数年；拥有足够的积蓄来购买、囤积、侍弄额外土地的农民则是最渴望进入自留地的人。对格温特郡（Gwent）的卡尔迪科特庄园（Caldicot Manor）来说，农奴的惯例税被取消，意味着工作日从14世纪40年代的1 000个锐减到1362年的114个。因此，尽管黑死病后农民持有土地的平均值有所增加，但土地分配往往有利于大租户阶层，后者在社区中的地位也随之提高。这种情况下，村庄迎来了全新类型的佃户：在威尔士庄园里，威尔士人租下或购买了英格兰人所拥有的土地；在以前，他们可是完全不能染指的。拥有现金的市民和牧师也可以购买土地，这些土地以前多为农奴占有。以邻里关系和共同责任为基础的社区结构显然正在迅速改变。乡村生活所需的、在许多方面务必保持的合作受到了居民流动性的影响，甚至波及最小的机构，比如，由格伦瑟姆（Glentham，林肯郡）的佃户出资维持的流浪动物公共收容所，或威斯贝奇（Wisbech，剑桥郡）周围堤坝的维护处。

14 世纪 60—70 年代出现的封建领主式的反应，不仅体现在支持产品多样化和地产合理化上，还让人们的目光重新聚焦到法律和习惯权利的可行性上来。一些贵族乐于放弃一些领主特权，以换取固定收入或一次性偿付：1369 年开始，诺威奇主教向哈宁厄姆（诺福克郡）的每位佃户收取 12 便士，这样一来，佃户们就能从强制使用主教磨坊中解脱出来。为争取通行税的豁免，布雷肯的居民曾必须拿出 500 英镑；到了 1356 年，登比（Denbigh）的居民仅需拿出 400 英镑。法律专业人士在类似的谈判中发挥了关键作用。在威尔士边界地区这些贵族统治特别严密的地方，对收入减少的补偿可能会以惊人的形式出现：通过对经济活动进行征税，例如，在特金格（Tegeingl，弗林特郡和登比郡）必须拿出 400 英镑才有权进行土地买卖，布雷肯的税捐在 1340—1399 年翻了一番。贵族统治通过严密的行政管理得以实现，特别是在威尔士，这导致了对领主土地调查的严格审查，以及对司法收入的明确剥削。

在变动的环境中，农奴并非保持被动；他们有时也寻求并获得了良好的法律意见。黑死病之后的经济、人口结构转变使法律诉讼日益频繁，也使那些受过法律训练的人获得更加可观的职业前景和影响力。他们提供的一系列法律框架和救济办法应用范围非常广泛，既有教会、市镇法院，也有王室法院、大法官法庭；他们还为在家庭、邻里、守备区以及领主范围内的仲裁提供帮助。

年轻人立在时代变化的潮头，土地资产对其拥有者构成了挑战，同时代的人精明地意识到，这个世界的前景是激进的，其影响是令人不安的。那些收入和权力最受影响的人——雇主和地主们——在议会中调动自己的影响力，迅速对自己的困境做出了王室层面的反应。一项 1349 年的王室条例摇身一变，成为 1350 年的国会法令:《劳工法令》(The Statute of Labourers)。《劳工法令》规定了各部门的劳动力价格和最低雇佣合同期限。它成为一种选择性应用的资源：通常被忽视，常常被作为权宜之计使用。即使是 14 世纪 60 年代王室官员为温莎的大型建筑工程寻找泥瓦匠时，国王也将自己排除在此法令之外。控制劳动力的制度逐渐被纳入不断演变的地方司法体系；地方司法主要由贵族把持，而贵族正是无比关心维持廉价和持续的劳动力供应的土地拥有者。在一代人的时间里，劳工立法尽管很少得到执行，却成了不公正压迫的代名词。

劳动与工资、贫困与功绩、流浪与慈善等涉及社会契约所有领域的问题，成为那些在城镇和农村雇佣劳动者的人长期关注的问题。此种焦虑引发了下个世纪 1/3 的议会立法。它成为 14 世纪后期最尖锐的政治问题之一，振奋人心的表达反复出现在各种或大或小的不忿诉求中。1356 年，赫特福德郡的一名牧师和一名修士——罗伯特·杰拉德和理查德·富勒姆——因公然藐视法规和条例被送上法庭：他们声称，任何法律都不应该阻止工匠和劳工尽可能多地赚钱。法令于 1361 年再次修订，这次对违法行为的惩罚就不仅仅是罚款，而是监禁下狱并在其额头刻上标志“F”（Falsity，意思是虚假、谎言)，我们不清楚此法令是否得到执行。类似的还有，一些限制个人费用的立法强调了社会等级制度。1363 年的法令规定了每个社会群体适合使用什么质量的布料，贵族、骑士、士绅不尽相同。尽管该法案没有施行——下议院甚至在接下来的一年里试图废除它，以支持更加自由和活跃的贸易——但这些立法法案表达了一些令人担忧和焦虑的问题，从而引发了地区性的政治辩论并产生了不同的立场。

对年轻劳工来说，城市的家庭服务业和作坊极具吸引力。他们都是远离家乡的单身青年，在社会关系紧张的时期，他们被视为一种威胁。1351 年，伦敦已经感知到这种情绪，并打算逮捕瘟疫结束后来到这里的“歹徒”。对流动工人的打击持续进行，1359 年颁布的一项命令意在驱逐所有失业的流动工人。纺织业蓬勃发展，为许多年轻男女、也为仆人们创造了就业机会；他们年纪相对较小，婚前为工资而工作。1352 年《叛逆法令》试图解决的正是这些仆人们的恐惧，因为它将叛国定义为不仅阴谋危害国王利益，而且是一系列违反权威的行为，如仆人对抗主人、妻子对抗丈夫等。诚然，从验尸官的记录来看，仆人杀死主人的情况极少，更多的是主人伤害仆人，但是在一个传统的顺从和依赖关系已经发生了巨大变化的世界里，来自上议院和下议院的焦虑还是变成了在议会的请愿，并随后成为有依据的法规。

城　镇

面对近几十年的压力和愿景，城镇所作的反应是采取因地制宜的行政举措。北方的城镇大举维护或兴建新的护城墙，东盎格利亚地区却没有这样做。威尔士的城镇，尤其是爱德华一世创建的种植园区，面临着法律和社会“二元论”（是威尔士的？还是英格兰的？）带来的复杂问题。爱尔兰的城镇也有类似的问题。英格兰南部港口惧怕法国入侵，在防御工事上投入资金并得到帮助：1339年，在法国突袭南安普敦港口后，爱德华三世下令在南安普敦建立防御工事。每个城镇都必须通过税收和征召士兵的方式为国家做出贡献：1346年或1347年，剑桥为爱德华三世远征加莱征召了8名士兵。在镇议会的监督下，为这种行为提供资金是镇应急财务系统的任务之一。

城镇管理者从其职位带来的声望、关系和信息中获益，但也要为其失误承担责任，他们不是在完全自由的领域中行动。大教堂城市的现实是，大量神职人员和行政当局享有特权，他们不用向城市纳税，也不受法院的管辖。豁免范围涵盖了神职人员、他们的仆人及其家人，以及一整套教会机构，如医院、高校、中小学校、教堂和修道院等。在城市内部，为了争夺势力和管辖权，巴斯和威尔斯主教在威尔斯的宫殿周围修建了壕沟和城墙，以对抗城里的激进分子；那薄如纸片的城墙标志着领地和自治权。1345年，考文垂市成立，这标志着它拥有了选举官员、管理商业法庭的自由；政治重心正从大教堂区域转移到一个相对独立的城市。相反，城镇逐渐发展起象征自治的典礼仪式，来与其官员承担的沉重负担相匹配。这一进程得到了王室的鼓励和支持，因为王室的收入在很大程度上取决于贸易的流动和活力。城镇通过它们在议会下院的代表成为国家政治生活的一部分。城镇有自己的标志，比如，温切尔西（Winchelsea，苏塞克斯郡）就将一艘带塔台的船与王家纹章结合在一起，市政厅等公共建筑上都有这个标志。相关的法律制定和城市机构的设立，往往与当地传统、城市起源故事不谋而合。1372年，繁荣的科尔切斯特（Colchester）声称，其诺曼城堡的地基就是科尔国王（King Cole）的宫殿的所在地；托特尼斯镇（Totnes，德文郡）的居民则表示，特洛伊勇士布鲁特是他们的创城者。

不能不提到的还有伦敦，14 世纪 40 年代，其人口大概是 10 万，到了 70 年代，人口只剩下约 2 万了。这是一个复杂的城市，由大约 104 个堂区拼凑而成；它容纳了 100 余种职业、数十个公会、数百座教堂，以及众多的种族、阶层和语言。尽管英格兰的犹太人于 1290 年遭到驱逐，但仍有部分幸存，他们有时被描述为来自土耳其、西班牙或低地国家的皈依者。甚至有一个伦敦的犹太人改信基督教，成为圣玛丽的约翰。伦敦是商业社会的中心，随着它越来越多地卷入海外贸易和国家政治中，伦敦成了一系列事件的舞台，而这些事件反过来又影响着英吉利海峡两岸人们的生活。你可以在 14 世纪中叶的伦敦买到任何东西、雇佣到任何服务——性、金融、学识、消遣娱乐。一周之内，新闻和时尚可以轻易地从巴黎或布鲁日传到伦敦；只需要短短几天，重磅新闻便能通过由河流、陆路和水路交织构成的极佳网络传到不列颠群岛的各个地区。

爱德华三世

刚刚从死亡中恢复过来的英格兰又陷入了战争，有些人则大发战争财。爱德华三世及其政府的意愿和风格在许多层面上产生了巨大影响。少年时代的他与母亲伊莎贝拉一起流亡法国，后来又回到英格兰；父亲被推翻后，这个少年最终结束了母亲的统治。1328 年，他与艾诺伯爵的女儿菲利帕（Philippa）结婚；在不久之后的 1330 年，17 岁的爱德华伺机推翻其监护人——他的母亲及其情人莫蒂默——的统治。随后，他处心积虑地通过任免体系（该体系在后来的 1337 年对法战争中得到巩固）建立了自己的统治，后于 1340 年宣称自己为法国国王。

作为英法帝国的君主，爱德华三世的统治面临着一些极大的挑战：对苏格兰的战争，在法战事升级，国家遭到瘟疫重创，人口减少和经济不确定性等。现行政治制度可以让不同意见和抱怨通过议会得以表达，引起国王重视。爱德华三世在战争和财政方面尤其活跃，政治紧随其后。难怪同时代的人将他看作一头狮子，而将其父亲描述成一只山羊，一个爱好奢侈享乐、在战争中无能为力的人。爱德华三世让他的国民——战士和商人——尝到了战争的滋味，并得到了战争的回报。因此，即使当他希望签署和平条约（如他于 1360 年签署了《布雷蒂尼和约》）并享受胜利果实时，总是有一群人煽动他走向战争。好战的政治方案被当作神谕预言。献给加莱总督汉弗莱的一卷布里德灵顿的圣约翰（St John of Bridlington）的预言声称，对法战争不能终结，直到威尔士亲王——黑王子爱德华成为法国国王。

爱德华三世在其青年和壮年时期塑造了令人敬畏的形象，像极了爱德华一世这样的勇士和亚瑟王式的英雄，它们是强有力的政治象征；与人们对其父亲的印象相比，这些形象似乎更有深度。这一点在苏格兰战争中表现得最为明显。王权强势更迭，苏格兰战争考验着爱德华三世的祖父、父亲的统治，以及他母亲的短暂摄政。从 1332 年起的一段时间内，爱德华三世投入精力意图重建英格兰霸权，并确保英格兰的霸主地位；毕竟，伊莎贝拉和莫蒂默在苏格兰采取的和解政策激怒了伦敦人，他们迫使爱德华罢免了他的监护人。爱德华三世支持爱德华・贝利奥尔（Edward Balliol）继承苏格兰王位，鼓励他在流放法国结束后归国。布鲁斯与倚仗英格兰的贝利奥尔开战，在罗伯特·布鲁斯及其亲信大将马里伯爵、詹姆斯·道格拉斯（James Douglas）死后，布鲁斯的阵营溃不成军。1333 年 7 月，爱德华·贝利奥尔在贝里克外的哈利敦丘战役中取得胜利，随后他与一些被剥夺继承权的苏格兰贵族乘船从法夫（Fife）登陆；1334 年，他已经占领了整个苏格兰南部，并接受了爱德华三世对苏格兰南部全境的统治权。国王大卫·布鲁斯二世被迫逃往法国；1335 年，贝利奥尔的军队到达苏格兰北部，在新马里伯爵的抵抗下一路北进。然而就在那一年，情况发生了逆转，威廉·道格拉斯和安德鲁·马里在库比利恩之战中击败了贝利奥尔的支持者，俘虏了其手下大将大卫·斯特拉斯博吉（David Strathbogie）。

这种动荡局势亟待解决，需要爱德华三世做出决断。他继续每年为对苏格兰短短 3 个月的战斗季投入约 2.5 万英镑；但随着他将目光和其他所有资源锁定到对抗欧洲大陆的另一地区——布鲁斯的盟友法国时，这笔巨大的军费很快就撤销了。英格兰军队撤走，马里军队于 1337 年轻易地收复了失地和要塞，正如过去几十年的情况一样。与此同时，年轻的布鲁斯继承人正在法国的土地上安然成长。爱德华三世后来发动对苏格兰的战争，于 1346 年他取得内维尔十字路口战役的胜利达到顶点，他囚禁了苏格兰国王大卫二世（1329—1371 年在位），将重心完全转向了对法战争。边境领主的领地最容易受到苏格兰人的袭击，且他们有能力召集和指挥军队，因此那些活跃的边境领主担负起了防御的重任，这是预料之中的权宜之计。珀西家族就是一个很好的例子，他们在 1309 年左右以安尼克领主的身份声名鹊起。内维尔家族和达勒姆主教一起主导了 1346 年的内维尔十字路口战役，担负着保卫北方的任务。

诚然，苏格兰战争劳民伤财，但战争也训练了士兵，把他们与国王、与彼此紧密相连，并进一步完善了战术，这些战术在法国领土的遭遇战中发挥了重要作用。班诺克本（1314 年）的教训被应用于杜普林缪尔战役（1332 年）和哈利敦丘战役（1333 年）中。彼时，爱德华三世率领的军队在两翼弓箭手的支援下作战，左右军均持有武器。阿奇博尔德·道格拉斯爵士（Sir Archibald Douglas）在哈利敦丘率领苏格兰军队，他命令长矛兵向上坡进攻，但很快就被英军弓箭手的进攻击溃。后者的组合非常强大：两翼弓箭手使用了重量超过 100 磅的大弓，击落数千名袭击者，保护了中路军士。这种作战方式在对法国作战的初期被证明是非常成功的。爱德华也从布鲁斯掠夺英格兰北部地区中学到了很多东西：劫掠最能消耗财富、扰乱民心。对法战争中，英军使用的恐怖手段、给乡村予以重创的“骑兵队”，就是在英格兰北部区域发展起来的。

1340 年，爱德华继承法国王位时，王朝野心和经济利益交织在一起。尽管爱德华比他的前任们更有雄心，但他并不仅仅想要英格兰的王权。毕竟，他是法国国王腓力四世（1314 年逝世）的外孙，直接承袭他母亲那方的血统。对欧洲政治体来说，通过女性直系血统提出继承王位的要求并不新鲜：女性继承或间接承袭了伊比利亚王国、佛兰德斯和英格兰的王位。爱德华三世宣称，他作为法王女儿的直系血亲，比腓力六世（Philip VI）的血统更加高贵。1340 年 1 月，他自封为法国国王。在王室特许状上，其前任统治者均采用首字母大写的形式书写姓名，到了爱德华这里，他有好几个字母大写，有时甚至全名大写。从 1340 年 6 月起，他便使用“英格兰国王和法国国王”印章（这种方式将被他的继任者延用），将法兰西鸢尾花和英格兰狮子穿插在一起。

与之恰恰相反的是，法国的政论著作，如吉恩·戈林（Jean Golein）的《加冕论》(*Treatise on the Coronation*)，认为女性不能被加冕，因为“所有人一致认为，法兰西王国必须由男性继承人继承……”爱德华误解了:“英格兰国王爱德华一直误认为因为他母亲的缘故，他有权继承法兰西王国，他对情况并不了解”。实际上爱德华三世对法国的现实了如指掌。他长期持有世袭土地，那是他的祖父爱德华一世从其母亲——普罗旺斯的埃莉诺（Eleanor of Provence）——那里继承来的；在加斯科尼的宗主权问题上，他已经向腓力六世效忠。还有一个问题，那就是英格兰与佛兰德斯的贸易安全，在很大程度上取决于对诺曼底的控制。法国王室的野心日益膨胀，佛兰德斯伯爵、诺曼底公爵等贵族逐渐心怀不满，爱德华此刻提出自己主张，仿佛在权力的角斗场中扔下了一枚重磅炸弹。他还提出了自己的治理观，设立了一个由他主导、各方协同的政治目标。

与法国对抗也必须与爱德华实现英格兰的抱负相联系，因为从近期的历史看，法国国王曾支持苏格兰的政治理想。欧洲大陆的统治者们都与法国王室联姻，他们也乐见王朝重组，因为这可能会将法国国王的广袤土地瓜分殆尽。外交官、律师、诗人、法院法务、编年史家和艺术家都致力于使爱德华三世对法国的主张不仅仅停留在口头羞辱上；这一主张绝不是攻击性或侵略性的，而是为了伸张正义、获得赔偿。到了 14 世纪 40 年代，这甚至是关乎生死存亡的问题：有人声称法国国王试图征服英格兰，并将英格兰土地分给法国贵族。

从低地国家的角度看，圣奥梅尔（St Omer）、图尔奈（Tournai），以及法国北方的大多数城市都是陆地战争明显的目标。1337 年 7

月，阿图瓦的罗伯特率领一支小部队（包括佛兰德斯步兵和英格兰长弓手在内）潜入圣奥梅尔，爱德华三世则亲自率领剩余的部队前往图尔奈。到此时为止，爱德华和他的盟友们还算较为容易地获得了胜利，但这种情况不会再发生了。阿图瓦的罗伯特一路烧杀劫掠，被以逸待劳的法国守军一举击溃。爱德华三世被迫撤回到图尔奈附近的英格兰军营，在接下来的几个月里，他目睹了对法战事的不顺，以及这种冒险给他的王国带来的巨大损失。

对待议会的弹劾，国王尚在努力适应甚至接受；而当某个熟知政事的人提出批评，他则会做出更为激烈的反应，比如，盎格鲁-诺曼的法语诗《苍鹭的誓言》(*Vows of the Heron*) 的作者。这首诗以 1337 年为背景，描绘了爱德华三世在宴会上的举动。愤怒的流放者——阿图瓦的罗伯特为晚宴准备了一只苍鹭，在他的怂恿下，国王发誓要开战。贵族们以苍鹭的肉起誓，要在未来的对法战争中拼尽全力。索尔兹伯里伯爵（Earl of Salisbury）发誓，在为国王征战法国前绝不睁开他的右眼，他的爱人——德比伯爵的女儿表示直到他完成誓言才履行婚约；沃尔特·德·莫尼（Walter de Mauny）发誓要烧毁戈德玛·德·费伊（Godemar de Fay）的城镇；德比伯爵要和佛兰德斯的路易斯决斗；萨福克伯爵欲将波希米亚国王斩落马下；佛蒙特的约翰（John of Fauquemont）囊中羞涩，他发誓将追随爱德华三世，在坎布拉希斯（Cambraisis）放火，不放过任何教堂或祭坛，不放过任何孕妇或小孩；王后则承诺她腹中的孩子只有等父亲凯旋才出生。

对知情者来说，这是一场闹剧：索尔兹伯里伯爵在苏格兰时便已经失明；德比伯爵的女儿作为一个年轻的新娘将会成为一个笑话；沃尔特·德·莫尼的尝试失败了；阿图瓦的罗伯特也失败了。

但这种种表现是一种浮夸的虚荣心，用错位的骑士精神而非缜密的思考来面对战争。

任何反战情绪都被1340年英格兰取得的第一次大胜利抵消了，这是一场在海上取得的胜利——佛兰德斯海岸的斯鲁伊斯海战（battle of Sluys）。在那里，法国人损失了全部海军和腓力六世为入侵英格兰而集结的一支人数为2万到4万的军队。爱德华在其托马斯号战舰上指挥船队，这些船只来自亚茅斯（Yarmouth）和五港同盟[①]。这些船装有木制的防御工事，就像一排城堡。与他们对战的是200艘法国船只，它们紧密地排成三排，形似一块平板。爱德华三世的策略就是撞向它们，登上它们，士兵面对面贴身肉搏，此举重创了法军。这是一场奇怪的胜利，爱德华三世的支持者是出于多种利益目的而结成的联盟，它既广泛又脆弱。联盟的核心是佛兰德斯，它曾是法国国王的封地，其财富依赖于将英格兰羊毛变成布料再贩卖到整个欧洲。爱德华三世用大量的资金来支持这些联盟，而在这10年里，他穷奢极欲、挥霍无度，最终陷入财政困境。他的盟友包括艾诺的威廉伯爵（他的岳父），布拉班特的简三世伯爵，以及篡夺了佛兰德斯伯爵实际领导权的根特商人雅各布·范·阿特维尔德（Jacob van Artevelde）。随着老布拉班特贵族和新暴发户根特银行家之间的紧张关系升级，联盟亦受到损害。斯鲁伊斯海战的胜利及其后续让每个人都高兴了一小会儿，其间爱德华去根特看望了他的家人。爱德华三世的儿子约翰——他在十几个孩子中排名老四——继承了伟大城市的名字，他被称为根特的约翰。

① 11—16世纪英格兰东南部沿海的几个港市所组成的自治联盟，为王室提供战船和水手。

尽管这是一次著名的胜利，但法国人显然还没有在陆地上认输，他们仍然有军队和盟友。围城战既费钱又耗时，图尔奈没有沦陷。法国国王腓力六世没有参战，此外，艾诺伯爵夫人、瓦卢瓦的珍妮（Jeanne of Valois）提出了和平建议，这动摇了爱德华联盟的军心；在巨额军费难以为继的情况下，联盟成员深感不安。为期五年的休战协议于 1340 年 9 月 25 日在艾斯普里青教堂签署，这为所有参与方赢得了喘息的时间。腓力六世争取到了盟友——巴伐利亚（Bavaria）的路易皇帝，而佛兰德斯人同意接受纳韦尔的路易为他们的伯爵。作为回报，腓力解除了对佛兰德斯城市的经济制裁，法国人向北进军时占领的数十个村庄被如数归还给了布拉班特公爵和艾诺伯爵。1340 年 11 月，爱德华回到家里，将一腔怒火发泄到辜负他的大臣们和只给予不冷不热的支持的贵族们身上。

英格兰的财富可不是用硬币积累起来的。1334 年，国王的臣属们建议对每个社区（包括农村和城市）实行税收配额制。这一变化将责任转移到地方估税员身上，他们评估每个社区中的成员所能做出贡献的能力。1360 年之前，这套新系统每次都能贡献 3.8 万英镑的收益。1353 年之后，另一项税收政策加入，由议会确定每年的羊毛常规出口税。虽然它不再像以前那样规定最低征税门槛，但有证据表明，估税员在判断征税对象时行使了自由裁量权。在频繁征税和为战争提供财政基础的影响下，事项的优先级被重新评估。

新的税收制度影响了经济的若干方面。大领主们没有大兴土木，而是削减建筑维护费用：以温彻斯特主教的一处庄园为例，1309—1310 年维护费用为 458 英镑 9 先令，到了 1340 年至 1341 年，这个数字变成了 356 英镑 6 先令。投资萎靡，农村地区对劳动力的需求也随之降低。然而有一些人，如一些大商人和食品商，他们为军队提供补给品，从中获利颇丰。爱德华三世的要求尚未严苛至极时，民间便已经发展出了抱怨文学，比如大约 1338 年的《反国王征税曲》(*Song against the King's Taxes*)：

百姓苦其已久，无力奉献更多；

毋庸置疑，一点火星，便能呈燎原之势。

自从爱德华二世统治时期受苏格兰劫掠后，坎伯兰公爵得以免税，他向议会请愿继续免税，且能够操纵受灾地区委员会的工作以获得较低的摊款。税收已成为地方和国家政治的主要议题。

税收并不是王室支持对法战争的唯一收入来源。在战争的最初几年里，爱德华满足于同意大利银行家打交道，期望凭借王室收入获得贷款。这种做法很快便被证明是不现实的。1340 年，爱德华三世不得不向他信任的意大利医生潘西奥·康特尼（Pancio de Controne）——此人是王室的亲信和宠臣，曾侍奉过爱德华二世——借款 6 500 英镑。这是一种快速、廉价的筹资方式，但必须以频繁的税收作支撑；对贫困的农村而言，税收则是沉重的负担。14 世纪 30 年代，税收评估不足的问题显现，为了寻找财富来源、评估税款，一项新尝试面世：1340—1341 年，发行“九分之一卷”(Nonae)。全国各地（不包括特许经销权拥有者和威尔士边境区）都必须评估自己的财富：村庄须贡献全年粮食、羊毛和羊羔产量的九分之一；城镇按照商品存量价值有所付出；农村市场则以粮食、羊毛、羊羔和商品为指标进行评估。这种方法是为了应对紧急的经济现实：税基涵盖了非常富有的城镇和广大的农村地区，但经济活动（即生产和交换）则在农村市场和小城镇最为常见。举例来说，繁荣的大城市科尔切斯特周边有数十个像布伦特里（Braintree）这样的小镇。就是这样的小城镇，如今被税收所困。

1340—1341 年的危机体现了人们对国王良好判断力及对其决策的信任。政府在王室各方势力中间左右为难：布拉班特的议员们与国王同一战线，而国内的权贵和神职人员则围绕在大法官、斯特拉特福德大主教身边。1340 年 7 月，议会批准了一笔价值相当于 2 万袋羊毛的贷款，但相关郡县的官员们在回收这笔贷款时遇到了阻力。1341 年 4 月议会召开，前一届议会只有 3 名代表出席；会议上，代表之间的分歧和不和是显而易见的。也有一些人提到（虽然不是主要的争议点），王室的收入应该用来巩固王权，而不是分享给其他人，否则国库亏空，国王的财富只能仰赖于臣民的贡献。时代在变化，从海关预期收入中获得担保贷款已经不合时宜，已经到了对出口直接征税、根据社区评估财富获取补贴的时候了。

爱德华三世身边都是体面、生活优渥的人，他一度提出甚至可以说是非常专横的要求。1337 年他宣布抑制羊毛销售，像索尔兹伯里伯爵这样的贵族表示反对，但仍然保持忠诚。爱德华三世学得很快。1337—1340 年财政吃紧，他对英格兰征收了前所未有的重税，遭到 1340—1341 年议会的抵制，与其说爱德华三世被迫、倒不如说被劝服改变了他的政策。他的资金的来源不是银行家，而是他的臣民及其贡献（对羊毛出口征税等），以及贵族、教士和富商缴纳的税捐等。这种直接征税的方式是通过磋商提出的，磋商的目的是把议会变成有效的政治集会，让下议院能够对战争、王室、战略军事等问题发表评价和建议。

接下来的主要战争在诺曼底打响：战役一举摧毁了卡昂城，并在 1346 年克雷西会战中达到高潮。在一场登陆卡昂城的闪击战后，爱德华三世将法国的腓力六世拖入了战场。腓力步步紧逼，爱德华向东北部的索姆（Somme）撤退，一直退到克雷西的一个山顶上。法国人摧毁了塞纳河上的所有桥梁，爱德华只得比原计划更进一步地向内陆推进。爱德华在普瓦西（Poissy）重建桥梁，准备应战。他结合了在苏格兰战争中观察到的战术，整个部队由三支“战队”组成：威尔士亲王率领的先头部队，国王率领、王室封臣们支持的中路力量，以及由达勒姆主教和阿伦德尔、萨福克、亨廷顿的伯爵们率领的后卫军。英格兰弓箭手开弓，配合木桩和坑洞等障碍物掩护骑兵。腓力的热那亚弩手缺乏给养、没有盾牌，他们的弓弦又软又湿。当他们撤退时，又冲撞了法国人自己的骑兵，后者在英格兰人的猛攻下一败涂地。自 1338 年以来，法国国王一直试图避免冲突；在克雷西，他本感到很有信心，但一旦短兵相接，他便尝到了失败的滋味。克雷西战役后，法国军队改变了战术，放弃战马，像敌人一样步行作战。这使得战争更加血腥；双方在如雨的飞箭下，面对面挥舞着可怕的长矛剑戟。

克雷西战役的胜利鼓舞了爱德华，他继续围攻象征着经济繁荣和军事优势的城市——加莱。在主教的带领下，加莱城积极抵抗，并希望腓力国王前来解围。腓力六世在 7 月底确实这样做了，但支援没有持续多久，法国部队就撤退了，留下整座城市，让市民和许多来自内地的难民独自去面对约 3.2 万名英军。绝望的加莱领袖们派让·德·维埃纳（Jean de Vienne）与英军谈判，以交出城市及其财富的代价来换取市民的性命。按照编年史家耶罕·勒·贝尔（Jehan le Bel）的说法，爱德华拒绝谈判，并声称对这座坚持抵抗数月的城市及其居民拥有主权。据杰弗里·勒·贝克（Geoffrey le Baker）记载，继让·德·维埃纳之后，加莱的许多骑士和市民免冠、赤脚向爱德华三世臣服，并为其他人乞求宽恕。耶罕·勒·贝尔的说法为加莱市民赋予了尊严；菲利帕王后也从中求情，她是一个为人们祈祷的圣母马利亚式的母亲形象。王后的美德消解了强势的王室力量，最终达成了投降协定。加莱市民幸免于难，他们的耻辱彻底结束了。他们的故事作为法国资产阶级英雄主义的代表在 19 世纪被重新提起，1895 年，奥古斯特·罗丹（Auguste Rodin）在加莱的纪念碑上浓墨重彩地记录了此事。

战争为就业、晋升、获得荣誉、冒险投机提供了可能性，对国王——英格兰最伟大的男人——来说如此（爱德华三世 14 岁率领军队，他的儿子在 16 岁便成了克雷西战役的英雄），对数以百计的贵族骑士、数以千计的平民来说也是如此，军队的 3/4 都是由后者组成的。不到 1/10 的英格兰人参加了战争，但这仍是一个庞大的群体。在这场战争的骑士团中，骑士与非骑士的比例约为一比十，王室远征军中的骑士比例略高。骑士一天的收入为 2 先令，侍从 1 先令，步兵 6 便士。杂役的等级位居骑兵和弓箭手之下，为所有士兵提供支持。他可能出身奴隶家庭，通过获得训练、经验和赞助来提升社会地位。骑士出于义务和职业从军，人身自由的平民则为了寻求就业、冒险投机和晋升加入地区性团体。尽管有些人对王室根据等级论功行赏的做法很不满，但 14 世纪 40—50 年代对法战争从来不缺兵源。由王家骑士团领导的特攻队发挥了领导作用，树立了榜样，他们在 1359、1360 年的战役中占到军队的 1/6。

参军使子辈分担了父辈的部分责任；在区域性竞技大会中接受训练后，也让子辈赢得了自己的名声。著名竞技赛的参赛者是国王和贵族的代表：1348 年，布拉班特公爵参加温莎比武，以准备与佛兰德斯伯爵开战。像在战争中一样，竞技赛可以选择多种战斗模式，比如，模拟战争、使用钝器等。当比赛发生在战役或战场附近时，则可能会演变成危险的战斗预演：1341 年，兰开斯特公爵（卒于 1361 年）率领 4 名英格兰骑兵全副武装地在边界罗克斯堡（Roxburgh）与 4 名苏格兰骑兵对垒。接下来的一年在北安普敦举行的竞技赛上，兰开斯特公爵的姐夫被杀，其他人受重伤。英勇的父亲们都希望把他们的盔甲传给儿子，韦伊的亚当爵士便如其在 1345 年的遗嘱中所言，为了和平（竞技赛）和战争，把所有的铠甲留给儿子约翰。约 1334 年成书的《勒特雷尔诗篇》描绘了骑士告别的场景：杰弗里·勒特雷尔爵士向他的妻子阿格尼斯和儿媳比阿特丽斯·斯克罗普（Beatrice Scrope）告别，年轻女子手持盾牌，上面有象征家族延续的勒特雷尔纹章。这副盔甲后来作为他的儿子安德鲁的物品，被陈列在林肯郡伊恩纳姆（Irnham）的圣安德鲁堂区教堂里。

有关战争的作品均体现了浓厚的骑士精神；对法战争鼓励骑士们追求名望，鼓励士绅们追求骑士地位，鼓励人们在战役中、特别是在战役结束后团结一心，不断地祈祷和重温那些恐怖和荣耀的时刻。它激发了一些人在更远的地方建功立业的斗志。兰开斯特的亨利公爵加入了“收复失地”运动——基督教战士征服伊比利亚的穆斯林土地：他参与了对阿尔赫西拉斯（Algeciras）[①] 的围攻，甚至参与了对北非海岸城市休达（Ceuta）的海上进攻。就像乔叟笔下的骑士一样，他也在欧洲的东北角——爱沙尼亚和立陶宛——有所行动；他的孙子，德比郡博林布罗克（Bolingbroke）的亨利（也就是后来的亨利四世）与其做法如出一辙。

---

① 西班牙南部港口城市。

尽管战争恐怖、危险，但它也可能成为一种生活方式，一种相当令人陶醉的生活方式。对法战争能提供足够的荣耀和自我认可来鼓励那些成长在骑士家庭、在骑士文化中追求正义的人：爱德华的战争旨在捍卫他与生俱来的权利，这是一场正义的战争。然而，对有能力的人来说，从军并不是唯一的职业出路。对法战争期间，贵族家庭越来越多地参与行政和司法。骑士家族将心血倾注于教育和职业训练，让子孙走上行政道路。事实上，战争导致国王、大臣和贵族，以及大部分统治阶级缺位，这就需要集中精力思考如何在各县实行司法公正和税务征收。这几年也是下议院对法律和秩序的规定进行试验和保持警惕的时期。

为了持续下去，对法国的战争必须满足英格兰和威尔士政治团体的部分期望。奖赏便是战利品，它们流入长官的金库和口袋，也流入较低品级的人的手里。战利品在士兵的家乡广为人知。妇女们夸耀她们的坐垫、衣服、挂饰和珠宝，这些东西曾装饰过法国主妇的房间。1359 年 3 月，罗伯特·诺尔（Robert Knolle）夺取了奥塞尔城（Auxerre），在得到 50 万金绵羊（一种法国金币，每枚重约 3.58 克）和 4 万颗珍珠的赎城金后，才让城市得以保全。国王和他的大臣们坚持要把胜利的消息广为传播，比如，1356 年法国国王在普瓦捷被捕这样的新闻就是在郡县法院、集会和市场上宣布的。

英格兰的土地未被持续占领，也没有遭到战时的暴行。而那些被英格兰军队（无论等级高低）占领或途经的法国土地就没那么好运了。在一次无耻的入侵中，一支军队在行进中杀民养军，所经之处一片狼藉、满目疮痍。1339 年，让·德·佛蒙特途径坎布拉希斯，一路烧杀劫掠，附近 48 公里的范围内无人幸免，甚至儿童和孕妇也成为受害者。教皇本笃十二世（Benedict XII）听闻 1339 年的夏季惨案后，派了教皇法庭的一名官员去评估损失。根据调查结果，教皇手下的银行家们为受灾地区捐赠了 6 000 弗罗林[①] 救济款。

侵略的伤痛在法国诗人厄斯塔什·德尚的诗歌，以及后来莎士比亚的英文诗里面都有体现。勃艮第公爵在《亨利五世》一文中很好地反映了战争早期的形势：

> 唉，她（和平）在法国被追逐太久了，
> 她的爱人都匍匐在地……
> 她的葡萄树，那从心底盛开的愉悦，
> 寂然死去。

最臭名昭著的是 1355 年末威尔士亲王——黑王子爱德华——在加仑河河谷的一次远征。他带领一帮年轻的士兵在法国乡间取得大捷，陪在他左右的 4 个伯爵和若干骑士后来均受到国王的奖赏和提拔。约翰·查多斯爵士（Sir John Chandos）的传报这样记载了他们的事迹：

> 我所说的这位高贵的王子，
> 自其降世便忠心可鉴，
> 率真刚猛，品德高洁，
> 颇具英勇仪范。

① 一种金币，重3.5克左右。

这次远征耗时 68 天，摧毁了朗格多克近 1.81 万平方公里的土地，军队于 1355 年 11 月回到加斯科尼，带回了传说中的战利品。他们休整了一个冬天，在更北的普瓦捷过了冬。爱德华三世全力发动了王国的战争机器，他通过各个郡的治安官从商人和海盗那里征用船只，从而打造出几十艘新战季的战船。除此之外，还有 9 900 捆箭、5 600 张弓，保证马匹和驮畜——从普利茅斯（Plymouth）、南安普敦、桑威奇（Sandwich）出发——行程安全的围栏和马厩，以及在法国找到新的补给之前足量的燕麦和过境车费。在接下来的战斗中，法国国王约翰二世和几个大贵族被俘。这场浩劫造成的影响深远而持久。1360 年，爱德华三世烧毁了巴黎郊区，全副武装的骑士们集结在一起，用长矛消灭了 60 名法国人。诗人彼特拉克（Petrarch）欣赏英格兰人在克雷西战役中取得的胜利，他在 1360 年的一封信中写道：

> 他们用火刑和刀剑把整个法兰西王国夷为平地，我最近出差经过它时，不得不强迫自己相信这就是我以前见过的那个国家。

这是法国最黑暗的时期。

黑王子征战的消息传到很远的地方，甚至在地区编年史（如林恩的灰袍僧[①]的著作，也记载了黑王子在第二年回国）上也有所见。英格兰修道院编年史《历史颂》（*Eulogium historiarum*）将爱德华国王和黑王子爱德华放到了当代启示录预言中。仿佛觉察到了这些

① 方济会的修道士，因常年赤脚、着灰袍而得名。

事件普遍性的意义，修士在 1356 年到 1362 年非常详细地记录了黑王子的事迹。英格兰王朝斗争承载的意义是：它们被视作一种苦难，标志着反基督统治的开始。甚至爱德华王子也因此被想象成预言中的“改革皇帝”。法国国王约翰的被捕是世界陷入动荡的另一个迹象，这是一种不稳定、不祥的状态，充满了千禧年的预示。

1367 年 2 月，黑王子和他的部下因另一项军事冒险壮举而闻名，他和“勇敢的骑士”一起前往西班牙，与他的兄弟——根特的约翰——会合。在那里的纳赫拉战役中，他们运用法国战场上的战术，支持觊觎卡斯提尔王座的“残酷者佩德罗”(Pedro the Cruel)。理查德·阿德伯里爵士是其中的一位优秀骑士，他从 1330 年起就为威尔士亲王效力。阿德伯里是堂区贵族的典型代表，他从担任小队侍从的首领开始，最后被封为爵士。阿德伯里的队伍的规模起初很小，只有 4 名随从和 10 名弓箭手。黑王子明白这些人的价值，在纳赫拉战役之后，无论是战争还是和平时期，理查德爵士作为终身效忠的家臣每年领取 40 英镑的报酬。

不管是纵穿乡间的远征还是驻防，军官们都有极大的行动自由。他们对财产、劳动力和生灵们大肆掠夺和毁坏。一个简单的例子是，1349 年布列塔尼的中尉托马斯·达格沃斯（Thomas Dagworth）在普拉维尔港强制招募劳工，让他们为爱德华王子的一艘葡萄酒货船卸货。更具破坏力和残忍性的是在诺曼底和布列塔尼发展起来的系统性抓捕和勒索制度。通过英格兰指挥官在其驻防地附近的堂区建立的保护网，一种更具有毁灭性的剥削形式发展起来。1360 年《布雷蒂尼和约》签订之后，驻扎在诺曼底科唐坦半岛（Cotentin）的英格兰驻军与附近的法国驻军协商，让 263 个堂区定期支付赎金，这使得英军获得了稳定的收入。更常见的是类似于约翰·福瑟林盖（John Fotheringay）对巴黎－贡比涅公路的控制权，这让他在14世纪50年代末取得了巨额收入。

战争的剥削不仅是对物品的占有，还是对人的掳掠。在一次突袭圣朱利安杜索（Saint-Julien-du-Sault）的战役之后，一位名叫杰克·斯波尔的英格兰乡绅俘虏了一名10岁男孩；当没有人愿意赎回他时，乡绅把他变成了自己的侍从。这个寂寂无名的男孩失去了自由，在1368年回到家乡之前，他随从去了勃艮第、布列塔尼和西班牙服役。当地的人口贩子为驻军提供妇女；在勒芒（Le Mans）西南，一位名叫纪尧姆·朱贝尔斯的男子为驻扎在马里科恩城堡的罗伯特·诺尔的士兵们提供女孩。此类活动显然不适宜在休战期间进行，故组织者有时会去战事频仍的其他地区。1360年《布雷蒂尼和约》生效后，那些曾在朗格多克横行的邪恶组织偃旗息鼓，而在14世纪60和70年代出现在意大利，给伦巴第（Lombardy）、托斯卡纳（Tuscany）和阿普利亚（Apulia）带去恐慌。

同时代的作家敏锐地意识到战争的恐怖，有些人甚至把战争带来的创伤置于瘟疫之上。用罗彻斯特主教托马斯·布林顿（Thomas Brinton）的话来说，参战的军队没有带着人民的祈祷，反而背负着他们的诅咒。经历了征服和占领，士兵们的兽性被激发，其影响难以评估。在不断的行进中，威胁和暴力随着精神变态者的存在而加剧，比如，1370年有43名杀人犯因参与了从加莱到法兰西岛的"黑王子骑士团"而被赦免了罪行。这些人回到他们的家乡后会是什么样子？多年来他们一直过着野蛮和暴力的生活，强迫妇女成为性奴隶、随意杀人；他们不受法律的管辖，只仰赖于因共同犯罪而存在的所谓义气。骑士精神的理想和战争的现实从未如此割裂。

贵族们被寄希望于持久地维持军事巅峰状态：他们不仅领导战

役、监督征兵和提供给养，还经常填补占领区政府空缺的职位。大多数上流社会的家庭成员都曾参加对苏格兰或法国的战争，可能他们在年轻时参加过一两次战役。这些家庭的年轻人，从家里和地区竞技赛中接受训练，在其领主或大贵族的引导下，寻求战斗、胜利和与同龄人互动的机会。在 1346 年加莱被围困期间，产生了一些有趣的、关于骑士纹章的争论，争论甚至还得到了国王本人的裁决。这个例子反映了强有力的地区招募和训练模式：有人为东盎格利亚骑士罗伯特·莫利（Robert Morley）作证，说他参加了在邦吉（Bungay）、伯里圣埃德蒙、达特福德（Dartford）、邓斯特布尔（Dunstable）和塞特福德举行的竞技赛，并反映了围绕这位著名骑士的凝聚力和忠诚度，他的地位因其在法国战役中的表现而大大提升。尽管国王有意在纹章的争论中偏袒他的对手，但最终还是决定让罗伯特·莫利终生佩戴那件他所渴望的、有争议的徽章。

这些骑士参与战役的时间有限。往往是那些非骑士的战士、披甲武士，特别是弓箭手才选择军事生涯。这些人的招募存在地区性，他们通常来自柴郡（Cheshire）、兰开夏郡和威尔士。在战争技巧和辅助性职业中，专业化发展起来，团队行动构成了他们的工作特点，这一世纪中期的侍从还要接受连续的训练。北安普敦的威廉·德·波罕伯爵作为克雷西战役的指挥官，其侍从——160 名披甲士兵和 140 名骑兵——从韦尔山谷（Wear valley）到法国的田野都在练习和完善战术。名人也参加了战斗，如约翰·阿德恩和《罗莎医学》（*Rosa medicinae*）的作者约翰·加德斯登（John Gaddesden），英法双方的战地医疗作用日益突出。阿德恩参加了“黑王子”的行动，并治好了王子的财务主管亨利·布莱克本（Henry Blackburne）的病。他还写了一篇关于痔疮手术的文章，因为那些长时间艰苦骑马的人常要忍受痔疮的病痛。托马斯·布朗特爵士（Sir Thomas Blount）在加莱围困期间缺席了著名的莫利案的判决，他解释说，因为在特罗安（Therouanne）附近受了伤，他只能在自己的帐篷里休息、疗伤。

战争激起了人们对某些群体的不信任和偏见，哪怕那些人一直是被容忍甚至受到欢迎的。外国修士、外国商人，甚至是来自欧洲大陆的朝圣者现在被视为危险的怪物，他们在这个国家四处迁徙，能够传递有关王国的信息。怀疑、排斥的氛围推动了立法，法律规定了逮捕、驱逐或限制他们自由的程序，旅馆老板需向国家报告可疑的客人，主教们也必须报告外国教士在其教区的情况。勃艮第医生阿文塞的约翰（John of Avence）的整个职业生涯都在伦敦度过，但 1362 年他决定和妻子玛丽离开这个国家，因为他们受到了骚扰。强烈的反教权和排外情绪交织在一起，影响了非英格兰牧师、修士的生存状况，并被英格兰王室狡猾地利用了。1337 年，怀特岛上的外国修道院被国王没收，其修士被迫迁往内陆，远离大海。1343 年爱德华三世颁布的法令规定，任何损害国王利益的教皇信件或文书都不得带入英格兰。1347 年，下议院请愿反对任何教会接受来自外国人的馈赠——尤其是当时居住在阿维尼翁的法国红衣主教。审查任何接受教皇任命、生活在教会的人（通常是外国教士的门徒），以及申请审查任何此类任命的王家许可都是正当的。

人们害怕间谍活动，也担心经济战和士气低落，这些都要靠维持治安和反间谍措施来应对。国会请愿书中反复表达了对间谍活动的担忧。从受雇的“探险家”和“埃斯皮”，到“提供信息者有赏”，爱德华三世经常使用间谍。他于 1339 年派遣密探去考察诺曼港口的战舰，据悉名为罗杰·希尔顿和约翰·德·纽比的两个人以这种方式在 1370 年赚到了 100 英镑。在战争的几十年里，英格兰国王殚精竭虑地确保船只在战时能快速安全地通过英吉利海峡；而在每次派出密探的前几天，则关闭所有的港口。爱德华三世的敌人也接受间谍活动是战争时期生活的一部分：1359 年，法国王太子赦免了勃艮第的两名杀人凶手，因为被告在辩护中声称，他们把受害者当作了英格兰驻军的间谍。

这场战争还是一场关于家族和纹章的战斗，为的是争夺展示鸢尾花的权力。1356 年，在普瓦捷战役前夕，加莱的治安官约翰·查多斯爵士骑马去视察法国领地时，他遇到了被俘的法国元帅，后者也佩戴同样的纹章。为荣誉而战影响了战争进程：1359 年，爱德华三世包围了兰斯——法国国王加冕的传统地点，他希望在这里加冕。双方的王朝意识和野心都有所增长：查理五世（Charles V）为他的儿子、未来的查理六世（Charles VI，1368 年出生）授予王储头衔；黑王子则被赐予了新的封地，即加斯科尼和阿基坦公国，自 1343 年以来他还一直拥有着威尔士公国。英法在几个方面展开了长期的竞争：外交、经济、军事和荣誉。

爱德华三世的奖赏

爱德华三世年轻时经历了政变，他比大多数人都更懂得忠诚和友谊的价值。在他统治的前几十年里，他既要消灭潜在的敌人，又要补偿那些在 1330 年支持过他的人，并赋予他们权力。这甚至包括供养政治对手的女眷（比如，自 1329 年以来在约克郡活动的玛格丽特·德斯潘塞及其护士），以及把头衔和土地分封给那些在苏格兰及法国战场上帮助过他的人们。

在其未成年时，爱德华几乎没有什么行政权或分封权。莫蒂默任命、解聘王室官员（3 年内任免了 7 名掌玺大臣、5 名英格兰司库），洗劫了威斯敏斯特金库。1330 年 12 月，通过没收伊莎贝拉的土地（她可从中得到 3 000 英镑的年收入），以及莫蒂默在边界地区的土地，爱德华获得了一些控制权。国王明智地保存了其母的大部分土地，而将莫蒂默的地产广泛地分封下去，比如威廉·蒙塔古（William Montague）就获得了每年 1 000 英镑的土地赠款，丹比城的统治权，罗兹（Rhos）、鲁弗诺格（Rhufoniog）和卡马森等百村户区（相当于威尔士的县），迪迈尔（Dinmael）的半个百户区（坎特郡的一部分），以及伊莎贝拉在汉普郡、伯克郡和肯特郡的一些土地。王室亲信在这次再分配中受益：1331 年，罗伯特·厄福德（Robert Ufford）得到伊莎贝拉在格雷夫森德（Gravesend，肯特郡）和伯格（Burgh，诺福克郡）的土地。生活在英格兰的法国臣民的土地也被没收：埃金顿（Eckington，德比郡）的罗伯特·德·斯图特维尔（Robert de Stuteville）所拥有的价值 100 英镑的土地，于 1337 年转到休·德·奥德利（Hugh de Audeley）名下。

对那些忠于王室的人来说，威尔士公国封地极具诱惑力。公国的许多职位，如北威尔士的最高司法官，曾属于王室的宠儿如奇克的罗杰·莫蒂默，他是马奇伯爵、爱德华二世的敌人罗杰·莫蒂默的外孙。爱德华三世在处理世袭头衔时很谨慎，但他通过创造新的公爵，如 1351 年的兰开斯特公爵亨利，大张旗鼓地提升了一些老头衔。几个新伯爵诞生了：1350 年在布列塔尼的一次伏击中英年早逝的托马斯·达格沃斯，14 世纪 50 年代黑王子的一些同伴如雷金纳德·科巴姆（Reginald Cobham）等。他还有几个小爵位授予新部下，有些人因为在国王面前作战英勇被授予军衔，比如约翰·卡普兰（John Copeland），他因在普瓦捷俘虏了约翰国王而得到提拔。但即使在奖赏忠诚的支持者时，爱德华也非常小心，不让他们拥有太过坚实而持久的权力基础，也不希望在奖赏的过程中王室的权力被削弱。停止支付年金比从失宠的封臣手中收回庄园要容易得多。受到爱德华青睐的人们从绅士和骑士的行列中脱颖而出。这是分阶段完成的，整个过程避免了像爱德华二世那样失去了很多权力和威望。

他最亲近的人所获得的大部分土地都是终身制的，93 块土地中只有 41 块是有偿的，而其余 52 块是长期或终身的。有些人在如愿以偿地得到一个合适的庄园之前，从财政部领取了数年的款项。威廉·德·克林顿（William de Clinton）是爱德华最亲近的人之一，除了被授予亨廷顿伯爵头衔，他还收到了 1 000 马克的土地金，其中 500 马克来自科顿庄园（Kirton，林肯郡），其余的则来自伊莎贝拉王后和彭布罗克公爵夫人的庄园流水。在得到这笔费用之前，新伯爵还将从剑桥郡、亨廷顿郡、肯特郡、温切尔西城镇、莱伊镇（Rye）、桑威奇镇和海厄姆（Higham，苏塞克斯郡）支付给国王的年费中获得 500 马克。1337 年 3 月，休·奥德利获得格洛斯特伯爵爵位，每年有 100 英镑的收入；9 月得到的柯克比庄园（Kirkby，诺丁汉郡）和埃金顿庄园可给其带来 90 英镑的收入，剩下的 10 英镑在无合法来源的情况下则由财政支付。作为长期为王室效力的奖励，雷金纳德·科巴姆在 1337 年 3 月得到了价值 119 英镑的切本哈姆庄园（威尔特郡）和大亚茅斯农场（诺福克郡），同年 6 月，他又拿到了价值 100 马克的年金，直到其土地可以盈利为止。外国（多指法国）宗教机构为确保其在英格兰的土地而支付的款项，如

1340 年弗康修道院支付的 500 马克，同样可以作为年金奖励给像托马斯・布莱斯顿（Thomas Bradeston）这样的王室近从。从其他来源如港口、县里的农场等获得的收入具有代价较大、费力的特点以及不确定性。

爱德华通过大法官和财政大臣巧妙地控制了金钱，国库变成了国王及其信从之间支付款项的结算所，而不是大臣们的会计室。国王给了神职人员很多好处，这些人的家庭成员也从中获益。他给他的下属成功的机会、美满的婚姻，大大改善他们的地位，但不以牺牲王室财富或接受任何含糊的忠诚为代价。爱德华对未成年人和没有男性亲属的未婚贵族妇女行使王权，并把这些权利交给他的亲信。这是另外一种奖励方式，即可以带来收入甚至美好前途的婚姻。1349 年，威廉姆・威勒（William Welle）的 3 岁稚子——埃塞克斯、萨福克和剑桥郡庄园的继承人——被国王监护，国王随后将其监护权交给了亲信盖・布雷恩（Guy Brain）。国王将 75 块土地给予了最忠诚于他的人：威廉・克林顿、理查德・比彻姆（Richard Beauchamp）、威廉・波罕、盖・布雷恩等。对有些人来说，这是一件令人愉快的礼物；对那些地位较低的人来说，这是向上爬的重要一步，尤其是当它能带来美满的婚姻时。

爱德华管理能力出众，他的个人魅力很明显地激励了他的儿子——黑王子爱德华，黑王子从未登上王位，却作为骑士精神的象征而成为传奇。爱德华二世安眠于格洛斯特大教堂，爱德华三世为了纪念他那陷入困境的父亲，1343 年向坟墓敬献赠礼。

议会和王室政府

议会通过审议税收发挥了越来越大的作用，税收是王室军事行动的命脉。尽管议会依赖于王室的召唤，但在爱德华三世的统治下，议会协商和说服的功能平衡发展起来，一个日益自信和积极的下议院成长起来。爱德华三世统治时期的议会制定了行动程序，并逐渐具有政治特征。议会处理的事务与日俱增且多样；1327 年起的请愿书全部记录在案。它继续整合了三项基本职能：第一，它是最高上诉法院、贵族法院和郡法院；第二，它处理个人和社区提出的请愿；第三，它可以审议王室对税收的要求。

因为国王决定议会成员——贵族、平民和神职人员——在他选择的地点和时间参会，所以他将具有骑士身份的议员与其他大地主——上议院——区分开来，后者仍然监督立法。因此，议会成员包括了有义务谏言的贵族、世俗和宗教界的大领主，以及骑士和一些城镇的平民代表。为了呈递同意征税的请愿书，下议院增强了将征税与地主、商人团体的诉求联系起来的政治智慧。下议院也是接收各地信息的极佳来源，并定期报道敏感问题，如威尔士边界地区的动向等。到了 14 世纪 40 年代，上议院和下议院之间已经形成了习惯性的“内部交流”——联合讨论和协商，这通常是通过上议院议员参与下议院关于税收的辩论中来实现的。也可以反过来，1348 年，下议院的成员被邀请加入上议院的讨论，议题是国王被军务缠身时颁布的一些针对暴力犯罪的法令或措施。

从 1340 年起，神职人员被单独召集到议会，不再作为下议院的代表。主教在贵族中仍占很大比例：1341 年，爱德华三世召集了 51 位教士、8 位伯爵和 45 位男爵；1377 年，他召集了 46 位教士、13 位伯爵和 47 位男爵。那些被召集的人并不能每次都参加议会，英格兰北部的主教登记册上有大量的信件，是神职人员为在苏格兰突袭期间缺席议会而道歉。1337 年 2 月，卡莱尔的主教约翰·柯克比在信中写道，因其教区内的教堂都遭到了“苏格兰敌人”的攻击——他指的是 1336 年和 1337 年安德鲁·默里（Andrew Murray）收复苏格兰各县的行动——他不能出席议会。1341 年危机中，坎特伯雷大主教——斯特拉特福德的约翰点燃了国王的怒火。他在一封信中警告说，糟糕的决策毁了爱德华的父亲，这也是爱德华统治的开始；他还威胁国王即将失去人民的心和合法权威。一位编年史家记载了他的话：

> 还有，陛下，请您不要不高兴，您可以在以后的日子里回想这件事，因为我们的主、你的父亲……制定了邪恶的计划，违背了他的国法……因此他遭遇了那些事，陛下，你是知道的。

由此，议会中形成了一种道德和政治批判，这是一种哄骗和说服其他人的语言。议会往往成为一个危险的、不可预知的场合，但没有它，王室规划很大程度上是不可能实现的。

随着议会被越来越频繁地召集，它在一系列政府和经济决策中发挥了重要作用，一个专业团体出现了：由两三个县（通常是相邻的）重新选举或连续选举产生的议会代表。战争的走向和王室的需要影响了议会的构成：在战时的 1340 年，爱德华三世特批功勋骑士参与议会。这些人都是苏格兰和法国战场上的老兵，在早期议会中享有很高的声望。理查德·蒙谢西（Richard Mounchessy）在

1320—1336 年 11 次入选赫特福德郡议会，他曾在苏格兰和法国作战并被选为专业顾问；1341 年，他受命厘清海关船只在斯鲁伊斯港的受损责任，并就如何防止王室船只被掠夺提出建议。阿斯特威克（Astwick，赫特福德郡）的斯蒂芬·巴辛伯恩爵士（Sir Stephen Bassingbourne）在 1335—1348 年在加斯科尼的 7 个议会中任职；1339 年，他被派去征集武器，并维持其任职期间的议会秩序。城镇议员往往具备商业和法律方面的专门知识，这使得他们拥有了极高的忠诚度。约翰·帕尔斯（John Parles）是科尔切斯特（埃塞克斯郡）的一名律师，他活跃在王室法庭，至少担任了 11 个议会的代表。这些人具备军事经验、了解地方政府和司法制度，成为可靠的代表。他们的请愿书表达了一个郡的中等土地所有者的意愿，但他们也可以对王室和贵族提出合理的质疑。

爱德华三世统治后期，一种更加偏重立法的基调开始影响议会事务。王室官员和大臣们忙着为议会做准备，要至少提前 40 天发出召集令。如同参与起草对请愿书的答复一样，法官对立法解释的参与越来越引人注目。这种参与延续到了立法之后：法官们如何在法庭上解释“他们制定的”法律。在越来越多的法律领域，国王和下议院采取不同的解释，甚至国王和他的法官的解释也不尽相同。1355 年，王室法庭、民事高等法庭的法官、财政大臣及其法务官都在国王面前坚持认为：除非得到议会的同意，否则法规不能改变。平民在下议院的作用越来越大。这些人的杰出之处在于他们为王室服务，扮演着各式各样的赞助人、仲裁者和法律程序专家的角色。

14 世纪早期，议会的开幕词一般由首席大法官发表；1362 年以后，这一角色由大臣担当。发表开幕词时所用的语气越来越严肃，人们在其中提出立法草案和一般性的意向声明。由此，这个在1327年促成国王下台的机构，有趣地发展成一个十分必要的复杂议会，并对英格兰、威尔士公国的地主们提出的政治愿望和抱怨相当敏感。即使其审议工作的政治基调有所加强，议会仍然是个人、团体表达异议的场所，诸多异议则来自个人之间、团体之间、个人与团体之间的，包括男人和女人、修道院和城镇在内的冲突。每届议会都能收到数以百计的请愿书，经过多次讨论、仲裁，少数情况下会促生出成文法。尽管爱尔兰贵族在都柏林拥有自己的议会，但爱尔兰的政策仍由英格兰议会决定；爱尔兰的财政也是如此，它由都柏林财政部管理，受威斯敏斯特监督。议会的审议结果广为人知。国王在他的第一次议会上同意下议院的请求，并将审议结果传播出去。1332年，莱斯特郡的代表从约克议会回来后，向市民们报告了他得到的消息，市民用美酒让他一醉方休。同样地，金斯林恩（诺福克郡）和布里德波特（Bridport，多塞特郡）都将议会报告归档。议会事务反映了地方利益，随着议会在国家政治生活中的地位日益重要，它可以为未来的政治行动提供先例。

英格兰的政治——某种程度上也包括了威尔士和爱尔兰的政治——在议会中得到了公众的热烈响应。议会收到的很多请愿书都表达了对复杂的权力下放制度的不满，而这种制度是通过郡的地方机构来完成的。在那里，几乎任何一个自由民都能接触到法官、验尸官、法警和护林员。这些郡的司法系统由两部分组成：由当地男子担任的治安法官以及负责审理和裁决案件的王室特别委员会。中央委任专员是爱德华二世留下来的传统，他使用这种方法来应对严重骚乱，这与其统治期间政局不稳紧密相关。因此，1332年2月，国王法庭的前初级法官理查德·威洛比爵士（Sir Richard

Willoughby）被派去逮捕和惩罚福维尔团伙的成员，后者曾在莱斯特郡犯下绑架、抢劫和谋杀的罪行。14 世纪 30 年代，在贵族委员会的监督下，地方治安法官的委任有所调整：1332 年任命了一些郡守，1336 年任命了一些地方治安官，1338 年建立惩恶委员会（Trailbaston）。但贵族们仍然保留了“友好”的法官，这些法官可以为他们手下人的极端恶行脱罪。议会收到的请愿书敦促原籍人士当选并拥有相对自主的权力，他们也试图让当地人而非外来者担任郡长。

在爱德华三世治下的几十年，对秩序的挑战变得尖锐起来。相当多的贵族和骑士——天生具有威慑力并负责审判的，但往往也是最不守规矩的人——外出作战，就像国王和大臣们经常失位一样。因此，惩恶委员会——为处理某一地区的特定犯罪和骚乱事件而特别成立的委员会——成为爱德华三世统治头 30 年的特征。国家和郡一级的委员会偶有停转，如 1336 年政府备战时期。在地方法院任职的骑士对郡委员会的评估和招募工作也至关重要。他们自认是天生的维和人士，了解当地资源，在协同备战期间能调动人力和物资网络。14 世纪 40 年代，随着下议院对议会的信心日益增长，1341、1346 年，要求郡内提供公义、和平的呼声越来越大。这一呼吁得到了重视，因为法院日常处理的事务中又增加了逃兵弓箭手、发战争财的奸商，以及 1350 年后执行《劳工法令》中遇到的案件。1351 年，国王和议会任命了治安法官，他们最终也要审理劳工案件。与此同时，下议院也在施压，要求确保郡长是当地男性。除了这一地方规定，王室法官的巡回审判、王室法庭的工作仍在进行，但郡内的大地主在很多地方法律事务上拥有话语权，从而扩大其影响力实现互惠互利。

14 世纪中期有 3 个王室文书机构，每年都会产生数千份文件：大法官法庭（也就是大法官办公室，负责财政支出与联络郡长）、枢密院（Privy Seal，代表国王和议会的权力）和掌玺院（Signet，负责与国王家庭有关的私人文书，有时也被称为锦衣库）。法案作为一种与法官的沟通方式，其数量增加得非常明显。这也增强了国王实现正义的意愿和职责感。尽管土地有产者似乎不断地卷入诉讼，但在威尔士地区定居的具有英格兰血统、并按照英格兰法律生活的人仍然是非常安全的，这是英格兰治下的显著特征。通过与女性继承人缔结婚姻，手艺人、士兵和律师也成为地主阶级的上流人士和贵族。普通法在地方法院和高等法院得到贯彻的同时，衡平法院①也在发展中，为那些无法在普通法所认可的证据和程序形式中找到公平的人们提供另一种帮助。按照法律惯例，大法官通常在威斯敏斯特会堂主持法庭公道，代表国王赋予他人以正义。衡平法院是在处理英格兰大部分郡（威尔士除外）有关债务救济的事务、应对复杂分期付款和违约请求时发展起来的。

神职人员及其作用

王室管理的发展需要不断补充训练有素、恰如其分的人员，爱德华二世已经意识到提供培训及招募渠道的必要性。埃格斯菲尔德的罗伯特（Robert of Eglesfield）——王后的牧师——便谙于此道，

---

① 主要贯彻衡平法的机构。衡平法是英国自14世纪末开始与普通法平行发展的、适用于民事案件的一种法律。以“正义、良心和公正”为基本原则，弥补了普通法的一些不足之处。

他于 1341 年在牛津成立了王后学院。在接下来的几十年里，学院基金会蔚然成风，得到了很多赞助人的支持：有钱的遗孀贡献颇大，如伊丽莎白·克莱尔于 1326 年在剑桥创立克莱尔学堂，彭布罗克伯爵夫人玛丽·德·圣波尔在诺威奇主教埃德蒙·冈维尔（Edmund Gonville）的指导下于 1347 年在剑桥创立瓦朗斯玛丽学堂（Valence Mary Hall，即后来的彭布罗克学院）；主教们也不遗余力，如威廉·贝特曼（William Bateman）——诺威奇主教，教皇法官和王室大使——于 1348、1350 年分别在冈维尔学堂和三一学堂强调教会法和罗马法的学习。只要有机会，贝特曼主教便会确保他的堂区及教产在若干新机构所占的份额：1354 年，福登（Foulden）、威尔顿（Wilton）和穆特福德（Mutford）的教会划归到冈维尔学堂，萨克斯索普（Saxthorpe）的教会划归到彭布罗克学堂，包括布里斯顿（Birston）、金伯利（Kimberley）、布林宁汉姆（Brinningham）、伍德戴林（Wood Dalling）、考林（Cowling）和斯塔勒姆（Stalham）等在内的教堂则划归到他自己经营的基金会。对进修的修士来说，大学越来越具有吸引力；在剑桥和牛津，宗教团体还为其成员提供宿舍。教廷规定，本笃会[①]修道院需支持其成员接受大学教育，比例大约在 5% 左右。一些修士在热闹的城镇里感到格格不入、无所适从：达勒姆的修士乌斯雷德在牛津大学获得了神学博士学位，但他哀叹这种“过度的理性主义”是以牺牲精神进步为代价的。

为爱德华三世及其政府效力的大部分人受过高等教育，有些人从事圣职。一方面，英格兰王权强大、自信，传统上英格兰主教拥

① 天主教的派别之一，罗马帝国衰落后在保存古代学术方面发挥了很大作用。

有很多土地；通过教会法庭和人事任免权，国王和主教在神职人员的税收问题上达成了协议。在管理教会的日常事务方面，英格兰也起步得很早。在教皇监管下形成的基督教声明、新的教会法规、新设立的礼拜庆典和仪式，都迅速传到了英格兰，并通过教会管理机构（将教士与堂区牧师、城镇和乡村的堂区居民联系起来的机构）吸纳落实。英格兰、威尔士和爱尔兰的教会法庭也同样发展完善起来，人手齐备，在处理婚姻诉讼、遗嘱认证、宗教问题勘误、诽谤和亵渎等事务方面非常活跃。

教士们为国王出谋划策，担任大臣的频率比普通民众更高。作为外交官，他们备受信任，并且因其没有政治野心、接受过良好的教育，所以他们有资格为王室服务。对于比较谦逊的人来说，他们在堂区以外的地方工作，那里的生活较复杂，需要他们严格遵从礼拜仪式、恪守圣礼和听从训诫。主教们参与行政管理、外交甚至医疗事务，其身份的多样性让他们时刻保持紧张，受到批评，甚至与危险相伴。1341 年，大主教斯特拉特福德被指控要为政府的无能负责，据说爱德华曾宣布，“如果被判犯有贪污腐化罪，担任要职的人会被折磨、绞死和斩首”。这点与普通教士大不相同。

所有神职人员都能免刑，因为他们不受普通法的法庭审判。那些因教皇庇护而身居高位的人，其人生际遇更显复杂：多明我会的修士托马斯・德・莱尔最初是一名王室外交官，后因教皇克雷芒六世（Clement VI）赏识，于 1345 年被委任为伊利城的主教。在那里，围绕亨廷顿郡的财产问题，他与布兰奇（利德尔的托马斯・维克勋爵的遗孀）产生了纷争，他组织了一帮暴徒纵火、谋杀，结果并未受到任何惩罚。尽管这是一个极端的例子，但它表明了地方社区和平民生活的混乱秩序，反映了司法管辖的重叠性以及神职人员可以免于世俗起诉的现实。

在王室和教皇缺席的情况下，主教们所依赖的专业行政人员都受过教规和民法培训，他们管理着教会法和国教当局所涵盖的广泛事务。这些人为世俗人士和神职人员的行动和选择提供法律依据：1334 年，佛莱德伯勒（Fledborough，诺丁汉郡）的教区长希望去圣地亚哥德孔波斯特拉（Santiago de Compostela）朝圣，而他必须申请离开堂区的许可。1331 年，来自富裕骑士阶层家庭的一对男女——阿格尼斯和杰弗里·勒特雷尔告诉主教，他们是三代血亲，也就是二代表兄妹；按照主教的规定，即使有障碍，他们的婚姻也必须得到承认。1330 年，主教强制要求马卡姆的威廉·德尔·克莱必须为比阿特丽斯（厄普顿的行政官约翰之女）支付一年 5 英镑的赡养费，用以抚养两人的孩子。

教会法能在涉及亲属关系和社会关系的重要时刻发挥作用。它也有纪律上的优势，即通过主教视察或乡村主任牧师的信息网发现争端。这些主任牧师主持教会法庭，像约克这样的大省的管辖权就被划分到这些法庭中。1330 年，在索普大主教的庄园里，圣奥尔本斯的托马斯——米斯特顿（Misterton）的教区长，领取来自达勒姆大教堂的俸禄——被迫发誓离开其情妇爱丽丝·米斯特顿，否则就失去所有的收入。修士生活的变化也需要做出类似的调整：1329 年，罗杰·德·马尔修士被允许重返他曾从中潜逃的诺丁汉郡的谢尔福德修道院（Shelford Abbey），并撤销了将他逐出教会的惩罚。因此，教会法庭是一种既高级、又非常温和的体系，它既扮演恳求者，也可以作为证人，既可以是无辜的受害者，也可以是受惩罚的过错方。

教会大肆采用一系列令人生畏的教导、讲道和监督手段，试图用此来指导、激励和纠正堂区居民的生活，以造福他们的灵魂，促进和平甚至正义。神学家和教会律师的声明之间、对堂区突然的认知和应然的构想之间必然存在着分歧。各个堂区在所占规模、拥有的财富、牧师和会众的复杂程度上都有很大的差异。主教们希望提供简单有用、最重要的是正确而易得的教材，以协助神父的工作、制定教学模式。以约克大主教托雷兹比（Thoresby）的倡议为例，他在 1357 年左右为教友编纂了一本英语教理问答手册，其中添加了拉丁文注释以便于牧师使用。还有一本根据基督徒公认的信仰框架——《主祷文》和《信经》——编写的小册子，其中描述了五德、十诫、七圣事和慈善的作用。大主教托雷兹比的教理问答手册经年度宗教会议批准后，流转到教区神职人员手里。从此以后，约克郡的堂区居民从中学习教义，并将其中的道理和歌曲小调结合起来，这样就算离开了教堂，人们仍能记住它们。

为了增强神父的理解，更具有深度的内容是用拉丁文写就的。只有少数堂区牧师接受了专门的大学教育，但许多人受过基本的拉丁语教育，大多数城镇的文法学校都提供这种教育。正是为了他们，像帕古拉的威廉（William of Pagula）的《牧师之眼》（*The Priest's Eye*）这样的作品被写了出来，简要地总结了重要的神学及教会法讨论。这类作品不是高高在上的，而是实用的；尽管《牧师之眼》完成后是一份非常昂贵的手稿，但其中部分章节被摘录和传抄的成本很低。牧师们通常愿意把此类作品列在馈赠同事、亲戚或其他神职人员的书单上。

稳固的社会关系和人生中的重大事件都发生在堂区内，并在此被证实和铭记。人们并非总在教堂里庆祝结婚，但到了 12 世纪晚期，基督教中关于婚姻的规则变得明确起来。它们变得广为人知，并为男男女女着意使用。理想的婚约是在教堂门口的见证人面前缔结的，核心是新人交换誓言。符合法定年龄的人们彼此之间交换誓言和信物是一件很简单的事，这很容易就能做到。

因此，数量繁多的案件被诉诸法庭也就不足为奇了。阿格尼斯·亨廷顿为了使她与布里斯托尔的约翰的婚姻更加完满，让前佣人玛格丽特·福克斯霍尔——她们关系曾好到同床共枕——作为 1339 年交换婚姻承诺的见证人。人们很清楚婚姻是由什么组成的，也知道婚姻为何破裂。1342 年，托马斯·伦利斯爵士（Sir Thomas Lengleys）宣称，柯克布赖德的沃尔特的遗孀爱丽丝是他的妻子，但爱丽丝坚决向卡莱尔主教的法庭提出离婚诉讼，并要求与他分居，理由是他虐待她。在上流社会，拉尔夫·佩内尔爵士（Sir Ralph Paynell）的女儿凯瑟琳，向林肯的教会法庭控诉她的丈夫尼古拉斯·坎蒂卢普（Nicholas Cantilupe）使用武力绑架了她。凯瑟琳曾声称丈夫阳痿（她找不到他的生殖器），尼古拉斯否认了这一说法并诱拐凯瑟琳及其仆人到诺丁汉郡的格莱斯利城堡（Greasley Castle），强迫他们发誓他确实有性能力。这种发生在特权阶级成员之间的戏剧性案件，每年都有数百起被送上法庭。1363—1364 年，罗彻斯特法庭的主教开庭 11 次共审理了 75 起案件：其中 48 起关于婚前性行为、17 起关于通奸、1 起关于暴行。由于婚姻可以在无公开仪式的情况下缔结，许多案件涉及了秘密结合：1374—1382 年，伊利法院的主教所审理的婚姻案件中约有 80% 与此有关。

教会法庭也处理那些被认为有悖慈善的行为，特别是诽谤和黑魔法。1346 年，林肯教区的弗里斯索普（Friesthorpe）的堂区牧师起诉约翰·约利夫，原告称许多牧师的病人在接受约翰的治疗后死亡。1363 年，东格林威治村的菲利普·罗素因给羊群施魔法而被扭送到罗彻斯特教会法庭：为了治疗羊的疥疮，他将装着青蛙的小钱包挂在它们脖子上。为此，他公开接受了 3 次鞭刑，并被要求忏悔。林肯郡的一个乡村法庭提到了一个有魔法嫌疑的女人，她在 1338、1340 年的审判中获刑。偏方治疗和魔法之间的界线很模糊，但只有少数公然越过这条界线的人，才会引起法庭的严厉关注。

牧师需承担的职责很多，职权范围很广：其中一项是维护圣坛，即教堂里满饰着彩色玻璃和壁画的区域。伊顿堂区教堂（赫里福德郡）的圣坛建成于 1320—1340 年，我们现在仍可见到其迷人的玻璃；而 1350 年左右绘于查尔格罗夫（Chalgrove，牛津郡）、描绘基督生平和圣母升天的系列绘画也令人印象深刻。牧师缺席或漠视工作会受到指控，物质供应同样受到监督。1341 年，阿迪沙姆（Adisham，肯特郡）堂区牧师的遗嘱执行人被要求为死者对圣坛的疏忽而对堂区进行赔偿。同一年，肯特郡雷汉姆（Rainham）的牧师被指控在圣餐时使用浆果汁而不是葡萄酒。

处理这类案件、提供可靠而权威的指导的能力取决于堂区有经过适当训练、令人信服的牧师。当主教和堂区居民之间的重要联系纽带——堂区牧师——不存在或无效时，这些规定都是无用的。当牧师因朝圣或参加大学学习而缺席时，主教试图执行教规要求，适当替换牧师。这绝不是一项容易的任务，现实往往纷繁复杂。1366 年，牧师罗杰·奥特里解释了他的兼职情况：他共有 6 份工作，其中 5 份为挂名的闲职，他声称勤勉的人可以在服务堂区的同时承担其他责任。作为一名法律专业的毕业生，他为赫里福德主教服务，并获取相应报酬。像他这样受过良好教育的熟练职员十分抢手。1342 年，卡莱尔圣玛丽堂区的居民直接向约克郡教会分会投诉：在卡莱尔主教的领导下，多年来他们没有堂区牧师，只有一个不令人满意的堂区代表。他们希望有一位“固定的、敏锐的牧师”，于是寻求帮助。卡莱尔主教辩解道，他还有许多其他紧迫的事情要办；事实确是如此，在对苏格兰战争期间，他和他的前任们曾深入地参与管理过一个饱受蹂躏的教区。居民希望堂区的供应能够稳定，周日有人布道、洗礼、告解、给病人和垂死的人以安慰。他们经常抱怨，并通过向主教法庭和贵族们求助来寻求正义。

人们感激教会的付出，同时也很快意识到牧师在举止、教育和生活方式上的局限性。他们也许会想，自己所熟稔的那个有缺陷的邻人，能否在祭坛上履行圣礼的诺言，把面包和酒变成基督的血肉；他粗糙的双手和结结巴巴的拉丁语能否慈悲地抹去新生婴儿身上的原罪痕迹，使之成为基督教会的一员？此类想法未必会导致信仰的根本性危机。在当时的英格兰，还没有流传甚广、可供替代的教宗和教会，人们对神职人员及其善行存疑，这种疑虑经常出现，在危机时刻尤为明显。教会用艰辛而漫长的工作来解释和消除这些疑虑，他们在一系列的训诫作品（如《民间问答》《大众弥撒经书》）中插入通俗易懂的故事，并不断努力增强礼拜的仪式感从而强化支撑它的真理。对教会而言，这是一场持久的斗争，同时解释了为什么基督圣体节[①]这样的新节日会被热烈地推广。1317 年，欧洲大陆推行圣体节，到 14 世纪中叶，圣餐庆典在夏季露天庆典中已非常常见，它体现了教会的正统性并鼓励人们参与。

在专业神职人员缺席的很长一段时间里，人们对其一直抱有深深的渴望；与此同时，另一件重要的事情是从堂区的经费中挪出

① 亦称“耶稣圣体瞻礼”，是天主教恭敬“耶稣圣体”的节日。

一部分，用以支持大学城。诺威奇教区的行政机构致力于规划人员和资源的分配方式：普通的宗教机构可以将堂区收入用于自己的日常使用。创造性的解决方案获得认可：托马斯·夏德洛爵士（Sir Thomas Shardelowe）及其兄弟于1350年在汤普森（Thompson，诺福克郡）建立的家庭教堂被允许为堂区提供服务。大城市的问题主要在于处理大量来自信徒们的重复性诉求。1328年，约克大主教在该市的加尔默罗修士与圣十字教会修士之间做出仲裁，要求前者移除一尊受欢迎的圣母雕像并停止提供公共服务，因为这些举措让堂区居民疏远了圣十字教会，影响了堂区收入。

堂区教堂是社区生活的中心，也是个人和团体做礼拜的场所。大斋节[①]过后，圣周[②]和复活节的圣餐仪式达到了一年中仪式的顶峰。各年龄段参与的团体、兄弟会、特别祭坛及其圣徒组织的活动大量涌现，这加深了虔诚与人们的社会联结。在堂区之外，包括神职人员和世俗人士在内的人们出发朝拜，即使朝拜地点远在圣地也并不稀奇。在1350年这一禧年[③]里，罗马是一个特别令人向往的地方，人们在这里得到了特赦和优待。对大多数人来说，朝圣在当地即可做到，即要为使其受益的当地神龛和圣迹而庆祝。威因夫利圣玛丽（林肯郡）塞尔霍尔姆的圣埃德蒙教堂记载了许多奇迹，其中包括人们在航海灾难中获救。斯凯格内斯（Skegness）的一群水

---

① 基督教的斋戒节期由大斋首日开始至复活节前日止，为纪念耶稣开始传教前守斋祈祷40个昼夜。

② 纪念耶稣基督受难前后事迹的节期，时间为从棕枝主日（基督苦难主日）至复活节的一周。

③ 指每五十年举行一次的庆祝希伯来奴隶解放的五十年节，也是天主教每二十五年举行一次的大赦年。

手在他们的船遇到风暴时曾向圣埃德蒙求救，获救后赠送了一艘蜡船作为答谢。人们珍视旅途的纪念品，这使得能够别在斗篷或帽子上的徽章十分盛行，至今仍有数百枚留存下来[①]。现存数量最多的徽章来自沃尔辛厄姆（Walsingham）的圣母圣坛和坎特伯雷的托马斯·贝克特（Thomas Becket）的圣坛。尽管大多数圣迹都能在当地以人们常见的人工制品形式呈现，但偶尔也会受到其他地区强烈风格的冲击：1349 年，一个由 120 名苦修者组成的团体从泽兰(Zeeland)、霍兰德来到伦敦，他们在公开场合巡回展示用鞭子抽打自己的身体，这种狂热的场景令人毛骨悚然。

人们认可并奖励身边的圣事圣人，支持那些遵循严格的宗教生活方式的人。1328 年，国王给了隐士杰弗里·德·伯顿一笔不多的预算，命其修补唐卡斯特（Doncaster）附近的一条道路。这样的工作既有为公益而努力的成分，也是上帝“出于慈善”的旨意。虽然对大多数人来说，只要坚持堂区的日常生活就足够了，但他们仍然寻找身边的精神圣人，从中汲取榜样的力量和智慧。14 世纪，威尔士布莱菲（Llanddewi-Brefi）的一名隐士为他的赞助人——坎特雷夫·莫尔（Cantref Mawr，卡马森郡）的格鲁菲德·卢埃林撰写了一份神学摘要和田园牧歌。人们崇拜圣人，却也乐于发现周遭的圣迹：1334 年，卡莱尔的柯克比主教允许舍比修道院（位于坎布里亚郡阿普比附近）院长将威廉·兰利之妻伊莎贝尔的遗体从陵墓迁出，落在一个“更合适的地方”，因为她这一生的高尚行为正是主教们愿意宣之于众、令人崇拜的。更准确地说，在家庭范畴内，对于那些可以相对自主地支配身体和资源的寡居妇女而言，日常生

① 伦敦博物馆有非常棒的徽章收藏品展览。——原注

活也可以成为一种高尚的事业。一些妇女选择更加投身教会，在家祷告，食素；当使用圣物和祈祷成为一种习惯，她们便具有了一定程度的精神自助能力。

王国的组成部分

正如贵族们意识到赞助和展示在所属封地的教会中的重要性一样，国王也越来越重视信息传达和展示图像的力量。苏格兰战争和后来的对法战争给国王带来的挑战是与臣民们沟通并说服他们。国王必须让臣民们——特别是议会中权力越来越大的下议院——知道自己的成功、警惕自己的失败，让他们知道必须为自己的王朝权利而战、为王国安全而战。从 14 世纪 30 年代起，王室信息通过令状传递，首先是到郡，然后到堂区，在那里可以联系到每个人。关于解除贝里克之围（1333 年）、斯鲁伊斯战役胜利（1340 年）、克雷西（1346 年）和普瓦捷大捷（1356 年），以及冈特的约翰（John of Gaunt）在卡斯提尔王朝战争（1367 年）中取得胜利的振奋人心的消息，都是在堂区宣布的。

这个不断扩张的王国面临的问题是纷繁复杂的。王权选择将军事力量集中于对法战事，也影响了王国其他地区的安全部署。这一世纪初，曾有爱尔兰贵族试图用向士兵征税（或者用盾牌钱[①]替代）的方式，来支持政府进行周期性、小规模、持续不断的威权展示。1326—1360 年，每年大约有 200 英镑的收入来自盾牌钱，在爱尔

---

① 英国国王亨利二世为加强王权而实行的军事改革措施之一，即一部分骑士可以通过缴纳“盾牌钱”来免除每年应承担的40天兵役。

兰这可不是一笔小数目。一份军备物资清单显示，捐款被更广泛地摊派；1333 年，尽管战争发生在遥远的边境地区，但都柏林郡的居民还是被摊派了军费。一旦法国前线开战，国王便努力使爱尔兰的开支最小化，令其尽可能地统治自给自足。为贵族扈从提供资金支持反映了复杂的社会和政治关系，这种关系将盎格鲁－爱尔兰贵族和盖尔－爱尔兰贵族联系在一起。

英格兰议会设想爱尔兰是王国的延伸，与王国共享一套统一的法律，但可以像加斯科尼和威尔士边界地区一样，在行政上有一些特别之处。诚然，英属爱尔兰是由英格兰统治、保护，并按照期望进行治理的，但它显然由两类人组成：种族、语言和文化互不相同的英格兰“臣民”和爱尔兰原住民。因为盖尔－爱尔兰人有着不同的亲属结构、语言和价值观，所以英格兰社会长期以来幻想他们是游牧社会的野蛮人——威尔士人也一样。1366 年，爱德华三世的儿子克拉伦斯公爵主持爱尔兰议会，颁布了基尔肯尼法令（The Statutes of Kilkenny）。它通过立法来区分不同的种族，有点类似更现代的种族制度，旨在通过禁止通婚和性接触来隔离不同的种族。从此以后，只有在英格兰或爱尔兰出生的英格兰人才被认为是国王的臣民。这个群体跟其他人区分的标志是着装、享受法律保障其拥有的土地、工作和贸易等。此项尝试旨在通过坚持英格兰道德和社会特征观念，来培养那些没有“入乡随俗”的人。这些制度都造成了个人悲剧，而且难以执行，试图用它们来控制非常不稳定的社会关系确实是可笑的。同时代的观察家，如约翰·克林（John Clyn）在《基尔肯尼年鉴》中指出，爱尔兰的英格兰人说的是一种不同的英语习语。尽管如此，该法律却也有一些创新之处，如土地所有权、获得王室赞助的途径以及城市自治等。

与英格兰的培养模式一致，爱尔兰扈从往往是由重装士兵（骑在马背上）、轻骑兵和步兵组成的。为了培养武装力量，有时会做一般性的人员评估，如1333年对都柏林市民所做的那样；在其他时候，兵役会被折现（该世纪中叶形成的规则），当作士兵的薪水。1352年，有城镇为160名士兵提供了6个月的给养；1358年，基尔肯尼郡为262名士兵买单。在爱尔兰扈从中，轻骑兵占据了很大的比重，因其更能适应恶劣的地形、对付偷牛贼。爱尔兰素有惯用步兵弓箭手的传统，随着1337年以后长弓的引进，爱尔兰扈从也逐渐受到英格兰军队战术发展的影响。法官所倚重的扈从，多是追随盎格鲁-爱尔兰贵族的人，彼此之间有着或近或远的亲缘关系。步兵群体被称为“科恩斯”（kerns）——莎士比亚的悲剧作品《麦克白》(*Macbeth*) 称其为“跳脚科恩斯”或“可怜的科恩斯”——他们通过用工合同拿很低的工资，主要卫护盖尔人（Gaelic）和盎格鲁-爱尔兰贵族。到14世纪中叶时，法官扈从中的盖尔人大约占了一半甚至更多。盎格鲁-爱尔兰贵族的调解和斡旋促成了与盖尔-爱尔兰人的接触。奥蒙德伯爵巴特勒（Butler Earls of Ormond，拥有横跨南伦斯特和东明斯特的土地）能动员大量的盎格鲁-爱尔兰贵族，也可以在基尔肯尼和蒂铂雷里培植步兵“科恩斯”；14世纪50年代，奥蒙德的肯尼迪家族在其保护者的介绍下，第一次在王室远征期间以受助人的身份出现。

国王为了巩固其统治而采取军事行动，其中盖尔-爱尔兰军队的参与程度之高常常令初来爱尔兰的人感到惊讶。盖尔人和英裔爱尔兰人非但没有分离，反而发展出复杂的体系，成为边境地区的显著特征——在爱尔兰和平共处的核心规则是管理赎金、谈判和协商。政府曾试图明确划定战区和非战区，但实际上像托马斯的儿子莫里斯（未来的德斯蒙德伯爵，卒于 1356 年）一样的人则定期与爱尔兰领导人商谈。甚至连法官也参与了旨在消除早期暴力的仪式：阿特·麦克默罗（Art MacMurrough）的儿子多纳尔在都柏林城堡囚禁期间曾主张自己的伦斯特王的头衔；但到了 1335 年，此人又在苏格兰战场上与爱德华三世并肩战斗，由于其在家族中的世袭地位，他被认为是“麦克默罗”首领。

盖尔 – 爱尔兰的历史、神话和记忆成为盎格鲁 – 爱尔兰贵族文化世界的一部分。他们赞助吟游诗人，也赞助那些将本土韵律、主题融入颂词中的盖尔诗人。这些诗人把勇气、力量、对国家的热爱和慷慨都归功于他们的盎格鲁 – 爱尔兰赞助人。悼文诗《阿尔斯特的红色伯爵》是为纪念理查德·伯格（卒于 1326 年）所作，无名的吟游诗人为他没有和他的领主一起死去而哀伤不已。盖尔音乐家们也得到了赞助，1329 年，劳斯郡（Louth）领主约翰·宾厄姆便雇用了定音鼓手毛鲁阿奈德·麦克恰尔。在爱尔兰和威尔士，人们满怀热情地书写国王的丰功伟绩：基尔肯尼的约翰·克林在其撰写的编年史中记录了爱德华在苏格兰和法国的事迹，伊奥罗·戈奇（Iolo Goch）在他为爱德华三世写的悼词中也是如此。

复杂的亲缘关系造成了普遍的战争、相互依存和彼此认同，这个现实与个人和象征性的关系相匹配，但刚从英格兰来的人则感到费解，甚至对此横加指责。1357 年，爱德华三世在他颁布的爱尔兰法令中称，过去他未能提供适当的保护和正义。他承认，在其统治的初期粗心大意，派某些人到爱尔兰更多的是为了攫取权力而非纠偏。这些人身份独立，忠于国王。一个由盎格鲁 – 爱尔兰人组成的政治阶层逐渐形成，一种由爱尔兰官员酝酿的风气也正在发酵，许多爱尔兰官员都曾在英格兰接受过法律培训。他们在 1360 年基尔肯尼大议会中提醒爱德华三世对于爱尔兰的责任，声称国王的领地正处于危险状态。作为回应，次年爱德华三世把他的儿子克拉伦斯送到了爱尔兰。这场昂贵的战役标志着支出水平再创新高，并在爱德华三世剩下的统治时期一直存续，9.1 万英镑中只有一小部分是由爱尔兰财政承担的。

盎格鲁－爱尔兰人对他们与政体之间的联系有着强烈的认识，当国王们所表现出的兴趣和努力未达到预期时，他们会感到自尊受伤。盎格鲁－爱尔兰的贵族们在爱尔兰之外几乎没有土地，他们被血缘关系、彼此的作为和几乎持续不断的战争紧密地联系在一起。威尔士的边界贵族们在威尔士以外拥有土地、生意和世袭领地，但他们的群体身份从未发展到如此程度。威尔士人更大程度地融入国王的活动中。作战的王室特遣队中，有相当大一部分的士兵是在威尔士招募的，他们占到了 1280—1350 年英格兰步兵数量的一半。尽管威尔士各郡免缴议会税款，但许多威尔士人仍被公国长官和边界贵族的要求压得喘不过气来，他们在战争中看到了机会。远离与英吉利海峡接壤的郡县，远离战争税，能够获得就业和战争报酬的好处，因此，威尔士的一些团体对爱德华所发动的战争呈现一种积极参与的态度。就像格鲁菲德·鲁维德爵士（卒于 1335 年）和卢埃林·马多格（卒于 1343 年）一样，威尔士军官可以扬名立万。王室成员很少出现，且从未直接统治这些地区，所以在爱尔兰很少看到像爱德华三世庇佑卢埃林·格鲁菲德这样的亲密关系。相反，大贵族们扮演着爱德华这样的角色，他们有着错综复杂的亲缘关系，甚至通过联姻与当地的爱尔兰家庭结成联盟。

爱德华三世与骑士精神

在紧张忙碌的宫廷活动中，国王是孤独的。年轻的爱德华三世试着进一步结交那些曾经支持过他的人，而他也一直需要他们的支持。爱德华三世珍视他的贵族们：他恢复了在 1330 年事件中受辱的人的名誉，并在他的亲信中培植新的贵族。他在战争胜利年代的高涨热情中，创立了宣扬骑士精神和忠于王室的最高荣誉团体——嘉德骑士团，其目的是在新旧头衔中找到平衡。该团体于 1348 年得到法令的确认（很可能在 1346 年克雷西战役前夕便已成立），共有 26 名成员拥有至高无上的骑士地位和骑士成就，其中包括他最亲密的顾问。为了纪念上帝、圣母、圣乔治和忏悔者爱德华，每年圣乔治节该团体都会在温莎城堡举行为期三天的集会。那里的小礼拜堂被改建为团体专属教堂，1349 年的圣乔治日便在此庆祝，成员们的服装与祭坛装饰、嘉德勋章交相辉映。勋章不是王室的纪念徽章，它的意义超越了王室政治和政党，旨在突出和加强骑士对君主的忠诚。它激发了人们对战争的兴趣，号召人们对国王忠心不二，是国王为英勇表现提供的表彰和机遇。

在骑士团的早期概念中，对法战争至关重要：金蓝相间的嘉德勋章代表了法国的颜色，团体第一批成员便是在战争中支持国王的骑士队伍。爱德华三世让王子们很早就加入这个久负盛名的俱乐部：1360 年，他的 3 个儿子——冈特的约翰、克拉伦斯的莱昂内尔（Lionel of Clarence）和兰利的埃德蒙（Edmund of Langley）——分别在 22 岁、20 岁和 18 岁时被选中（黑王子爱德华是创始成员）；他的女婿分别于 1365 年和 1369 年被选中，他的孙子理查德和亨利也在 1377 年被选中。贵族在继承爵位 5 年后有希望被选中。但具备勋章所倡导的冒险和英勇精神的人同样赢得了人们的认可：彭姆里奇的理查是一名王室骑士，1369 年成为骑士团一员；还有黑王子的随从，西蒙·伯利（Simon Burley）和尼古拉斯·萨内斯菲尔德（Nicholas Sarnesfield）。为了纪念圣乔治，一个低调的姐妹会机构得以成立，在圣乔治节那天还有几名女性被授予了制服。

在贵族家庭、官员、宠臣和王室成员之间维持一种微妙而谨慎的平衡，是爱德华嘉德骑士团的特点。王室特权范围极广泛且不容置疑，国王对他的家族颇为照顾——他甚至可以被视为一个“顾家的男人”——为他众多的后代安排良缘：莱昂内尔与阿尔斯特伯爵的女继承人结合，约翰的冈特与兰开斯特公爵亨利的女继承人布兰奇结合，伍德斯托克的托马斯与北安普敦、赫里福德和埃塞克斯伯爵的女继承人埃莉诺结合等。

这种王朝中兴的抱负也融合了大贵族的建议，并得到王室仆从的支持与响应。好战的国王——爱德华三世和后来的亨利五世为王室仆从和贵族提供了获益的机会。赫里福德伯爵、布列塔尼长官威廉·波罕参与了 1342 年远征，后又跟国王一道与罗翰作战；1345 年，他率领一支王室分队进驻公爵领地，不久后任命托马斯·达格沃斯为副手，并于 1346 年 1 月 28 日命令其指挥 14 名骑士、65 名侍从、120 余名弓箭手。同年 6 月，达格沃斯在拉罗奇德里安（La Roche Derrien）给予法国人一个沉重的打击：他俘虏了布列塔尼公爵——布洛瓦的查尔斯（Charles of Blois），因此得到了国王爱德华丰厚的奖赏。达格沃斯是萨福克郡一个普通家庭的次子，曾在赫里福德郡汉弗莱伯爵麾下任职；没有他的辅助，像威廉这样的贵族无法在管理庄园方面取得成功，更不用说在战争中了。威廉非常器重达格沃斯，将自己寡居的妹妹埃莉诺嫁给了他，她的嫁妆是 1344 年奥蒙德伯爵巴特勒夫妇（最显赫的盎格鲁－爱尔兰家族之一）的地产。

爱德华及其王室恢复并发展了亚瑟王圆桌骑士会议的象征意义，这进一步加强了嘉德骑士团的关系。1334 年的邓斯特布尔竞技赛上，国王的儿子爱德华在埃尔特姆的约翰（John of Eltham）带领下扮成“莱昂内尔”，也就是兰斯洛特（Lancelot）① 的堂兄。1344 年圣灵降临节，一张真正的圆桌在温莎城堡被再造出来：由身着红色毛皮长袍的国王和王后带领，伯爵、男爵和骑士列队前往城堡教堂；在那里，他们望了一场弥撒，并对着圣物发誓要追随国王和王后，像亚瑟曾经做过的那样，重新建立圆桌会议。

宫廷是将信息、恩惠、馈赠和建议进行复杂交换的场所。一种象征性、仪式化的亲密语言促进了社会关系，一条“可接受的”与“不能提及的”之间的明确界限为人知晓并遵循。虽然爱德华三世的王宫比以往产出了更多的信件，但休闲娱乐的规模并未因此减少。他的宫廷供养了吟游诗人、演员和杂耍艺人，国王对这些仆人表现出特别的关注与热衷。他身边还围绕着一些颇具书生气的人士：他的母亲伊莎贝拉、他的妻子、兰开斯特的亨利——一个有趣的宗教作家。英格兰和法国的王室本来就通过婚姻和血缘关系联结在一起，随着被俘的法国国王约翰的到来，两国宫廷变得更加紧密，混合形式的新规矩和新礼仪也随之形成。约翰国王于 1357 年抵达英格兰时，三位王后欢迎了他——菲利帕王后、苏格兰女王（爱德华的妹妹琼）和国王的母亲伊莎贝拉。从布里斯托尔到伦敦，

① 亚瑟王圆桌骑士中的第一位勇士。

王室进行曲见证了被俘国王进城，落脚在萨沃伊宫（Savoy Palace）。据说他原来从未见过在温莎举办的圣乔治日庆祝活动，菲利帕王后留存的记录显示这些活动是何等奢华。

才华横溢的法国作家和音乐家捕捉到了爱德华盛世的激情并记录在他们的作品中。耶罕·勒·贝尔曾在苏格兰战役中与爱德华共事，他记载了国王早年的生活。爱德华是骑士精神和英勇果敢的化身，而非辽阔土地上的经营统治者。让·傅华萨（约卒于1410年）是14世纪60年代菲利帕王后的随从之一，也是最负盛名的编年史家，他对英格兰政治内核有着独到的见解，在其《编年史》中有所体现，其作品还融入了耶罕早期的风格。傅华萨也创作爱情诗，他在宫廷的出现，再加上约翰国王被俘期间法国文艺的潜移默化，法语文学的风格被人熟知，这对后世乔叟的诗歌产生了很大的影响。

当占上风的是娱乐而不是争斗和焦虑时，宫廷生活是多姿多彩、令人兴奋的。菲利帕王后的弄臣穿着一件用伊普尔条纹布织就的戏服，外套一件羔羊皮大衣，头顶小羊皮兜帽（从里到外都是小羊皮），侍臣和宾客们都为他叫好。宫廷在招募员工方面也很谨慎，比如，1358年，王后直接从伦敦的“吟游诗人学校”中雇用了歌手沃尔特·赫特；一名吹笛手被雇来参加复活节庆典，而一名杂技演员被请来参加当年圣灵降临节的娱乐活动。大约在14世纪中叶，意大利和法国流行多种颜色的紧身衣——尤其是在年轻人群体中，这种风尚被引入了英格兰宫廷；宫里的男人们身穿自己的便服，如此打扮越来越像吟游诗人。被俘法王约翰的宫人使用的布料呈现出一种独特的大理石纹理，这也用作其骑士和随从的制服。菲利帕王后喜欢用丝绸装饰服装和寝宫墙壁，1348年，她身穿的是滚金边的蓝色天鹅绒晚礼服（那也是圣母马利亚的颜色），以及绣着人物和珍珠的红色日装。

国王身居英格兰宫廷的那些年里，就算那些活跃、消息灵通的王子们还能为他出谋献策，但在某种程度上他还是被身边的宠臣给隔绝了。国王周围还有些可靠的侍卫，比如，拉尔夫・勒・盖特、威廉和约翰・哈丁，他们也陪国王作乐；当国王在宫殿和花园穿行时，还有号兵在侧，他最喜欢温莎城堡，而在威斯敏斯特待得更久。国王会寻找能够安慰和支持他们的顾问和心腹，其中之一是来自佛罗伦萨的医生彼得；彼得年薪 40 英镑，同时为国王和王后服务。这一时期对健康的普遍理解是，养生不仅是身体健康的必要条件，还是品性坚强、判断力良好的必要条件，这一理念在英语著作中得到很好的阐述和倡导。国王的身体优雅、无痛，可以作为伟大精神的载体，这是体现君王风采和生活方式的一个重要方面。

国王和王子为他们的臣民提供了机会，令其认同一方土地和一种语言，力图形成一个民族、一个“构想中的共同体”；但他们也是无根的浮萍，可能与年龄、种族和语言完全不同的男女共用一张桌子和一间卧房。也许这就是为什么他们要耗巨资和精力为自己打造豪华而舒适的家园。英格兰国王都是伟大的建设者，个中翘楚便是爱德华三世，他是在欧洲统治时间最长的国王之一。在他的统治下，温莎城堡成为辉煌王朝的中心，国际法庭的中心，以及嘉德骑士团所体现的骑士精神的家园。爱德华死于希恩宫，17 年后，他的孙子理查为隆重悼念波希米亚的安妮公主将其毁掉。

几乎没有哪个英格兰国王，敢大为吹嘘自己对欧洲大陆宫廷手工艺术的赞助规模。但他们积极组织赛事，吸引了来自欧洲各地的天才选手参加。建筑和艺术的最大成就得益于王朝的辉煌：温莎城堡的持续美化，圣乔治大教堂的装饰（最后一幅画直到 1362 年才完工），等等。这里推崇的绘画风格不是英格兰式的，而是欧洲式的，是一种由 14 世纪意大利文艺复兴时期的托斯卡纳艺术家们发展起来的镀金的、华丽的、富于表现力的绘画风格。

尾 声

爱德华三世早期执政的几十年，氛围是紧张而又令人兴奋的，然而到了 14 世纪 60 年代，情况发生了巨大变化。年迈国王的宫廷里士气低迷、缺少激情。转折点可能是 1369 年 8 月他那风采迷人的王后兼亲密的统治盟友菲利帕之死。悼念活动和葬礼持续了数月，从温莎到威斯敏斯特，王后的遗体在途中 5 个教堂停留，最后落脚地是一座王后亲自委托设计的坟墓，与其亲眷们安葬在一起，随葬的纹章彰显了她高贵的血统。这座墓地具有独特的现实主义风格，不媚俗，显得气势非凡。王后是一名伟大的女性，她的宫廷编年史作者傅华萨写道："自亚瑟王的王后桂妮维亚以来……从没有哪一位英格兰王后像她这样善良、尊贵。"这是一种恭维，却也是爱德华和菲利帕有意营造、加以宣扬的一种比喻和印象。

国王出现在公众面前的时候越来越少，在宫廷里的存在感也很低，因为他每天都在自己钟爱的庄园里，跟一小群随从消磨时光，很少四处走动。布雷蒂尼和约（1360 年 5 月）和加莱条约（1360 年 10 月）的签署意味着他可以从战争以及政治和经济负担中解脱出来。在取得阿基坦的领主权之后，他把警惕的目光投向了诺曼底的战略要塞——圣索沃尔勒维孔特（Saint-Sauveur-le-Vicomte）。这样，他就可以把阿基坦交给他的儿子——未来的继承人，静待和平的果实。他的孙子，也就是后来的理查二世，1367 年出生在波尔多，西班牙、纳瓦拉和葡萄牙的国王都曾在那里陪伴过他。在这些年里，冈特的约翰卷入了卡斯提尔的王朝战争，要求继承卡斯提尔的王位，英格兰和法国的军队怀着各自的利益在战场上相遇。和平时期无所事事的双方开始持续作战，在法国南部和意大利的领土上大肆劫掠。1369 年，爱德华重申其法国国王的正当性，并把这一天定为他即位 40 周年纪念日。他带着极大的成就感这样做了，并没有想走得更远。

爱德华三世对家族的希望破灭了。1371 年，黑王子爱德华患病，1376 年，他去世时恰逢战火重新燃起。黑王子被安葬在坎特伯雷，遗体没有遵其遗嘱埋在地下室的小教堂，而是安葬在上面的圣三一教堂里。房间陈列着装饰有羽毛和卷轴标志的制服，以及至今仍为威尔士亲王受封所用的佛兰德斯语座右铭“Ich dene”，意思是“忠诚效命”。比儿子活得更久一定是令人沮丧和痛苦的。冈特的约翰曾试图取代爱德华王子成为继承人，但未成功，他仍然只是一位重要的军事和政治人物。

晚年的爱德华摆脱了政治和战争，因他的缺席而造成的宫廷权力真空由其他人填补进来。王室官员们，大臣威廉·拉蒂默勋爵（William Lord Latimer）、管家约翰·内维尔勋爵（John Lord Neville）以及与国王前情妇爱丽丝·佩雷斯有联系的金融家理查德·莱昂斯（Richard Lyons）开始执掌宫廷。对朋友的恩惠，比如，代表友谊的嘉德勋章，被授予了与宫廷集团有关的骑士：理查德·彭布里奇（Richard Pembridge），约翰·奈维尔勋爵（John Lord Neville）和艾伦·巴克斯希尔（Alan Buxhill）。

1375 年，英格兰放弃了在诺曼底的最后一个据点，从中暴露出的管理不善、缺乏领导力等问题也长期困扰着议会。1376 年议会对相关负责人发起质询。4 月 29 日，财政大臣约翰·克尼韦（John Knyvet）主持会议，他谈到了补贴问题，下议院发言人彼得·德·拉·马雷对此做出回答。他清楚地分析了国家面临的困境，太多的利益集团和派系正在破坏普遍而共同的利益。该说法批评了王室：在掌舵者缺位的特殊状态下，王室不能成为一个机构。国王被那些他喜欢的人利用和欺骗，远的有海峡对岸的加莱商人，近的有情妇爱丽丝·佩雷斯。

1376 年“善良议会”的记录是中世纪议会记录中保存得最好的，它揭示了这种弊病是普遍存在的。威廉·朗格兰（William Langland）所作的诗歌《耕者皮尔斯》(*Piers Plowman*，14 世纪 70 年代的版本）从字面上和深层次里都反映了人们对公正的渴望，而国王和官员们对此却无能为力。“善良议会”进行了许多重要的宪法改革，比如，考虑到未来年轻的国王可能会受到冈特的约翰——也就是他的叔父——的影响而建立“持续议会”等。整整一代人，动员了国家的资源——士兵、能源和财富——来进行军事活动。他们的丰功伟绩足以平息近年来的不满和谩骂。爱德华的统治时期，也给后世留下了有用的制度，人们可以辩论、表达不满、希冀和平。1376 年，爱德华三世在他的禧年议会上宣布孙子理查为继承人。像婴儿耶稣一样，理查被带到议会，接受人们的崇拜和赠礼。议会宣称这次聚会堪比耶稣基督在圣殿前的布道。

1377 年 6 月，爱德华因中风在希恩宫去世。即使在去世的时候，他仍是一位令人印象深刻的人物，从他最后一场国家典礼上的木制随葬肖像可见一斑：哪怕以今天的眼光看，它还是惊人的写实——肖像的眉毛是狗毛制作的，假发被干胶片黏在头上，身着的长袍由红色丝绒织就等。爱德华三世经历了欧洲中世纪历史上一些最严重的天灾和人祸，其任期是忙碌的、不断转型的。他所领导的政治体系调动了所有的力量：英格兰和威尔士、苏格兰与英属爱尔兰的边境地区、加莱和加斯科尼，以及法国西北部部分地区约 280 万名臣民。不同于他的父亲和孙子，他在艰辛地统治了很长时间后，在自己的床上得以安息。

第三章

荒地及其国王（1377—1399）

法　律

黑死病及其余波给社会带来了惨烈的记忆，但与死亡同行的还有机遇和挑战。王室、贵族、政府，特别是家庭，都竭力从各种可能性中获益以减轻痛苦。人们寻求法律的健全，惯例的持久性，努力使许多新事物变得安全，如租约、家政服务合同、退休安排、圈地运动、兄弟会会员等。法律成为共识，人们理解并在众多场合和仪式里实践法律。它提供了一个可以创造新生命的框架，而这是被国王本人所认可的。

法律意识渗透到生活的各个方面，影响到社会的各个阶层：即使许多人能破坏法律进程或对其深感失望，也没有人能远远避开法律或超越法律关系。一些证据被认可——带血的刀子、撕破的衣服、偷来的物品——但诉讼在很大程度上取决于被告的名誉；案件所在地的男性们组成陪审团，将被告送上法庭。名誉需要靠朋友们担保，用法律术语来说，他们是“宣誓人”。因此，被一群支持者包围的富人，似乎比一个贫穷的女人更容易被信任。法律不仅是一个诉讼过程，而且是一个标签制度；它定义了奴性或自由，这一区别影响着土地权属、子女地位、担任牧师职位的适配性，以及自由人参与公共生活的权利等诸多方面。

法律认为男性和女性作为代理人时，所具备的能力是不同的。在威尔士边界地区、爱尔兰及北部边界，种族归属决定人们的土地持有权、婚姻伴侣，以及应付的费用，如威尔士领主的结婚费用等。在爱尔兰，普通法适用于盎格鲁－爱尔兰人，盖尔法适用于盖尔－爱尔兰人，都是强调适用族群。参与公共法律程序的人比今天的西方民主国家多得多；尽管在我们这个时代，法律技能的长期专业化已非常重要，但 14 世纪的普通人仍然可以在王室法庭上陈述案件，并在教会法庭上进行辩护和提供证据。

法律远非一部连贯的法典，而是分散在许多司法领域中，并受到一系列可适用其中的案件的影响。在庄园法庭中，在领主管家的仔细审查之下，当地习俗被陪审员记录并维持；在诸如法定年龄、继承形式等看似非常基本的问题上，各地习俗可能会有很大差异。具有选举权的城镇有权在市镇或民事法庭上，针对关乎其市场运作的很多事情采取行动，如控制商品质量、惩罚轻微暴力行为等。刑事案件仍然是王室法庭的工作，成文法的工作也日益增多，从 14 世纪中期开始，议会制定了越来越多的成文法。人们在当地接受审判。一封给郡治安官的法院文书显示，他要在一定时限内任命约 24 人，其中 12 人需宣誓就职。但是，这种看似简单明了的制度，却因为无人应召而陷入僵局。最有可能出任的是中间阶层的人，他们通常是担任堂会理事的自由佃户，或是缴纳高额税款的城镇居民。审判常常由于缺乏 12 名陪审员而一再推迟，例如，格洛斯特郡一名有偷窃嫌疑的人被提交给国王法庭后迟迟不能审判，直到格洛斯特郡的陪审团被选出来。

教会法庭控制着婚姻诉讼、遗嘱认证、诽谤中伤，以及针对神职人员和被疑为异端的人的司法诉讼。他们的工作经常与那些向王室法院提请的遗产继承案件相重合。遗产继承案件在诉讼方面实行双轨制，即对土地提起民事诉讼和对动产提起教会诉讼。遗产问题往往取决于婚姻的合法性及其后代的合理性，因此这两个司法管辖领域常常重叠。某些教会机构——如达勒姆地区——形成了独立的司法管辖区，而一些宗教机构则拥有根据主教或大主教的正常职权划分出来的特殊司法管辖区，如约克堂区的东、西、北三个行政区，诺丁汉郡等。大教堂有其辖区特权和豁免权，司法权能产生影响力、带来赞助和收入。

法律和法院构成了一张复杂的网络，人们擅长纵横其中。然而，许多法律事务是在法院之外，通过仲裁和调解，在德高望重之人的办公室里进行的，这为当事人节省了时间和金钱，也避免了司法诉讼的对抗性。农民在他们的邻居中寻找仲裁者，向其抱怨债务问题；对骑士来说，他们所处的上层圈子则会提供这种服务。通过相互发誓维持和平的制度——古老的“坦率保证”制度——所实现的相互威慑和各自担责被广泛接受，甚至没有受到农民起义军的挑战（他们批评了现行法律实践的许多方面）。

因此一个庭外和解的法律世界与庄园、贵族、王室、城市和教会法庭共存。仲裁和解决分歧的场所还有公会内部法庭，其章程规定，会员之间的仲裁——最常见的是同一行业的会员——必须在公会内部进行，否则将面临高额罚款。在公会内部解决问题必然会导致一种忧虑，即秘密（通常是工业秘密）可能会从贸易集团泄露出去。在伦敦，司法事务同时发生在治安法庭、市长法庭、区议会和行会，当然这仅限于民事和世俗事务。

权力的重叠和地方权贵的影响也造成了误判或执法失败的著名例子。14 世纪 70 年代，罗彻斯特主教托马斯 · 布林顿在一次布道中表达了不满（绝不仅仅是道德说教者的哀叹）：“根据这位见多识广的评论员的说法，英格兰的法律很多，但它们在应用中是无效的。人们似乎总能找到借口来消弭罪恶，比如，‘他是个年轻人’，或者‘如果起诉他，我们所有人都会蒙羞’。最有可能提出强有力的减刑要求的是那些具有影响力的贵族家庭成员，或是那些受贵族保护的人。”主教认为，杀人犯和臭名昭著的小偷没有受到惩罚。诗人约翰 · 高尔在 1381 年左右表达了同样的想法，认为人类正在走向灭亡，“因为他们的法律不公正”；1399 年，有人向苏格兰议会请愿，抱怨“王国治理不当和对普通法的忽视”。对法律公正性的考验甚至触及了法律的源头——国王。在理查二世统治的末期，他被认为背弃对普通法的承诺，断章取义地践行法律。

社会影响会歪曲或妨碍司法程序，有时人员的过失也会如此。像验尸官这样的官员，他们在治安官的要求下负责调查突发性或非自然死亡，其工作是没有报酬的。因此，他们必须证明自己财务状况良好才能就职。这样一来，他们经常受到腐败的指控也就不足为奇了。1384 年，发生在索尔兹伯里的案件中，6 名在职验尸官因敲诈勒索而被罚款，此类情况屡见不鲜。

在理查二世统治的后半段，大法官承担了部分审判的职能：他可以处理投诉案，可以在普通法程序未涉及或受限制的广大领域进行补救和裁决。众所周知，普通法缺乏灵活性，衡平法院为涉及债务和承诺（指道德领域中的）的案件提供了一种相对低廉和易得的服务。它甚至成为一个讨论家徽和荣誉问题的场所：约翰 · 洛弗尔勋爵（John Lord Lovel）起诉托马斯 · 莫利勋爵一案，就是因为后者设计的纹章“用站立的黑貂环绕银币和雄狮”。衡平法院也适时地培训牧师学徒，这种培训很有价值，以至于1389年的衡平法院试图防止雄心勃勃的法律学生渗透其内部，这些学生对法律比对牧师身份更感兴趣。随着法律专业化发展，它的声誉却在下降：1381年，叛乱分子烧毁书籍，并在律师学院犯下杀人罪。

尽管不同司法管辖区的风格和取向各不相同，但国王个性和品格都要保证其治下法律和司法的完整运行。

国王未成年

理查二世于1377年登基时只有10岁，在他未成年时期，由贵族和官员们组成的“持续议会”辅佐他进行统治。他的祖父爱德华三世晚年的统治招致了不满，通过请愿书，理查二世参加的第一次议会重申了曾祖父爱德华二世14世纪初出台的15条法令。下一届议会于1378年10月在格洛斯特郡召开，下议院发言人与王室大臣就国王即位时的税收用途问题展开辩论。下议院声称，王国的财富流向了爱德华三世和黑王子青睐的人，给国王留下的所剩无几。下议院还要求报告国王顾问的行动。由于缺乏对顾问的信任，这位年轻国王的初期统治不断受到影响。另一位不被下议院信任的重要人物是兰开斯特公爵、国王的叔父冈特的约翰，他从未统治过英格兰，但其利益广泛涉及英格兰、威尔士、爱尔兰、阿基坦、诺曼底和卡斯提尔的部分地区。

1377年起，议会税收采用人头税的形式，14岁以上的男女每人缴纳4便士银币；1381年规定15岁以上每人缴纳1先令，并规定较贫穷的纳税人累进为4便士，富裕的纳税人累进为数先令不等。1379 年 4 月，在理查的第三届议会上，公开反对人头税和累进的呼声十分强烈。1377—1381 年，这几年的税收数额与加斯科尼军事行动和海防所需的军事开支非常接近。

作为一个王国的保护者是国王最重要的责任，这些年理查二世一直面临严峻的考验。英格兰南部港口及其腹地先后遭到法国和佛兰德斯的攻击。14 世纪 70 年代，诗人威廉・朗格兰在诗歌《耕者皮尔斯》(*Piers Plowman*) 里哀叹，“一个男孩当国王，这片土地要遭殃”，人们深有同感。相反，另一位诗人约翰・高尔则为未成年的国王感到无辜。这个年轻人自小听着他的父亲黑太子爱德华的丰功伟绩长大，却没有得到父亲的陪伴和教导。年轻的国王身上别有一番魅力和希望：1378 年主显节[①]前夜，理查举办了一场传统的《三圣贤之旅》[②]演出；1367 年 1 月，他在波尔多降生时，他的父亲也曾为他举办如此演出。有一件事是确凿无疑的：年轻的国王终将成熟，政治意识和家族传统都决定了年轻的国王有机会大展身手。

理查二世统治的地域广泛、变化很大，国王和他的顾问遇到很多治理困境。对法战争让英格兰国王统治下的英属法国领土有所扩张，先是加斯科尼，然后是诺曼底，人们渴望进一步的征服，因为此举能带来巨大的收益。然而，法国的反击不仅仅针对这些地域和人口。理查未成年时，法国人便袭击了莱伊（1376 年），普利茅斯、达特茅斯（Dartmouth）和埃克塞特（1377 年），温切尔西（1380 年），苏格兰人也于 1381 年对博马里斯（Beaumaris，安格尔

---

① 主显节，公历1月6日，教会庆祝耶稣诞生的节日，是基督教三个最古老的节日之一（其余两个是复活节和圣诞节）。主显节前夜指公历1月5日夜，传统上标志着圣诞期的结束。

② 圣经故事，耶稣降生后，东方三个国家的国王来耶路撒冷行礼朝拜。

西）发动袭击。贵族们在他们的领地上建筑防御工事：1381 年和 1383 年，约翰·洛德·科巴姆加固了位于肯特郡的城堡；1385 年，爱德华·达林布里奇获得许可，可以把位于博丁安（Bodiam）的庄园改造成城堡。14 世纪 80 年代，为了对抗法国，英格兰开展新联盟外交，比如与布拉班特公爵温塞斯拉斯联盟，80 年代末与佛朗哥–佛兰德斯结盟，这引导年轻的国王走向和平。理查学习的内容广泛、进步神速。

1381 年 6 月的某天，理查迎来了统治期最具挑战性的时刻——农民起义。这场起义既不是由农民领导的，也不是以起义的形式展开的，因此借用法语词汇“*emeute*”——“混乱的序列”“暴动”——可能比用那些暗示社会和政治秩序受到持续威胁的词汇更好。1381 年 6 月的事件是由在议会里面没有代表席的人创造和掌握的。该事件在最广泛的意义上表达了政治观点，用偏暴力行动的形式对政府及其政策做出反应。大多数“反叛者”是伦敦人，作为伦敦人，他们精通各种政治术语和公共行为模式。毕竟，伦敦的生活是建立在行会、邻里联谊会、学徒工坊等社团基础上的。一个人的交情套另一个人的交情，即便是普通的喊学徒喝酒——当然是在公开吵闹的场合——在城镇管理者看来，也是危险的政治集会。联合团体——伦敦的团体，以及在伦敦游行暴动的团体——之间可能存在的密切联系让当地名流恐惧不已。正如威斯敏斯特编年史学家所言，他们担心伦敦平民会加入农奴的行列。

在伦敦和威斯敏斯特及其周边发生的事件必定会引起轩然大波。1381 年 6 月 11 日，骚乱还未到达伦敦时，一名王室侍从就已赶到苏格兰边境，将消息告知冈特的约翰。彼时，约翰正在举行一场“三月日”和平仪式，听到消息后，他立即向南赶往庞蒂弗拉克特城堡，同时命令在他的威尔士城堡驻军，以防备可能的叛乱。地区动荡从来都不是一件孤立的事情，边疆地区对王室的失控尤为敏感。但即使约翰采取了这些行动，他仍然留在北方与苏格兰和北部地区的大贵族较量。在这里，王国的利益要经过个人和王朝的考量。

“农民暴动”

在游行者行动之前，从各省前来抗议的群众都受到了哪些影响呢？在农村，人们除了常规的侍弄小块耕地、获得有限报酬，还有大量的机会：地主们不断地挖掘渔业、手工业和矿物开采方面的资源，为劳动者创造了岗位。主业是种地的人也开始了繁忙的交换和租赁活动，这样他们便能少受传统义务的局限，让财产进一步升值。因此，1370—1420 年，工薪阶层的购买力持续上升。处于农奴地位的人似乎被剥夺了机会、限制了迁徙和行动自由，按照这套规则运转的法庭成为他们政治不满的焦点。甚至在他们的领袖瓦特·泰勒（Wat Tyler）去世，以及他所领导的运动瓦解之后，埃塞克斯人还在争取废除庄园法庭。

家政服务成为一个热门工作岗位，对那些愿意学习技能、准备离家生活、为结婚攒钱的女性更具有吸引力。从纳税申报单可以看出，家政服务非常普遍：两成的拉特兰郡家庭里有 1—2 名佣人，1/3 的城市家庭雇用了佣人。1377 年的人头税单让我们得以一窥佣人在缴税人口中所占的比例：在伍斯特、卡莱尔、达特茅斯和北安普敦，佣人分别占比 19%、17%、20% 和 30%。大多数佣人是妇女，特别是在纺织业占主导地位的地区，如约克郡和埃塞克斯。

由于工作和拥有土地的机会增加，子女与家庭的联系不似过去那般紧密，他们成家后，家庭规模相应缩小了。在农村地区，比如，基布沃斯哈科特（莱斯特郡）的家庭平均人口从 13 世纪晚期的 4.84 人下降到 1379 年的 3.72 人，所以佣人们承担起原来家庭成员所做的工作。家政业的出现也意味着中世纪晚期英格兰面临着一个重要的社会现实，即城镇里有大量的年轻女性，乡村里有大量的年轻男性。1377 年，赫尔市男女比例为 9：10，农村地区情况则正好相反。社会资源丰富且具有流动性，再加上行业能为青年男女提供工作岗位，年轻人能够进一步提升单身价值、远离家庭，而村里的老人们则失去了年轻人的照顾，孤独终老。

1381 年之前，失序、混乱和动荡就隐隐出现了。男人们为了寻找有利可图的工作在农村四处流动，威胁到了雇主的安定和利益。1377—1379 年，斯特姆（Sturmer，埃塞克斯郡）的工人吉尔伯特・鲁格被认为是一名反抗执法者的叛乱分子，因为他“不愿发誓或为自己辩护”。

1381 年 6 月，在伦敦爆发的“农民暴动”的核心诉求是法律。6 月第 2、3 周发生的政治事件是由来自埃塞克斯和肯特的两伙人策划，并由伦敦人实施的。这不仅是一场农民的运动——几名区镇地方长官也参加了游行暴动，但它确实反映了在英格兰农村、庄园、小城镇以及议会中没有被充分代表的民众所经历的忧虑、抱怨和不满。传统的农奴制限制了人们的活动和工作，人们对此怨声载道；同时，在面对法国来犯的非常时期，国家政治为穷人加上了沉重且反复的税收枷锁，这也让人们沸反盈天。游行者称自己为“真正的平民”，寻求国王的调停。他们发誓要保卫理查国王，以此表明自己是另类公民。他们声称维护国王的利益，设想建设一个没有庄园领主、没有为了维护“和平”而执行劳工法令的士绅贵族的世界。他们呼吁“真正的”法律，而不是通行的惯例习俗；那些通行例法有律师的支持，并集中体现在他们的律师学院——格雷学院、坦普尔学院、米德学院等。暴动期间，这些学院遭到洗劫，一些监狱（如马歇尔希监狱）被攻陷。问题不在于这个国家的法律，而在于负责实施和捍卫这些法律的人。这是一种深刻的情感，一种类似于 14 世纪 70 年代“国王的可怜的什罗普郡臣民”所表达的情感。什罗普郡人说，根据法令，郡治安官任期只有一年，但这个职位常常被授予终身。

6 月 6 日，一群肯特人来到罗彻斯特城堡，要求释放关押在那里的囚犯。次日，他们响应领袖瓦特·泰勒的召唤，向梅德斯通（Maidstone）进发。瓦特·泰勒带领他们到达坎特伯雷，威胁此处的教堂及修士，并于 6 月 14 日处决了坎特伯雷大主教兼国家首席大法官。6 月 10 日，一群埃塞克斯人闻声而动。显然，伦敦成为下一个进发地，数百人势如破竹、无人可挡。一名背弃信仰的牧师约翰·鲍尔煽动肯特人，他用改革派布道的措辞谴责神职人员的贪婪和世俗，受到那些未被官方认证的流动牧师的追捧。埃塞克斯人驻扎在泰晤士河北岸，肯特人在南岸，两伙人都想见当时年仅 13 岁的国王。国王通过罗彻斯特治安官约翰·牛顿爵士知道了这些事情，此人是泰勒派来传信的。6 月 12 日，一些低调的贵族陪同国王乘一艘驳船沿泰晤士河去见瓦特·泰勒，但两岸的武装组织影响了此次会见的深入程度、作用和效果，国王转头去了伦敦塔——这个大法官、大臣、贵族和王室成员都会选择的避难所——以保安全。

年轻的理查似乎从不曾恐惧，他很清楚自己在游行者编织的变革幻梦中是多么重要。6 月 14 日，理查同意与埃塞克斯帮在英里角（Mile End，伦敦东区）会面，他与伦敦市长、一名武装随从一起离开了伦敦塔。游行暴动者提出的要求很难实现，但理查承诺出台解放农奴的特许状，埃塞克斯和赫特福德的人们乐见于此，请求国王原谅他们过去一周的所作所为。但瓦特·泰勒和肯特帮并不满足：他们释放了马歇尔希监狱的囚犯，突入伦敦塔杀死了大臣萨德伯里（Sudbury）、司库黑尔斯和其他的王室仆从。当天晚上伦敦街头发生了大规模的暴力事件，次日反暴力事件爆发。在受到国王接见时，瓦特·泰勒用老一套方式行事：他只是半弯着膝盖，握着国王的手摇了摇，说："兄弟，请放心吧。"泰勒可能提出了更多的要求，但他做了拔出匕首这一轻微的挑衅动作，伦敦市长和他的人立刻以此为名做出反击。据在场的编年史家的说法，国王插手，令人将泰勒的残部赶出城，他们只能赶紧从一周前便整装待发的伦敦武装部队的手底下逃命。

尽管绝大多数史学家对游行者予以批判态度，但他们的行为模式在伦敦散播开来：反复尝试建立一个由正直的劳动人民组成的"社区"，忠于国王，反对奸诈的顾问，如大法官、大主教萨德伯里、国王的叔叔冈特的约翰（他的萨沃伊宫被付之一炬）。编年史家沃尔辛厄姆这样嘲弄他们：

> 在那个时候，他们……认为没有人的名字比这个社区的名字更尊贵，而且根据他们愚蠢的估计，将来也不会有任何贵族，只有国王和下议院。

同情劳动者、农民工，声称国王是他们的主人——这些游行暴动者的政治观点说明国家的苦痛很有可能源于野心勃勃的贵族、数百名践行国王法律的官员和上层社会人士。诗人欣赏劳动者和国王之间的亲密关系，伊奥罗·戈奇（1320—1398）赞扬劳动者，“没有他，所谓生活、世界便不复存在”，这样的话也适用于评价国王的政治作用。

游行者自称“真正的平民”，他们反对下议院，认为后者在他们的土地上通过立法实施罪恶。他们的行动似乎是经过慎重考虑、有侧重的：他们没有破坏大主教在肯特郡的领地，却捣毁了位于政治活动中心附近的、朗伯斯区（Lambeth）的大主教总部，那里有很多记录——高等法院的卷宗、房契和备忘录等，它们被视作旧制度、强制性习俗的载体，是压迫者的工具。他们还攻陷了冈特的约翰的萨沃伊宫，但没有掠夺其中的财富。

他们因誓言团结在一起，有些人甚至身穿制服。游行也带有一些戏谑性，充斥着一种拆除象征性建筑的乐趣、一种“颠倒”世界的乐趣。根据记载，在理查国王去往英里角（伦敦东区）的同时，伦敦塔的内庭被侵入，国王的母亲——肯特的琼在床上遭到袭击。她并没有受到伤害或侵犯，但当她的内室被洗劫一空、暴乱的人们向她索要亲吻时，她真的吓坏了。同样，编年史家们惊恐地记载了最下层的农民是如何拔骑士的胡子，或者移除冈特的约翰的雕像的，他们嘲笑约翰是“卡斯提尔国王”，因为他想在西班牙建立王朝。

这场为寻求正义的集体游行产生了一种自认有理的势头，也影响了那些想要纠正错误的群体：伯里圣埃德蒙（萨福克郡）的本笃会修道院、赫特福德郡的圣奥尔本斯修道院都遭到攻击，在剑桥，拥有特别法庭和法庭记录的大学是暴力事件的焦点。

游行、作乐、一意孤行和虚张声势并不能达到预期的改变。只有国王才是真正的主、正义的源泉。据《阿诺尼玛尔编年史》(*Anonimalle chronicler*,《佚名编年史》）记载，反叛者在英里角向国王致意："欢迎我们的主，理查国王，如果你愿意的话，我们不会让任何人取你而代之。"期望和平和理想化的正义言辞背后是某种挑衅，事件不确定性的核心在于国王对此作何反应。国王与他的"真正的平民"在基督圣体节上碰了面，圣体节是一个庆祝圣餐的节日，也是一个习惯性的夏季户外庆祝活动，通常以游行的形式进行。

游行暴动被镇压后，司法方面对其有所认定：伦敦的市议员被指控曾参与活动——不过大多数人都被赦免了。约有 150 人因非法侵入他人土地和破坏财产受到审判；冈特的约翰试图查明袭击他府邸的数百人的身份，然而本来要澄清事实的 5 名市议员，却被指控与肯特帮有所勾结。这些政局的动荡时刻都发生在公众场合，而非议会议事厅或宫廷里，它们见证众多利益与个性的交锋。它还促使寡妇进入公共领域，拥有自主权和地位的妇女在一段时间内赢得了政治发言权。1381 年农民暴动是一场融合了乌托邦主义和机会主义、振奋人心而又鲁莽大意的狂欢。

虽然人们加强了对伦敦的控制和威慑力度，但 1381 年初夏事件涉及的人和问题并没有解决。据沃尔辛厄姆的托马斯所言，直到 1382 年夏末，诺福克郡还在策划起义，意在俘虏并杀害诺威奇主教和其他当地贵族。有人提到利用霍舍姆圣菲斯（Horsham St Faith，诺福克郡）的集市作为招募基地，以及占领圣贝尼特休姆修道院（Abbey of St Benet Hulme）的计划，这种威胁显然令修士们担惊受怕。后来教唆者被抓住斩首，从查获的财产记录来看，这些人来自诺威奇附近的村庄，收入菲薄，带头人威廉·斯派塞略有资财，被处决时拥有价值 40 多先令的货物和动产。1382 年诺福克起义受挫的戏剧性让我们进一步认识到：负责司法工作、审判嫌疑人的人正是 1381 起义中诺福克帮的受害者。其他地区的动乱仍在继续。1383 年 3 月，5 名“叛乱分子”因试图杀害德文郡的治安官而被判叛国罪，另有几个被控叛国罪的嫌疑人被无罪释放。1381 年之后，英格兰的村庄、集镇无不充斥着新的疑虑、恐惧和怨恨。

1381 年的事件表明，伦敦不仅是英格兰福祉和统治稳固的象征，而且本身就是相互竞争的各种协会、团体的熔炉。正如土地所有者和他们的追随者之间具有密切关系一样，这种联系也存在于伦敦的工作、权力运行和休闲生活中。这构成了政治生活的基调，也形成了高水平的、有形的政治表达。政治不仅见于议会内庭和市政厅，还见于街头巷尾，敌人在那儿遭到公开的嘲笑或诽谤。冈特的约翰再次成了被诋毁的对象——1377 年曾谣言四起，声称他不是王子，而是他母亲与冈特的佛兰德斯屠夫所生的私生子。大贵族们参与首都的政治活动，这往往为国家重要派系会面提供了舞台。1378 年 9 月，英格兰国会在格洛斯特召开会议，议题是约翰·梅纳德（John Maynard）领导的伦敦人在这个夏天暴力袭击了白金汉伯爵家。在 1388 年的“残忍议会”上，一份向国王和议会提交的请愿书指责约克大主教亚历山大·内维尔在议会开会期间出台针对敌人的法案。威斯敏斯特宫和圣保罗宫的墙壁是发表政治评论的最佳场所。即使国王成功地平息了 1381 年暴动，一种强烈的不安和动荡感仍萦绕在权力中心。数十年来，社会和经济力量的发展提高了技工、匠人和租户的能力和期望，增强了他们的流动性，减少了其对传统权力纽带的依赖。这些人使用英语，而不是法语或拉丁语；他们的活动场所是行会、堂区和地方法院；他们是路上随处可见的士兵、小商人、应聘者。

理查二世的统治

国王为人并非古怪无常。他重用王室叔伯们，将兰利的埃德蒙加封为约克公爵，将伍德斯托克的托马斯封为格洛斯特公爵，兰开斯特公爵冈特的约翰更是位极人臣。理查二世很快就进入了属于他的政治角色。1382 年，他与神圣罗马帝国皇帝的女儿——波希米亚的安妮结婚。宫殿是他的居所，整个伦敦都是他的游乐场。随着他的日渐成熟，人们希望他能在顾问班子和议会的建议下制定一个长期的财政、战争战略，打造一个选贤任能、褒奖忠勇的用人体系。在酝酿第一次军事行动时，他向 1382 年议会提出征税的要求；但不久他就卷入了另一场冒险——十字军东征。

14 世纪的十字军东征是由两面派诺威奇主教向佛兰德斯发起的战争。1383 年，根特起兵反抗佛兰德斯伯爵，路易·德·马利伯爵（Count Louis de Malle）则以禁止佛兰德斯的纺织业城市进口英格兰羊毛作为反制措施，英格兰贸易遭受巨大的损失。曾镇压 1381 年诺福克起义的亨利·德斯潘塞主教，提出一个与其身份不相符合的暴力行动计划：报请教皇同意，侵略低地国家。作为教皇在英格兰和威尔士的代表，他成功得到了教皇的批准，确认了十字军东征的合法性，并获得了相应的精神和财政支持。此举意在帮助佛兰德斯叛军，进而推翻与法国结盟的佛兰德斯伯爵。为了德斯潘塞主教能顺利于 1383 年 5 月率军从桑威奇出发，伦敦在 1382—1383 年的秋冬时节举行招兵仪式、招募了军队。军队越过英吉利海峡，很快占领了格拉沃利讷（Gravelines）和布尔堡（Bourbourg），然后继续向东北方向前进，到达佛兰德斯海岸。在围攻伊普尔时，这支军队装备不良、将士饱受疾病之苦，前进的步伐终止了。随着法国救援部队的到来，主教宣布停战，英军撤退到加莱。年轻的国王没能领导这次远征——这无疑是对人力和财力的一种浪费——如果他想声名远播，他必须领导一次更为成功的战役才行。

法国加紧采取有力行动，而苏格兰人加剧了北方的动荡，人们在数年间都心生敌人入侵的恐惧。1384 年，冈特的约翰入侵苏格兰，摧毁了哈丁顿（Haddington，东洛锡安区）。这又招致了国王罗伯特二世的对手——卡里克伯爵的报复，并引起了更强烈的反应。这回理查二世亲率部队，于 1385 年带着 4 500 名士兵赴苏格兰作战，他这唯一的一次军事领导行动成功地安抚了北方。但他还有其他隐忧：1386 年 10 月，议会表达了对抵御法国入侵的准备工作的不满，以及对国王周遭顾问的不信任。议会虽然没有拒绝增加税款，但它要求对资金使用和战争计划进行更严格的审查。

后世称 1386 年议会为“美妙议会”，它弹劾并惩罚了自 1383 年起就担任国王大臣的萨福克伯爵迈克尔・德・拉・波尔。在伦敦方面的支持下，格洛斯特公爵（即国王的叔父）和阿伦德尔主教被称为“上诉人”，主导了此次弹劾。公众极其担心法国人会从斯鲁伊斯入侵，所有参与海防规划和财政支持的人，如财政大臣、司库、掌玺大臣等都受到了群众监督，但迈克尔・德・拉・波尔、西雷格夫、斯科劳却在截至 1386 年 10 月的时间里忽视了海防。英格兰东南部的团体组织负责防御，他们在肯特郡、苏塞克斯郡、汉普郡、谢珀岛（Isle of Sheppey）和朴茨茅斯都采取了大量的行动；苏格兰边境受到监控，以防有人伺机袭扰；武装船只亦被派往斯鲁伊斯及其附近海域巡查。这些行动都得到了地方财政的支持，与此同时，议会财政也支持了造船业发展、卡斯提尔（1385 年）和苏格兰（1385 年）的活动，以及对根特和加莱进行救济。

冲突没有随着议会的控诉和审判而消失，在接下来的招兵季，公众的不满情绪通过议会以外的形式发泄出来。当年夏季，理查二世在诺丁汉和什鲁斯伯里调查了人们抱怨其统治的法律依据。他还将牛津伯爵罗伯特·德·维尔（Robert de Vere）拔擢为爱尔兰公爵——此人的晋升成为国王与上诉人一方争论的焦点之一——命其组建一支王室军队，于是公爵率领一支由 4 250 人组成的王室分遣队从柴郡前往伦敦维护国王权威、保护他的家人。德比郡的亨利和诺福克公爵托马斯·莫布雷（Thomas Mowbray）加入了上诉人一方；1386 年 12 月 20 日，他们在牛津郡的拉德科特桥（Radcot Bridge）与王室军队交战，最终以 4 000　5 000 人的兵力击败了对方。半个世纪的相对和平之后，国内内战爆发。

在接下来的 3 天里，理查差不多被废黜了；至于其统治，则没有什么可替代方案。上诉人一方继续前往伦敦，他们示威似地出席了 1388 年的“残忍议会”。德·维尔和国王的内廷大臣约翰·比彻姆以叛国罪受审，虽然德·维尔逃到了法国，但最终还是被判处了死刑。国王卷入了派系政治，他的行为更像一个大贵族而非毋庸置疑的国王。追随者被处决后，理查元气大伤。他被迫将上诉人留在议会，谋取与他的叔父、也是另一个权力掮客——冈特的约翰和解。理查招揽忠于他的人，比如，索尔兹伯里的主教约翰·华生（John Waltham）等，他们又招募北方的职员为王室服务。1389 年，年仅 22 岁的国王在一场庄严的弥撒中宣布了他的统治地位。这象征着王权的和解与巩固：男人们宣誓效忠，亲吻和平。然而，

1386—1388 年的创伤性事件创造了一段血腥的历史，10 年后，这段历史不可避免地再次上演。

在后来 1388 年的剑桥议会上，王室威望跌向低谷，25 项旨在控制混乱、维护社会和平的法案出台。人员流动和集会结社属于危险行为，《流浪法》（Vagrancy Act）将身体健全者无证流浪和放弃服务合同视为犯罪。此外，失去工作的手艺人、仆从和学徒现在不得不在丰收季从事农业劳动。此类立法只得到了零星的执行，但它见证了地主、雇主们对那些潜在租户、雇员们的不满和不信任。即便在一些很小的立法中——例如，1389 年黑弗灵庄园法庭（艾塞克斯郡）曾通过法令，禁止任何土地年收益低于 40 先令的人饲养狩猎灰犬——都能体现出人们想要更牢固的社会关系和更清晰的地位财产等级划分。1390 年，诗人约翰·高尔在诗歌《一个情人的忏悔》（*Confessio Amantis*）中，用伊卡洛斯（Icarus）[①] 和法厄同（Phaeton）[②] 的故事来表达对那些超越或低于既定社会等级的人的厌恶：

身居高位，恶习难改
低至尘埃，做小伏低
飞得太高，招致悲剧。

这次议会还发起了一项全国范围内的关于宣誓团体和志愿协

---

① 希腊神话中的人物，他逃离克里特岛时使用蜡和羽毛造的翼，因他飞得太高、双翼上的蜡受到阳光照射而融化，由此跌落水中致死。

② 希腊神话中太阳神赫利俄斯之子，作为人类他无法驾驭父亲的太阳神车，从而造成世间的灾难，后来被宙斯用一道闪电劈死。

会的调查，它们的确有可能是危险和谋逆的。全境所有拥有财产并搞宣誓约束的协会都必须在 1389 年 2 月前报告其宗旨和功能。反馈到大法官法庭的调查结果很有趣：大约有 500 个社会和宗教团体有自己的章程和历史记录，其中大部分来自英格兰东部——诺福克郡、萨福克郡、剑桥郡、林肯郡和伦敦郡。数据显示，国家支持了数百个旨在崇拜和互助的地方团体，它们将社区和兄弟情谊作为维系合作的纽带。即便议会从中作梗，但这些人并不是谋逆者；真正挑战王室权威的是一小撮人组成的团体，它要求审查外交事务和内政规程，以获得必要的财政支持。

农村和城市的食物

理查二世统治下的伦敦对饮食的需求很大。食物的生产和准备给城镇居民带来了特殊的问题。14 世纪后期，饮食更趋多样化：英格兰和威尔士的部分地区发展了商业和土地耕种制度，虽容易受到粮食歉收的影响，但实际上很少有人挨饿，即使是穷人也不例外。大多数地区生产的粮食足以满足当地需要。像伦敦这样的大城市，或者更远一些的根特，所要消耗的大量的粮食都来自邻近的内陆地区。储存的谷物有多种用途。伍斯特主教拥有 1.21 平方公里的土地，布莱顿（Bredon，伍斯特郡）的谷仓就位于此。谷仓由主教自己的木材建造而成，里面有一间城镇长官的公寓，配有壁炉和厕所。干燥的粮食被束成捆、按谷物种类分类，再在谷仓地板上进行脱粒，这些操作都在弗莱格家族父子——如约翰（卒于 1385 年）和理查德（卒于 1401 年）——的严密监视下进行，他们还在谷仓的屋顶下建了一个高高的鸽舍。谷物被卖给了蒂克斯伯里

（Tewkesbury）的加工厂，谷壳和稻草用作肥料和茅草。随着时间的推移，对高品质白小麦面包的需求持续保持在高位，这直接影响了播种模式，像弗莱格这样的农民不得不对此进行评估和规划。

为城镇提供符合卫生标准的食物是当地政府的责任。在一系列控制价格和质量的城市法规中，食品生产者受到特别关注：1350年，伦敦将烤鸡、烤兔肉的价格限制在1便士以内。1378年，首都当局出台了一项与食物有关的税种，主要针对厨师们制作的烤肉和鱼肉、禽类、野味馅饼。两年后，因人们对糕点盒里变质、腐化的肉质产品心怀忧虑，伦敦的糕点厨师加强了对自己工作的管控。1381—1382年，伦敦的一项法令要求食品和饮料销售商将食物以价值1/4便士的分量出售，这样即使是最穷的劳工也买得起。城市的厨师、糕点师、面包师需要对各种需求和价格做出反应。食用“快餐”的除了旅行者、单身的人，往往还有城市贫民，因为他们负担不起配备厨房餐具、锅具和灶台所需要的巨大成本。相当多的家庭请面包师来制作馅饼和糕点，只有极少的小型家庭或中等规模的家庭拥有烤箱。伦敦的理查德·莱昂斯的厨房里有1376个锅碗、罐子、水壶和各式餐具，但如此富裕的城市家庭也会购买面包和啤酒。威廉·朗格兰在诗歌《耕者皮尔斯》里生动地描绘了小镇生活，街头小贩叫卖着：“刚出炉的派，热腾腾的派！美味的小乳猪，好吃的鹅，快来买！”

有些人能够从自家庄园里获得新鲜农产品，当他们在别处居住或在旅途中时，也倾向于消耗自家的东西。教士、王室官员和贵族们带着食物旅行，或者把食物从领地带到临时住所。牛津大学里的人员所食用的小麦烘烤面包也来自大学的自有地，因此他们在牛津市场上所买的食物比镇上商人预想的要少。墨顿学院（Merton

College）的数学学者们有“牛津大学计算器”之称，他们将自己对概率和均衡的兴趣应用于市场的运作，管理学院的农产品生产、购买必要的食品和日常用品。剑桥的圣约翰福音传教士医院的账目显示，他们购买香料和奶酪，但从不采购谷物，谷物都是从庄园里运来的。大贵族家庭享用伦敦厨师的特别料理，从调味料、馅饼、薄饼的制作者那儿购买专门食品，却无需购买大量的肉类、家禽，以及制作面包和啤酒的谷物，因为这些食物能从他们的庄园里获得。只要买得起，人们都愿意购买香料，以用于贮存食物和调味。14 世纪的烹饪书籍中有大量关于如何使用胡椒、肉桂、丁香和姜的说明。1378 年，马奇伯爵埃德蒙·莫蒂出发去苏格兰执行外交任务，他在伦敦囤积了大量的藏红花、生姜和胡椒。北上的路上——他途经了罗伊斯顿（Royston）、亨廷顿、斯坦福德（Stamford）、格兰瑟姆（Grantham）、纽瓦克（Newark）、唐卡斯特、达灵顿、达勒姆和纽卡斯尔——他的厨师都是用这些调料烹饪食物的。

城市里的贫民用他们的工资购买食物，城镇努力控制市场（尤其是低端市场）上的价格和质量。许多单身人士从事家政服务，由雇主提供食宿。但是城镇里到处都是贫穷的劳动人口，他们不得不自己养活自己，有时还要养活家里的人。贫穷的妇女似乎注定是遗嘱的接受者，是简陋房屋的租客，是穷得付不起税的人，依靠每天购买的少量廉价食物为生。这样的食物在城镇里随处可见，1381 年，仅在萨瑟克区就有 6 名厨师和 4 名糕饼师。较小的城镇每周都有集市，普通伦敦人熟悉的许多商品都可以在集市上买到。

那么农村的穷人呢？在萨福克郡的乡村，约有一半的农村人口是雇佣工人，他们也需要廉价而可靠的粮食供应。与城镇工人相比，他们饮食结构的基础更偏向于蔬菜。据诗人威廉·朗格兰叙述，冬天的清淡饮食包括面包、奶酪、凝乳和蔬菜汤等。农民食用根茎类蔬菜、洋葱和韭菜，可能比他们的领主和富裕邻人摄入更多的水果。丰收季和早秋的饮食略有变化，他们能得到一些更好的面包和新鲜屠宰的猪肉。有些食物是可以从花园里、树篱上或领地边界免费获得的。饮食也反映了人们的租赁和工作模式：塞兹韦尔（Sizewell，萨福克郡）的彼得·奥尔德雷德是一名技艺高超的渔夫，他靠捕鱼挣了很多钱，但也拥有土地、饲养牲畜，家里的餐桌见证了他的所得。

城镇中的酒馆数量激增，甚至比餐厅和糕饼店还多，穷人和富人都能在小酒馆一饱口福。富人会喝从加斯科尼或安茹进口的葡萄酒，但所有人都喝啤酒。啤酒由大麦酿造，或者由东南部的大麦和燕麦混合酿造而成。黑死病之后的几十年里，啤酒的消费量上升，反映了人们工资水平的提高。这种浓稠而有营养的饮料——这一点与大多数现代啤酒不同——为贫穷的劳动者提供了现成的能量来源。1345 年，伦敦出台了一项法令，旨在保护该市的水资源——“穷人的饮料”；1381—1382 年，一项调控啤酒价格、“以帮助穷人”的法令面世。成年人平均每天饮用 3 品脱[①]左右的啤酒，所以在这段时间里，用于家庭消耗和日常销售的自制啤酒产量出现增长并不奇怪。1386 年，在肯特郡的梅德斯通，大约有 1/3 的家庭酿酒，通常是妇女直接从事酿造和监督工作。除了能提供充足的营养，大量饮酒还影响了人们在公共场所和家中的社交进程，这无疑会导致工作、家庭和娱乐中的事故和暴力事件增多。

食物与公义、秩序紧密相连。对那些靠出售质次价高的食品来

---

① 1英制品脱约为568毫升。

欺骗穷人的人，市长们施以羞辱示众和带枷的惩罚。王室立法长期存在，如《啤酒法》《面包法》等，各个城镇和社区在此基础上再加以扩展。伦敦的白皮书规定，如果面包在价格、谷物构成或分量上不符合标准，那么它的烘焙师将会被游街示众；第二次发生类似情况，烘焙师会被戴上刑具；若还有第三次，则永不能踏足烘焙行业。康希尔（Cornhill）作为行刑地，成为公众表达不满情绪的聚焦点。罪犯们戴上枷锁，经过痛苦、屈辱的游行——仿佛狂欢似的经过各条街道——最终去往行刑地。啤酒商、面包师、屠夫和厨师都可能受到这样的惩罚。威廉·朗格兰的《耕者皮尔斯》对此的解释是："他们经常秘密地毒害人们。"

伦敦的需求对周边郡县家庭、社区的生活选择产生了影响，比如，萨里郡、苏塞克斯郡、埃塞克斯郡、米德尔塞克斯郡、白金汉郡、赫特福德郡、肯特郡等。这些地区原本的主要作物是小麦，后来变成大麦和燕麦。不同消费类型之间的联系错综复杂，例如，随着啤酒需求的增加，用来酿造的燃料用量也相应地增多了。庄园的管理者决定区域专业化的发展并进行评估，决定是否应该从养护森林或扩大耕地中获得更大的利润（一捆柴火的价格从 1300 年的 1 便士涨到 1400 年的 2 先令 5 便士）。亨利镇（Henley，牛津郡）或法弗舍姆镇（Faversham，肯特郡）的管理者对庄园木材的决定越来越依赖于伦敦的需求量——柴火要经过种植、切割和包装，供伦敦的厨房和车间使用。英格兰东南部的林区以 11 年为一个周期，既产出用于城市生火、烧炉和酿酒所需的燃料，也为建设和改造房屋、车间、教堂和码头提供所需的木材。在贝纳德城堡（Castle Baynard Ward）的伍德码头，一批刚刚卸下的木材很快就被一群木材贩子分走了；市政府官员为了应对供应短缺问题，插手没收了码头仓库的库存。

伦敦政府与政治文化

政府机构管理着繁华热闹的伦敦城，无论是贵族家庭、宗教场所、嘈杂的工坊，还是人们休憩的游乐场、芬芳的花园和果园，都处在政府机构的监管之下，市长是负责人。用康希尔诗人威廉·朗格兰的话说，这些人“在国王和公众之间，维护法律的运行”。他抓住了该角色的特质：通过公平竞争、合理定价、保证弱势群体的安全来确保一定程度的公平。即使不把这些精明而有野心的实干家们理想化，我们仍然可以注意到这个城市对掌权者的需要，即便市民们依然以小团队的形式来管理大部分生活领域，如在公会工作和生产、在堂区开展社交和宗教活动、在家庭中与亲朋生活等。市政府官员都想在离任时变得更加富有、获得更好的社会资源，同时他们也能够推动达成一些让城市运转良好的目标。

伦敦以其大规模和多元化为各种职业、技能和政治领域的进步和发展提供了非常具有吸引力的机会。1384 年，托马斯·厄斯克在作品《爱的誓约》(*Testament of Love*) 中把自己描述成一名“公证人”、一名作家，同时是一个伦敦人、一个纽盖特居民。要成为一名作家必须具备一项特殊的技能，这是 1373 年行业协会认可的。托马斯·厄斯克身为作家，可能在圣保罗教堂周围开展业务，抄写文件和书籍、撰写法律文书等。像他这样口齿伶俐、彬彬有礼的人，如果自身不富裕或没有广泛人脉的话，都会被拉进某个政治派别中。1388 年，因为背叛了工会的约翰·诺桑普敦，投靠了“错误的一边”——尼古拉斯·布伦布雷（Nicholas Brembre），厄斯克被施以处决的刑罚。布伦布雷是个杂货商，曾 4 次就任市长，12 次担任市议员，后来还当过海关稽查员。在 1381 年的事件中，他代表大商人群体表示了对理查国王的支持，他还与商人威廉·沃尔沃斯、鱼贩子和另一位杂货商约翰·菲尔波特一起参与了加莱大宗物品的经营和税务营收。托马斯·厄斯克的头颅在纽盖特监狱示众，以警醒其邻里和亲属政治事务的重要性。

14 世纪 80 年代和 90 年代，伦敦的市长和市议员比以往任何时候都更多地参与政治，1381 年，伦敦支持了年轻的国王。伦敦统治集团的独立性、重要性，以及对重要职位的期求，都不可能轻易放弃，必要时甚至要用暴力加以捍卫。这种情绪导致了 1379 年，热那亚商人杰纳斯·因佩里亚尔（Janus Imperial）在伦敦被害。1378 年秋，议会确认了意大利商人享有贸易特权，因佩里亚尔在伦敦监督船只装载；他被人搭讪、跟踪，后在圣尼古拉斯阿肯巷（Acon Lane）的家门外被害。审判记录显示，跟踪者是伦敦大商人的仆从，他们都参与了羊毛出口。伦敦的船运公司垄断了这一行业、获取利润，甚至把本国的外省人也排除在外，他们蓄意破坏任何旨在加强国外竞争的企图。被告在上诉中明确提出，如果杰纳斯·因佩里亚尔完成货物交付，“他将摧毁伦敦和其他地方的所有羊毛商人”，热那亚人不仅向自己的同胞，而且向使用热那亚交通工具的佛罗伦萨人开放了伦敦。这种情况太危险了，是伦敦的大商人无法接受的，所以他们杀了杰纳斯·因佩里亚尔。

这个案子反映了伦敦生活的几个重要方面：商人贵族势力强大；对法战争期间贸易和税收紧密相连，商人从商业政策中积累了财富；年长男性有权招募年轻男性并令其从事暴力活动。1381 年，对国王施以援手的伦敦人——其中许多人因此而被封为爵士——是一个由杂货商、鱼贩和绸缎商人组成的独特强势群体，他们有时能决定宫廷和议会的政策，以别有意义的方式影响这个国家。

外国商人带来了精美的衣服、象牙、罕见的宠物；塔提尼公司（Datini company）专门经营香料和来自东方的日用品，如藏红花、生姜、肉桂、丁香、肉豆蔻、胡椒和染料等。他们还带来了来自地中海的商品，如杏仁、锡、肥皂（一种由肥皂灰和油混合而成的制品）和大米。1386 年，一艘热那亚货船塔里塔号在布列塔尼海岸失事，枣、明矾、弓弩零件等货物被达特茅斯人哄抢一空。奢侈的上流社会贵族家庭和普通家庭都开始依赖于东方香料和南方食物的常规供应，隆冬时节的庆典上总少不了带有风味的食物。

外国商人都把羊毛作为贸易交换的对象。有的人对科茨沃尔德出产羊毛的城镇异常熟悉，还给它们起了意大利名字，把“伯福德镇”称为“波里弗特”，把“北利奇镇”称为“诺莱乔”；另一些人则与修道院或上流社会的中间商建立起了稳定盈利的贸易联系。但是当地的商人对这些人深恶痛绝。他们在议会上指控伦巴第人向英格兰引入高利贷和丑恶的鸡奸行为。外国人看起来既危险又脆弱。就在 1381 年 6 月政局动荡的那一周，暴动人士把萨德伯里大主教的头颅放在伦敦桥的门上，转而攻向维纳里（Vinery）的圣马丁堂区，拖出 35 个佛兰德斯人、割了他们的喉咙。另有大约 150 名佛兰德斯人被抢劫。乔叟在《修女的神父的故事》(*The Nuns' Priest's Tale*) 用一种犀利的幽默描写了家养动物被卷入这场屠杀时的混乱景象：

他们被狗吠吓坏了，
男男女女呼号着，
四下奔跑，以为自己的心也要碎了。
他们像地狱里的魔鬼一样尖叫；
屠夫到来的时候，鸭子们尖着嗓子发出声音；

受惊的鹅从树上一跃而起；
蜜蜂从蜂房里倾巢而出；
这声音太可怕了，啊，我的天！
老杰克·斯特劳和他的军队
从来没有叫得这么大声、这么尖利
当他们追杀佛兰德斯人时，
就像那天宰杀狐狸一样。

这其中潜藏着机会主义的暴力和酝酿已久的不信任、嫉妒，在大规模驱逐犹太人仅 100 年后，再次让从事贸易的少数人的生活变得危险、不快。

尽管伦敦的贵族们抵制变革，但变革无处不在，在政治领域、宗教领域和家庭生活的基调上都是如此。和其他人一样，富裕的官宦家庭也面临着这个时代的人口现实，即极少的父母能有一个以上的儿子来继承他们的财产，通常甚至连一个都没有。这类家庭的注意力被乡村的机会吸引，正如贵族家庭的子弟进入法律行业、在首都甚至国外找到自己的前途一样。商人们也意识到他们的世界受到限制，要依赖于更有权势的人士。

伦敦是一个国际大都市，在这里，国王可以与财务人员（如理查二世的珠宝商、佛罗伦萨人曼尼尼）及其他从事外交活动的金融家打交道，并从他们的服务中获益。国际事件能极大地影响贸易活动，1386 年冈特的约翰和葡萄牙联盟便是一例。14 世纪 60 年代以来，在葡萄牙只有从事单一物品交易的商人享有特权，但此后优惠力度有所增大：1390 年 9 月—1391 年 12 月的 15 个月里，20 艘装载着武器、小麦和马匹的英格兰船只从布里斯托尔驶往葡萄牙，回程时满载葡萄酒、无花果、葡萄干和盐。随着 1386 年法国控制了西佛兰德斯，法国人用佛兰德斯船只威胁入侵佛兰德斯并破坏英格兰的贸易。本身即为商人的乔叟对此情况忧心忡忡：

从米德尔堡到奥威尔镇

他愿意不惜任何代价来控制大海。

1384—1389 年，羊毛的主产区从加莱转移到了泽兰的米德尔堡。

伦敦的大商人中有些人被封为爵士，他们富有、参与高级政治，但在涉及贵族和国王的关系的问题上处于一种模棱两可的地位。乔叟的《梅利比的故事》(*Tale of Melibee*) 将骑士的荣誉与温文尔雅的城里人的“谨慎”进行了对比。他翻译了一本法语小册子中关于和平的部分，最初呈给了理查二世，表达了“和平讲求策略，是敏感而微妙、而非天真柔和的”观点。《梅利比的故事》主张停止复仇，努力实现和平。它影射了理查二世：他的批评者认为他很柔弱，缺乏好战的本能；然而，和平的缔造比任何战役都要艰难和危险。

在伦敦这样的城市里，商人和地主的代表们在议会里共同议事、相互合作，寻求并维持一种脆弱的和平，这种和平当然比没有和平要好得多。在某些文化领域，商人与贵族、账桌与佩剑之间的差异则被奉为圭臬。1390 年 10 月举办的史密斯菲尔德竞技赛需要大量的布料，向宫廷供货的布匹商人约翰·亨德从中受益颇丰。伦敦市长、金融家威廉·文图尔受邀在王室座席观看开幕式。这样的人并不适合在战场上展现超凡的武力。与低地国家的城市庆典不同——许多伦敦人作为过路商人或士兵曾见到过——竞技赛是一种贵族式的庆典，凸显国王的弟弟霍兰德的约翰或艾诺伯爵等人的显贵。既非贵族、也非战士的商人并不渴望获得贵族和骑士们所拥有的荣耀和毫不费力的权威。在理查统治的晚期，他尤其看重此类排场，他的伦敦之行堪比任何一位文艺复兴时期的国王。

宗教生活

理查的宫廷醉心于艺术、诗歌和音乐，这些素养的培育需要世界性的眼光。社会各个阶层的人们都对全欧洲范围内的基督教文化有一种地方性体验，神职人员在主教的监督下提供圣礼，而主教本身往往就是欧洲的尊严与重要性的象征。教会政治随着罗马教皇的分裂而变得更加复杂——1378 年，随着乌尔班六世（Urban VI）被选举为罗马教廷的一员，一场关于教皇身份的争论爆发——根据效忠的对象，欧洲教会一分为二（甚至一分为三）。英格兰的主教们继续用英文版的基督教书籍传教，这些书籍通常是来自欧洲大陆的忏悔录，例如，佩纳福特的雷蒙德所著的悔过书（该悔过书于 1400 年以前被译成英语和威尔士语），还有丽乐索修道院（Lilleshall Abbey）的奥古斯丁修士约翰·米尔克（John Mirk）用本土语言所著的庆典布道集《米尔克的庆典》(其中部分已被译成威尔士语)。文本流传于世是为了提供指导，但对大多数人来说，阅读对于宗教活动来说既非必要、也不常见。大量、持续的努力投入为神职人员提供教学书籍中：每个教会都拥有一本祈祷书、一部经文选集（主要用于弥撒)、一本唱和歌集（在弥撒开始前奏乐)、一本赞美诗、一本圣歌集（为特殊的祈祷者准备）和一本礼仪书（牧灵的流程)。主教们不仅努力为神职人员提供必要的工具，还力图在一个教区内建立一种统一的正确做法。可想而知，许多堂区的设施都很简陋，连基本的装饰和物资都没有。1397 年，赫里福德主教视察他的教区教堂时，发现奥灵威克（Ollingwick）的教区长拆除了教堂的门、墓地灯，还把一本厚厚的祈祷书带回了家，私下读给仆人听。

围绕着信仰和实践的基本宗旨，一系列广泛的活动发展起来，如私人祷告（富人们可以借助装饰精美的书籍祈祷)、赴圣地朝拜、在堂区边界游行和开展宗教戏剧等。各地的人们纷纷踏上朝圣之旅。一些旅行闻所未闻，诗人格鲁菲德・格雷戈（Gruffydd Gryg，约 1360—1410）曾留下一段赴圣地亚哥・德・孔波斯特拉（Santiago de Compostela）朝圣之旅的描述。在威尔士和康沃尔，圣井的历史源远流长，在它周围修建有数个小礼拜堂；在弗南戈比（Ffynnon Gybi，卡那封郡)、弗南塞瑞尔（Ffynnon Seiriol，安格尔西岛）和圣莫斯（St Mawes，康沃尔)，人们屡次找到疗愈疾病的神迹。这些旅程不是强制性的，它们虽艰苦，但仍可以使人们乐在其中、备受鼓舞。平信徒也可以得到各种宗教人士的帮助：修士们守护着圣徒遗迹及其传说，修士们创作戏剧，主教们带领游行，隐士们做出预言，远见者创作祈祷文等。对绝大多数基督徒而言，阅读《圣经》文本及对其做出反思的体验十分有限，更多的是学习圣徒故事和劝诫榜样。《圣经》文本为传教士提供了布道的素材，也给一些宗教戏剧演员提供了可使用的英文词汇，但是普通人很少直接接触《圣经》。很少有人会去阅读《圣经》，甚至那些能读它的人也被鼓励通过传教士或牧师的引导和正确解读来接触它。

牧师是圣礼生活的核心，他所负担的任务繁重——代表并解释教义、道德、热忱和礼制等——几乎是不可能充分完成的。在大多数情况下，他应该和他的教民住在一起，管理土地或租金以获得收入，广泛组织多种极为私人和其他高度公共性的活动。他有文献作指导，得到堂会理事的支持，但同时被要求独身，且对牧师职务的目的和内容具备相应的知识和理解，这对许多人来说都是非常苛刻的。

堂区居民的投诉推动着教会通过主教及其官员进行访问开展内部审查。人员短缺意味着一些人被委派他们不能完全胜任的工作，他们只能尽力有所改善。约翰·劳伦茨被任命为大威什福特（Great Wishford，威尔特郡）堂区的教士，并得到承诺，当他自觉能够胜任的时候可以在夏末离开并参加学校培训。在审查中，威廉·科莱特被认为能力欠缺，需要去文法学校上课，并在一年中提升理解《圣经》和办公的能力。牧师的个人生活常遭到堂区居民的诟病，后者往往能抓住牧师不守规矩的证据。在许多情况下，牧师以法律规范以外的家庭单位的名义与妇女同居。1394年，伊莎贝尔·塞曼承认与乔巴姆（Chobham，萨里郡）的牧师威廉·斯密斯是伴侣，自己是他孩子的母亲——她作此陈述的时候最小的孩子还在她的怀里。怀特·沃尔瑟姆（White Waltham，伯克郡）的约翰·斯韦尔被人们抓住了生活上的把柄：他曾秘密地与一个叫琼的女人私通，而琼据说是另一个男人的妻子，这就构成了通奸罪；他还在临终涂油礼上疏忽大意，酗酒，不会唱歌、阅读，懒于工作。这些缺点可不是在学校进修上几个月就能弥补的。斯韦尔否认与琼有过性行为，发誓要忏悔，并在另一个堂区改过自新。

我们在记录中看到的这些指控，有的是真实的，有的是恶意的，还有的是夸大的。1382年，瓦伊的一群人抓住了一名牧师，并用一把由灰烬和硫黄制成的十字架划坏了他的脸，这个令人震惊的恶性事件体现了人们对牧师的怨恨。堂区牧师的核心地位受到了考验，其个人权威的脆弱性也得到了验证。独身主义和神职人员受到虐待的困境，是对牧师和社区的挑战，天主教的主教们至今仍需面对这种挑战。

每个人，不管是男人、女人，还是孩子、成年人，都有自己所属的堂区。无论他（她）身处城市或乡村，在熙熙攘攘的街道或乡间小路，从他（她）出生的那一刻起便忠诚于堂区的教会。孩子们在这里受洗，缔结婚约，举行葬礼，最后埋葬在附近的教堂墓地。对堂区居民最起码的要求是在复活节告解并领取圣餐。但那些神职人员充足的堂区教堂还提供了相当多的其他服务。牧师们会在周日和斋日布道，举办复活节周庆祝活动，参与圣诞季的戏剧表演。他们还为孩子们上课，宽慰病患，探访将死的人并为他们提供临终前的圣餐和涂油礼，必要时甚至还会写下教民的遗愿和遗嘱。

堂区不仅是一个教会行政单位，人们还在这里履行职责，缴纳什一税，尽职尽责地出席每年度的宗教活动。身处其中，人们的工作和亲情、年龄和性别经常以冲突的方式表达，以欢乐的方式庆祝。那些在工作间隙才进入教堂的人——这样的人在夏天很少，冬天更常见——在目睹十字架、壁画和东盎格利亚村庄引以为豪的精巧岩刻后，他们便会想到自己的职责和不足之处。耶稣基督所展示的身上的创伤，就是那些当时还辛苦劳作的人带来的；慈善事业召唤着人们，甚至在最简陋的教堂里，一个圣坛十字架也提醒着人们记取基督教故事的基本内容。堂区教堂为各种各样的社会和家庭庆祝活动提供了场所：为帮助新婚夫妇置办新家而筹资的酒会，结婚庆典，《圣经》故事的戏剧表演等。堂区教堂是一个安全且相对受保护的空间，人们有时将文件或财宝存在这里，或在教堂进行交易，甚至将其作为雨天的市场。男男女女为了表达自己的热忱，纷纷向堂区捐赠物品——圣餐面包、刺绣法衣、艺术品、圣坛祭品、遗嘱礼物（如盘子、现金或布匹）——只要他或她能做或买得起。

管理圣坛、教堂东翼、圣餐台场地及其珍贵的装饰品，是牧师的责任；而维护教堂的主体结构、教民们接受布道时所聚集的中殿（包括它那狭长而宽阔的外墙、窗户和天花板）则是堂区居民的责任范畴。在 13 世纪，堂会理事机构出现了，担任理事的通常都是杰出的男性，他们负责筹集并管理资金，以维护堂区教堂的建筑、设施和日用品。堂会理事的账目每年都要经过详细的审查，人们能从账目看到教会组织的各种活动：从堂区捐款箱和每周募捐里分发救济金，为特殊物品（一顶华盖或一个圣杯）筹款，甚至从堂区资金中放款等。约克郡圣玛格丽特教堂在 1394 年账目中记录了一些小开销，比如，修补法衣和圣坛亚麻布（可能是女教民做的），买羊皮纸、铃锤、铃绳和行李箱等。修缮教堂一直是一项严肃的工作，努力做出贡献的人会提高声望、促进当地的团结。14 世纪 70 年代，里彭（Ripon，北约克郡）专门成立了一个互助会，目的就是修缮一个当时已被毁坏的小教堂，据说是圣温尼弗雷德教堂。

堂会理事是当地的主要人物，当堂区出现财政赤字时，他们有时会给予补贴。他们也体现了许多方面的重合，如堂区与村庄、社区等社会单位重合，与庄园这种司法和生产单位重合。堂区范围有时与城区一致，有时与庄园完全一致，有时还涵盖了若干小村庄。堂区里不仅展示有基督教的标志和手工制品，而且在这几十年里越来越多地展出了领主的或领主参与的标志。在诺福克郡的阿克城堡教堂北门上方的墙上，就挂有纹饰和盔甲；它们还出现在了盾牌上，如沃雷恩（Warennes）的萨里伯爵、阿伦德尔的菲茨兰伯爵的盾牌等。教会收到的来自当地家庭的礼物多是圣杯、帷幔或法衣等，铜器则意味着堂区内杰出成员的离世。海军上将托马斯·伯加文尼勋爵（Thomas Lord Bergavenny，卒于 1417 年）及其妻子玛丽（卒于 1392 年）的铜像可能是她去世那年在伦敦打造的，它坐落在下沃顿教堂（格洛斯特郡）的北翼，风格典雅而时尚，表现了他们的地位与追求：她是一位衣着朴素但高雅的女士，他则是一名战士，在美人鱼的指引下开创海上事业，一头狮子和一只狗匍匐在他的脚下。堂区教堂内有专门的家庭礼拜区，这种划分营造出一种清晰的等级感，因为此区域离圣坛最为接近，而圣坛则是礼拜仪式的焦点。走进教堂，并不意味着进入另一个世界，而是进入一个空间，这个空间描绘并强化了教堂之外所遇到的一些社会和政治现实。堂区教堂发布王室公告，宣布结婚告示，传播关于战役、条约和加冕的消息；在那里，还能看到羞辱和惩罚：点名被逐出教会的人，羞辱通奸者，让忏悔者穿着破衣烂衫。

堂区承接了丰富的社会和宗教功能，其中，它还是富人和穷人、有权势的人和其附庸的交汇点。堂区日益成为收集和分配钱物、为穷人提供长期供给的首选场所。其中一项规定是，每年的收入分配使用由堂区牧师自行决定。约克郡的罗伯特·霍姆在其 1396 年的遗嘱中提到，他愿意留 100 马克给原毛购买地的堂区贫困家庭。这是一种回馈、慈善的举动。忠诚于堂区对那些捐款人来说意义重大——这不仅让他们的名字永垂不朽、得到后人祈祷，而且也是家族和世系在当地的印记。16 世纪，伊丽莎白女王在《济贫法》(Poor Law）中，也对堂区救济的中心地位有类似的理解。

堂区植根于权力和社会关系，为人们提供教导和支持，使其远离罪恶、成为基督教社区的好成员。牧师旨在推广一些基本的基督教信条，给予基督徒的生活以最低限度的结构化知识。这种知识由父母传授，在 10 岁—12 岁经过牧师的关注得到强化，并通过目之所及的视觉表象加以巩固。从这个意义上来讲，教堂里的壁画、雕像和彩绘玻璃窗都起到了这个作用。

人们可以出席或参加许多礼仪活动，如观摩给病患作圣餐礼的队伍和弥撒主持礼等。人们（尤其是妇女）出席葬礼，从耶稣受难日[①]到复活节早上，都要守着伊斯特本（Eastbourne，苏塞克斯）石刻风格的基督坟墓。这些表现都以救赎的希望来强化基督教故事的教义。中世纪后期的图像更关注耶稣基督在十字架上所受的痛苦，有丰富的与十字架相关的图像留存，如高坛上悬挂的基督受难像，以及牧师法衣上的刺绣——格温特郡的斯肯弗里斯教堂至今仍保留着华丽的十字褡礼服，上面绘有圣母马利亚的生活场景。人们自愿参加的场合很多，相应的堂区规定也是多种多样的，尤其是在夏季的几个月里，许多礼拜仪式都在户外进行，乡村堂区有时会集中资源请一群演员表演圣经戏剧，而成熟的城镇社区则可以在几个月的时间里，用许多场景和华丽的道具、服装来上演盛大的循环戏剧，这吸引了广大男性公民参与。

继　承

王朝承上启下，聚焦了身份认同感和对未来的愿景。如果说

① 复活节前的星期五。

堂区为所有人提供了救赎的道路，那么王朝便是通过提供精神上的安宁给人以额外的安全感。大多数纪念性的活动是由家庭组织和维持的。富人可以依赖牧师提供的服务，在家庭礼拜堂、堂区教会的小教堂或社会上层人士专属的大教堂内为死者举行纪念仪式。有数千名教堂牧师为雇主的已故亲属不断代祷，获得金额适中的报酬：1378 年，神职人员的最高年薪为 7 马克，其中 3 马克以现金、4 马克以食物的形式发放。人们继承了前几代人日常使用的、用于装饰和享乐的物品，如衣服、挂件、珠宝、纪念品、祈祷书等，无形中巩固了与先人的联系；人们还对它们赋予意义，保留家族的记忆。位于蒂克斯伯里的大教堂接受了格拉摩根和摩根韦格的领主爱德华・德斯潘塞在其 1 375 年遗嘱中的馈赠：一套法衣，两个圣餐杯，一把法国国王赐予的大口水壶。他希望这些东西能用于耶稣圣体节的圣餐会上。富人们更有能力纪念先辈，因为他们的生活中充满了珍贵而美丽的物品。有形的物品，如历经几个世纪的家族的石头建筑、冠饰和徽章、文件和房契等，这些都融入了对王朝的归属感和特权感。

家族成员在当地区域内外开展行动，希望能增加王朝的荣誉，避免给它带来耻辱和损害。当政局紧张时，婚姻理所当然地成为最重要的事。教会关于基督教婚姻的看法是，人们可以自由地进入婚姻关系，这反映了具有道德意义的自由意志，理应被承认为圣礼。但在绝大部分的社会环境下，婚姻是包办的，它是男性族长的特权，是王朝经过仔细的评估和计划的结果。英格兰和威尔士的教会法庭充斥着婚姻破裂、打破婚约和未完婚的案例，这一事实表明，教会的律法体系——教会法——在很大程度上提供了重新安排婚姻状况的途径。罗伯特・汉德比的妻子玛格丽特以受到配偶虐待为由向约克教会法庭提起诉讼，虽然法庭试图和解，但也下令，如若暴力事件再次发生，就会判决双方法律上分居。不断有英格兰和威尔士的请愿者向教皇法庭派出代表，寻求这种改变人生的分居或解除婚姻关系。年轻人显然经常违背父母的选择，而且普遍的人口状况让他们能够于未婚时在外工作一段时间。年轻人抓住了离开家庭、在外工作和培训的机会，从而在结婚之前拥有更大的自主权。理查德·卡特和琼·艾特·恩格斯在约克郡一个街区里当家庭佣人，1370 年，见证他们交换结婚誓言的是他们的雇主，而不是他们的家人。但是，婚姻动荡很少出现在土地有产者和富裕阶层中，在王室里尤为罕见；在这儿，婚姻和生育是关系到国家的事情。

威克里夫（Wyclif）和“罗拉德派”

从 14 世纪 80 年代起至中世纪剩下的几十年，英格兰和威尔士的教会面临着持续不断的挑战，它们来自一个被称为“威克里夫派”的组织，即约翰·威克里夫的追随者，后来亦被称为“罗拉德派”。14 世纪 70 年代，牛津大学开展了一系列神学讨论，这很快被认为是对教会和国家关系的攻击，以及对教民所认知的大多数宗教生活实践的批判。由于宗教和秩序观念——家庭的、政治的和社区的秩序——是交织在一起的，这种威胁对每一个有权力的人，即每一位父亲、每一位牧师、每一位主教和国王，都是一件紧迫的事情。

宗教观念与政治、社会秩序观念之间存在着微妙的相互作用。黑死病之后的几十年，社会发生了剧烈的变动，这可能会使得一些人更加独立，对阶层和秩序固化持相对怀疑的态度；而对其他人来说，坚守传统宗教，坚守这个让痛苦和损失变得有意义，提供全面的世界观和个人道德观的系统，也十分具有吸引力，这一点也是显而易见的。因此，我们可以看到，在爱德华三世在位晚期和理查二世统治时期的几十年里，所谓的“传统宗教”蓬勃发展，这既体现在宗教兄弟会的工作中，还体现在教堂建设和为死者做弥撒的活动中。

与此同时，一种被称为“激进的正统”而非异端的趋势正在形成。这场宗教实验是由不同的社会群体成员发起的：贵族，下层神职人员，大学学者，文化上兼收并蓄的朝臣，独立而见识广泛的商人。他们被这样一种信念吸引，即个人可以在仔细研读《圣经》的基础上打造一种个人的道德，而不必借助神职人员之手去做圣礼承诺和调解。正如腐败的王室官员受到下议院猛烈抨击一样，上帝的仆人——牧师和主教、修士和神学家——也成为批评、不满和公众嘲讽的对象。

就像我们已经遇到的许多情况那样，有些事情看似非常矛盾，其实有其内在的原因，宗教风格的多样性反映了英格兰国王统治下各地区之间的差异。这种多样性既取决于地域性——土地和气候决定了人们的工作、饮食和外貌是有差异的，也受历史因素影响——一些地区的土地是被征服的，由占统治地位的集团和特权者开发，还有地理原因——由海洋或河流系统连接的地区显示出更大的流动性和折中主义。我们不必对多样性和混杂性感到惊讶，因为它们证实并解释了14世纪后期不同意见的表达和思想的萌芽。

种种态度和立场让人们对“传统宗教”所坚持的基督教惯常生活的各个方面产生了疑问。牛津大学的学者们率先思考并表态，其认同者和传教士们将这种态度发扬光大——他们在社团的支持下游历全国，而社团乐于接受他们的想法，庇护他们、保护他们，并把他们的话记录下来。北约克郡人约翰·威克里夫（1335/1338—1384）是其中的佼佼者。14世纪60年代，他在许多北方人就学的牛津大学贝利奥尔学院（Balliol College）做研究员，并在那里执教和写作；1372年，他被授予神学博士学位，并继续在牛津大学教授文科课程。教授亚里士多德的《物理学》是一个契机，他开始思考上帝的能力和上帝对世界的干预程度，这些问题涉及基督教伦理的基本问题。威克里夫认为，最重要的是上帝通过无形但业已存在的规则对世界做出的潜在承诺。现象只是一种外观，几乎不能揭示这些潜在的真理——只有《圣经》才能明确地指引它们。无形的教会很少被反映在礼拜仪式和教会法实践的可见行动和对象中，教会政治的颓势、教皇的分裂与争论都已经有力地证明了这一点。14世纪70年代，威克里夫作为冈特的约翰的幕僚，在王室担任外交官；受到爱德华三世晚年政局的启发，这位哲学家兼神学家撰写了大量关于政治理论的文章。威克里夫并不是一个藏在象牙塔中的学者，而是一个用严谨的目光注视现实生活的知识分子，他关注教会和国王的相对权威、教会财富的使用和滥用等问题。他发现神职人员参与政府行为在道德和政治上颇具危害，因为这必然会使他们成为压迫的代理人。他夸张地问道："作为国王的大法官，大主教的职责是什么？从事这个王国里最世俗的职位吗？"神职人员的特权让其从人群中脱颖而出，当整个国家都在税收的重压下苦苦挣扎的时候，许多神职人员不是都被免除了1381年的人头税吗？

1377年，教皇格列高利十一世（Gregory XI）公开抨击威克里夫关于圣餐和教会捐赠的观点，这些观点在牛津引发了很多激烈的争论。威克里夫被牛津大学的校长逮捕，旋即被保护人冈特的约翰释放。对于威克里夫的挑战，王权的反应显得很迟钝；当英格兰高级神职人员终于盯上并开始检查他的著作时，威克里夫已隐退至莱斯特郡的拉特沃思（Lutterworth）堂区，他于 1382 年在伦敦的黑修士[①]理事会上获罪，后于 1384 年平安离世。罗彻斯特郡的布林顿主教在一次夏季布道中将威克里夫的观点视作一个“伪先知”对圣礼——尤其是对洗礼、忏悔和圣餐这些最重要的救济方式——的攻击。威克里夫死后，如何清除牛津大学的威克里夫派成了一个棘手的难题，林肯主教对此颇为关心，因为牛津大学正属于他的教区。牛津的声名狼藉让剑桥大学从中获益；整个 15 世纪，它成为许多王室成员和主教赞助的首选大学。

威克里夫主义是一个相对有限的学者运动，它的意义在于其国际影响力和《威克里夫圣经》——即用英语写就的《圣经》——的传播。关于《圣经》的影响，编年史家亨利・奈顿作过一篇惊世骇俗的报道，他在报道中俏皮地说：“大师约翰・威克里夫将福音翻译成英语，这可不是天使的语言……这下猪猡都能传播和践踏珍珠般的福音了。”事实上，有超过 250 份翻译手稿留存下来，比如，赫里福德大教堂图书馆展出的著名的《苹果酒圣经》(Cider Bible)，此书用当地的烈酒“苹果酒”取代了原文中的“酒”一词。一小群学者和传教士创作了大量文学作品，进而激发了一种想象，即掀起一场更为广泛的异见和改革运动——“罗拉德派运动”。

“罗拉德”这个说法表达了一系列观点，包括了圣礼、圣徒和圣迹崇拜、朝圣、否定圣像的作用、批评宗教戏剧和修士说教、拒

① 多明我会的修士，因身着黑色斗篷而得名。

绝炼狱、否定为死者祷告的功效等。这些观点的基础是反对信仰的琐碎化，反对通过外在物质化的程式和符号来获取宗教体验，反对出于“好奇和新颖”而不是通过阐述圣经来指导基督教信仰。罗拉德派目睹了很多牧师企图在俗人——不管是富人，还是穷人——那里敲诈钱财。一些罗拉德派著作攻击了教会和国家机构的相互渗透：1394 年的《十二点结论》（*Twelve Conclusions*）提出，“高级教士和法官、牧师和官员在世俗事务上的合作”违反了上帝的规则。威克里夫相信，如果耶稣基督来到 14 世纪的欧洲，他也会遭到迫害和焚烧。罗拉德派的一些教义具有令人不安的启示性，《艰难的工作》（*Hard Work*）甚至把 1390 年视作是世界末日的前兆，因为反基督者（即教皇）的统治出现了混乱。沃尔特·布鲁特是一个受过拉丁语教育的世俗之人，他写了一篇关于他在赫里福德教区被监禁和受审的报告，他认为教皇是真正的反基督者，“违背了基督的律法和教义”。

持不同政见的“罗拉德派”详尽阐述了一种完全不同于 14 世纪晚期堂区的基督教。它提倡一种基于《圣经》文本的精神，一种外在形式并不会带来回报的虔诚，提倡珍视信仰和精神，而非强调物质。它朴实无华，表现出一种平等主义；它支持使用本地语言写就的《圣经》，鼓励成立妇女和男子团体，让他们在家庭和作坊中阅读和讨论。这些团体通过布道和阐释，不仅教导民众，还激励了 1/3 的男性和为数众多的女性，因此编年史家奈顿说，“（罗拉德派）是为了那些有阅读能力的俗众和妇女”。我们经常能从有关审查和迫害的资料里面了解到所谓的罗拉德派传教士：1382 年，林肯主教下令抵制隐士威廉·斯温德比（William Swinderby），后者住在莱斯特附近的一个小教堂里，声称自己有权布道反对教会教义。

斯温德比近期访问过莱斯特郡的圣玛丽修道院，他可能是在那里了解到上述观点的，因为那里是中部地区异见和庇护的中心。主教负责批准布道并监督其内容；任何一个人，只要他自诩有权不经许可就去讲道，或者公然违抗所推荐的讲道方式和主题，就是对主教权威的挑战，而这种权威是整个教会结构所依赖的。

“罗拉德派”对礼拜的简单性和可接近性表达了向往，这是那些非威克里夫主义人士所珍视的。例如，诗人戴维德·阿普·格威林（Dafydd ap Gwilym，1320—1380）在描述一个修士时，表达了未经传教士之手而呼喊出的上帝之爱：

> 上帝不是那么残忍的朋友
> 就像老糊涂们假装的那样……
> 快乐来自诗人的歌声
> 为了那些生病的，健康的，年老的，年轻的人。
> 我们每个人都有同等的权利，
> 我要写诗，你要传道。

有些人有牧师的职位，有些人则自认为是合适的牧师，他们走遍了英格兰南部的各个教区，提供不同的教义和礼拜方法。1389年，被索尔兹伯里主教调查的威廉·拉姆斯伯里就是其中的一个，他蔑视所有的教会礼仪，宣讲布道并假装圣洁，是一个“彻头彻尾的门外汉”；他声称接受了托马斯·菲什伯恩的削发，由此进入牧师行业。他身披一件黄褐色外衣和斗篷做弥撒，他的弥撒保留了一些至关重要的元素，包括赞美天主、为死者祈祷、向会众分发面包作祝福等。从马姆斯伯里镇（Malmesbury）附近的舍斯顿

(Sherston）到沃明斯特（Warminster)，再到他的故乡拉姆斯伯里，他以这种方式在教区里主持了4年宗教仪式。

那么他的弥撒究竟是假弥撒，还是“罗拉德弥撒”？威廉有自己的教众，得到了很多当地人的支持，这使得他能够在这么长时间里不享受圣俸也不被发现。他显然保留了基督教仪式庆典的核心部分。他是一位很有影响力的传教士、教师，无论在哪里——教堂的院子、酒馆、旅途中——他都会与人们交谈，劝诫人们。从调查他的主教所列出的他的错误观点（威廉后来选择放弃这些观点）来看，他持有一套清晰而连贯的理念：反对教会等级制度，反对牧师独身主义，反对圣像崇拜。至于他主张与修女性交，这应该是一种老套的指控，目的是进一步丑化他富有挑衅性和越界的形象。

像威廉这样的人很多。有些人处在享受圣俸的更有利的位置，他们可以利用自己的讲坛来阐述改革的观点，就像1384年春迪丁顿（Diddington，亨廷顿附近）的约翰·柯林厄姆一样。在威克里夫主义早期的某些情况下，牧师受地方行政长官之邀来当地布道，比如，1382年威廉·斯温德比受邀来到莱斯特，1392年一名异见者受邀访问北安普敦等情况。教众们听到了一种朴实无华的布道——一种忠诚于《圣经》文本的布道——它没有讲述古老而熟悉的传说、例证，也没有像传统布道中有喜剧性的穿插以转移人们的注意力。即使在节日中，一些传道人也宁愿坚持相关的《圣经》文本，而不愿使用神化文学中的传说。为此，一些人被贴上了“罗拉德派”的标签。

有数十篇留存下来的布道词被贴上“罗拉德派”的标签，或自认为属于“罗拉德派”，它们是传道的见证，给人以精神食粮，其传递出的热情、承诺和质朴一定给人留下了深刻的印象。14世纪

90 年代末出版的威克里夫《圣经序言》是一本小册子，它介绍了读经的价值和方法。虽然它用英语写就、风格简明，但它在奥古斯汀著作的基础上凝结了古典修辞和基督教注释的精华:《圣经》应该按原文逐字逐句地读，文化水平很低的人们也可以阅读，这并不会剥夺它的象征意义和诗意的本质。这样的新白话作品，以及传播这些作品及其信息的牧师，均不适合现有的礼拜仪式，他们也不需要教士的指导。相反，它们旨在引发讨论和反思。一些传教士甚至为教众留下布道的副本，以供日后进一步思考。他们被认为是异见者，是对基督教传统的颠覆，但一些“罗拉德派”的传教士受过大学教育，他们有意在自己的观点和早期改革者的观点之间寻找联系。一个有趣的现象是，英格兰人对改革主义和先知文本的渴求与 12 世纪莱茵河畔的女预言家——宾根的希尔德嘉（Hildegard of Bingen）[①] 有关，希尔德嘉现在可能更因其音乐作品而为人熟知。到了 14 世纪 90 年代，一些正统作家，如《可怜的俘虏》(*Pore Caitif*) 的作者，也在福音书中使用了“罗拉德派”的注释，并在教材的编纂中引用了圣经的翻译。

“罗拉德派”的观点触及了神职特权的核心，即向信徒做圣礼；因为只有男性才能担任牧师，所以这也是对男性特权的攻击。据说沃尔特·布鲁特在 1391 年 10 月接受异端检查时声称：女性有能力和权力去布道、做圣餐礼，她们对圣彼得及以后的神职人员拥有或紧或松的核心控制能力。《十二点结论》(*Twelve*

① 宾根的希尔德嘉（1098—1179），德国文艺复兴时期的作家、作曲家、哲学家。她出生于德国西部小镇的一个贵族家庭，5岁时就有了异象体验，后来成为宾根的本笃修道院女修院的院长，她经常将诗和祷文谱成曲，是第一位生平被记载下来的女性作曲家。

Conclusions）——1394 年冬国王远征爱尔兰期间，它作为一套信念法则被自称为“基督及其使徒的可怜的仆人”钉在威斯敏斯特大厅里——也表达了相同的观点：第一、二个结论攻击了罗马的教皇制度，第三个结论称神职人员坚持独身主义会导致失禁和鸡奸，第四个结论是“圣餐礼的假奇迹几乎让所有人产生偶像崇拜，只有少数人例外”。多明我会的修士、辩论家罗杰·戴姆莫克（Roger Dymmock）驳斥了这十二点结论，他指责煽动者（他认为他们是神职人员）对教会忘恩负义。教会教育、培养了他们，他们却误导普通民众，给民众带来了危险和伤害。

主教们领导着教会的管理机构，他们中的许多人都是王室仆人，被委以纠正错误和控制布道的任务。事实证明，识别和纠正这些布道者是一项艰巨的任务。这一点甚至从个例——威廉·斯温德比的职业生涯就可以看得很清楚。1382 年，林肯的白金汉主教反对一位来自莱斯特地区、自称受戒的隐士；后来该隐士搬到赫里福德郡居住了 10 年，在那里被特雷芬南特主教（Bishop Trefenant）逮捕，之后却被发现“只是个普通人”。人们很容易想象到清教徒在四壁刷白、几无装饰的教堂里布道的场景，却很难想象一场“罗拉德”式的布道会在一个典型的中世纪晚期讲坛——如 1400 年诺福克郡阿克城堡教堂的讲坛——进行。讲坛上装饰着拉丁教会神父的塑像——奥古斯汀、格列高利、杰罗姆和安布罗斯，旁边有屏风矗立，其底部的彩色图像显示着这些圣徒的传奇故事：菲利普，詹姆斯，马提亚，裘德，约翰，詹姆斯·彼得，安德鲁，巴塞洛缪，托马斯，西蒙和马修等。几个世纪以来，社区在教堂中积累形成了礼拜美学，改革的呼声则是对这种美学的攻击。

当地文学与文化

当英文逐渐与错误的、甚至叛国的宗教倾向联系在一起时，它的力量也受到有抱负的作家的考验，其中既有托马斯·厄斯克这样的专职作家，也有约翰·克兰沃（John Clanvowe）这样的闲散文人。厄斯克在他的《爱的誓约》中表示，办事员用拉丁文写作，法国人用法文，这对他们来说是自然而然的，那么“让我们用母语中的词汇来表达我们的梦想吧”。这种将英文作为学术和诗歌写作工具的强有力的反思，本身就意味着使用英语的意愿和热情。杰弗里·乔叟在其《星盘论》(*Treatise on the Astrolabe*) 中质疑“简化英文”是否适合科学写作。随即他开始着手创作关于人类情感、团体、政府和正义的人文作品。受意大利和法国诗歌的启发（他听过也读过），他把英语——当时仍是妇女、儿童和农民使用的家乡土语和地方性语言——变成了国王和贵族的语言。

乔叟于 1369 年左右创作出《公爵夫人之书》(*The Book of the Duchess*)，以纪念冈特的约翰的第一任妻子、兰开斯特公爵夫人布兰奇。其中，他广泛引用的丰富的女性传统影响了高度程式化的王室审美,《威尔顿的双联画》(*Wilton Diptych*)、威斯敏斯特教堂的画作、圣像艺术品如贝弗利大教堂的花窗玻璃等都是例证。14 世纪 40 年代，波希米亚的安妮接受了菲利帕王后传下来的白鹿徽章[①]。正如欧洲大陆的大多数女性王室成员一样，安妮的宫廷里多是多明我会会士。就连王后本人也少有女佣人：作为一位以乐善好施和慷慨大方闻名的王后，她周围的女性不超过 20 人。然而，这

① 金角白鹿是英格兰王室的标志。

个女性团体的文化资源是相当可观的。安妮王后能阅读拉丁文、德文和捷克文，可能还委托杰弗里·乔叟创作了《贞节妇女的传说》(*Legend of GoodWomen*)。她于1394年英年早逝，时年28岁；此后，由她丈夫倡导的异教团体逐渐发展，并以她奢华的葬礼（筹划时间长达两个月）为契机活跃起来，她那优雅的墓葬雕像至今仍保存在威斯敏斯特教堂的博物馆里。纵使她的影响力很大，理查宫廷里富有活力和创造性的元素、乔叟诗歌的核心受众、外交典礼或有关威克里夫思想的讨论等仍然都属于男性的社交范畴。这些群体乐于有意地谈论战争、艺术、商业、诗歌和爱情。乔叟的英文和他的文学是这个世界的一部分，它的第一批受众主要限于不公开的、私底下讨论的男性。

编年史家托马斯·沃尔辛厄姆声称，《十二点结论》是在理查国工阵营的骑士们的帮助下公布的；当国王从爱尔兰回来后，他严惩了这些误入歧途、享有特权的近侍。王室成员几乎全是男性，当他们受到批评时，矛头往往不是针对他们的纵欲行为——就像理查的曾祖父在位时那样——而是指向他们的花销和特权。几乎没有妇女出席法庭，独身主义受到鼓励，至少表面上是如此。

乔叟一生所创作的诗歌都与蕴含在新生语言里面的修辞紧紧联系在一起，这点在接下来的几十年里显得更加突出。在《特洛伊书》(*Troy Book*，1412—1420）中，伯里圣埃德蒙修道院的修士、宫廷诗人约翰·利德盖特（John Lydgate）把乔叟形容成一个将英语发扬光大的人，他“用修辞来装饰英语”，“装饰”和“修辞”都是乔叟杜撰的新词；利德盖特还认为，乔叟的《名人堂》(*The House of Fame*）和但丁的诗歌一样出色。在乔叟创造性的领导下，法语渗透到英语中。法国诗人厄斯塔什·德尚（Eustache

Deschamps）——他自称是战争的受害者，并在一部以他的名字命名的戏剧《燃烧的田野》（即他祖先在法国香槟区的土地被毁）中找到了诗意的形式——将乔叟描述为“伟大的翻译者”、文学价值的传播者。

乔叟的英文诗歌地位超然，让人们的注意力从古英文、中世纪英文和威尔士方言诗歌上转移。英格兰边界地区的贵族们对威尔士诗歌的读音和多样性产生了极大的兴趣；威尔士的七音诗与自我感觉高贵的气质相契合，非常适合用作挽歌或颂歌。下面就是一首叶延·鲁维德为他的妻子安哈蕾德所作的挽歌：

感到一阵疼痛，一行行泪水打湿了我，
我的面颊因悲伤而变得蜡黄枯萎；
……
目及之处尽是哀伤，我只能报以长久地哭泣；
怀念有安哈蕾德的日子，是多么令人悲痛啊。

威尔士诗歌势头强劲，催生出一种评论吟游诗的艺术传统。不仅威尔士的贵族对其热衷，威尔士的英格兰领主、他们的管家、官员们也趋之若鹜。与乔叟的作品一样，威尔士诗歌喜欢押头韵，包含了日常的语言模式；它还常常表现出一种活跃的反宗教情绪和面对权威的精明立场，同时在社会和政治秩序内遵从传统崇拜。爱尔兰吟游诗人的诗歌在 14 世纪多次遭到主教立法禁止，但显然那些能表演这种艺术的人得到了食物和款待，他们的作品也受到盎格鲁－爱尔兰贵族的赞赏。

当然还有各式各样的英语方言，它们各自传承地区传统流派、声调和诗意。乔叟发展了伦敦英语，朗格兰运用了西南地区的方言，《高文[①]与绿衣骑士》(*Gawain and the Green Knight*) 的作者来自英格兰中部地区以西，祝祷文《世界的测量者》(*Cursor mundi*) 诞生于北部地区，忏悔散文诗《良知的醒悟》(*Ayenbite of Inwyt*) 则是由肯特人写就。1382 年，特里维萨的约翰（John of Trevisa）从英格兰西南部各郡的角度写到北方人：

> 诺森布里亚——尤其是约克郡——的语言是那么尖锐、刺耳和畸形，我们南方人几乎听不懂。我相信那是因为他们与说话奇怪的陌生人和外国人更接近的缘故，也因为英格兰的国王总是住得离那儿很远。

特里维萨的约翰应该知道，伦敦也到处都是“外国人”，就像布里斯托尔和诺威奇一样。但他最后的结论是敏锐的：在当下和接下来的几十年里，通过宫廷案例、王室公告、大法官法庭和王室法院，英语被赋予了尊严和力量；到了 15 世纪，它成为官方语言。

英语蓬勃发展，其实用性和声望得以提高，这在广泛的实践和经验领域内都显而易见。不仅娱乐和休闲文学显示了这一趋势，工作和职业文学也是如此；后者呈现出一种明显的混合了英语和拉丁语的独特风格。伦敦的医者托马斯·劳登（Thomas Plouden，卒于 1413 年）展示了这种功能性双语：他结合大学文本和实用指南，翻译了一本医学汇编以供使用。英语不仅成为外科医生和病人之间口头交流的语言，而且成为外科医生阅读和学习技术的语言。这是

① 亚瑟王的圆桌骑士之一。

一种融合而非完全的更替，是一种为广大识字人口提供的双语教育。在一篇英文天文学文本中，当你想不起一个词时，常常会用到拉丁文；护身符上的铭文从英文变成了拉丁文，表示祈祷的意思。《英格兰医学处方汇编》也包括了疾病的拉丁语名称，便于查阅拉丁文本。另一个专业实践领域，大法官法庭，也因实际需要发展了一种特殊的英语。在过去的 1/4 个世纪中，英语、法语和拉丁语并存，丰富了语言资源；而英语在专业工作、宗教教育、私人阅读和娱乐等方面占据了主导地位。

理查二世统治时期诗歌创作大繁荣，英国文学史上的“理查诗歌”一词由此诞生，其涵盖了乔叟、“珍珠”诗人[①]、约翰·高尔和威廉·朗格兰。诗歌关注公共生活和政治，如道德、贫穷、社会变革和分裂等；其中多是在生活中可以辨认出来的典型的讽刺人物：律师、乡绅、虔诚的女修道院院长、庄稼汉。普通人用法文阅读和写作，但英文在祷告文写作、诗歌创作中的使用频次也在不断增加。英文还成为法庭的学术语言载体：现存最古老的私人法律文书——伦敦布商公会向 1386 年议会提交的一份请愿书——是用英文写的；一年后，英文写就的最古老的遗嘱在伦敦法院登记生效。

近一个世纪以来，战争将英格兰和法国联系在一起；理查的第二次婚姻使它们的关系更加亲密——战争和亲缘几乎是同等亲密和重要的纽带。法国诗人为冈特的约翰、德比伯爵和彭布罗克伯爵服务。萨瓦人奥顿·德·格兰森（Oton de Graunson）引入的法国诗歌、宫廷音乐和交际娱乐影响了乔叟；冈特的约翰号称自己的礼拜堂里拥有最好的法国音乐。爱德华三世的宫廷欣赏法式浪漫和亚瑟王的形象——尤

① 《珍珠篇》是中世纪英语长诗，作者佚名。

其体现在嘉德骑士团的创立，而理查的宫廷似乎视之为幼稚的游戏，取而代之的是乔叟和“理查诗人”：他们尝试着用欧洲诗歌表现复杂的社会互动和道德困境，这是立足于当下和未来、而非过去的诗歌，它是世俗的、教育的，是包罗万象、具有警示意义的。

理查二世：成熟的国王

关于理查二世，有一个奇怪的悖论：他具备非凡的想象力，却在如何让国家长治久安、与贵族的关系等更可预测的方面没有准确的判断。作为一个年轻人，他未受到长期统治的积弊影响，甚至还接受了 1381 年 6 月伦敦暴动者的政治愿望和要求。但在短短几年后的 1386 年，他就被视为派系利益的推动者、忠诚与合作的破坏者。他没有在军事上大放异彩，也没有参与议会权力的行使。他的宫廷是诗人的乐土、交际的乐园。

理查的抱负是值得称赞的，他在正确的地方树立了榜样：他继承忏悔者爱德华的衣钵，支持可信赖的管理国家事务的官员。1390 年，出于体现对王朝的虔诚以及自我展示，他将追封爱德华二世（他的曾祖父，也是一位深受权贵们困扰的统治者）为圣徒的材料寄给了罗马教廷。他相信慷慨的姿态和优雅的风度可能会把敌人变成朋友、把怀疑变成忠诚。他曾与伦敦方面在城市金融与法律特权方面起过冲突，当 1392 年冲突平息时，他举办了和平盛典：城市方面的让步以游行的形式直观地呈现出来，游行从伦敦齐普赛街（Cheapside）的大水渠（Great Conduit）[①] 到小水渠，最后到坦普尔栅

① 伦敦的人造地下水道，从泰伯恩刑场一路输送饮用水到齐普赛街。

门（Temple Bar）[①]。国王和王后在献祭和礼拜的场景中扮作演员：首都变成了天国，年轻的男女从高塔上翩然而至，给这对王室夫妇奉上金盘子。整个仪式充满宗教图景，在一段时间内削弱了其他的政治解释：国王是新郎，整个城市是他的新娘，他们在天国的耶路撒冷听施洗者约翰讲道，并上演了耶稣受难的最后一幕。

在理查二世统治下的英格兰、加莱、威尔士和爱尔兰地区，没有任何一个形容词能够表达政治情绪和文化形式的多样性。在1386—1388年事件中，年轻的国王与他原本的顾问分崩离析，这把理查推向了他的叔叔——冈特的约翰那里。1390年，兰开斯特公爵同时获得了阿基坦公爵头衔，他支持国王与法国的和平政策，而他的主要敌人——东北部的珀西家族则对此表示反对。约克郡持续发生骚乱和暴动，特别是兰开斯特的服役兵常常扰乱城镇生活和法庭节奏。1392年，300名武装人员进入唐卡斯特，不再向兰开斯特和约克公爵领地上的佃户征收通行费。兰开斯特家族的人似乎摆脱了惩罚。这种认识非但没有鼓励人们诉诸王室司法，反而引发了人们对国王的不满，认为国王是无能和偏袒的。当力量不再平衡稳定时，西区贝克威思家族（the Beckwiths）那样的人就会自己做主，这是常有的事。

宫廷还在探讨和敦促另外一些事宜。14世纪90年代初，人们为确保和平做出大量努力。法国外交官、军人和朝圣者菲利普·德·梅齐埃尔（Philippe de Mezières）写了一封有关和平的信，信中恳请理查加入一个和平联盟，以便英格兰和法国腾出手来领导十字军东征至圣地。这位法国王室的导师兼顾问还创作了一部寓言式

---

① 旧时伦敦城的入口。

作品《老朝圣者之梦》(*The Dream of the Old Pilgrim*)，讲述了“真理”女王和她的姐妹“正义”“仁慈”与“和平”的旅程。故事中提到了每个国家并给出了改革的建议：英格兰“白野猪”理查——取得克雷西和普瓦捷大捷的“黑野猪”[①]的儿子——失去了他在法国的土地，法国则陷入了无序、骚动和混乱。只要两国转而追求和平，那么这些苦难就会结束。这是一个有关和平、主权国家和圣德的愿景，与信奉亚里士多德哲学的前辈们和基督教道德不谋而合。

《威尔顿的双联画》充分体现了基督教普世愿景的所有元素，这也是基督教王权的代表：左侧画面中有忏悔者爱德华、殉道者圣埃德蒙国王，理查正在接受施洗者约翰的指导；与其相对的右侧是优雅的调停人（好王后的典范）——圣母马利亚，她怀抱婴儿基督，身边围绕着神圣天国的天使们。这是一幅富有辉煌哥特式风格的欧洲图景：刻画细致入微，尊重工室尊严，人物精致而栩栩如生，关注血统和统治。理查具有欧洲人的远见；《双联画》表现了在某个政治时期——大约在1395—1399年——英法两国的友好关系为十字军的美德打开了新的局面。1396年，理查与法国的伊莎贝拉结婚，并签署了长达30年的和平协议，进一步实现了这一愿景。在《威尔顿的双联画》中，他仰望圣母马利亚，希望她能重生、延续王朝并带来和平。但这一热望未能点燃他的执政伙伴——英格兰的贵族们。当他明白这一点的时候，他就没有别的指望了，于是他那庄严的、负责任的统治转而变成了厌倦、逃避、专横和沉默。在统治末期，理查二世甚至疏远了那些与他血脉相连的贵族们。

① 即黑王子爱德华。

贵　族

英格兰贵族权势极大——有 6 位伯爵年收入超过 5 000 英镑，8 位年收入超过 3 000 英镑——他们在和平和战争时期都享有领导地位。这些人要为国王提供建议，确保他们施加影响力的地区和平稳定。他们的妻子、女性继承人和遗孀都是地位显赫的女性。正如我们所看到的，其婚姻——特别是第一次婚姻——都是经过精心谋划的。对贵族的婚姻，国王和亲属可以表达自己的意见，并带给他们巨大的压力，但大人物仍可以随心所欲地主宰自己的家庭生活，如冈特的约翰就娶了情妇当他的第三任妻子。

贵族们的世界是围绕一年中几个重要时节展开的：战争时期，议会期间，公共团体诉求和社交季。在整个 14 世纪，随着议会的召开频率增加、持续时间变长、重要性攀升，贵族们开发了大量的城市住宅。他们一直在贸易中扮演着重要角色，但从战争中获利以及在黑死病后寻求经济活动多样化的几代人，却对商业、投机和金融产生了浓厚的兴趣。

我们最好不要将英格兰贵族理解为一个阶级，而是理解为一个充满敌意、围绕争夺领导权而形成的、不断变动的政治集团。因此，即使 1386—1388 年他们作为上诉人取得了相对胜利，并提供了另一种具有相当影响力的统治观，但德比伯爵（国王的堂兄）和格洛斯特伯爵（国王的叔父）之间的竞争最终还是分裂了这个集团，破坏了它的计划。爱德华三世的众多儿子组成了一个庞大的家族，德比伯爵和格洛斯特伯爵都属于其中。这些人的政治抱负和带来的阻碍都是巨大的，1386—1388 年事件给理查留下的精神创伤一直贯穿其统治的始终。

因为贵族在其领地权势非凡、被视为提供正义者和保卫和平者，所以他们还发展出了反映、执行这种权力的依从关系。伯爵的广阔地产分布在王国的不同地区，这些岛屿和领地必须由军队管理、维护并受法律保护。数量相当多的地位较低的群体——当时大约有 1 100 个家族，通常不总限于骑士等级——都与大贵族有联系。司法、财产经营、军事防御都依赖于这群贵族仆人，他们是贵族的利益相关者，在法律、战争，以及管理民众方面都有一定经验。这些人拥有复杂的社会关系、特权和抱负，以上都可以通过与一个大贵族相联系得到巩固，这既令人生畏，又让人安心。然而这并不等同于骑士阶级的人或渴望加入骑士阶级的人完全听命于上流社会，并完全被上流社会接纳。显然，他们形成的群体之间有着重要的横向联系，这种联系是相互的，富有社会性和亲缘性的。通过与贵族的交往，他们当然可以获得特殊的荣誉，其代价也显而易见，即地位较低的人必然卷入贵族之间的纷争，与当地的追随者发生争执。最重要的是，当国王表现得像个大贵族，并在他所拥有的大量领地上施加统治手腕时，政治局面就会出现问题，变得扭曲。

尽管伦敦在大贵族的生活和议会中扮演着日益重要的角色，但他们的家依然在乡村——只不过家庭团聚仅在特定时节才能实现。在英格兰，大约有 3 000 个拥有地产的家庭，其地位和关系各不相同。他们的财产分散在很远的地方，因此向贵族们寻求保护。如同获得有利的租赁权一样，婚姻也能带来土地和回报；旅行、监管，以及在几处聚居地建立当地联系足以让一名士绅和他的仆人非常忙碌。做出这些政策决定是艰难的，因为这需要他们权衡彼此之间的承诺和优势、忠诚和期望。

无论是作为客人还是主人，贵族们竞相展示着他们的地位和实力。为呼应在巴黎举办的一场竞技赛，1390 年 10 月，英格兰举办了史密斯菲尔德竞技赛，英格兰队与一支外国队伍进行比拼。英格兰队佩戴着国王的徽章——头戴王冠、颈系金链的白鹿——以显示与国王的密切关系。国王带队步入场地，20 名骑士由戴着金链子的名媛们引领走向战场；比武场上，为了娱乐和不造成严重的伤害，骑士们用钝矛交战。约翰·霍兰德（国王的弟弟）、休·德斯潘塞、托马斯·莫布雷（和解的上诉人，现在是马歇尔勋爵）、路易斯·克利福德爵士、约翰·德弗罗和威廉·比彻姆爵士都参加了比赛。在冈特的约翰举办的宴会上，人们悠闲地庆祝了为期三天的比武。

贵族们还参与了与政治、豪门、艺术和宗教相关的国际活动。对法战争不仅让他们与法国、低地国家和帝国的部分地区频繁接触，而且让他们卷入了其他雄心勃勃的战争。典型例证就是 1383 年由德斯潘塞主教领导的注定失败的佛兰德斯十字军，以及由冈特的约翰领导的向西班牙发动的十字军（因为这被认为是一场十字军运动，故有 50 名荣誉牧师为参军者服务）。1390 年夏天，德比伯爵率领 150 名左右的随从由波斯顿（Boston，林肯郡）出发至但泽（Danzig），远征普鲁士；在条顿骑士团（Teutonic Knights）的领导下，他们骑马穿过勃兰登堡（Brandenburg）到达维尔纳（Vilna）；1392 年，伯爵再次到访。1391 年，对尼科波利斯（Nicopolis）的远征同样拓宽了视野，将英格兰贵族与欧洲大陆的贵族们联系在一起。诗人约翰·高尔是肯特郡贵族家庭的一员，他在《一个情人的忏悔》中这样描述一位骑士：

无论是在陆地上还是在船上
他必须为荣誉而前进

多次急行军
有时在普鲁士，有时在罗兹岛，
有时在鞑靼。

他很像乔叟的《坎特伯雷故事集》(*Canterbury Tales*) 序言中的骑士：

在拉脱维亚，在俄国，他冲锋陷阵，
基督徒里面无人能出其右。
远至格拉纳达城[①]，阿尔赫西拉斯[②]和贝尔玛丽
都有他的身影。

有的著名骑士死于十字军东征，如约翰·克兰沃爵士和他的密友、王室成员威廉·内维尔爵士。据威斯敏斯特年代史的编者记载，十字军东征至尼科波利斯途中克兰沃因病去世，内维尔拒绝进食，几天后也去世了。他们被葬在加拉塔（Galata，热那亚人在拜占庭的殖民地）的多明我会教堂。一块墓石放在他们共同的坟墓上，上面展示一对彼此相对的头盔（仿佛亲吻一般）；他们的手臂交叠，宛若其他纪念碑上的配偶，这是一段非常深厚的友谊。30年后，两名英格兰骑士在阿夫勒尔的圣马丁教堂举行了类似的仪式：约翰·温特和尼古拉斯·莫利纽克斯庄严宣誓结成为“阿姆斯兄弟（并肩作战的兄弟）”。对这些过去的关系我们很难做到全面

① 西班牙格拉纳达省省会城市。
② 西班牙南部港口城市。

了解，但它们肯定是摆脱了世俗上的期望和支持，通过紧密的情谊而得到加强的。

一些骑士和他们的家族居住条件优渥，战时训练、指导作战，和平时期在地方政府任职，过着惬意的乡村生活，参与风险和利益共存的商业和贸易投资。他们所阅读的书籍内容从法律到宗教劝诫再到战争，显示了其广泛的兴趣爱好。其中最受欢迎的书籍之一是《战斗之树》(*Arbre des batailles*)，它大约于1386年由修士奥诺雷·布维（Honore Bouvet）献给法国国王查理六世，并成为上至国王下至乡绅的流行法语读物。这部道德说教的著作哀痛于使基督教分崩离析的暴力与不和；战争可以使人跻身高位、甚至封圣——就像犹大·马加比（Judas Maccabeus）[①]一样——但是现在战争似乎只会给妇女和儿童带来痛苦。有些人，比如，约翰·克兰沃爵士，写下了自己对积极向上的生活所面临的挑战的思考。以下这些话来自一个老练的士兵兼朝臣：从出生到受难，基督贯穿人的一生；既然肉体的生命是脆弱的，那就必须相信不存在的生命。格洛斯特公爵托马斯·伍德斯托克用笔在他的《战斗的条例与形式》(*Ordinance and Form of Fighting*）记录了战争的教训和苦涩的胜利。诸如他这样的大贵族也被神秘主义者理查德·罗尔（Richard Rolle，卒于1349年）的沉思冥想式的写作吸引，当他们的生活陷入冲突和失序的时候，他们通过阅读文本和想象——想象被训练和信任的肉体在这个世界上仅仅是一种“悲惨和罪恶”的东西——而得到某种安慰。

除了当兵，还有律师这条路。选择律师职业的有些是骑士的儿子，而大部分是普通地主的儿子，他们认可为王室服务带来的回报

① 《圣经》人物，公元前2世纪为犹太人独立而战的首领。

和头衔，因为英格兰王室行政事务的关键是普通法。他们可以成为行政长官、验尸官、治安法官，还可以被任命为多个特别委员会的成员，专门负责调查和监督地方政府——从海堤状况到沟渠维护等多个事项。贵族家庭也提供具有挑战性的职业。

贵族们意在通过任用专业、老练和可信赖的人打造具有依赖性和互动性的职业链。然而这在政治不稳定、不安全的时期有所改变。战争年代，贵族的范围扩大了，不仅包括波罕、比彻姆和菲茨兰等古老家族，莫布雷、斯克罗普和霍兰德等被授予爵位的战士也晋级其中。当权贵们感觉受到威胁时——威胁往往来自国王的野心——他们会利用追随者武装自身，这些追随者并不以行政和法律智慧闻名，而是以武力和威吓的力量著称。贵族与其追随者之间渴望得到支持和相互依存的关系，造就了独特的"供养"现象，追随者主动戴着特定形制的帽子或特殊色彩的徽章，好像在彰显"我是萨里伯爵的人"或"诺福克公爵的人"。这一现象令人生畏，并导致地区生活质量的恶化，这一点可以从不断向议会提交的请愿书中明显看出：1384、1388 和 1399 年议会都接到了限制"供养"的请愿，旨在限制国王向追随者分发徽章的权利。1393 年，德比郡的亨利抢走了一个手下人的项圈，转送给诗人约翰·高尔。一年后，阿伦德尔伯爵理查德向议会投诉说，S 形链扣的领口属于冈特的约翰的侍从，如今却被用于王室制服；国王则辩解说这只是爱情的象征。

逊位和夺权

理查在位的 22 年中，经济生活、宗教创造和文化交流方面都呈现出一片生机勃勃的美好局面。它们拓宽了人们的视野，但最终以令人震惊的事件戛然而止，国王首当其冲，其次是他的贵族们。国王对自己国家的感知仅限于他自己的舒适区——如威尔士和柴郡——在那儿他会受到热情和忠诚的欢呼；而在其他地方，因不受王室干预的约束，领导权不出所料地明显落入了那些想取代国王的人手中。定期议会和宫廷中面对面的典礼的缺失，导致没人不断提醒贵族们权力的界限，他们一直抱有改革的幻想。德比郡的亨利的不平遭遇引发了他们的理解和同情：1398 年 4 月，亨利被驱逐出境，流亡至法国，1399 年 2 月，冈特的约翰死后，他的兰开斯特家族的继承权即被剥夺。这种设计出自地方贵族世家（如珀西家族）之手，他们能够决定国家政局的走向。一个缺位的国王——他既没有被流放、驱逐，也没有宣布自己的主张——几乎不可能激发人们对捍卫他在这片土地上的头衔和声望的热情。国王表现得像个大贵族，更让贵族们相信他们自己也可能成为国王。

在理查逊位之前，他通过协商和管理间接税（针对主要进口的葡萄酒和一般商品征收的税种），在为王室创收方面取得了相当大的成功。14 世纪 80 年代到 90 年代，王室在海关和税费上的收入呈现多样化的特征，其行政管理非常严格，审查形式较以往也有所创新。以前爱德华三世只是偶尔要求收取吨税和磅税，到了 1386 年左右，理查曾多次说服议会同意征收此类税；与加莱海峡省（Pas-de-Calais）签订休战协议后，理查甚至在 1389—1392 年的休战和平期也同意征收此类税。14 世纪 50 年代，英格兰南部消费者购买葡萄酒和奢侈品的价值的 3% 归王室所有，到了 14 世纪晚期这个比例变成了 8.75%，由此产生的收益已经取代了断断续续的拨款，成为王室收入的重要组成部分。布料的出口——即使是那些享有特权的汉萨商人（即汉萨同盟商业城市的成员）所经手的——也能带来收入。14 世纪 90 年代的稳定在很大程度上可以归功于财政和政治上的成功。

然而，即便是这种高效、有用的收入进项，也无法让其接受者、使用者摆脱不安全感。得益于 14 世纪 80 年代后期理查二世对其统治的相对自信，以及和平年代所需的军费开支水平较低（尽管在维持和平的外交努力下，开支仍在继续），王室财政收入走高，但越来越多地招致公众和反对者的批评。理查二世并没有像他的祖父那样，摆出一副大度而明智的姿态来反驳。1388 年，已故的太后伊莎贝拉的嫁妆被收归王室——这是一件旷日持久的会计和法律事务——王室财政因此受益，但王室对公共财政的负担却丝毫没有减轻。地方豪强政治与对爱尔兰的大量投入一起破坏了理查的行政方针。14 世纪 90 年代的王室收入是间接得到的，负担者主要是那些买得起昂贵的外国商品的人；然而，他们的傲慢言辞和挥霍做派丝毫没有影响他们对国王的忠诚。

自 1389 年以来恢复的和平一直持续到 1415 年，亨利五世决定复兴英格兰和威尔士。其政治意义相当复杂。在北部地区，特别是柴郡，很多家庭的男人连续三代在王室军队里服役，1393 年末，有传言说国王打算放弃他的法国头衔。在托马斯·塔尔博特爵士（Sir Thomas Talbot）的领导下，2 万人聚集在一起举行了一次大型公开抗议集会。在约克郡西区，贝克威思等地暴民引发了动乱，国王对其反应犹豫不决。但在国王感兴趣的地方，他认真动了心思——比如，在爱尔兰，他增强了常备军，平息了伦斯特省的暴力行动。就连宫廷作家傅华萨也在 1394—1395 年的远征后写下了这句话：爱尔兰人居住在森林里，没有马镫或马鞍，是没有骑士精神的残忍莽夫。在这里，理查打破了爱尔兰人惯常的刻板印象。就像他在法国舞台上所做的那样，理查能够思考那些不可思议的事情，这使他从自己所领导的许多政治团体中脱颖而出。没有任何一个形容词能恰如其分地描述14世纪的最后几年，理查对和平和地区统治的尝试令人不安。

关于14世纪90年代晚期理查激起的民众情绪，有一个生动而不孤立的例子就是1397年1月托马斯·哈克西（Thomas Haxey）向议会提出的请愿书。这份请愿书批评了宫廷和王室行政机构，哈克西因此获叛国罪，但最终得到了赦免。哈克西的家族来自林肯郡东北部的埃克斯霍尔姆岛（Isle of Exholme），他本人在理查二世的政府中担任要职。从事这一工作的多是来自南约克郡和北林肯郡的北方人，这些人兼具教会背景和行政能力，在为国王服务的同时结成一个紧密的地方团体，处理朋友和社会关系的需求。1384年，托马斯·阿伦德尔主教（即后来的大主教）给哈克西介绍了第一份工作，为其晋升助了一臂之力，打理宫廷事务也为他的放贷和法律担保工作奠定了基础。像哈克西这样的人，只要能有效地利用政府运作方式的相关知识，就可以从事任何工作。1385年，哈克西与国王的一名警卫官一道被派往康沃尔，去处理“一些被称为维尔斯或哥拉斯佩的王室鱼类”的事务；两年后，他又回到了西部，负责打捞一艘热那亚船只的残骸和船上的货物；1387年，他平步青云，成为记录王室开销的簿记员。

哈克西在他的四条请愿书中表达了对谁的不满呢？其矛头直指行政管理：郡治安官和查封员的准备不足；苏格兰游行爆发，后果严重；尽管有法令规定，侍从数量仍在大幅增加；王室开支过大，应该削减。对此，国王亲自一一回应，但仍被最后一点激怒了。国王声称，质疑王室行为无异于叛国，哈克西因此被判处死刑。阿伦德尔和几位主教为他说情，理查答应了赦免以回应“主教和众多女士”的请求，这真是一个讽刺，因为在最初的请愿书中，这两个群体是混乱、奢侈的宫廷的缩影。

哈克西事件能反映政治社会高层的什么情绪？它让我们了解到一些东西。哈克西所属的群体是受过教育的专业管理人员、关系密切的神职人员，他们希望在职业生涯中得到财富和地位，对家人和朋友有所回报，以及获得主教的职位。14 世纪 90 年代，国王的行为让他们的一些期望受到打击。理查任人唯亲，以稳固一个忠诚能干的圈子，但这似乎关闭了一些原有的晋升渠道。1375—1400 年，只有一个威尔士人被提拔为威尔士主教；1390 年，王室的宠臣、王室忏悔师亚历山大·贝奇（Alexander Bache）被任命为圣阿萨夫（St Asaph）的主教；1394 年，王室医师、温什科姆的蒂德曼担任兰达夫主教。这一规律通过教会下层的神职人员在教会田产、教会生活和学院教堂里进一步发挥作用。在与教皇就伦敦圣安东尼医院的任命问题进行了长期的斗争之后，枢密院书记员兼王室秘书约翰·麦克莱斯菲尔德（John Macclesfield）成为医院院长。

国王有若干方式来施加恩惠和奖赏宠臣，因其热衷于授予头衔和特权。当下，嘉德骑士团“传统”上涵盖了年轻的贵族、权贵之子、王室密友和他的私人武装骑士，如 1381 年当选的西蒙·伯利，1388 年当选的黑王子战友之子托马斯·洛德·德斯潘塞。长期为国王服务是有回报的。理查还用嘉德勋章来奖励亲属，尤其是女性——姐妹、母亲、姑姨、妯娌。他总共表彰了 36 位女性（这种表彰是不计入奖励总体额度的）。现存最古老的嘉德勋章即出自这些年，德雷顿的拉尔夫·巴塞特勋爵（Ralph Lord Basset）的勋章现今仍保存在温莎的圣乔治教堂。当需要行赏的时候，国王便会创设新的头衔：1397 年，理查把珀西、德斯潘塞和萨里提为伯爵，把亨廷顿提成公爵。他还找到了建立自己派系和挑选朋友的新方法：他把柴郡变成了一个公国，柴郡的臣民依附于他。他扶持友好贵族的外国后裔：1397 年，他提拔了巴伐利亚的阿尔布雷特（Albrecht of Bavaria）及其儿子奥斯特雷旺的威廉（William of Ostrevant），后者因为娶了勃艮第的玛格丽特成为霍兰德和艾诺伯爵。

议会的谴责让理查在伦敦感到极度不安，在他生命的最后几年里，他在喜爱的地区省份（其中一些省份之前便是他父亲所珍视的）创建了另一个王国。理查钟情于柴郡，对爱尔兰的郡县心怀恐惧，在威尔士弓箭手跟随下，他摆脱了威斯敏斯特的事务。1397 年，他占据了柴郡和威尔士公国，包括弗林特郡和阿伦德尔地区，使其成为他的特别领地。毫无疑问，以他为中心建立的亲密关系招致了所有阶层的抱怨和怨恨。柴郡的一名骑士约翰·豪克斯顿当着国王的面谋杀了威廉·德·拉肯，他却得到了赦免，这已经不再是一个行政腐败案件了，而是王室自身的一个污点。

国王退缩到他的安全区，他没有跟那些最痛恨他统治的人建立联系，而这些人本来是可以被争取来支持他的。在这几年里，一幅巨大的国王肖像画——威斯敏斯特画像——被创作出来，它庄严、宏伟，安放在修道院唱诗班里。国王的形象成为虔诚信仰的焦点，这种做法从未有过，令人不安：在布拉格，甚至在法国，确实有这样的习俗，但英格兰并非如此。这种举动仅被少数几个重要的政治人物知晓，它是国王对同辈堂弟、德比郡的亨利的反击。似乎理查越不理解贵族们的担忧，亨利——以及他在英格兰的支持者们——就越容易提出反对的理由，哪怕最初并不是为了逼他逊位。德比郡的亨利成功地鼓动了强大的地方贵族，诺森伯兰郡的亨利·珀西伯爵支持他对兰开斯特土地的世袭要求。面对这一团结紧密的地区势力，王室的控制力太过遥远和分散，无法迅速、果断地采取行动。

这一时期还维持着表面上的和平，只有团结一致才能控制那群权势人物及其附庸。政局不仅提醒臣民们要忠诚，也提醒国王注意他们的特权：他们领导着一个拥有巨大权力和繁重责任的精密系统。1399 年 7 月，德比的亨利（Henry of Derby）——即理查的堂弟、冈特的约翰被剥夺继承权的儿子——从流放中返回并在拉文斯珀尔（Ravenspur）登陆时，得到了珀西家族和兰开斯特领地的支持。约克公爵埃德蒙在国王 1399 年远征爱尔兰期间担任监国，6 月下旬当他听说国王的敌人正在加莱集结准备渡海时，他指示郡长做好准备，并向爱尔兰发信。几天后，理查得知了消息，但直到 7 月 24 日才离开爱尔兰，此时南方的兰开斯特人（特别是苏塞克斯地区的）已经蠢蠢欲动，亨利则已经开始从拉文斯珀尔出发了。约克公爵试图死守伦敦，严控向德比军出售武器，但到了 8 月初，亨利已经取道柴郡进入威尔士。当亨利到达康威城堡并在那里见到刚从爱尔兰回来的理查二世时，他已经从东北到西南，势如破竹地穿越了王国的大部分地区。这次会面原本是为了妥协与和解，恢复亨利的继承权，但最终以理查二世退位告终，国王被迫回到伦敦。亨利想要更多：9 月下旬，理查在议会面前宣布逊位——这是一场他的同僚永远无法接受的“审判”——随后遭到流放。1399 年 10 月 13 日，亨利行加冕礼。

议会的立法和政治人士提出了反对国王的理由，认为他管理不善，未能履行神圣的国王誓言。这与 11 年前上诉人对国王亲信的控诉并无二致。逊位声明称，国王是一个永远长不大的男孩，一个缺乏男子气概的男人，一个对贵族和历史责任缺乏尊重的统治者。有传言说理查打算在和法国人秘密谈判时卖掉加莱。他与下议院闹翻了——1399 年，法国贝里公爵将下议院的情绪描述为“除了战争什么都不想要”。此外，针对这个贵族中的贵族，邪恶的指控占了上风，重弹政治上的老调：国王滥用职权。可是谁来审判他呢？这一难题也出现在莎士比亚的笔下，他借《理查二世》中的精神领袖卡莱尔主教之口说道：

> 什么臣民能对他的国王进行宣判？
> 在座的哪位不是理查的臣民？
> (《理查二世》，IV i. 112–13)

政局在那个世纪里再次改头换面，剩下的就是混乱和野心——一个寻求继承遗产的人很快就成了篡位者。

理查的倒台不是因为广泛的不满，而是在国王缺位的状态下强烈的情绪、利益与迅速的行动相结合的结果。他不受欢迎的大部分证据都记录在逊位之后的编年史中，被经常引用的议会记录也是资料来源。议会作为政治对话的国家性质的场所，它面对的事实是国王交出了王位，而一个大贵族从他手中夺走了王位。

议会对国王理查的惩罚，演变成了对德比的亨利的多番肯定，认为他能够、应该以及将要取代理查的统治。理查二世被驱逐至庞蒂弗拉克特城堡，最终死于饥饿，时年 32 岁。理查二世没有得到国葬，也没有葬在威斯敏斯特，即他第一任爱妻身边。这些事情那么令人不安，以至于在他化身尘土之前，到处都是关于他幸存下来的传言。人们对“理查即将归来”的期待在未来的几十年中，一直成为缠绕亨利四世及其兰开斯特子孙和盟友的噩梦。

第四章

篡位与对秩序的挑战（1399—1422）

在一个新的世纪，英格兰迎来了一个由新国王领导的新王朝。无论理查二世是多么昏庸无能，多么好大喜功，也无论他的行为多么让他的堂弟德比的亨利有机可乘，亨利篡夺王位既非必要之举，也非正义之举。而亨利的篡位之举必将埋下后患，令兰开斯特王朝在未来自食其果。在亨利四世的统治下，英格兰不仅建立了强大的议会和审查议会，形成对王室行动的最大限制，而且还采用种种措施，增强广大臣民对国王的忠诚感，迫使他们在所有的问题上与政府保持口径一致。亨利四世与教会领袖合作，制定出了独特的规程，以判别臣民对宗教问题的看法为手段，确定他们是否忠于国王。在英格兰、威尔士，以及与苏格兰接壤的边境地区，兰开斯特家族的政治意愿迅速显现，他们害怕异议——反对他们的权力，反对他们的信条——并奖励服从，因为这些地方充斥着各种观点和派别。作为一个篡位者，亨利四世对自己的危险处境心知肚明；而篡位者也会被篡位，这成为亨利四世统治的基调。然而，他得到了兰开斯特公爵无与伦比的资源支持，这些资源是由他的父亲冈特的约翰积累起来的，并通过在英国和国外的冒险得到了扩充。

在亨利四世统治英格兰的十余年中，间谍、告密、迫害和威胁大行其道。此外，这个时期人们更容易接受阴谋论。在亨利刚刚篡位成功、理查二世尚在人世的那几个月，理查的支持者接连发难，想要推翻新国王的统治，重新拥立理查。1400 年 1 月初，有人准备趁着王廷庆祝主显节的时机刺杀亨利四世及其家人；1 月下旬，理查同母异父的哥哥亨廷顿伯爵又准备从德文郡起事。史料中有大量关于异议言论的证据，以及围绕着一些极具人格魅力的传道者和骑士的地方动员。1402 年，当局逮捕了莱斯特郡的方济各会修士罗杰·弗里斯比（Roger Frisby），原因是他在牛津城鼓动民众进行守夜活动，准备迎接理查二世回归。英格兰对现状不满的人一如既往，纷纷逃往苏格兰避难；一名曾经在理查二世的内廷效力的官员就在逃往苏格兰之后，继续使用理查的私人印章颁布特许状，直到 1404 年，他在苏格兰被捕；1419 年之前，苏格兰王廷一直把一个外貌与理查十分相似的冒名顶替者奉为座上宾。

1399 年的创伤之后出现了一些奇怪的事情：1400 年的冬天，遭到罢黜的理查仍然活着，令统治国家亨利四世及议会感到非常不舒服。到了 1400 年情人节的时候，坊间传言前任国王已经绝食自尽；当局已派人前往被用作监狱的庞蒂弗拉克特城堡，护送遗体南下，准备在举行安魂弥撒之后，在威斯敏斯特教堂举办葬礼，让他与第一任妻子波希米亚的安妮共葬一处。然而，理查死后并没有得到如此礼遇。不出意料的是，亨利四世没有同意为理查举行国葬，而是在位于金斯兰利（King's Langley，赫特福德郡）的多明我会修道院举行葬礼，为理查准备的墓穴虽然体面，但绝算不上奢华。

亨利四世举行的秘密葬礼为英格兰人提供发挥想象的空间，引发了流言蜚语，并一直伴随兰开斯特王朝的国王们，直到亨利五世为理查二世举行与国王身份相符的葬礼。在谣言四起的年代，这种情况并不少见，生者对逝者的渴望会令逝者在其心中起死回生，而如果逝者去世时的情况疑云重重，则更能促进这种情况。理查困扰着活着的人，他的遭遇与许多故事书（比如，一位在约克郡的拜兰修道院的修士在1400年前后抄写的故事书）中绘影绘声的鬼魂故事一样，用来告诫世人，不要对亲属不守承诺，或是对亲属行为不当。作为理查二世的亲属，兰开斯特家族的亨利四世及其后代，还有那些让这一切发生的有罪的人，无论权贵还是普通人，也都难辞其咎。所以理查就好似死而复生的亡魂，令支持者欢欣雀跃，令反对者心惊胆颤。与此同时，他还见证了亨利从权贵变为一国之君的过程。只不过，这位权贵真的能成为称职的国王吗？追随他的亲随真的能离开兰开斯特家族位于全国各地的领地，成为廷臣，建立以威斯敏斯特为核心的王廷吗？

兰开斯特王朝只是部分摆脱了其动荡起源的影响。一些同时代的英格兰人甚至宣称，举行加冕仪式时使用了圣徒托马斯·贝克特的圣油[①]，导致国王的头发虱子泛滥。亨利四世洗不清弑君者的骂名，所以他只能一方面以镇压叛乱为手段，维持兰开斯特王朝的统治，一方面谨慎地与权贵阶层及议会建立关系。与此同时在法国，一类表达不满情绪的作品正在创作，图书馆里（包括查理六世的藏书）充斥着对藐视神圣继承权、推翻国王之人的谩骂。一种系谱编年史的体例应运而生，辅以用来展示统治者血缘关系的系谱图，通

① 一则法国的传说宣称，国王克洛维一世加冕时使用的油膏是来自天堂的圣油；历代法国国王一直都利用这则传说来加强国王的权威。14世纪初，英格兰国王爱德华二世认识到圣油加强君主权威的作用，命人编造“文字证据”，宣称托马斯·贝克特在流亡国外时遇到圣母马利亚，获得了一尊黄金制成的雄鹰雕像，雕像内藏有一瓶来自天堂的圣油。

常还会加入言辞激烈的评注，攻击英格兰王室觊觎法国领土的行为。1399 年的重大事件——自 1066 年以来第一次对英格兰的有效入侵——引起了人们的不安、困惑和厌恶；亨利四世完全意识到了这一点。

然而，篡位者的儿子——未来的亨利五世——拥有无可争议的继承权，并能够以更大的信心、想象力和政治天赋，促成旧王朝的支持者与新王朝和解。亨利五世把成功变成了抚平伤痛的灵丹妙药。他从不饶恕犯上作乱之人，但与此同时，他也能够团结那些因父辈反对兰开斯特王朝而遭到冷落的权贵。无论是在和平时期，还是在战争中，亨利五世都能知人善任，他还采取措施，尽可能地解决父亲篡位所造成的历史遗留问题：他先是代父受过，为亨利四世处死斯克罗普大主教的罪行赎罪，之后又为叔叔理查二世举行了国葬。在此过程中，亨利五世明智谨慎、品德高尚，同时化解了可能造成冲突的政治斗争。

帮助新王朝确立合法的统治地位不仅是亨利四世的亲信的工作，也是那些想要在政治及文化领域一展身手的人的机会。约翰·高尔的哲理诗《一个情人的忏悔》本来是献给理查二世的，但之后又重新献给了亨利四世。面对紧急事态，当局采取必要的措施，启用贤才。亨利四世身边汇集了大量律师、靠军功成为权贵的士兵、教士，他们能干又有雄心，擅长处理政务、解决后勤问题、领兵打仗，以及发起宣传攻势。亨利在其第一届议会上提出了“共赢”的施政目标，所有人纷纷附和。高尔用诗句来点明理查与亨利在道德品质上的巨大差异：

理查痛恨贵族，不断地侵占他们的领地；

亨利爱护贵族，把领地物归原主，让贵族的继承人安居乐业。
理查睚眦必报，令英格兰王国生灵涂炭、民不聊生；
亨利安抚民心，让君臣再一次亲如兄弟。

亨利四世、亨利五世在军政事务上父子相承，为实现共同的目标而不懈努力，所以本书会把父子两人的统治看作一段延续性极强，不可分割的历史，用一章的篇幅来叙述英格兰及威尔士 15 世纪初的历史。

欧文·格兰·道尔

1400 年 9 月，一位曾经在威斯敏斯特学习法律的实习生，也是一位经验丰富的军人，自称威尔士亲王——他便是欧文·格兰·道尔（Owain Glyn Dŵr），登比郡境内一处名叫格林达维德威的领地的领主。格兰·道尔统治威尔士长达 10 年之久，在威尔士历史上书写了浓墨重彩的一笔。尽管到了 1409 年，阿伯里斯特威斯城堡、哈勒赫城堡接连失陷之后，格兰·道尔失去了一切希望，但他的确曾统治过一段时间：他召集了议会；他在武器上使用圭内斯的纹章；他与法国国王签订条约；他与罗马教廷就威尔士教会的改革问题进行谈判；他计划在威尔士建立多所大学；他与英格兰的大权贵埃德蒙·马奇伯爵联姻，把女儿许配给了伯爵的儿子。他的神话色彩得益于他从来没有成为阶下囚，因此也从未被当作叛国贼，被处以极刑。在生活在那个时代的威尔士诗人豪厄尔·达维（Howel Davi）的眼中，格兰·道尔位于斯卡斯（Sycharth，登比郡）的府邸富丽堂皇，是一个与其统治者身份相称的接待场所：大宅由护城河围护，共有 9 间大厅，每一间大厅的墙壁洁白如玉，透过气派的窗户，包括果园、养兔场、葡萄园、鱼塘、水车在内，大宅周围的美景尽收眼底。大宅是一座自给自足的人间乐园。诗人约洛・戈什（Iolo Goch）希望他的诗句在这个堪比威斯敏斯特的宫廷里，能收获快乐和回报：

屋脊安如磐石，
每一根椽子都牢固可靠，
就好似法国人引以为傲的帕特里克钟楼，
与威斯敏斯特大教堂错落有致的回廊相比也毫不逊色……
斯卡斯宫的主人从来都不会让来客空手而归，
也不会让人横遭指责、忍饥挨饿、蒙羞受辱，
更不会在待客时吝惜美酒佳酿。

有预言宣称，格兰・道尔是再世的亚瑟王，必将击败撒克逊入侵者。预言把同样拥有凯尔特血统的爱尔兰人和苏格兰人视为兄弟。此类预言不仅口口相传，甚至还被收录进了编年史。预言将亨利四世视作内奸，他们设想通过颠覆亨利四世，重新调整英格兰与邻国的关系。所以 1402 年，在伦敦召开的英格兰议会出台法令，把吟游诗人和占卜者定为不法之徒也就不足为奇了。

此外，我们也许还可以把这些发生在威尔士，直到今日也广为传颂，成为深入人心的传奇故事的重大历史事件，看作是对不列颠政治大环境的真实写照。1400 年 8 月，亨利四世与儿子亨利入侵苏格兰，在得知威尔士爆发叛乱的消息时，父子两人正在苏格兰作战。然而，格兰・道尔对英格兰霸权的挑战并不是仅仅与威尔士

有关的独立事件，而是将一部分有野心并准备付诸行动的权贵也裹挟其中——诺森伯兰的珀西家族，以及后来的约克郡的斯克罗普家族。威尔士宣布独立只是这10年间不列颠政治舞台上最成功、最具戏剧性的事件。这种混乱深深植根于1399－1400年的事件中。就在格兰·道尔开始使用威尔士亲王这一头衔的时候，在威斯敏斯特，一个由主教及律师组成的委员会仍在不断地查阅历史纪录、权利契据，想要为不久前发生的篡位事件寻找法理依据。这场大混乱情况特殊，不仅对兰开斯特王朝作为统治者的合法性提出了质疑，还从地理及领土的角度，对英格兰国王坐镇威斯敏斯特，统治大片不列颠的做法提出了疑问。

1399年10月，亨利四世将儿子亨利王子封为威尔士亲王，亨利王子很快就不得不出兵威尔士及威尔士边境领地，为这一继承权而战。尽管在1402年9月，亨利父子在汉布尔顿山之战中大败苏格兰军队，但他们清楚地认识到，庞大的军队并不能战胜威尔士人。1402—1405年，威尔士人在格兰·道尔的带领下取得了骄人的战绩：威尔士军队围攻里辛城堡，俘获了城堡的领主格雷勋爵，尽管亨利四世马上就发起反攻，在布林格拉斯（Bryn Glas）迫使与格兰·道尔结盟的威尔士人重新向自己效忠。1402年，埃德蒙·莫蒂默率兵进入南威尔士，攻打位于厄斯克、卡利恩、新港、加的夫等地的城堡，但兵败被俘。亨利四世为格雷勋爵支付了赎金，但留下莫蒂默作为俘虏，结果得罪了实力强大的边境领主马奇伯爵[①]，很快就促使伯爵与格兰·道尔缔结了全新的盟友关系，对英格兰王权造成了严重的威胁。格兰·道尔把女儿凯瑟琳许配给了埃

① 兵败被俘的埃德蒙·莫蒂默是第五代马奇伯爵的叔叔。

德蒙·莫蒂默，与拥有王位继承权的英格兰王室成员[1]建立了姻亲关系。1403 年亨利四世就采取措施，应对威尔士与英格兰北方权贵结盟所造成的全新威胁。4 月时，威尔士亲王被任命为威尔士总督，并受命在一批男爵及方旗武士的辅佐下，镇守威尔士境内的各处城堡，统领一支由 20 名骑士、500 名披甲战士、2 500 名弓箭手组成的军队。

然而，亨利四世暂时放弃了专心应对格兰·道尔的平叛计划，准备首先处理英格兰北方实力最为强大的权贵，珀西家族所造成的挑战。1399 年时，亨利·珀西曾迎接了德比伯爵亨利，并为其获得兰开斯特家族的继承权铺平了道路。没过多久，德比伯爵就夺取了王位，成为亨利四世。尽管珀西家族支持与国王作对的权贵，但他们很可能并不想罢黜理查二世，更不要提帮助兰开斯特家族篡位了。在夺取王位之后的头三年中，珀西家族的挫败感通过宣扬正统的手段表达出来，并不断增强。1403 年 7 月，诺森伯兰公爵亨利·珀西与儿子一同率领一支由 1.4 万人组成的部队南下。亨利四世与儿子率领一支大约 6 000 人的军队与珀西家族的大军在什鲁斯伯里城外交战。亨利王子率兵包抄北方大军，赢得了战斗的胜利。亨利在战斗中头部中箭，多亏他的私人外科医师约翰·布拉德莫尔（John Bradmore）对伤口进行了紧急处置，才没有危及生命。《伦敦

① 膝下无子的理查二世将第四代马奇伯爵罗杰·莫蒂默（他是爱德华三世的次子克拉伦斯公爵的外孙）指定为王位继承人。由于伯爵在1398年时去世，王位的第一顺位继承人变成了他的长子，第五代马奇伯爵。换言之，与篡夺王位的亨利四世相比，反倒是第五代马奇伯爵更有资格继承英格兰王位。与格兰·道尔之女成婚的埃德蒙·莫蒂默是第五代马奇伯爵的叔叔。

编年史》(*London Chronicle*)的编写者扼腕长叹，把什鲁斯伯里之战描述为“英格兰人手足相残”的惨剧；随着珀西家族的继承人“暴躁者”战死，以及叛军在伍斯特城被处决，珀西家族从此一蹶不振。叛乱爆发后，英格兰人心惶惶，就连无辜的意大利商人也遭到无端的指责，被视作“珀西阴谋”的帮凶，伦敦城内甚至还发生了以外国商人为对象的暴力事件。

尽管珀西家族遭到重挫，但格兰·道尔采用与游击战十分相似的作战方式，袭扰英格兰军队。这还不是全部，什鲁斯伯里之战结束后，威尔士得到了来自法国的援助。1404 年 5 月，法国国王查理六世与格兰·道尔签订条约，支持威尔士人的要求，并做出了提供军事援助的承诺。事实上，1406 年秋，法国人从海上发起进攻，进攻地点是兰开斯特家族位于威尔士境内的领地基德韦利(Kidwelly，卡马森郡)，以及北威尔士公国的首都卡那封。与此同时，格兰·道尔还发起了外交攻势，在欧洲各国的王廷为威尔士寻求支持。威尔士人一直都没有放弃武装抵抗，在 1407—1408 年的围攻中，阿伯里斯特威斯的守军坚持了数月。

在长达 10 年的时间内，威尔士及威尔士边境领地变成了战场，威尔士贵族的豪华庄园遭到劫掠，变成了一片废墟。尽管 1401－1402 年的法令规定威尔士人不得在宅邸周围修筑防御工事，但此时威尔士人不得不违反法令，采取措施，守护家园。战争的双方都是受害者：一座位于渥拉斯顿（格洛斯特郡）的庄园遭到了袭击，庄园主不得不使用更坚硬的彭南特砂岩[①]替换原来的茅草屋顶。此外，以韦布利城堡（赫里福德郡）、切普斯托城附近的彭豪

① 彭南特砂岩为产自南威尔士的沉积岩，通常用作铺路石、屋面瓦。

（Penhow，蒙茅斯郡）为代表，许多其他地点也出现了防御工事，直到今日也仍然可见。这些战争都付出了巨大的经济和人力代价：格拉摩根谷被摧毁；仅在奥格莫尔的领地，就有账目显示一半的农舍被毁。在威斯敏斯特的英格兰议会出台反制措施，限制威尔士人参与行政管理的权利：1401 年通过的法案规定，威尔士人不得在英格兰或威尔士的种植园区拥有土地；1402 年通过的法案规定，威尔士人不得在集镇以外进行贸易。此外，当局还禁止威尔士人担任英格兰贵族的顾问官，在政治上孤立威尔士。在亨利五世继位后召开的第一届议会（1413 年）上，处理格兰·道尔叛乱的遗留问题成为最主要的议题；该届议会通过法案，禁止威尔士人就自己在叛乱期间遭受的损失发起索赔诉讼。

对叛乱和反抗的焦虑导致英格兰当局在威尔士采取了一系列的军事及司法措施，但与此同时，当局也着重关注与苏格兰接壤的北方边境地区。国王派委员会前往北方边境地区，王室委员会找出了那些因冒犯君主而受到惩罚的叛徒：1411 年，委员会审判并处决了一个在 1408 年将罗克斯堡城堡交给苏格兰的人，就像在 1409 年，把杰德堡城堡（Jedburgh Castle）献给苏格兰的罗伯特·肯德尔（Robert Kendall）受到的指控一样。尽管北方边境地区一直以来都是社会及经济交往十分活跃的地区，但镇守北方边境的领地长官认为自己能够分辨出哪些人入境来合法经商，而哪些人图谋不轨。在充满猜疑的大环境中，即使与苏格兰人共进晚餐，也可能因叛国罪而遭到起诉。

统治与抵抗

1399 年 10 月 7 日，在亨利四世召集的第一次议会上，坎特伯雷大主教托马斯·阿伦德尔把这样一句话用作开幕词："看呐，这人就是我对你所说的，他必治理我的人民"（《撒母耳记上》第九章第十七节）。在经历了"孩童当政，寡妇垂帘听政"的苦难之后，英格兰终于由一个男人和他刚毅的儿子掌管。阿伦德尔宣称，多亏了上帝的保佑，英格兰才能有幸得到"如此英明、如此谨慎的统治者"。新国王的统治将公平公正，严格遵守各项法律，并采纳良好建议来确保每一位臣民的身份地位、正当权益都得到尊重。亨利四世将会扭转不满情绪，像《固执己见的理查》（*Richard the Redeless*）这样的讽刺诗，将这种不满情绪归因于理查"像对待马夫那样对待贵族，结果自取其辱，丢掉了王冠"。相比之下，亨利四世是一位小心谨慎、临危不惧的统治者。在统治英格兰的十余年间，在威尔士及边境地区地形、天气条件允许的情况下，面对政治危机、军事挑战，亨利四世当机立断，从不迟疑。即便是到了亨利四世身体状况不佳，被迫留守威斯敏斯特的时候，兰开斯特王朝仍可通过他的儿子得以延续，而亨利王子本人也是一个具有持久魅力的人物。尽管父子两人在一些重大的政策问题上——尤其是关于对法战争的未来——没有达成一致，但兰开斯特王朝的支持者及雇佣兵组成的大军仍然在北威尔士集结，在那里，这位英勇善战的威尔士亲王充当着王权的军事助手。

发生在威尔士的叛乱对兰开斯特王朝统一领土的愿景提出了挑战，而与此同时，北方也对兰开斯特王朝的这一愿景造成了威胁。亨利四世在位的最后几年间，王权呈现了区域化。尽管人们期望各个地区可以拥有自己的地区特点、风俗、习惯、主从关系，但司法体系、教会制度必须更加统一。在理查二世在位的最后几年，国家被分割成王室区和非王室区。在 14 世纪的大部分时间内，在由英格兰国王统治的法国土地上，不同的地区间也发展出了全新的关系，导致许多地区出现了拥有高度自治权的军阀。由于理查二世在位的最后几年天下大乱，再加上后来他被废黜，团结这些地区的愿望面临严峻考验。亨利四世早期的每一次叛乱都是地区性的，都是政治动荡时期的一次机会主义扩张。这些尝试都是想要重新描绘英格兰的政治地图，以及调整英格兰不同组成部分间的相互关系。彻底的改变似乎是可行的，因为王朝的破裂和暴力罢黜为重新书写政治游戏的规则提供了现成的机会。

在亨利四世成为国王的最初几年中充满了威胁，所以当局紧急调用教会资源缉捕叛党，也就不足为奇了。正如我们所看到的，1400 年 1 月，亨廷顿伯爵（理查同母异父的哥哥）、肯特伯爵（理查的外甥）伙同索尔兹伯里伯爵和托马斯·德斯潘塞勋爵制定“主显节阴谋”，准备趁着王室在温莎庆祝主显节的机会，发动突袭，诛杀王室。阴谋虽然震惊朝野，但同时让王室没收了大量叛党的土地，这些土地被扣押数年，之后又被交还给叛党的遗孀及继承人，以此来换取他们的政治忠诚。在处理“主显节阴谋”的过程中，亨利四世急于达成和解，只要叛乱的参与者愿意归降，就都会得到赦免。同年冬，有两位神职人员因使用神秘魔法，企图谋害亨利四世而遭到控告，其中一人名叫罗伯特·马尔纳（Robert Marner），曾经是理查二世的忏悔牧师。同样的，本章前文也提到过，仅仅过了两年的时间，在 1403 年时，英格兰北方爆发大规模叛乱，诺森伯兰公爵亨利·珀西及其子率领 1.4 万人的大军南下，在什鲁斯伯里城外与亨利国王及威尔士亲王对峙。与此同时，一些小地方也出现挑衅行为，表达了对前国王的忠诚。比如，牛津伯爵夫人莫德·厄福德（Maud Ufford）趁着亨利父子两人前往威尔士平叛，煽动埃塞克斯郡的居民反抗，甚至还四处发放理查二世的白鹿纹章，将其作为标志。东盎格利亚一次又一次地出现在法律文件中，该地成了谣言和政治动荡的滋生地，但当局也极少动用武力惩戒该地的居民。

然而，亨利从这些长期酝酿的仇恨中吸取了教训，这些仇恨曾毒害了理查二世的统治。所以，在1405年，他对他所认为的另一场叛乱做出了强烈回应，即约克郡的绅士阶层响应约克大主教斯克罗普的号召，在希普顿沼泽（Shipton Moor）举行的聚会。虽然斯克罗普大主教的目的只是布道，司礼大臣托马斯·莫布雷（Thomas Mowbray）则只是发表了演讲，号召人们采取积极的政治行动，表达对沉重税负的不满。但对身在威尔士的亨利四世来说，这个消息无异于在北方再一次发动叛乱，所以大主教和司礼大臣被处以极刑。

消除北方权贵造成的所有威胁之后，兰开斯特王朝面对的最直接的威胁也就消除了。然而，政治霸权并不能抹除民众的记忆。这些都留下了痕迹，并为人们编织未来的梦想和培育怨恨情绪提供了材料。斯克罗普大主教成了广受尊敬的殉道者，吸引了北方的民众追随，在之后的一个世纪中，人们不仅会在遗嘱中向他的圣祠捐钱捐物，寻求代祷，甚至还出现了专门用来对他进行圣徒崇拜的圣物、礼器。这位新的殉道者很快就被纳入针砭时弊的文学作品中，并开始在宣扬道德的文学作品中扮演重要的角色。1400年前后，《富人与穷人》（*Dives et pauper*）一书的作者指出，篡位行为是一场流血事件，会令社会持续动荡：

> 屠刀起起落落，无辜之人血流成河，殉道者不计其数……如今的英格兰人不知令多少无辜之人成为殉道者，连本国的国王、主教都不放过；英格兰已经变成了一个毫无尊严、无视秩序、尊卑失序的王国。

政治阴谋不仅仅是人数只有区区一百余人的权贵阶层的专利，还同样影响了生活在农村及城镇地区的广大英格兰臣民，以及政府对他们的态度。因为王室不仅通过议会或战场的行为来识别忠奸，而且还根据民众的宗教信仰和宗教生活来判别。亨利四世的政府尤其注重粉碎各式各样宣称理查二世仍然在世，只要得到民众的帮助，便可以重夺王位的预言和谣言。1402 年夏，当局处死了一帮在莱斯特、纳尼顿、诺丁汉等地散播流言，宣称理查仍然在世的托钵修士。这些托钵修士利用在英格兰家喻户晓的传统预言，想要在这个时局动荡的新时代为民众指引方向。1403 年 12 月，科尔切斯特镇（埃塞克斯）圣约翰修道院的院长被指控在布道时做出预言——法军将前往北安普敦，与“死而复生”的理查汇合。

预言中的反独裁论调被认真对待，议会在 1402、1406 年通过法案，禁止传播预言。在这种怀疑的情绪下，统治阶层旨在除掉那些预言世界末日即将来临的人，这些人将当代英国人融入基督教的千禧年叙事。只不过，宣称世界末日的人不是只有信奉异端学说的文人，改革家同样会巧妙地把末日预言用作证据，呼吁改革教会。一篇表达不同政见的布道辞在做出预测时，使用了多明我会用来描述世界末日的文句，宣称“一旦世俗的君主把教会财产收归己有，食不果腹的教士阶层就只能仰天长叹”。

议会与政治秩序

绝大多数英格兰人都希望能够以政治方式解决危机。在英格兰人看来，没有什么是比王朝延续性更有用的了。1406 年，亨利四世把王位传给了儿子，并希望王位永远由男性继承。同年，威斯敏斯特出现了一种全新的政治合作模式。下议院通过规范程序提出的批评和不满没有造成太过严重的威胁。议会议长——无论是 1401、1404 年的阿诺德·萨维奇爵士（Sir Arnold Savage），还是 1406 年的约翰·蒂普托夫特爵士（Sir John Tiptoft）——都是长期服侍国王的大臣，但他们并没有在议会中用隐晦的暗示表达下议院的要求。1406 年，下议院决定成立一个由 6 位成员组成的专门委员会，负责审计王室的财务状况。此外，这届别名长期议会[①]的议会，还试图让议会选举的过程变得更加透明。在一段时间内，议会遏制了紧张的局势和潜在暴力事件。议会还为议员和他们的家人、随从提供保护：1404 年，约翰·萨维奇（John Savage）的手下袭击理查德·切达（Richard Chedder）的仆人之后，下议院宣称其犯下了叛国罪，最终罪犯支付了罚款和赔偿金。亨利四世在处理与议会的关系时小心谨慎，只有在其他资源都枯竭时，才会向议会提出请求。亨利四世在位期间，一共产生了 11.3 万英镑的开支，其中有 7.6 万英镑的来源是议会，剩余部分则分别是王室直属领地的收益，以及由司法过程和极其复杂的关税体系产生的收入。此外，在极少数的情况下，亨利还会征收一些额外的税款，比如，1403 年征收的吨

---

① 1406年的议会于3月1日开幕，同年圣诞节时闭幕，是15世纪中叶前英格兰历史上持续时间最长的议会。

税与磅税。

对亨利四世来说，议会并不是充满敌意的地方，因为许多议员是多年来一直都对他忠心耿耿的亲随：其中有大约 40 名议员能够得到亨利发放的年金，而在这 40 人中，有至少 7 人曾经在前 10 年中为理查二世效力。亨利并没有把让有功者进入王廷担任官职，当作奖赏臣下的手段；亨利的王廷出了名的沉闷，而且是在节衣缩食的情况下运作的。取而代之的是，亨利会与值得信任的臣下达成经得住考验的互信关系，无论是在威尔士及威尔士边境领地，还是在英格兰的北方地区，以及亨利五世时期的法国战场上，这种互信关系都经受住了考验。所有的治下之民，无论高低贵贱，都与亨利四世联系在一起：亨利会给忠诚的人提供居住权，比如，在 1405 年，布列塔尼人彼得·比塞比（Peter Busseby）向亨利效忠，他在之后的 40 年中，作为兰开斯特王朝的臣从，在德比郡定居；此外，许多外国商人也获得了居住权，甚至包括为此改变信仰的犹太人，他们过上平静的生活，靠辛勤劳动来生活。亨利四世的堂弟约克公爵的排场可就要大得多了，他翻译了一本论述狩猎知识的法文小册子，并在 1408 年得到亨利四世的任命，成为萨莫塞特、多塞特两郡的御犬吏，可以组建一支由驯犬师及马夫组成的专业狩猎队。

信任和忠诚、友谊和纽带，是兰开斯特王廷的标志。尽管一些臣民仍然认为，兰开斯特王廷应当沿用理查二世时的浮夸的辞藻，比如，邓尼奇村的居民就曾经在请愿书中尊称亨利为“vostre roiall magestee”（中古英语，意为“尊贵的国王陛下”），但亨利四世的王廷低调平和，注重不同部门间权力平衡。兰开斯特家族的臣属，在兰开斯特公国本就很显赫了，现在他们更是成了在地方上说一不二的大人物。这一点在议会代表中表现得很明显：兰开斯特家族的臣属，自 1406 年起担任内廷总管的约翰·斯特兰奇爵士（Sir John Strange）曾经先后三次作为萨福克郡的代表出席议会；安德鲁·博提勒爵士（Sir Andrew Botiller）先后两次代表萨福克郡出席议会，他与东盎格利亚地区地位最为显赫的兰开斯特家臣托马斯·厄平厄姆爵士（Sir Thomas Erpingham）有姻亲关系；还有一次由拉尔夫·拉姆齐（Ralph Ramsay）作为代表，在亨利夺取王位之前，他便已经是兰开斯特家族的家臣了。亨利给予近臣很好的管理和体恤。在持盾侍从约翰·克罗斯比（John Crosby）退休后，亨利安排他在圣奥尔本斯修道院养老。这些人通过兰开斯特和德比的亲缘关系与亨利联系在一起，而这份情谊在 1399 年，亨利夺取王位的时候经受住了考验，并在之后建立全新政治秩序的过程中变得更加坚定。这种提拔是通过排挤他人创造的。比如，曾经担任理查的掌旗官的西蒙·费尔布里格（Simon Felbrigg）就遭到排挤，在 1399 年后，他甚至失去了在地方委员会上担任职务的权利。

对亨利来说，友情十分重要，他认为这是货真价实的政治资源。在这一点上，亨利是一个幸运儿，能够依赖父亲冈特的约翰积攒的人脉，获得大量忠心耿耿的支持者。亨利利用深受理查二世青睐的机构嘉德骑士团来奖赏支持政府当局的有功之臣。亨利篡位之后，制定“主显节阴谋”的主谋在 1400 年 1 月时引颈就戮，令嘉德骑士团出现 6 个席位空缺。填补空缺的既有支持兰开斯特王朝的有功之臣，又有向国王效忠的之前金雀花王朝臣从：索尔兹伯里伯爵约翰·蒙塔古（John Montague）、萨里公爵托马斯·霍兰德（Thomas Holland）、格洛斯特伯爵托马斯·德斯潘塞、埃克塞特公爵约翰·霍兰德（John Holland）、鲍彻勋爵约翰、威廉·阿伦德尔爵士（Sir William Arunde）。亨利的选择非常谨慎，把因发动叛乱而被处决的权贵的亲属提拔为骑士团的团员，以换取他们的效忠之心，比如，1404 年，荷兰公爵埃德蒙便是以这样的方式加入骑士团的。珀西家族的叛乱结束后，骑士团又出现了 9 个空缺席位，这些席位在接下来的几年里有更多的贵族补充：约克公爵、沃里克伯爵、海尔德公爵威廉（Wilhelm Duke of Guelders）。1410 年，亨利四世把斯克罗普勋爵亨利[①]吸纳为骑士团的成员，很可能也是为了与斯克罗普家族言归于好。随着国王的信心增长，他开始把一些出身中层社会的贤才吸纳为嘉德骑士团的成员，比如，1408 年，在威尔士浦之战中击败威尔士叛军的吉尔伯特·塔尔博特勋爵（Gilbert Lord Talbot），又比如威尔士亲王的近臣休·伯内尔勋爵。

1407 年，在格洛斯特城接见德国使节阿恩特·范达塞尔（Arndt von Dassel）时，亨利四世回顾了自己年轻时作为一名“十字军战士”，在普鲁士境内的经历。他拜访了欧洲大陆各国排场非凡的王廷，这段时期充满了魅力和冒险。亨利的第一位外国国宾是拜占庭帝国的皇帝曼努埃尔二世·帕里奥洛格斯（Manuel Ⅱ Palaeologus）。曼努埃尔二世本来是计划拜访理查二世的，他在埃尔特姆宫度过 1400 年的圣诞节，并试图说服亨利，希望他率领十字军解救受到异教徒入侵威胁的东方基督徒。然而，亨利的王室生涯并不适合海外冒险。亨利必须时刻提防叛乱与阴谋，在经济上也捉襟见肘，所以王廷渐渐地形成了以英格兰为中心的特点，并不具有明显的不列颠及欧洲特征。王廷总是笼罩在一种焦虑之中，这种焦虑对篡位者来说是如此强烈。

1412 年，亨利四世与王子在涉及外交及私人领域的许多问

① 被亨利四世处死的约克大主教斯克罗普是亨利的叔叔。

题上闹翻了：其中最主要的是，在插手法国内战的过程中，不知为何想要与并不十分可靠的阿马尼亚克派结盟的亨利四世对亨利王子起了疑心，怀疑他反对终止与勃艮第的联盟。亨利四世对他儿子的批评做出了严厉的回应，把王子和他的追随者赶出了王室委员会。此后，亨利四世把另一个儿子克拉伦斯公爵托马斯任命为指挥官，命令他率军在瓦斯特－拉乌格登陆，在清剿海盗的同时，继续收复诺曼底的失地。圣奥尔本斯修道院的编年史中收录了一封据传为亨利王子的信件；王子在信中表达了自己的忠诚，否认了任何反抗的意图，并承诺自己一定会竭尽全力，守护英格兰王室在法国的“祖产”。尽管如此，身体状况大不如前的亨利四世也仍然因为与王子心生隔阂而大受打击。包括托马斯·霍克利夫（Thomas Hoccleve）在内，许多知情者都了解这种紧张关系的性质。1411 年时，霍克利夫创作了一首名叫《君王的统治》（*Regiment of Princes*）的诗，以一部意大利小册子为基础，结合英格兰的政治现实，提出请求与建议。诗中称赞王子英勇无惧、雷厉风行、信仰虔诚。这与老国王令英格兰“满目苍凉，民不聊生”的做法形成了鲜明的对比。王子被鼓励听取议会的建议，对治下之民开诚布公，反思迫在眉睫的丧失王权的威胁，而王权是统治的源泉。国王应当依法治国，这不仅是为治下之民主持正义的过程，也是治国安邦最为根本的前提条件：

> 以法治天下则民安，
> 民安则君安。

“罗拉德派”与宗教争议

亨利四世与坎特伯雷大主教托马斯·阿伦德尔建立了非比寻常、历久弥坚的友情。作为理查二世时期的老兵，两人深知流放和放逐的政治变化无常，以及与王权对抗的危险。这在亨利四世时期产生了一种著名的工作关系。两人用“罗拉德”一词概括了在这一时期出现的异端宗教思想、反主流政治倾向。前文已经提到过，罗拉德主义的信念不仅包罗万象，更是能够与那些毫无异端倾向的普通民众的理念、习俗完美地融合到一起。我们可以把“罗拉德主义”看作一种标签，它被贴在这些人身上：性生活不检点的放荡之人、云游四方的传教士、表现出清教倾向而遭到怀疑的人、坚持阅读英语宗教书籍的人，甚至只是对华而不实的宗教仪式表达不满的人。在威克里夫去世后的一代，“罗拉德”一词渐渐地变成了法律术语。它允许邻里间告发，并出现了处理此类案件的法律程序。但如果从信仰的角度出发，普通民众对“罗拉德”理解仍然无所不包，既有对圣像是否拥有神力的不同看法，又有认为上帝对一些牧师的祈祷置之不理的观点，还有对个人主动性是否有助于提升宗教修为的不同见解。无论是沉迷于宗教书籍、热衷讨论宗教问题的人，还是喜欢对宗教经典或信仰与人争论不休的妇人，抑或潜心钻研英语宗教书籍的人，甚至是那些只是对堂区牧师稍有不敬的教众，都有可能被扣上“罗拉德派”的帽子。

与政治领域的挑战一样，让王室在理论和实践层面更感到沮丧的是，它试图让数以千计的堂区遵从统一教义，但在这些堂区中，数百名传教士藐视教会及政府的权威。英格兰被认为是一个受到邪恶的理查一党和误导群众的传教士攻击的政体，他们在传播宗教错误的同时推进政治阴谋。为了应对这一双重威胁，亨利四世采取了虽然在欧洲大陆上早有先例，但在英格兰从未出现的措施，在政府与教会这两大权力机构间建立起密切的合作关系，通过法律来确保治下之民在宗教及政治上严格遵守正统观念。

1000 年前，在罗马帝国刚刚皈依基督教的时候，把基督教奉为国教，并由帝国的皇帝领导，他将教会和国家结合在一起。但在欧洲的西部，尤其是在不列颠诸岛，这种情况从未发生过。虽然宗教法庭在惩罚渎神罪的同时，偶尔也会打压异端，但政府当局一直都没有追寻异端，而英格兰、威尔士、苏格兰、爱尔兰也都没有受到包括卡特里派、瓦勒度派在内的主要异端学说的影响。然而，亨利四世的王国却变成一个多疑，且使用严刑峻法迫害少数派宗教的国家。1401 年，在接到教士的请愿书、听取 3 位王室特派员的请求之后，议会匆忙起草了一份语气夸张的《论以火刑惩罚异端》（De heretico comburendo）的法案，或更确切的说法是“反罗拉德”法案。该法案制定了明确的法律程序，王室法官可依此主动缉捕和惩处异端。对亨利来说，这是一届艰难的议会，在这一年，他让一些曾经为理查二世效命的官员回归，以确保政府能够更有效率，以应对叛乱和动荡。按照法案的规定，无论男女老幼，持“罗拉德派”观点的人都成了叛徒。

法案所产生的指令由治安官执行，一旦异端被由各教区主教及其随从人员主持的宗教法庭判定为屡教不改者，则被处以火刑。按照英格兰的惯例，王室令状是根据主教的要求为促进教会的目标而发出的，而到 13 世纪中叶，为抓捕叛教者、逃离属地的宗教人士和被逐出教会的人也签发了令状。在这两种情况下，郡督可凭令状利用王室资源和人员达到目的。焚烧异教徒的命令也是如此。

煽动叛乱和在宗教问题上偏离正统被认为是相辅相成的：莫尔顿修道院（约克郡）有一位名叫吉尔伯特的修士，他在威尔士担任牧师时，遭到修道院院长的告发，院长宣称他在斯克罗普大主教发动叛乱时离开修道院，可能是为了支持格兰·道尔。而异教徒的习惯可以也可能体现在生命中涉及生老病死的关键环节：约翰·切恩爵士（Sir John Cheynne）是一位信奉罗拉德主义的骑士，他要求使用结实耐用的灰色土布为自己制作寿衣[①]。“罗拉德派”既有脾气暴躁的怪人，又有厚颜无耻的刺头。

尽管威克里夫的作品因对教会与政府间的密切关系，表现出有改革倾向的批评而受到谴责，但在这几十年中，对教会改革的呼声也十分强烈。罗马教廷先后于1409、1415年，分别在比萨、康斯坦茨召开大公会议，欧洲各国顶尖的宗教学者参会，英格兰同样也派出了由主教及神学家组成的代表团，参会讨论威克里大数十年前提出的问题。与此同时，英格兰全国各地的图书生产中心出版了数十种不同的小册子，虽然并没有表现出强烈的改革倾向，但更具争议性。而无论是阅读这类小册子，还是使用英语的《圣经》(许多特权阶层的成员都拥有英语《圣经》)，都并不一定会令当事人被发现或遭到迫害。只有少数的违法者被送到大执事面前或主教法庭上，通常是那些在各教区的主教加强执法力度时，公然蔑视教会权威，屡教不改的死硬派，他们不愿融入主流社会，也不愿成为安分的臣民。

在理查二世遭到罢黜后的那几年中，对现状不满者和口出狂言之人被看作是威胁，王室和教会都对他们又恨又怕，会毫不犹

① 这是因为罗拉德派的教义反对华而不实的宗教仪式。

豫地镇压。坎特伯雷大主教同时也是王室大法官，他得到国王的首肯，创立了一套用于迫害异端的机制，这表明政府已经与教会建立了全新的合作关系。1410 年，威尔士亲王亨利批准对一个名叫威廉·巴德比（William Badby）的工匠进行公开审判，宣称他是一个不知悔改的异端。这是威廉经受的第二次审判，以国家审判的形式上演，在圣保罗大教堂由坎特伯雷大主教、约克大主教担任主审官，邀请全英格兰地位最高、权势最盛的主教、贵族旁听。阿伦德尔大主教试图说服巴德比，但他拒绝改变。威尔士亲王给了巴德比最后一次活命的机会，但巴德比拒绝了，他被送往史密斯菲尔德受刑。亨利王子在这里与正统势力结盟，这是一个由他父亲创建的教会和国家组成的无情联盟。巴德比被处以火刑的做法传递了明确的信息，表明英格兰深受“罗拉德主义”的毒害：几年之后，一段布道辞宣称“令人发指的罗拉德主义就好似猛烈的蛇毒”，造成了这个国家的衰弱，只要“威尔士有一点风吹草动”，整个英格兰王国就会分崩离析。

在恢复正常宗教秩序的过程中，当局面临界限与定义带来的问题。不同的教众的宗教情感截然不同，而完美的宗教境界需要利用传统宗教所提供的一系列机会来达成。家境殷实的教徒会在遗嘱中做出相应的安排，并且指定可靠的遗嘱执行人。琼·佩尔（Joan Peyl，1382—1412）是一位伦敦布商的妻子，自 17 岁丈夫去世之后便开始守寡。她出资建立厄斯灵伯勒学院[①]（北安普敦郡），以此纪念亡夫，为他的灵魂祈祷。佩尔与生活在同一

① 此处的college（学院）是指由教士组成的法团，目的是为逝者的灵魂祈祷。

历史时期的林恩主教区（诺福克郡）的马格丽·肯普（Margery Kempe，约1373—1438）一样，也会经常踏上朝圣之旅，并且也是东伦敦的迈纳塞斯修道院的常客，但她会在与修道院的修女共同生活、祈祷、投身慈善事业的同时，像普通的俗众那样处理日常事务。1415年，生活在韦恩弗利特（林肯郡）的厄尔拉卡的威廉（William of Erlakar）留下了极其详细的遗嘱，一方面保证自己的妻子和未结婚的女儿不会忍饥挨饿，一方面又为各式各样的宗教机构提供捐款：他向自己所在堂区的教堂和波士顿镇（林肯郡）的托钵修会捐款，请求托钵修士按时前往堂区教堂，为他的灵魂祈祷；向当地的两所修女院捐款，以之为当地的教堂、小圣堂提供各种织物；向堂区内的贫苦之人捐款，就连“波士顿的修士”菲利普也没有被忘记，得到了威廉留下的钱财，还获得了一件能够御寒的松鼠皮毛大衣。1400年前后，一本教友指南出版，用来劝阻俗众在宗教热情的驱使下做出某些不当行为，比如，爬上屋顶靠近十字架祈祷，既危险又不得体。

参与包括祈祷、行善、隐居等在内的宗教生活，不是简单服从教会规定，而是教众做出的明智的决定。以祈祷、行善、参与堂区宗教仪式为核心的宗教活动，与马格丽·肯普在生活中情感充沛的虔诚截然不同。马格丽宣称，自己得到了基督本人的指导：“孩子呀，我经常对你说，思考、哭泣、冥想是尘世间最为幸福的生活。”马格丽被指控是“罗拉德”异端，她本人却宣称，基督是来安抚她的，称赞她是教会的“中流砥柱”。马格丽一共生育了14个子女，她是一个过着节欲生活的妻子，一个寡妇，一个失去亲人的母亲，也是一个虔诚的宗教体验的探索者。作为一位虔诚的主妇和朝圣者，她的确也赢得了某些人的钦佩。通过她的旅行和探索，以及包括林肯主教雷平登（Repyngdon）、伍斯特主教佩弗雷尔（Peverel）、约克大主教布韦尔、坎特伯雷大主教阿伦德尔及其继任者奇切利（Chichele）在内的许多高级教士的反应，各种各样的宗教活动被揭示出来。马格丽受到了一些传统的宗教著作的启发，比如尼古拉斯·洛夫（Nicholas Love）的著作《以基督蒙福的一生为镜》(*Mirror of the Blessed Life of Christ*) ——听闻此书的内容之后，她甚至宣称，自己用眼泪“重新书写”了此书。尽管马格丽的所作所为引起了许多教士的不满，但这并没有妨碍她度过多姿多彩、充满传奇色彩的一生。尽管她的女性身份给她招来更多恶名，但她在英格兰乃至在国外都得到了容忍，甚至获得了钦佩。而伦敦的皮革商约翰·克莱登（John Claydon）可就没有那么幸运了。1415 年，他被当局处以火刑，而他的罪名只是拥有英语书籍，比如，一本名为《烛火之光》(*The Lantern of Light*)，刚刚出版，用精美的羊皮纸作书页，用红色的皮革作封皮，表达不同见解的宗教书籍。

由教区主教主导的宗教迫害机制渗透到每个堂区，这不仅是一种威胁，也是一种机会。这是因为无论是举报异端罪的嫌犯，还是揭发不端行为，都会建立正直良好的声誉。堂区或村庄的政治通常以堂会理事的活动为中心，堂会理事大多是男性，他们通常家境殷实。堂区或村庄也为堂会理事提供了进行行政管理，发挥领导力，施加影响力的舞台。堂会理事掌管的钱款来自募捐，比如，那些在罗宾汉游戏、堂区酒会和其他狂欢活动结束后，按照惯例募集的钱款。上述款项主要用来维修教堂。然而，即使围绕这些地方性事件，也会形成利益分歧：1415 年，在布里奇沃特堂区内，一个名叫霍斯利的村庄（萨莫塞特）的村民回绝了堂区的募捐要求，宣称本村的居民拥有自己的小圣堂，没有必要再为其他的教堂募捐。堂区偶尔也会收到一些教众的个人捐赠，捐赠者的社会地位很快就会得到认可。此类捐赠的例子有，伦敦城圣安德鲁贝纳德城堡（St Andrew Baynard Castle）堂区教堂内的圣克里斯多福彩窗，以及1425年出现在泽西岛布雷拉德教堂旁的渔夫小圣堂内描述耶稣生平的宗教壁画。

各地的宗教画像都被赋予了神力，而一些尤其如此，比如，在伍德伊顿村（Woodeaton）的教堂内的一幅圣克里斯多福的画像，画像上的题词为：

> 无论何人，只要他看到了这幅画像
> 那么他这一整天就会受到佑护，一定不会遭遇横祸。

在这一历史时期，英格兰出现了一种名叫“基督宪章”，配有宗教诗的圣像，之后也在爱尔兰广泛流传。“宪章”把耶稣的圣体比作写在羊皮纸上，使用法律语言的文档，在文档上记录了人类与基督签订的条约——拥有信仰，便可获得救赎。基督身体的每个部分都被比作“宪章”：用来书写“宪章”的是耶稣的鲜血：

> 我头顶荆棘冠，棘刺入肉，
> 满脸的鲜血便是用来书写宪章的墨汁。

基督身上的五处伤痕是证明宪章效力的印章：

> 啊，我血流不止，

鲜红的血液在宪章上留下了五枚印章。

最后，基督的信徒见证了“宪章”：

不止一人见证了宪章：
除了马可、路加、马太、约翰，
还有我亲爱的母亲，
她为我的死难而痛哭流涕。

这正是异议人士所厌恶的那种宗教展示。在这一时期，英格兰出现了一首名叫《庄稼汉皮尔斯的信经》(*Pierce the Ploughman's Crede*) 的诗，它是对著名的《庄稼汉皮尔斯》(*Piers Plowman*) ①这首诗最早的模仿。这首诗讲述了复活节前夕，一个名为皮尔斯的庄稼汉想要在《信经》中寻求宗教真理，他进入堂区教堂，发现教堂闪亮的窗户上装饰有花哨的文字和纹章盾，甚至还出现了商人家族的标志。教堂已经沦为有钱人用来炫富的工具，再也不是让信徒学习《信经》的圣所。之后，主人公又描述教堂中挂满了“展示资助者身份的三角旗、刀剑、盾牌”，前来礼拜的教徒根本就没有办法认真地望弥撒，全身心地礼拜上帝。在诺福克郡的阿克堡堂区，堂区教堂北大门的装饰充分地展示了这种宗教画像与世俗画像相互融合的现象：大门上方悬挂着盾牌，用来纪念沃雷恩家族的萨里伯

① 《庄稼汉皮尔斯》结合了神学预言诗、社会讽刺诗的特点，讲述了主人公寻求基督教真理的过程。许多学者认为，该诗是中世纪时期意义极其重大的英语文学著作，甚至有可能影响到了乔叟的《坎特伯雷故事集》。

爵和菲茨兰家族的阿伦德尔伯爵。在教堂内，于1400年前后建成的圣坛屏上展示了大量圣徒的画像，而讲道坛两侧循规蹈矩，装饰有天主教教父的画像。纹章的视觉感受再加上王朝宏伟的气息，使圣徒变得更为熟悉。对在宗教问题上持有异议的文人来说，这种结合非常不恰当。

所有人居住在堂区，宗教生活存在于家庭、土地和行政活动交织而成的网络中。大型宗教法团——大教堂、修道院、修女院、联合教堂[①]——在日常运作的过程中维持着一种完全不同的秩序，无论从重要性还是自我意识方面来看。上述宗教法团能够完全专注于举行最为完美、最为华丽的礼拜仪式，并在此过程中，成为知识、艺术、精神等领域的启明灯。修道院生活时而受到追捧，时而少有人问津；1350年，英格兰及威尔士的修女总数为大约1 480人，到了1422年，这一数字上升为大约2 360人——这段时期宗教机构数量稳定（大约有144家修女院），而人口处于下降期。作为法团，修道院永远也不会解散，比王权更为持久。修道院不会受到朝代更迭的困扰，能够保持传统，以及和贵族家庭一样强烈的血统意识。在书写编年史时，圣奥尔本斯修道院的历史学家心里十分清楚，自己正在延续修道院已经持续了近三百年、由那些早已逝去的修士所书写的历史。修道院对大多数人的日常生活影响不大，但它们关系到资助修道院的贵族阶层及王室的成员，以及从修道院收入的8%中收益的人，这8%的收益会用作赈济款，以开办施赈所、减免地

① 联合教堂指由法政牧师主持宗教仪式的教堂，是拥有自治权的宗教法团。法政牧师是主教依教会传统任命的荣誉职位，职责无清楚界定，有解释教会神学法规，保卫教会教义的权力，也可以主持重要的宗教仪式。

租、在举行葬礼及庆典时分发等形式发放。修道院是用来纪念逝者的场所，其宗教仪式除了可以提升贵族家庭的社会地位，更能为某些盛大的国家庆典增光添彩。

一件文物便可以看出当时的修道院既富有，又能够动用能工巧匠。这便是完成于 1400—1407 年，由多塞特郡舍伯恩镇的本笃会修道院出资制作的《舍伯恩祈祷书》(*Sherborne Missal*)。《舍伯恩祈祷书》由 347 张羊皮纸[①]组成，在英格兰本土是独一无二的。该书的誊写工作由舍伯恩修道院的修士约翰·华斯（John Whas）负责，索尔兹伯里城的多明我会修道院则派出一位名叫约翰·西福尔沃斯（John Siferwas）的托钵修士，为祈祷书绘制了华美无比的装饰图案。誊写祈祷书的文字是一件十分辛苦的工作，约翰·华斯的自画像上，他的嘴边赫然写着“这可真是一件苦差事啊”。《祈祷书》的制作是一个严于律己，悔过赎罪的过程，换言之，《祈祷书》制作工作是完成上帝意愿的工作，即 *opus dei*。《祈祷书》的插图惟妙惟肖，不仅能够指导使用者完成全年的礼拜仪式，还收录了兰开斯特王朝统治时期王室成员及主要宗教人物的画像。1425 年前后，修道院积累了足够的资金，变得自信十足，邀请温彻斯特大教堂的石匠为唱诗班修建拱顶，完工后的拱顶非常少见：这是一个扇形拱顶，但比伊顿公学及牛津大学国王学院相同的扇形拱顶更早建成。修道具有许多社会及文化特权，可以兼顾政治忠诚与宗教规定。修道院及大教堂还能够获得资助者捐赠的大量书籍，比如，蒂特马什的约翰·洛弗尔勋爵就在 1408 年前后，请前文提到的托钵修士插图画家约翰·西福尔沃斯绘制了《洛弗尔经文选》(*Lovel*

① 每张羊皮纸长53.5厘米，宽38厘米，全书总重20千克。

Lectionary)，并把此书捐给了索尔兹伯里大教堂。《洛弗尔经文选》中的一幅彩图记录了此书的交接场景：身着黑色修士服的西福尔沃斯把书交到了身着华服的平信徒资助人手中。

大教堂也是宗教艺术的创作中心，但与绝大多数修道院不同的是，大教堂位于城市中，除了会雇用城中的工匠，以及吸引朝圣者参观，更是城市地产市场的主要参与者。大教堂在其辖区享有独立的司法管辖权，而且其经济实力也会影响到城市居民的生活。即便是在现代的英格兰，约克城及诺威奇城的大教堂仍然保持着古色古香的建筑风格和独特的氛围。大教堂不仅会开设施赈所，救济穷苦之人，还会开办学校，为城市精英阶层的子嗣提供教育服务。温彻斯特大教堂的教会学校甚至把行善与教育结合了起来。1402 年前后，这里又进行了一项尝试：约翰·塔尔马什和爱丽丝·塔尔马什夫妇是汉普郡境内一处小庄园的领主，他们承诺每年向教堂提供 12 英镑的捐款，用于为教堂里的学童提供音乐教育。大教堂的附属修道院雇用了曾经在威斯敏斯特大教堂任职的风琴演奏家、作曲家约翰·泰尔斯（John Tyes)，让他在负责 4 个学童的音乐教育的同时，指挥由男童、修士、风琴组成的唱诗班在大教堂内咏唱赞美圣母马利亚的小日课经。作为一位富有创新精神的音乐家，泰尔斯在 1418 年前后取得了温彻斯特城的市民身份。由于每一位市民都必须为城市服务，而泰尔斯又忙于音乐相关的工作，无暇抽身，他不得不每年缴纳 3 英镑的补偿金，以免除公共服务。以温彻斯特施济学校为代表的教育机构，受到约翰·皮穆尔（John Pyamour，卒于 1431 年)、约翰·邓斯特布尔（John Dunstable，卒于 1453 年)、莱昂内尔·鲍尔（Leonel Power，卒于 1445 年）几位在王室小圣堂任职的大作曲家的启发，为英格兰的唱诗班传统奠定了基础，这一传统在宗教改革中得到改变和加强。

不管是《舍伯恩祈祷书》，还是温彻斯特大教堂的圣母堂的音乐，都足以证明当时大教堂的城市能够吸引能工巧匠，拥有丰富的人力资源。此类城镇中心建立了复杂的包含组织人员、奖励贡献、质量控制、发放许可，以及维护秩序的系统，而这也正是多种行业百花齐放的秘密所在。此外，受益者只是城市人口中的一小部分，绝大部分城市居民是没有一技之长的普通劳工，只能靠打短工来糊口。专业知识的门槛很明显，而且受到高度保护。在 15 世纪的伦敦，建筑工人在许多教堂重建项目中工作，他们的工作是有组织和监督的，比如，在 1421 年参与圣约翰沃尔布鲁克教堂修建工作的瓦尔特・沃尔斯顿，以及在 1427 年为圣玛丽山教堂（St Mary at Hill）安装圣坛屏下方的神龛的威廉・塞尔。在当时的英格兰，建筑商会经常扮演现代承包商的角色。他们雇佣拥有专业技能的匠人，让其完成包括抹灰泥、铺设管道、木工在内的专业性工作，负责管理堂区资金的堂会理事则会监督匠人的工作情况。

图书在城市中十分普及。不仅富人和富有的修道院拥有华美的藏书，就连普通的民众也拥有图书。这些图书不仅有贵族及绅士阶层用来打发时间的闲书，还有外科医生、商人、教士等专业人士用来指导工作的书籍。在之前的一个世纪中，教会组织编写了一系列的宗教书籍，用来加强牧师的能力：牧灵的实用神学总结、布道指南、罪孽及美德的列表、对礼拜仪式的讲解。这些宗教书籍广受欢迎，被许多读者传阅、抄写。达勒姆教区的会吏长约翰・霍温厄姆（John Hovyngham，卒于 1417 年）留下遗嘱，请求执行人帮忙归还自己借阅的书籍，这其中除了包括拜兰（约克郡）的西多会修道院的藏书，以及伦敦某位堂区牧师的书籍，还有一本属于某位专职教士的祈祷书。约翰·米尔克在他的《堂区牧师须知》(*Instructions to Parish Priests*) 中提出的要求在这里得到了体现：书籍的所有者应当与同僚分享书籍，也可以请抄写员誊写全书的内容。对于神职人员和俗众来说，最容易获得的是与圣礼神学相关的书籍（具有极高的学术价值、极强的技术指导意义)，以及讲述应当如何赎罪的小册子，比如，由生活在格洛斯特郡南部的某位作家编写，在 1400 年前后成书，名为《纪念的凭据》(*Memoriale Credencium*) 的小册子。当时的共识是，书籍的流通对提升神职人员的知识水平极其有益，并可使数百万目不识丁及文化水平较低的普通教众间接受益。

在亨利四世在位的 10 年间，书籍的力量得到了充分的印证，尤其是误导和颠覆的力量。坎特伯雷大主教托马斯·阿伦德尔先后在 1407、1409 年颁布相关的教会法章程，将特定种类的书籍定为非法，比如把基督教经典翻译为英语的书籍，以及用英语进行神学讨论的书籍。阿伦德尔大主教在 1409 年颁布第七条章程，规定所有违反者都将受到开除教籍的处罚：

> 即日起，任何人都不得擅自把任何基督教经典翻译为英语或任何其他的语言，亦不得以书籍、小册子、短文的形式发表上述作品；与此同时，任何人都不得阅读自威克里夫兴风作浪时起出版的，以及未来有可能出现在市面上的，收录此类违法内容的书籍、小册子、短文——无论是阅读整篇作品，还是只阅读部分作品，无论是在公开场合朗读，还是私下阅读。

尽管教会对未经授权的英语宗教书籍进行了打击，但威克里夫翻译的英文版《圣经》仍然有不下 250 本存世。此外，阿伦德尔的章程列出了一些其他的有害的信息交流模式、教学内容：教师不应教授与圣礼相关的内容，传道者不应在布道辞中讨论包括圣餐礼在内的各类圣礼，而威克里夫及其追随者的母校牛津大学则更是接受严格的监管，每个月的教学内容及学术著作都要接受检查，以确认是否符合教会的正统教义。下一任坎特伯雷大主教亨利·奇切利扩大了章程的适用范围，在 1416 年时制定了教会法流程，规定所有总铎区每年必须接受至少两次检查，让那些“误入歧途，相信异端邪说之人，以及拥有英文禁书之人”无处遁形。

通过这种方式，不仅能发现阅读禁书的俗众，更为重要的是，能找出那些传播异端思想的传道者。因为尽管阿伦德尔章程禁止传播异端思想，宣扬异端思想的布道却仍然屡禁不止，他们经常为堂区牧师布道做补充，甚至有时还会登上堂区教堂的讲道坛布道。威廉·泰勒（William Taylor）就曾利用在布里斯托尔城三体教堂任职的朋友托马斯·德雷顿（Thomas Drayton）的讲道坛传播异端观点。反对异端思想的辩论家托马斯·内特（Thomas Netter）留下了更加骇人听闻的记录：伦敦城的某位女性居民是威克里夫信徒，她在 1410 年时宣称圣母马利亚在生下基督之后失去了处女之身，而《圣经》中没有任何文字支持马利亚在生子之后仍然是处女的观点。

书籍可能造成危害，将基督教经典翻译成英文的过程则更是微妙而危险的，通过这种方式，上帝的圣言会遭到扭曲，写作则可能沦为诡辩的工具。在他们的反对者看来，这就是“罗拉德派”异议者犯下的主要罪行。实际上，持不同见解的文人的确有拿正统宗教文学体裁开玩笑的习惯：他们创作了多种版本的《信经》《庄稼汉皮尔斯》和列举“罪孽”与“美德”的小册子。此类书籍不仅采用了大众熟知的体裁，还在必要的地方引用《圣经》，从表面上看既安全又有教益。由于文字创作层次繁多，文学体裁又很好模仿，而“罗拉德派”的文人更是以经典的原文作为创作的基础，教会根本没有确定的标准来辨别书籍好坏。只有全面禁止英文宗教书籍才能确保绝对的安全。而阿伦德尔章程不仅限制了俗众阅读的宗教书籍，也束缚了牧师的手脚；他们那贫瘠的藏书也很容易让他们惹上麻烦。

在这一时期，堂区牧师必须小心谨慎，因为异端观点已经导致教会加强了对牧师的审查。每一个堂区都有许多好事的教众，只要有高级教士前来视察，他们就会对牧师和其他神职人员的行为，给出翔实的证言。1405 年，索尔兹伯里的总铎约翰·钱德勒（John Chandler）在视察法灵登（德文郡）堂区时得知，该堂区的代牧既不传道也不教化教众，没有为自己管辖的堂区提供专职教士，并且疏于管理，令奥尔本斯小圣堂变成了一片废墟；他还在应当在教堂中主持日常祷课的时候外出办事，而且经常出入酒馆，并与居住在辖区内的信徒埃玛·威布斯行苟且之事，犯下了“通奸罪、乱伦罪”。在旺蒂奇（伯克郡）堂区，一位名叫威廉·哈丁（William Hardyng）的专职教士虽已娶妻生子，但仍然在圣坛旁协助主持宗教仪式；他在使用堂区的银质圣器时从不轻拿轻放（甚至还损坏了一些银器）；他拒绝陪同代牧探访生病的教众；他把教士的法衣带回家供家人使用；他有时会与子女一起在教堂中过夜，睡在之前提到的法衣上。不出所料的是，面对这种对牧师生活的审查，阿伦德尔在 1409 年颁布的第三条章程规定，传道只能针对俗众的罪孽，如果牧师行为不当，只能由教会内部的人士宣讲拉丁文的布道辞，俗众不得旁听。

随着宗教迫害的气氛越来越强烈，以及教会对宗教表达的管控不断加强，人们越来越焦虑，特别是学者和牧师群体。直到1412年，比尔里吉斯堂区（Bere Regis，索尔兹伯里教区）的代牧仍然必须为自己正名，因为在14世纪80年代，他是牛津大学埃克塞特学院的研究员，曾与威克里夫的某位追随者共事。流言引发大量不着边际的故事；罗拉德派的传道者被认为是堕落的神职人员，女性传道者则是对自然秩序更为严重的威胁。1415年，托马斯·霍克利夫创作了名为《写给奥尔德卡斯尔的劝诫书》（*Remonstrance against Oldcastle*）的长诗，在诗中讽刺了当时刚刚出现的扭曲的阅读习惯。霍克利夫劝诫沉迷于阅读基督教经典的骑士，认为他应当选择更为恰当的读物，比如，浪漫故事或战争艺术的书籍：

> 看在基督的面子上，听我一言吧，奥尔德卡斯尔，
> 不要不知深浅，一门心思地阅读宗教典籍，
> 去读一下《湖上骑士兰斯洛特》的故事，
> 或者维盖提乌斯的著作《论骑士精神》吧，
> 哪怕读一下《特洛伊围城战》《底比斯围城战》也是好的。

在霍克利夫看来，女性信徒阅读经典的做法更加令人无法容忍：

> 甚至还有一些女流之辈，不知自己才疏学浅，
> 偏要与人讨论《圣经》。
> 无耻下流的老妇人啊，你们就应当安分守己，做一点针线活，
> 在闲扯时找一点其他谈资。

因为你们都见识短浅，

根本就无法真正地讨论宗教经典。

对“罗拉德派”的诽谤中伤甚至还存在于画作中：一本15世纪早期的《庄稼汉皮尔斯》内有一幅名为“疯癫的罗拉德狂徒”的插画，画中人打着赤脚、衣不遮体、不修边幅，似乎精神也不太正常。一个由执迷不悟的神职人员、误入歧途的骑士、死不悔改的泼妇组成的少数派被凭空臆造出来，而对付他们的是国家机构、教会的掌权者、邻居警惕的目光，以及漫画家的想象力。

尽管礼拜的方式、阅读习惯、是否在讨论宗教问题时使用本国语言这三大议题成为判断信徒在宗教领域是否标新立异的标准，但威克里夫引发的争议不仅于此。有些争议也涉及了应当如何治理国家、如何分配社会财富的问题。因为下议院的一些议员赞同威克里夫政治神学理论中提出的应当如何处理教会与财产、牧师阶层与财富、管理权与社会义务的关系的观点。甚至在教会机构搜捕异端嫌犯的同时，议会中也出现了对神职人员特权的批评。根据自古以来的习俗和历史沿革，英格兰堂区教堂收入有大约40%被分配给了修道院。修道院从堂区的什一税中拨出一部分，用来为常驻堂区的代牧提供俸禄，让他在为堂区内的信徒主持各类圣事的同时，负责维护堂区教堂的硬件设施。如果修道院没有履行上述义务，堂区就会遭到侵害：这是以牺牲堂区民众的利益为代价而使修道院获利的行为。正如威克里夫论证的那样，把世俗财富交给神职人员管理只会令人腐化堕落，而教会将收入从穷人和有需要的人那里转移给修道院也会产生腐败。

在15世纪的最初10年，议会收到了一系列要求当局革除上述弊端的请愿书，最终在 1410 年的“没收资金议案”中达到顶峰。该议案提出应当建立 100 所由教会收入提供资金，由世俗权力机构负责管理的济贫院，将世俗机构与对慈善资金的控制权联系在一起。该议案还将社会地位与慈善义务联系起来，乡绅与伯爵一样，需承担义务。这种政治和社会改革的思路在议会请愿书中得以延续：1414 年的请愿书提出医院改革的建议，如果继续放任神职人员挂名担任院长，医院就无法实现建立者治病救人的初衷。这是对教会慈善事业管理的严肃批评；它不是在教义问题上向教会发起挑战，而是表达对教会秩序的关注，与威克里夫对教会的不满经常不谋而合。在议会的下议院中，许多请愿书的支持者都是绅士和商人，一旦议会准备成立相应的慈善机构，他们就会在自己所在的地区成为这些机构的管理者。这就是一个世纪后解散修道院时发生的事。

王室及教会的防御性指责中包含着出人意料的事实真相：有一小撮家境殷实、学识渊博的臣民，他们有权有势，拥有较高的社会地位，热衷于以本国语言为基础来探究宗教真理，并把这一传统看作珍贵的特权，认为它是彰显自主权的标志。该传统在特定地区、特定的社会圈子内表现得尤其强烈。1407－1408 年，数位波希米亚的学者拜访了米德兰兹地区的威廉・伯利（William Burleigh），并以伯利私人图书馆中的藏书为依据，订正他们手中威克里夫的拉丁文著作中的错误。1400 年前后，米德兰兹地区东北部的学者编写了一份手稿，收录了以福音书的评注为基础，用于在五旬节时向教众讲道的布道辞，其中一篇评注的作者正是威克里夫，其中的部分内容完全符合教会的正统教义，但另一部分内容很有可能被视为异端思想——当然这是在 1407 年之后了。

“罗拉德派”并不是一个拥有明确特点的团体，但“罗拉德”这一标签，却为国王实现政治目的，主教显示教会权威，以及一些人告发邻居提供了便利。某些服侍国王的臣子支持著名的“罗拉德派”传道者，但他们很少会因此被视为叛国者。1414 年 1 月，发生了一场被称为“奥尔德卡斯尔叛乱”的事件，它充分展示了一个小小的反抗行为能产生多大的政治资本。奥尔德卡斯尔出身赫里福德郡的骑士家庭，他先是在 1400 年前往苏格兰作战，之后又在 1401 年在威尔士南部为国王效力（他接连担任了数座城堡的守军指挥官），参加了亨利四世全部的军事行动。他是亨利王子的亲信，于 1404 年当选议员，之后更是成为郡督，还很快获得了美满的婚姻。1408 年的这次婚姻让他接触了一个无视教会禁令的家庭。1413 年，当局审查了包括奥尔德卡斯尔在内的数位骑士的宗教观点，并把审查结果呈交给了国王。亨利五世准许法庭发起针对奥尔德卡斯尔及其随从人员的诉讼。奥尔德卡斯尔无视法庭的传唤，前往自己位于库林（肯特郡）的城堡避难。当局最终逮捕屡次无视传唤令的奥尔德卡斯尔，先是把他关进了伦敦塔，之后又把他押送至圣保罗大教堂，接受由阿伦德尔大主教主持的审判。在被问及对十字架的看法时，奥尔德卡斯尔像许多接受审问的异端嫌疑犯那样，把自己的身体比作十字架。他被革除教籍，而亨利五世给了奥尔德卡斯尔 40 天的缓刑期限，提出只要他能够在这段时间内悔过自新，就可以保住性命。1414 年 1 月 9 日，奥尔德卡斯尔成功逃脱，这几乎是不可能完成的任务。他之后纠集了一些支持者，策马前往伦敦城外的圣吉尔斯原野。得知王室部队正在逼近的消息后，他们马上逃窜，奥尔德卡斯尔后在威尔士浦（波伊斯郡）被抓获，又一次成了伦敦塔中的阶下囚，后作为异教徒被烧死。数名服侍国王的臣子曾支持奥尔德卡斯尔，但亨利五世在他们做出支持正统教义、向国王效忠的承诺之后，赦免了他们：赫里福德郡的托马斯·哈瑟莱（Thomas Haseley）虽然曾担任约翰·奥尔德卡斯尔爵士的顾问，但在 1445 年，他还是被封为爵士。刚刚继承王位的亨利五世通过镇压奥尔德卡斯尔的叛乱，以及赦免从犯，既宣扬了正统，又展示了权威。

乡村生活

对于农民来说，这仍然是一个充满机会的时期，因为出租优质农田的趋势仍在继续。在这几十年里，庄园主从私有地中选择良田吸引租户的漫长过程终于接近了尾声。农业劳动力供不应求，农业生产率不断下降，经营庄园变成了一项困难重重、风险极大的工作。瘟疫的反复侵袭不断地干扰着人口、牲畜、病虫害、建成环境之间的平衡，导致建成环境越来越残破不堪。庄园总管的职位变成了许多人都难以胜任的苦差事。1379—1406 年，亨德克莱（Hinderclay，萨福克郡）的领主接连任命了 14 位庄园总管，这其中只有一人在总管的位置上非常成功地待了 10 年。总管在经营庄园的过程中要做出许多艰难的抉择：在东盎格利亚，为了降低成本，羊群被集中饲养，但因此加剧了近亲繁殖问题，导致羊群更易遭受疾病的侵袭。在威斯贝奇（Wisbech，剑桥郡），由于羊毛价格持续走低，为了削减成本，庄园总管忽视了维修羊圈，这样一来羊跑到沼泽吃草，不仅导致腐蹄病泛滥，还有一些在沼泽中溺亡。庄园管理者不断地对成本及投资的收益进行估算，这也决定了农业劳动者的工作条件。

一些世俗领主选择了完全不同的道路，即发展劳动密集型的农业和严格执行传统领地权利，比如，贝德福德郡的里辛的领主格雷勋爵，在15世纪实现了庄园收入的稳定增长。在这一时期，租户可以通过租赁得到农业用地的使用权，这为村庄扩张创造了机会，也为农户迁徙到临近庄园创造了机会。只不过，尽管租约激增，但通过继承获得土地的做法仍然深入人心，是土地转让的主要方式，不仅有隔代相传的情况，甚至还出现过早已离开村庄的远亲继承土地的情况。1404年，在沃里克郡的伊利村，托马斯·亚当斯（Thomas Adams）在外甥女去世后，继承了罗杰·克特尔（Roger Ketel）[①]名下的半雅兰[②]土地；而托马斯死后，这块土地应当由他的弟弟继承。然而，1420年，罗杰·克特尔的一个血亲宣称是土地真正的继承人；陪审团更倾向于这个主张，虽然此前村中根本就没有人知道这个陌生人的存在，但这并不会影响他与克特尔的血亲关系比托马斯·亚当斯更近。通过继承而持有的土地的地租较低，而那些新的租约，即便是更为肥沃的土地，平常人家也会因高额地租而望而却步。

农村社区是农业合作的监管者。在这几十年间村庄产生的相关文件，反映了农业合作的发展进程。1410年前后，在哈尔斯顿村(诺福克郡)，村民在村子东北方和南方的两块土地上种植小麦、大麦、豆子、豌豆，为全村人提供全年的口粮，并留下一块地休耕。与此同时，一个九人的委员会（包括几位村民）负责监管家畜在草

---

① 罗杰·克特尔的妻子是托马斯·亚当斯的姐姐；托马斯的外甥女名叫爱丽丝·柯尔特。

② 1雅兰约等于0.06平方公里。

甸、草场上的放牧情况。庄园主承诺会在庄园的私有地周围设置围栏，为自己的土地及租户的土地确定明确的边界，防止庄园的牲畜误入农田给租户造成经济损失并产生仇恨。1425 年前后，在莱斯特郡的怀姆斯沃尔德村（Wymeswold），3 位庄园主与村民就“小麦、大麦田”“豆类作物田”和休耕田的播种方式达成一致。农耕作业与村庄的慈善事业是联系在一起的，如果牲畜进入了领主的土地且毁坏农作物，则要按照每平方英尺一便士的标准缴纳罚金，并交给堂区教堂。慈善关怀也体现在拾落穗的相关规定中，其规定只有那些无法自食其力的人才可以在稻谷收割之后去田间拾落穗。

农村地区生活的方方面面，包括每一个使用或出售资源的机会，都会受到密切关注，而决策权归于地方。农业生产的组织者密切关注各种迹象，搜集各类流言，来预判供求和价格的趋势。在诺福克郡的乡下确定耕种方式，与在伦敦的同业公会做出复杂的商业决策，并没有太大的区别。了解庄园总管做出的种种决策具有启发性：在 1400－1408 年，费尔布里格庄园（诺福克郡）制定的耕种计划规定，在休耕之后，依次种植小麦、大麦。因为在休耕后，用于制作面包、生产啤酒的小麦和大麦这类主要的农作物，能够获得最好的生长条件。亨德克莱庄园（萨福克郡）也采取了类似的策略，首先种植豆科作物滋养土地，之后再种植用于生产面包和啤酒的大麦。为了满足市场对麦酒的需求，彼得伯勒修道院（贝德福德郡）的一些地产同样也把大麦当作主要的农作物种植。不仅每一座村庄都拥有独特的农业生产节律、模式，就连属于同一位领主的不同领地也是如此，这反映了不同地区不同的习俗、需求，也是对环境、市场，以及领主食品消费习惯的解读。无论是租种土地的农民，还是庄园领主，都面临农耕作业盈利能力下降的问题，只得不断地缩小作业规模，而愿意租种土地的农民的数量一直有限。

那些愿意继续租种土地的佃户不仅能够讨价还价，有时甚至还能得到土地主的帮助：1412 年和 1413 年，拉姆西修道院按照不同作物的播种比例，为金斯利普敦（Kings Ripton）、阿伯茨利普敦（Abbots Ripton，亨廷顿郡）两地的新租户提供了用于第一次播种的种子，总共为 4 蒲式耳的小麦、3 夸脱的大麦、3 夸脱的豌豆。约翰·怀特及其妻与拉姆西修道院签订的租约规定，他们租种的 0.024 平方公里的土地，要种植 0.004 平方公里的小麦、0.008 平方公里的大麦、0.004 平方公里的豌豆。在苏塞克斯郡威尔德地区的混合农业经济中，不同种类的豆类是主要的作物。豆科作物不仅可以作为食品类的实物报酬（与少量的现金、燕麦一起），还可以用作猪饲料，还能满足市场及领主对豆类的需求。苏塞克斯的萨克维尔家族的领地克拉弗勒姆和查尔文顿（Chalvington），在 1413－1414 年共有 0.43 平方公里耕地，这其中有大约 1/4 的土地被用来种植豆类作物，而到了 15 世纪 20 年代，用来种植豆类作物的耕地比例已经超过了 50%；布莱克赫斯特（Blackhurst）的居民每年都会消费大约 20 头用本地种植的豆类饲养的肉猪。

各地的耕地面积都在缩小。在人口没有增长迹象的情况下，对玉米面包的需求正在被肉类和奶制品取代。庄园总管除了会设法为佃户提供作物的种子，还会想办法为佃户寻找用于维修建筑物及住宅的物资。在波丁顿村（贝德福德郡），佃户可以从庄园主的园林得到用来修建及维修农舍的木料。1413 年，一个名叫理查德·汤姆斯的村民不仅获得了庄园主提供的木料，甚至还得到了维修工作的工钱。在贝德福德郡南部，彼得伯勒修道院将包括谷仓、马厩、牛圈在内的整座农场租给了佃户。同样，15 世纪 20 年代，温彻斯特大教堂的附属圣斯威森修道院（priory of St Swithin’s）也把位于白垩丘陵地区的大多数地产租给了佃户。在出租地产的过程中，像圣斯威森修道院这样大型的法团类地主，与所在地的居民建立了复杂而密切的关系。1400 年，耕种斯托克顿庄园私有地的农户约翰·马斯科尔，也是圣斯威森修道院修士拉尔夫的父亲。与拉尔夫的父子关系很可能帮助约翰在 1417 年获得了自由（即领主下令授予农奴自由人身份），之后又以领取修道院救济的人员[①]的身份退休，由他曾经耕种的斯托克顿庄园提供生活费。约翰·马斯科尔获得自由标志着一个长期制度的结束——1380—1420 年，没有人身自由的农奴人数越来越少，农奴制度几乎完全消亡。只不过，许多自由民手中持有的是“不自由”的租约，租户在缴纳地租的同时，还要提供包括劳动在内的各类服务。

在土地供大于求，地产不断破碎化的大环境下，出现了许多有趣且复杂的土地保有方式。这一时期的土地市场异常活跃，许多大地主都急于出售名下的地产，所以有时甚至有可能购得整片的地产：埃德蒙·格雷（Edmund Grey）勋爵就购得了贝德福德郡境内的安特希尔城堡。更为常见的情形是，农民会交换和整合名下的地产。一些农民成为自耕农阶层的成员，或是在地方上赢得了更高的社会地位，变得更具野心。这不仅是在 15 世纪早期的贝德福德郡十分普遍的现象，在整个 15 世纪，威尔士也是如此。随着庄园形状和所有权的改变，景观也发生了变化。15 世纪，有人调查了阿伦德尔家族位于康沃尔境内的地产，发现许多曾经用作耕地的土地

---

① 领取修道院救济的人员（corrodian）可以在修道院提供的房屋中居住，终身领取修道院提供的衣物、食品。

已经变成了用来放牧的牧场，之前的名字也被遗忘。

乡村房屋的大小和形状能够反映出农业作业的人口的社会等级：在英格兰和威尔士，随着羊群数量的增加，越来越多的农村人口变成了牧羊人，每年都有好几个月的时间居住在装有轮子的窝棚内，与羊群一起四处迁徙。在东米德兰兹地区，定居的农户会用石头打地基，用木条混合灰泥修建农舍。举例来说，在贝德福德郡南部，每户人家平均拥有 1.5 个壁炉，而在那些更为富有的村庄中，家境殷实的农户的住宅中通常会有两个、甚至三个设有壁炉的房间。租种土地的佃户会采用多种多样的途径来满足家庭成员的生活需求。他们会与邻居交换渔猎所得的禽鸟、水产，还会自己酿造啤酒，并前往当地的乡村集市购买其他的生活必需品。无论是在英格兰，还是在威尔士，乡村集市都十分普及，为绝大多数农村居民买卖商品提供了方便。

消费模式的层次结构能够反映出消费者的社会等级。穷人会在当地的市场购买少量的生活必需品，家境殷实的人则会前往小城镇及地区经济中心购物。权贵阶层的成员会前往大城市，甚至专程跑到伦敦，采购来自已知世界各个角落的奇珍异品。以邓斯特（萨莫塞特）的休·勒特雷尔爵士（Sir Hugh Luttrell）为例，许多事业蒸蒸日上的骑士家庭在 1405—1406 年会前往离家不远的小城镇采购大多数商品：从波洛克、迈恩黑德（距离分别为 10 公里、2.5 公里）购买鱼，从沃切特（距离为 8 公里）购买石灰、马蹄铁。前往的最远距离采购的商品有：从汤顿（距离为 27 公里）购买葡萄酒，从布里奇沃特（距离为 31 公里）购买香辛料、蜡、锡制品。索尔兹伯里主教理查德·米特福德（Richard Mitford）这类大户人家的下人也会前往附近的小城镇，采购绝大多数的商品，只有蜡和纸张这两种繁忙的主教府大量使用的物品需要前往伦敦采购（距离为120公里）。即便是规模最小的村子，也会有小商小贩、内外科医生，只要村民愿意支付货款、诊金，便可购买货物、看病就医。

绅士阶层的家庭通常都能过上很好的生活，而前提是，他们能够充分利用家族土地生产的农产品，在市场上以合理的价格购买商品，而且没有因为购买土地、兴建住宅而耗费太多的财力，或者家中没有人因为在法国作战时被俘而欠下巨额赎金。在萨福克郡有一位名叫爱丽丝·德布赖恩（Alice de Bryene）的遗孀，在1418—1419年，其家庭一共消费了46头牛、44只猪、57只羊、不计其数的家禽、3只野鸡、13只松鸡、3只苍鹭、102只兔子、5只小天鹅；此外，其餐桌上还经常出现鳕鱼、黑线鳕，梭子鱼、鲟鱼则较为少见。爱丽丝有近一半的支出用于购买食物，因为她不仅要款待亲朋好友，还必须养活帮她管理庄园和田产的人，她在埃塞克斯、萨福克和西南部诸郡拥有总面积多达12平方公里的田产。这些人中有木匠、执达吏、审计员、财产受托人和侍从，爱丽丝除了要为他们准备餐食，如果有下人从距离较远的地产过来办事，她往往还为他们提供住处。修道院通常都会向修士分发大量的食物，很可能是让他们与住在附近的家人分享。贵族家庭会消费大量的肉类、面包、葡萄酒，导致热量摄入过多，以至于我们不得不假设，购买和烹饪这些食物，既是因为他们想要满足口腹之欲，也是因为他们想要显示自己的身份地位。白金汉公爵位于韦奇诺克园林（Wedgenock Park，沃里克郡）的古德雷斯特的家中，厨师用香料、药草制作出的食物，似乎只可远观，而不可果腹——在公爵的餐桌上，食物是给人看的，而不是为了填饱肚子。

城镇与乡村间存在几种有趣的联系方式。大城镇的工匠受到行会的保护，同时他们也与城镇周边的村庄、小城镇保持着密切的联系，从这些地方雇佣劳动力和购买原材料。为了更透明和便于管理，许多城镇都要求所有的镇民加入手工业行会，比如，诺威奇、考文垂就分别在 1415、1421 年出台了此类规定。在不断萎缩的市场中，手工业行会既监管对学徒的培训，又可以加强对产品质量的控制，例如，伦敦的金匠公会就对在称量贵金属时使用动过手脚的量具的成员处以罚款。1403 年，一位名叫约翰·韦尔福德的金匠因为在安装银质号角时工艺不过关而被罚款；另一位名叫罗伯特·豪斯的金匠因为把被视为行业机密的熔融白银的方法透露给了“行外人”而受到处罚。利润的下降也促使城镇居民各自利用技能优势，开展多种经营。约克城有一个名叫休·格兰瑟姆（Hugh Grantham，卒于 1410 年）的石匠，承担教堂的维修工作，他还是一位商人，不仅买卖牛羊，还出售谷物、大麦，约克城内许多面包师、酿酒师都是他的主顾。格兰瑟姆去世时，仅仅是谷物一项，就仍然有 85 英镑未能收回的货款，而未收回的布料货款总计 9 英镑。

为了适应不断变化的经济环境，人们积极主动地开展多种经营，同时也加速了人口流动，出现了许多全新的商业关系。住宿及餐饮业变成了发展最为迅速的行业，从一个侧面反映出了人口流动的快速增长。约克郡的住宿业可以为包括朝圣者、商人、王室官员在内的旅行者提供 1 300 个床位，而旅馆的经营者更是变成了受人尊敬，有资格获取市民权的城镇居民。英格兰的旅店以热情好客而闻名：外国的旅行者评论说（在我们看来很不可思议），旅店的老板娘会用接吻礼迎接宾客。

法 律

随着对土地和个人进行限制的法律渐渐地失去效力，人们可以以过去不敢想象的方式规划自己的未来。新类型的法律条文和法律培训有助于将法律程式、法律惯例推广到更多的社会活动中，让法律活动全新的参与者从中受益。在这几十年里，宫廷英语发展成了一门用于行政管理工作的规范化语言——毫无疑问的是，这得益于亨利五世及其内廷在编写政务及军事报告时使用英语的做法，而有商业背景的人能够轻松适应这种语言。生活在那个时代的人都意识到了这种选择，并且也赞同它的影响：

> 现如今，我们的母语发扬光大，登上了大雅之堂……这完全是因为，最为贤明的国王陛下亨利五世……在表达圣意时，为了更好地让治下之民了解自己的旨意，愿意使用英语……从而让书面语言促进了原本只是一门口头语言的英语的发展。

法律的基础是以英语为媒介进行的社会活动，包括借贷、承诺、建立伙伴关系在内，所以在使用英语的大法官法庭，案件的审理过程十分顺畅。在这几十年里，新的司法概念得到了发展：虽然普通法擅长处理与土地相关的纠纷，但由于当事人必须提供文件证据，因此不太适合那些无法提供羊皮纸卷证据的活动，比如，以握手表示同意的方式签订的合同，或是商人做出的口头承诺。

大法官法庭试图为那些无法利用普通法维权的人提供补救措施，在此过程中借鉴了罗马法、教会法这两种能够反映人类良知、自然法则的法律体系，从中获得了启发及原则指导。对欧洲的所有国家来说，罗马法是普通法，适用于欧洲各国，除了所有的教会法庭，海事法院、衡平法院、外交法院也都把罗马法视为法理基础。接受罗马法培训的人能有机会进入大法官法庭工作，处理数量快速增多的法律事务。在理查二世在位时，一些颇具先见之明的臣子为大法官法庭成为主要法庭奠定了基础，但亨利五世真正频繁地利用大法官法庭，处理那些普通法难以解决的案件，确保司法公正。在1415－1422年的某个时候，亨利五世恢复了理查二世的《国王陛下的大法官法庭法令》（Ordinances of the Lord King's Chancery）的效力，此后威斯敏斯特大厅的大法官法庭平均每年要审理大约54宗案件。在亨利五世的统治末期和他儿子的统治时期，大法官法庭提供了一个讨论“衡平”这一概念的论坛，提出法律应当贯彻正义原则，而不是普通法的正当程序。在这几十年里，大法官法庭的主要使用者是骑士、士绅、教士、文书、商人，因为它能够有效地处理与承诺及誓言有关的案件，可以裁决因土地所有权争议而发生的诉讼。尽管大法官法庭通过裙带关系和赞助的方式运作，其中绝大多数工作人员是约克郡出身的文书，很少有受过大学教育的人，但为那些不属于普通法法庭、巡回法庭管辖范围的人提供了更有效、更公正的法律服务。

财政部也能成就普通人的法律事业。在切森特教堂（赫特福德郡）内，尼古拉斯·狄克逊（Nicholas Dixon）的铜像赫然耸立，见证了他平步青云的传奇历程：1402年，年轻的狄克逊成为财政部的一名文书；1413年，他成为资深文书，次年又成为管理“国库卷档”的文书；1421年，他成为副司库，之后又在1423年成为财政大臣。服侍国王的臣子必须跟随国王在各地奔波，还要在国王离开英格兰，王廷不在国内的时候（亨利四世从来都没有，亨利五世则有好几次）解决财政问题。这是一种服务性的生活，但也确有回报。

律师学院的培训能够让出身一般的普通人获得宝贵的法律专业知识。法律界人士渐渐地拥有了群体认同感，在这一过程中，法律培训的制度化及“律师学院”这类机构的建立起到了尤其重要的作用，而这类团体机构既有社会性，又有专业性。在这一时期，律师在法庭审理中接受训练，而法官也会利用法庭休庭的“学习假期”向律师传道授业。这一体系与剑桥大学和牛津大学正在发展的导师制类似，在导师制教学中，学院的资深的成员教导低年级学生。律师学院与大学的学院相似，也能够做到寓教于乐。在一个名为弗尼瓦尔学院的律师学院，学员除了接受培训，还会在圣诞节时聚餐，以及一起观看演员及小丑上演的喜剧表演。

法律体系吸引了大量的从业人员，同时得到了广泛应用。即便是在小村小镇，民众也需要法律服务。在这一时期，伦敦的哈斯廷斯法院受理了许多寡妇为了取回亡夫遗产而发起的诉讼，而代表寡妇出席庭审的律师甚至有可能是专门受理此类案件的。哪怕是在农村地区，社会地位较低的人同样会合理地利用教会法、庄园惯例、普通法法律程序所提供的回转空间，维护自己的合法利益。成文法的重要性和优先权逐渐超过了普通法；就连教皇马丁五世也承认了成文法越来越重要的地位，他抱怨说成文法削弱了教会法在涉及教会事务、教会人员的法律问题上的传统优先地位。从议会请愿书和辩论中积累起来的以法规形式存在的立法体系令人生畏。自 14 世纪中叶起，英格兰的统治阶层便认为，包括工资、贫困、乞讨、异端思想、消费模式、着装要求、食品的价格（面包、麦酒)、货币的流通、货币品质在内的一系列问题，都适合议会讨论和王室立法。

法律途径、法律模式快速增多，并越来越容易被小团体接受，从 15 世纪初邓尼奇（萨福克郡）及其周边地区的一起诉讼案件便可见一斑。15 世纪 10 年代，邓尼奇自治镇（1411 年，该镇有 62 个镇民；1413 年，该镇有 153 个纳税人）聘请了两位律师，两人都是绅士阶层的成员，其中一人同时还是治安法官，为此邓尼奇镇每年须支付 20 先令的报酬。邓尼奇虽然只是一座小渔港，但也需要利用法律守护自己的合法利益，因为该镇拥有港口特权，可以向进港停靠的船只征收港务费。1403 年，邓尼奇附近的布莱斯堡（Blythburgh）的领主罗伯特·斯威灵顿爵士（Sir Robert Swillington）宣称，自己对位于沃尔伯斯威克（Walberswick）和邓尼奇之间的金斯霍尔姆（Kingsholme）沼泽地拥有领主权，要在该地开设港口，令邓尼奇镇遭受到竞争威胁，引发了激烈的争斗。邓尼奇镇的官员遭到了攻击，而邓尼奇镇的镇民被要求维持和平状态。1408 年，斯威灵顿找到了一份 1229 年的特许状，证明布莱斯堡是拥有港口司法权的领地，亨利四世承认特许状的效力，终于为这场争斗画上了句号。

教会法也是在大不列颠及海外获得事业成功的一条途径，许多社会地位不高，却具有一定经济基础的家长都愿意让儿子学习教会法。教会法的大律师威廉·林德伍德（William Lyndwood）生于 1375 年前后，父亲是林肯郡的羊毛商。他作为神职人员加入教会，获取了一系列的圣俸，利用圣俸的收入来支付学费，终于在 1403 年获得了剑桥大学的学士学位，之后又在 1407 年获得了博士学位。他做过国王的文书，之后成为伊利主教的随从，后来又为坎特伯雷大主教亨利·奇切利效力，其收入也有所增加。他之后担任了坎特伯雷主教教区的总管，成为英格兰教会内职位最高的行政管理人员，最后作为圣戴维斯教区的主教（1442－1446 年在任），结束了成绩斐然的一生。林德伍德这样的人很抢手。他的主要工作涉及对教会法的审查及其对新规则的适应，而这意味着，林德伍德必须审讯异端罪、叛乱罪的嫌疑人。

城镇与城镇生活

中等规模城镇的缓慢发展见证了在这一时期竞争与机会并存的现状，而伦敦城迅速的发展以更加扣人心弦的方式，展现了这一现实。伦敦吸引了来自全国各地，尤其是来自东盎格利亚、米德兰兹地区的农民子女。与此同时，各大法团及由政治寡头掌权的市政当局，都密切关注着这些工人的去留。15 世纪 20 年代，租金收益下降，增大了市政当局制定税收计划的难度，但也为一些更具远见，并且拥有一定财力的市民提供了发展的机会。

农民的迁移往往是为了寻找机会，改善自己的境遇。城镇内的雇主一直都在寻找年轻人，把他们训练成合格的雇员。1406 年的下议院的记录指出，没有土地耕种的农民正在扩大伦敦学徒的队伍，他们送来的孩子年龄比法定的 12 岁还小。1426 年，伦敦的市民申请停止执行 12 岁的年龄限制；此法令是在黑死病结束后，为防止农村地区出现劳动力短缺而颁布的。那么在年轻力壮，踌躇满志的移民进城后，留下来的人又会面对什么样的困境呢？他们必须重新组织自己的生活，在传统日常生活和全新的租赁形式及社会关系之间求生存。尽管粮食生产利润不高，但农民不仅要解决自己的口粮问题，还要为城镇提供食物，以及为领主生产各类谷物、鱼类、肉类和果蔬。

城镇与周围的农村地区间的联系通常是连续和渐进性的，但即便是规模中等的城镇，也很有可能有复杂的国际联系。15 世纪初，科尔切斯特镇在国际市场上出售本镇生产的中档布料。这种布料简单朴素，但结实耐用，穿着舒服。它以灰色、棕色为主色调，主要的销售对象是经济条件一般的人群，以及那些不愿露富的富人，但不适合一贫如洗之人。由于颜色朴素，被视为“节俭朴实”的象征，这种布料是领取圣俸的神职人员、学生、修道院的修士及修女、立志投身宗教生活的俗众的首选。科尔切斯特镇制定了质量标准，用来保证土布的品质，令这种布料成为名扬海外的优质产品，并为该镇赢得了声誉。科尔切斯特土布远销普鲁士（驻扎在普鲁士的医院骑士团喜欢用它）、阿拉贡（经销商是普拉托的商人达蒂尼[①]开办的公司）。1416 年，在威尼斯商人的帮助下，科尔切斯特土布甚至在大马士革打开了销路。1397－1398 年，科尔切斯特的商人曾向波尔多出口土布，换取了 369 大酒桶[②]的葡萄酒；根据海关账目的记载，在 1410－1411 年，以及 1413－1414 年，科尔切斯特同样与波尔多进行了用土布换取葡萄酒的贸易。平均每 12 天就有一艘国外的船只停靠科尔切斯特的港口海斯，除了采购土布，还会购买皮革、黄油、奶酪。科尔切斯特的商人还把土布运送到伦敦，向来自托斯卡纳及威尼斯的商人销售。想必有读者想知道，埃塞克

---

① 弗朗切斯科·达蒂尼是托斯卡纳城市普拉托的商人，他在1383年时成立了全球首家合伙制公司。

② 大酒桶（tun）是英格兰用来度量液体的单位，1大酒桶相当于252葡萄酒加仑，而1葡萄酒加仑相当于0.833111英制加仑（即3.79升）。

斯[①]的普通民众在哪里购买布料。实际上，他们可能会前往诸如布伦特里镇之类，离家几英里远的小镇采购布料。虽然英格兰的织物出口量在1401－1402年达到峰值之后便开始走下坡路，但出产优质土布的科尔切斯特镇仍然能够保持相对繁荣。这一点可以通过对该镇镇民身份的需求，与该镇工人和游客相关的食品和饮料市场的蓬勃发展，以及那10年来对该镇非法酿酒的商户的大量罚款这些方面推断出来，这些也是土布织造业蓬勃发展的标志。

在国际局势稳定的时期，对外贸易自然会兴旺发达，但一旦英吉利海峡的运输受到了影响，对外贸易就会面临严重的威胁。1392年，英格兰与汉萨同盟签订了为期10年的条约，但到了1403年，由于双方没有续签条约，增加了海洋运输的不确定性，科尔切斯特与波尔多的贸易受到了严重的冲击。对绝大多数的贸易活动来说，海盗都是威胁，当地居民便利用了这方面治安和处罚上的漏洞。1404年5月，厄尔索厄姆（Earl Soham）、威克姆马基特两地的居民在萨福克郡的近海截获了一艘从汉堡出发，为某家贸易公司运送北欧物产的货船，他们把货物（啤酒、铜、火腿、焦油）洗劫一空之后公然分赃。

像科尔切斯特这样的城镇对通过战争或外交来保卫王国非常敏感。1400－1430年，萨福克郡各城镇市场税费总额下降了27%，许多城镇的建筑及公共设施也都破败不堪。从事大宗羊毛贸易的商业大亨除了在地方上有关系网，还有拓展国际市场的野心。1421年，英格兰的商人不再像世纪初那样，不愿参与国际贸易，而是积极进取，组成了专门从事国际贸易的商业组织。商人都可以与商业

① 科尔切斯特是埃塞克斯郡的城镇。

冒险家行会控股的公司洽谈，购买从事羊毛贸易的货船的股份。羊毛出口商会前往安特卫普，确保用帆布打包的羊毛能够得到妥善的保管，并就销售条款进行谈判。商人去世之时，装满羊毛的帆布袋就好似骑士的剑，变成了展示逝者身份与荣耀的重要标志：在科茨沃尔德地区诺斯利奇镇（North Leach）的教堂中，一块在1400年前后制成的铜牌上，一位当地羊毛商人的脚边就有一个羊毛袋。

城镇为国王提供了在特殊时期增加收入的机会。议会审核王室成员依据惯例所应拥有的各项特权，这项行政管理任务以任何标准来看都令人印象深刻。因此，在把女儿菲莉帕嫁给瑞典、挪威及丹麦国王埃里克的时候，亨利四世没有要求议会提供资金，而是恢复了一种封建援助——一项古老的王室税收。除了军事行动，王廷极少四处巡游，王廷的臣仆也在招待宾客时精打细算，减少支出。国王要求各地的城镇缴纳领地税[①]，并主动给特许状续签，以收取费用。向国王提供借款的臣民不仅能够免缴关税，还能够享受其他免税待遇。亨利五世虽然善于制定财政计划，但他有时做事也厚颜无耻。到了需要筹集资金的时候，他甚至会典当宝剑、王冠这类代表君主权威的礼器，因为他知道，即便超期仍未被赎回，也没有人敢把它们卖掉。1415年，亨利把王冠当作抵押品，要求诺威奇镇、林恩镇提供借款；1417—1418年，借款到期的时候，两镇的居民请求国库偿付借款，甚至到了1420年，镇民把王冠带至伦敦作为呈堂证供，仍然没有结果。两镇的居民花费了大量金钱和时间，动

① 原文为tallage，源于法文tailler，意为整体的一部分，最初可能指任何种类的税款，但逐渐在法国、英格兰两国演变成了一种土地税。之后，该项税款在英格兰又进一步演化，将城市、城镇、王室领地作为征税对象。

用政治资源，才终于在 1429 年收回了 40%的借款。教会财产同样没能逃出王室的魔掌：1414 年，在莱斯特召开的议会颁布了针对外国修道院的法案，不仅没收了所有外国修道院在英格兰境内的财产，还将其教会生活纳入王室的庇护范围。

如果想要了解战争财政对既不担任职务，又不能靠为军队提供物资来获利的普通民众的影响，我们也可以研究一下在这一时期当局向城市征收的税款。亨利五世每年都会征一次税，有时甚至一年征收两次。1415 及 1417 年，亨利获得了诺威奇城提供的 1 000 英镑借款，而约克城也提供了同等数额的借款。在这两笔借款中，有大约 1/3 是以向城内所有的居民征收共同税的方式筹集的。国王与城镇间的关系十分复杂，涉及方方面面的问题。亨利四世在位时，诺威奇递交请愿书，并在 1404 年取得了法团的地位。伦敦人则对兰开斯特王朝国王的威仪和需求着迷。伦敦城的数个同业公会都在档案中记录了兰开斯特王廷的重要事件：酿酒师同业公会的记录详细地描述了亨利四世的隆重葬礼，几部记录伦敦历史的编年史描述了盛大的国家庆典。

亨利四世的王廷将伦敦作为它的“后院”：某年的仲夏时节，亨利四世的儿子托马斯和约翰午夜在伦敦城内闲逛，结果被卷入了街头骚乱。越来越多的议会议员、宫廷官员在城内定居，令伦敦城得到了提升包容性，搭建社会网络的客观条件。1409 年夏，亨利四世在医院骑士团位于克勒肯维尔（Clerkenwell）的修道院养病，之后又在圣巴塞洛缪修道院（Priory of St Bartholomew）拜访。在此期间，许多内廷的成员渐渐了解了圣博托夫堂区。一些廷臣与妻子一起，成了该堂区“圣三一及圣法比盎、圣塞巴斯蒂安兄弟会”的成员，他们分别是：威洛比勋爵及其妻子约翰娜，威廉·德鲁斯勋爵（Lord William de Roos）及其妻子玛丽（以及两位侍从），波尔多总管威廉·法灵登爵士（Sir William Farringdon），一些其他王室官员，以及数座修道院的院长。加入兄弟会之后，这些廷臣与伦敦城的商人、律师、事业有成的手艺人打成了一片。这些伦敦市民虽然会为了包括健康、娱乐、投资在内的多种原因，在乡下购置地产，但总的来说，他们还是选择在伦敦城内的堂区教堂安葬和祭奠。1407 年，一位名叫约翰·韦斯顿（John Weston）的伦敦商人为自己及妻子建立祈唱堂，这便是一个典型的祭奠活动的案例。按照遗嘱的规定，韦斯顿和他的妻子乔安娜死后，其遗产应当由圣玛丽山教堂、教堂的堂区牧师及堂会理事继承，他们则应当每年支付 4 英镑的资金来雇一位牧师，要求他按时在施洗约翰的祭坛前为约翰及其妻子，以及夫妻两人的先祖唱弥撒。迪克·惠廷顿（Dick Whittington）是伦敦的市民领袖，曾经 4 次担任市长；他在 1423 年去世，与妻子爱丽丝合葬于圣米迦勒主祷文教堂，在距两人的墓穴不远的地方，便是惠廷顿为 13 个穷苦之人建立的济贫院——一座为他们灵魂祈祷的祈唱堂。

亨利五世

尽管亨利四世使用了“不正当的手段”登上王位，但这并没有对其子亨利五世的王位继承权造成不利影响。亨利五世与父亲一样，不仅精力充沛，而且拥有强烈的正义感、使命感。亨利四世在位十余年，虽然权力并不稳固，但他在挫败反对者针对自己和家人的计划和行动方面取得了非比寻常的成就。亨利五世以军事成就闻名，并且与英格兰及威尔士的主要军事领袖关系密切，所以没人怀疑王位会由他继承。只不过，亨利四世留下的政治遗产存在一定的脆弱性，亨利五世在位的最初几年则更是表现出一些易怒的情绪。亨利四世的遗孀（也就是亨利五世的继母）纳瓦拉的琼（Joan of Navarre）命人在坎特伯雷大教堂内为亨利四世修建了宏伟壮丽的汉白玉坟墓，亨利五世却默许继母遭到使用巫术的指控，并在1419－1422年把她关押了起来，甚至还没收了她继承的亡夫遗产。1414年，曾经为亨利五世效力的约翰·奥尔德卡斯尔纠集了一帮对现状不满的骑士，发动叛乱，提出了具有异端倾向的改革方案。虽然这对刚刚继承王位的亨利五世来说并不是一个好的开端，但他巧妙地利用了这个机会，赦免了跟随奥尔德卡斯尔发动叛乱的骑士。亨利五世在确立了“俗众不要越俎代庖，而是应当让教会处理与教义、宗教法律、信仰有关的难题”——用霍克利夫在《写给奥尔德卡斯尔的劝诫书》中的话来说——的宗教原则之后，才开始处理涉外问题。1414年召开的莱斯特议会重申了在应对异端时，政府应当与教会合作的原则，而在托马斯·阿伦德尔将大法官的职位移交给国王的叔叔亨利·博福特（Henry Beaufort）之后，政府确保了对异端持续的监管力度。

亨利五世身边只有一个由大约10位伯爵组成的小圈子，在制定政策时征求他们的意见，其中尤以阿伦德尔伯爵、莫蒂默伯爵最受重视。1413年，亨利五世的内廷包括10名骑士、23位寝宫侍从、35位履行其他职责的侍从、31位寝宫侍卫、27个文书，以及总管内廷的托马斯·厄平厄姆爵士。在莎士比亚的笔下，不管是身边的近臣，还是军事指挥官，抑或在兰开斯特王朝统治英格兰的最初10年间，跟随他四处征战的普通士兵，亨利五世都与他们保持亲密的关系。《亨利五世》（*Henry V*）的剧中人皮斯多是这样描述亨利的：

> 国王陛下是一个顶天立地的好男儿，有一颗金子般的心，
> 他精力无限，会为了荣耀而勇往直前；
> 他出身名门，胆略无人能及。
> 我甘愿为他提鞋，我打心眼里钦佩
> 这个了不得的男子汉。
>
> （《亨利五世》第四幕第一景，第 45—49 行）

亨利五世对统治王国做了充分准备。1410－1411 年，在亨利四世病重期间，他曾经有效地统治了王国，但在 1412 年，他因为无法就对法政策与父亲亨利四世、弟弟克拉伦斯公爵达成一致，不得不保留自己的意见。1412－1413 年，对法作战产生了非常负面的结果。这场战争造成了严重的破坏，诺曼底的科唐坦地区受到的打击尤其严重，法国方面的舆论严厉谴责了克拉伦斯摧毁沿途教堂，并把教会财产洗劫一空的行为。这一切加强了法国人抵抗克拉伦斯伯爵及阿马尼亚克派的决心，令所有的法国人同仇敌忾，并最终汇聚成一支大军，于 1415 年在阿金库尔（Agincourt）出征。

亨利尤其注重履行威尔士亲王的职责，而在威尔士的亲身经历更是让他深知在过去的 10 年间，威尔士遭到战争的蹂躏，伤痕累累。在举行加冕仪式后，亨利马上派出由阿伦德尔伯爵领衔的委员会，命令他们前往北威尔士，惩治贪污腐败的王室官员；他还采取了措施，开始修复卡马森郡及梅里奥尼斯郡境内的王室领地。威尔士不仅是亨利从父亲手中继承的遗产，同时是极其重要的兵源地，能够为他的事业提供必不可少的支持。亨利在特里陶尔庄园

（Tretower Court，波伊斯）集结将会在阿金库尔之战中起到决定作用的弓箭手。随着亨利开始塑造新的民族大业，他与威尔士建立了越来越紧密的联系，还培养了大量深受信任的臣下。

只不过，即便是在亨利五世身边的那些享有特权的亲属和亲如兄弟的近臣中，怨恨的苦果也会滋生。亨利五世的王位十分稳固，不再担心曾经深得老国王喜爱的克拉伦斯公爵托马斯兴风作浪。然而，仍有一些臣下心存不满，可能做出不忠之事。为了获得迎娶斯塔福德伯爵汉弗莱之妹安妮的权利，马奇伯爵埃德蒙不得不缴纳 1 万马克，之后便认为自己受到了不公正的对待。剑桥伯爵理查德曾经为亨利四世效力，除了在威尔士与格兰·道尔作战，还曾出使欧洲大陆，但无论是亨利四世还是亨利五世，都没有给予他实质性的回报，引发了伯爵的不满——伯爵一直都携家带口，客居兄长约克公爵的领地科尼斯伯勒城堡（Conisbrough Castle）。正是因为受到上述不满情绪的影响，剑桥伯爵才会与诺森伯兰公爵、马奇伯爵合谋，制定南安普敦阴谋（1415 年夏，在亨利五世准备前往法国的时候被揭穿[①]）。这是一个错误的判断，是对年轻国王的冷漠感到失望的结果，如果不是被建立新王朝的野心（在 1405—1409 年一度盛行）[②]冲昏了头脑，这种情绪也可能更容易被忍受。

为了实现获取法国王位的野心，亨利必须首先要使国内的公正与秩序得到维护。维护司法公正与社会安定是一个复杂的过程，是王室法庭、律师、陪审团、法官，以及能够影响司法程序的地方权

---

① 告密者是马奇伯爵，他在向亨利透露阴谋的细节时，宣称自己刚刚得知剑桥伯爵制定的阴谋。

② 密谋的目的是罢黜亨利五世，将马奇伯爵拥立为国王。

力人士相互作用的产物。亨利建立了一个积极主动的司法体系，虽然诉讼频繁，但真正被判有罪的寥寥无几。尽管持械斗殴导致的死伤者很多，但被判犯有谋杀罪，认罪伏诛的暴徒屈指可数。一位名叫约翰·科凯恩（John Cokayn）的法官审理的案件涉及德比郡、莱斯特郡、林肯郡、北安普敦郡、诺丁汉郡、拉特兰郡、沃里克郡，尽管谋杀罪的指控数量要远超过失杀人罪，但很少有人被判谋杀罪。自卫是杀人而不受制裁的唯一正当理由，被告只要证明自己遭到袭击，有性命之忧，便可无罪开释。法庭会对案件做极为细致的还原，只要被告无法证明自己致人丧命是为了自卫，哪怕没有其蓄意谋杀的证据，法庭也会做出谋杀罪的判决。验尸官会在案发后的第一时间赶到现场，就近搜集人证物证，以便向法官提供专业性的意见和建议。

亨利五世需要一位妻子，而与法国的公主成婚有助于促使英、法两国化干戈为玉帛。托马斯·霍克利夫曾经在1411年提出，“联姻可以为两国带来和平与团结”。贝德福德公爵负责进行相关的外交谈判，在1414年向法国派出了使团。法国王廷有一份关于年轻的亨利与法国国王查理六世之女瓦卢瓦的凯瑟琳（Katherine of Valois）的婚事可能性的记录，其中表明一些廷臣极力反对联姻，认为亨利不过是篡夺王位之人的子嗣。难道法国国王愿意把女儿嫁给叛国者的儿子吗？然而，这类顾虑因1415年的重大事件而被抛在了一边，之后法国国王与亨利就婚约达成一致，同年11月，大获全胜的亨利返回英格兰，这也为他增添了魅力。

在镇压奥尔德卡斯尔发动的叛乱之后，英格兰的统治阶层很快就意识到，法国将成为亨利五世统治时期的决定性问题。亨利四世仍然是德比伯爵时，法国曾是他流亡时的避难所。虽然亨利四世一直都没有与法国作战，但法国为他的儿子带来了功绩与财富。亨利五世完成了许多他父亲未能完成的事业。亨利四世曾经承诺建立修道院，而亨利五世在赛恩（Syon）建立了宏伟的布里奇特会修女院，兑现了父亲的承诺，外交和宗教在此交汇。布里奇特会是由瑞典的布里奇特（Birgitta of Sweden）建立，获得了丹麦王室支持的修会；在 1406 年出使丹麦，讨论亨利四世之女菲莉帕公主嫁妆问题的亨利・菲茨休勋爵（Henry Lord FitzHugh）把该修会的理念带回了英格兰。亨利五世因此了解了布里奇特会的思想观念，更是被视为英格兰布里奇特会的创立者。此外，亨利十分欣赏加尔都西会艰苦朴素、注重学问的风气，并资助了该修会位于希恩的修道院。

亨利五世为英格兰的权贵阶层提供了新的奋斗目标和奖赏。亨利四世没有处理好理查二世的身后事，造成了难以愈合的伤口；而亨利五世为理查二世举行了符合国王身份的葬礼，消除了潜在的威胁。亨利四世注重加强教会与王权间的关系；亨利五世则利用臣民的虔诚，让他们在战争和对外征服中为国效力。亨利四世试图将人们与忠诚联系在一起，极力避免政治对抗；亨利五世创建了能征善战的武士阶层，要求为兰开斯特王朝效力。亨利的弟弟贝德福德公爵约翰更是被委以重任，成为法国的摄政官。作为一位极具天赋的管理者，贝德福德公爵积极备战，但与此同时，他也欣赏富足和良好统治带来的福祉。他命人编写了一本研究相面的书，在书中探究性格与健康的奥秘。他收集了大量的宗教书籍，令人赞叹不已：有一本在 1417 年前后制成的时祷书，书中的插画描绘了一位牧师让大卫国王与新婚妻子——扫罗王之女米甲（Michal）——牵手的场景。通过这幅罕见的描绘圣经场景的画作，人们或许可以瞥见亨利与另一位公主——瓦卢瓦的凯瑟琳——的婚姻的影射。这本制作精美的时祷书后来成为贝德福德公爵的侄子，年轻的亨利六世的心爱之物。

亨利五世在成长过程中也经历了漫长的磨炼。他年轻时在威尔士与格兰·道尔作战，而后师从亨利四世的文书、宫廷诗人托马斯·霍克利夫学习文化知识。他懂得欣赏动听的音乐、优美的祈祷词、绮丽的诗句，而更重要的是，他十分了解音乐、祈祷词、诗句的实用价值，知道如何利用它们彰显威仪。在他的领导下，15 世纪 20 年代，王室小圣堂由一位总铎管理，工作人员共有 32 名专职教士和神职人员，以及 16 个侍童；而亨利本人很有可能以“罗伊·亨利”的笔名，为《光荣颂》① 创作了背景音乐。亨利在英格兰的王廷长大，几乎没有出国旅行过，也没有见过其他国家的统治者，以及了解他们如何统治国家。在多年的训练中，亨利与许多臣从结下了深厚而长久的友谊。在他还是威尔士亲王的时候，亨利便提拔威廉·哈林顿（William Harrington）、约翰·布伦特（John Blunt）、约翰·格雷（John Grey）、路易斯·罗布萨特（Louis Robbessart）等密友，让他们成为嘉德骑士团的成员。海诺的骑士罗布萨特兄弟被授予居民权，之后便一直作为近臣为国王效忠。亨利五世奖励那些为他们父子俩效力的家族，比如，威廉·威洛比勋爵、休·斯塔福德勋爵就分别在 1416、1418 年成为嘉德骑士团的成员。亨利五世十分注重友情和战场上的情谊。比如，1415 年，在围攻阿夫勒尔城（Harfleur）的时候，亨利的挚友诺威奇主教斯蒂芬·考特尼（Stephen Courtenay）去世，亨利流着泪亲手为主教阖上双眼。

① 基督宗教用于礼仪的诗歌。

在法国受到内战困扰的背景下，亨利五世找到了采取行动的有利时机。由于法国国王查理六世被认为不适合统治国家，奥尔良公爵路易被推举为摄政，代路易国王治理国家。1407 年[①]，奥尔良公爵遇刺身亡，凶手可能是勃艮第公爵无畏者约翰（John the Fearless），这也为亨利创造了一个远征法国的机会。1414 年，议会通过了为远征军提供军费的提案，而英格兰的诗人庆祝即将到来的远征。1415 年 10 月，亨利利用家臣制度，组建了一支声势浩大的远征军。人们以亲从、血缘、地域划分，聚集在首都周围。比如，普兰普顿庄园的罗伯特·普兰普顿爵士（Sir Robert Plumpton）就是亨利五世的终身封臣，每年除了能够获得 20 马克的俸禄，还能得到额外资金来雇佣一名侍从和两个贴身男仆。在 1418 年的第二次远征中，罗伯特爵士与邻居哈尔纳斯·马维勒爵士（Sir Halnath Maleverer）一起，在南安普敦加入了由菲茨休勋爵率领的队伍：勋爵向普兰普顿支付了 20 马克的佣金，普兰普顿则要率领 8 名弓箭手参战，每名弓箭手的年俸为 40 先令。1421 年，普兰普顿战死在莫城外。

阿金库尔

很少有战役以如此高的频率，被不同的艺术体裁再现。无论是由劳伦斯·奥利维尔（Laurence Olivier）[②] 再现的阳光明媚、旌旗招

① 此处原文为1411年，但实际上应当是1407年，应当是作者笔误。

② 劳伦斯·奥利维尔（1907—1989）是英国的电影演员、导演、制片人，奥斯卡奖得主。他以莎士比亚的戏剧《亨利五世》为蓝本，自导自演了电影《亨利五世》（1944年上映）。

展的场景，还是由肯尼斯·布莱纳（Kenneth Branagh）[①]再现的战云密布、黑暗压抑的场景，阿金库尔都被誉为划时代的战役，英格兰民族特性在这场战役中得到了锻造、考验和证明。阿金库尔之战是长弓技术的胜利，是以少胜多的大捷，是大卫战胜歌利亚的奇迹，是英格兰、威尔士士兵击败奢华无能的法国士兵的战例。为了了解此战的真实情况，人们除了使用气象学、考古学、地质学、矿物学的知识，充满热情的历史爱好者更是模仿了战场的真实场景。

1415 年 8 月 11 日，亨利率军从朴次茅斯渡过英吉利海峡。这支军队从春天开始集结，人数多达 1 万之众。这支远征军被比作以色列军队，他们坚信自己是受上帝指引的正义之师。亨利的远征军是一支紧密团结的军队，由地区乡绅率领的地方武装力量组成，每一支分队均有 50 名士兵。各分队的指挥官都是兰开斯特王朝的忠义之士，而指挥大军的是身经百战的亨利国王以及他能力不凡的弟弟。登陆诺曼底后，亨利率军在阿夫勒尔城以西扎营，几日之后便马上开始攻城。阿夫勒尔围城战持续了 5 周的时间，但最终决定胜负的因素却是可怕的痢疾，它不仅摧毁了亨利的军队，也导致守军难以为继。到了 9 月 22 日阿夫勒尔开城投降的时候，远征军除了有大约 2 000 名士兵死于痢疾，还有 2 000 名士兵因痢疾而失去了战斗力，不得不乘船返回英格兰。

亨利五世拒绝了返回英格兰的谏言，决定继续挥军北上，前往英格兰位于法国北部的要塞加莱，准备与法军决一死战。亨利率军

---

① 肯尼斯·查尔斯（1960— ）是一名英国的电影演员、导演、编剧，他同样也以莎士比亚的戏剧《亨利五世》为蓝本，自导自演了电影《亨利五世》（1989年上映）。

直奔索姆河，准备在布朗什塔克（Blanchetaque）渡河，但发现法军早已派军驻守渡口。由于由法国元帅布西科率领的军队紧跟远征军的脚步，在泥泞的行军路线上与远征军的后卫部队交战，亨利无法回头，只好把部队拉向内陆。此时通往阿金库尔的道路上已经集结了法国的大军。10 月 23－24 日夜，面对兵力几乎 3 倍于己的法国大军，亨利做好了最坏的打算，命令忍受饥饿和病痛的士兵就地扎营，以野果充饥，做好准备与法军决战。不能忽视的重要的客观条件是，1415 年 10 月，法国西北部的大雨下了很久。

亨利五世发挥想象力，摆出了现今非常著名的阵型，其利用了阿金库尔平原两侧的树林。他在命令 900 名披甲战士组成中央战线的同时，分别派出 2 500 名弓箭手守卫左右两翼，并命令他们用尖头木桩构筑防御工事。法军本准备直扑英格兰弓箭手，但因为战场太过泥泞而寸步难行，而两翼浓密的植被也挫败了法军侧翼包抄的企图。人们在研究战场残骸时发现，法军士兵装备精良，大多数人并不是死于英格兰弓箭手射出的箭雨，而是死于窒息，因为法军陷入泥地，相互踩踏。英军弓箭在击杀和惊吓法军战马方面更为有效。法军进攻受阻之时，便是远征军大开杀戒的机会。远征军的士兵抄起手边的武器，杀得法军人仰马翻。亨利担心法军卷土重来，命令士兵屠杀法军俘虏，而莎士比亚曾在剧本中试图为亨利的这一暴行辩护。双方死亡人数差距巨大：英军有 500 人战死，而法军有 7 000 人战死，其中甚至还包括绅士阶层，即法国人口中的“大人”。许多法国贵族都成了亨利五世的阶下囚，其中就有奥尔良公爵查理，在之后的 25 年他被迫客居英格兰，与自己的弟弟，年仅 12 岁（1412 年）便作为人质前往英格兰的让·达昂古莱姆（Jean d’Angoulême）为伴。

阿金库尔之战结束后涌现出的诗歌、散文都是欢欣鼓舞的；其中既包含了谣言，也有老兵的亲身经历。托马斯·埃尔（Thomas Elmham）在叙述远征军忍饥挨饿的同时，也记录了亨利在激励士兵方面的天赋——他在战斗中戴着他的王冠。一些参战士兵宣称自己看到了圣乔治与远征军并肩作战。名为《阿金库尔之战》（*The Battle of Agincourt*）的叙事诗赞美了亨利五世的大无畏精神，又描述了英法两国士兵浴血奋战的场景：

> 我们的国王陛下所向无敌，
> 横刀立马，杀入敌阵……
> 格洛斯特公爵不甘落后
> 率兵冲杀，英气尽显，
> 所到之处，敌军人仰马翻。
> ……亨廷顿伯爵、牛津伯爵勇往直前，
> 法军望风披靡……
> 法国人兵败如山倒，
> 三位公爵身负重伤，战死沙场，
> 五位伯爵横尸疆场，这便是不争的事实。

亨利五世的叔叔，时任大法官的亨利·博福特准备为胜利者举行盛大的凯旋仪式，使他们感受到进入了一个沐浴在国王正义之下的城市。1415 年 11 月 23 日，游行活动以伦敦塔桥为起点，以圣保罗大教堂为终点，沿途设立数个场景，强调母系继承权的合法性[①]。由纯洁的少女组成的队列在位于齐普赛街的埃莉诺十字碑迎接

① 亨利五世的高祖母是法国国王查理四世的妹妹。

凯旋的国王，并伴随着由约翰·利德盖特创作的赞美诗，诗中描述耶稣诞生时的场景：

> 纯洁的处女离开城堡，翩然起舞，
> 庆祝耶稣的诞生……
> 她们整齐划一，一齐行跪拜礼
> 高唱“诺埃尔”“诺埃尔”[①]。

亨利十分清楚自己重要的历史地位，以及巧妙地利用宗教形象能够帮助自己实现政治目的。

亨利五世善于利用宗教手段来实现政治目的。1416 年，阿金库尔之战获胜之后，亨利的叔叔，担任大法官之职的温彻斯特主教亨利·博福特在议会上发言，将这场胜利比作有如神助的奇迹。在一封很有可能是博福特写给侄子亨利五世的信中，他把亨利取得的胜利与马加比家族、扫罗王、大卫王、所罗门王、亚历山大大帝的功绩相提并论。负责为国王编写传记的文人也曾在阿金库尔之战的战场，在战斗结束几个月后，留下了这样一段文字，认为亨利得到了上帝的帮助：

> 正如那些必须承认世俗权威的俗人在发生纠纷时，应当尊重位高者做出的裁决，如果不受任何世俗权威管辖的君王起了争执，那么他们就应当在战场上刀兵相见，让上帝做出公正的裁决。

---

① 诺埃尔（Nowell）一词源自古法语noël，意为圣诞。

亨利五世动员教士阶层，让他们为自己的做法提供依据，证明他的政治野心与上帝的旨意不谋而合。亨利的专职教士托马斯·埃尔（卒于约 1420 年）创作了一篇记录亨利行伍生涯的长诗，他在诗中提出，法国人是如此顽固，任何谈判都无法将他们软化。

亨利的领袖魅力引发了臣民对治国之道的思考，这种兴趣在其子亨利六世的政权不太稳固的时候得到了发展，无论是在英格兰，还是在法国。约翰·利德盖特是伯里圣埃德蒙修道院的修士，可以算作兰开斯特时代的桂冠诗人，他创作了名为《底比斯围城战》(*Siege of Thebes*) 的长诗，将古代的历史与亨利在法国的功业联系了起来。这一时期的一套布道辞把国家比作一艘帆船，教士阶层是前桅，平民是船体，而国王和男爵阶层是后桅。一旦臣民道德沦丧，船体便会出现问题，而此时国王就会成为不可或缺的救世主——上帝派来的战士，成为支撑国家神殿的顶梁柱。传道者宣称，从来没有人“像在阿金库尔顽强战斗的英军士兵那样”“在如此令人热泪盈眶的战斗中获取象征胜利的棕榈叶”。亨利之所以能获得胜利，是因为他是一位品德高尚的贤君，这也是上帝实现神圣旨意的必然结果。

亨利五世的传记《亨利五世行为录》(*Gesta Henrici Quinti*) 可能由托马斯·埃尔撰写，书中详细介绍了亨利五世早年的生活，埃尔见证了这一切，还查阅同时代的文献记录，为传记添加了更多的细节。书中展现了一位精力无限，想要同时实现多项环环相扣的战略目标的君主：他想要在战争中击败法国，想要与神圣罗马帝国的皇帝西吉斯蒙德建立盟友关系，想要惩处异端，想要让罪犯接受应有的惩罚，想要与议会谈判来筹集资金。但其中几项计划都遇到了阻碍：1416 年，议会对未来财政需求感到焦虑。在更远的地方，占星家让·德鲁贝伊斯（Jean de Rubeis）向勃艮第公爵无畏者约翰献上了数幅占星图，根据星相预测，亨利将在 3 年内命丧黄泉。

亨利五世在 1415、1417 年两次远征法国的成功，通过 1420 年的《特鲁瓦条约》(Treaty of Troyes）转化成了政策。该条约标志着一种全新的政治、军事、国内秩序，并在 1419 年勃艮第公爵约翰遇刺身亡，在法国引发的政治危机中得到了促进。新的秩序是由王室联姻，以及法国对大片诺曼底占领区的承认开创的。在之后的 20 年，由兰开斯特王朝统治的诺曼底遍布驻军，主要用来防范战事，也有些人定居下来。大约有 20 万人在此服役，其中一大部分是来自英格兰、苏格兰、威尔士、布列塔尼和加斯科尼的拥有自由民身份的成年人。兰开斯特王朝统治的诺曼底地区，由具有王室血统的王子，在权势最为强大的权贵的辅佐下管理。1421 年，亨利五世的弟弟克拉伦斯公爵托马斯在博热之战中战死。

一直以来，海军力量都是英格兰军事实力的重要组成部分，到了亨利五世时期，无论是舰船的数量，还是舰船的使用频率，都达到了历史最高水平。英格兰海军的一部分船只是以划桨为推动力的平底船，另一部分则是使用风帆的海船。亨利之所以能够在 1416、1417 年取得胜利，海军居功至伟，且主要使用的是以风帆为推动力的战船，并非以划桨为推动力的平底船；到了 1417 年，亨利五世的海军已经拥有不下 30 艘战船。一方面定期派军舰巡航，一方面在阿夫勒尔、翁弗勒尔（Honfleur）两地建立海军基地，亨利确立了对英吉利海峡不可动摇的制海权，无论是在英格兰，还是在加斯科尼，都深得人心。对船只的需求为造船工人、木匠、石匠创造了大量工作：亨利五世的第四艘大型王家战舰“上帝的恩典”号历时两年，由数十名工人建造而成，总花费超过了 289 英镑，于

1418 年 7 月接受班戈主教（Bishop of Bangor）的祝福后下水。该舰的建造共使用了 2 735 棵橡树、14 棵白蜡树、1 145 棵山毛榉、12 棵榆树，提供木料的森林除了有属于王室的新森林，还有周边属于修道院的森林。“上帝的恩典”号在德文伯爵的指挥下，作为巡逻船，承担起了守护英吉利海峡的任务。军事政策带来了需求和就业机会，而建造像“上帝的恩典”号这样的一艘战舰也表明，军事政策也必须依靠政府不同部门的通力合作，以及王室政府与私人企业的合作。

《特鲁瓦条约》在议会中引起了一些忧虑：人们担心新出现的二元政体中，英格兰部分会逐渐从属于法国部分。部分议员提出应当重新颁布爱德华三世在 1340 年颁布的法规，确保英格兰永远不会成为法国的附庸。与此同时，议会坚持这种二元政体应当拥有两套相互独立的财政体系：位于法国境内的领土必须承担防御及行政管理的财政支出。驻军系统延续阿基坦公爵领地的传统，即雇佣长期服役的职业士兵。在驻守的过程中，这些职业士兵会购买驻地的地产、学习当地的语言、与当地的女性结婚、参与当地的行政管理工作，从而使他们成为与众不同的一代人。

由于现存的史料众说纷纭，我们很难判断出，战争中是否存在报复和掠夺行为。1418 年 7 月，亨利五世放任士兵袭击了位于鲁昂的圣三一修道院，但到了次年 1 月，又归还了修士被掠夺的财产。战争和围城既会产生大量的军费开支，又会制造乱局，所以亨利五世试图劝说各个城镇开城投降。基于他在战斗中的声誉，第一次获胜后，亨利五世试图劝说守军投降，承诺他们如果投降将获得恩赦，如果拒不投降，必将受到严酷的惩罚：只要某一地区的大城市开城投降，周边的小城镇就都会纷纷效仿。亨利五世通过尽可能少地干涉被占地区生活的方式来安抚民心。亨利派军进驻曾经为法国士兵提供栖身之所的城堡、城墙、塔楼，有时也会征用一些其他的建筑物，比如，圣旺修道院（Abbey of St Ouen）的附属建筑。征用民宅只在特殊情况下才会偶尔采用，而军队也为士兵发放军饷以满足其需要。然而，前往法国的英格兰士兵不仅家人都不在身边，还都身强力壮且装备武器，除了完成守备任务，他们没有其他任何的工作和训练，所以肯定会成具有破坏性、威胁性的暴力的存在。一个倒霉的士兵供称，自己在奉命购买粮草的路上，看到附近农舍的院子内有一只鸡四处跑动，便想要射杀它。不幸的是，他一箭射穿了农夫妻子的脖子，反倒成了杀人犯。

亨利五世为自己树立了完美的正统君王形象，他命令诺曼底出身的教士让·加罗普（Jean Galopes）把《对基督一生的冥思》（*Meditations on the Life of Christ*）一书译为法文，加罗普则宣称自己用眼泪“重新书写”了此书。没有比它更严守正统教义的宗教书籍了；在阿伦德尔于 1409 年颁布的教会法章程中，此书获得推荐，并且是唯一一本被视为可以翻译为英语而不会误导俗众的宗教书籍。亨利可能受到了此书的启发，所以命令修士约翰·利德盖特编写《圣母马利亚的生平》（*Life of Our Lady*）一书。《圣母马利亚的生平》的编写工作在 1421 年前后完成，此时，亨利刚刚签订了《特鲁瓦条约》，法国王位继承人的身份得到了正式认可。基督徒的使命感注入他的仆人的观点中。1415 年，教廷在康士坦斯举行的大公会议传出一则宣称基督教军队即将击败土耳其人的流言。尽管从许多方面来看，亨利五世都是一位英国式的君主，但他同时胸怀大志，抱有建立帝国的梦想。亨利希望叔叔亨利·博福特能够成为教皇，从一个侧面反映出他的雄心壮志。他同时代的传记作家以他凯旋时的帝国仪式为蓝本，用大量的文字描述西吉斯蒙德皇帝在1416年来访时的盛况。

然而，每一位兰开斯特王朝的成员都十分清楚，敌人既可以来自外部，也可以来自内部。在1418—1421年，长达3年的时间里，亨利离开不列颠群岛，无论怎样的表演、诗歌和颂歌，也无法掩盖人们对其统治的侧重点的不满。罗伯特·沃特顿（Robert Waterton）是约克郡西区一处名为梅斯利的领地的领主，同时是兰开斯特公爵领地北部的地产总管。1421年，沃特顿在回复亨利关于征召士兵服役情况的信件中，列举包括年老、多病在内，各种领民给出的无法应征的理由，而有时他自己也怀疑这些借口的真实性。个别领民甚至不惜否认自己拥有“绅士身份”，也不愿应征，另一些领民则宣称自己已经服过役，或是家中已经有近亲前往法国或苏格兰作战。询问了近百位领民之后，沃特顿仅仅征募到了5名士兵。枢密院不得不评估这个在全国其他地区——比如诺福克——也很明显的新现实，认识到英格兰已经达到募集兵员去法国参战的最大限度。

亨利十分警惕，深知王位的传承是王权最为脆弱的时刻，所以他在遗嘱中留下明确的指示，提出在自己的儿子长大成人，能够统治由英格兰及法国组成的二元政体之前，不得释放在押的法国战俘。亨利明白自己取得的成就，只能以战争与征服为手段来守护，以此对抗那些反对兰开斯特王朝的人，以及那些仍然忠于法国王室和太子查理七世的死硬派。

第五章

“人心不古，世风日下”（1422—1461）

亨利六世亲政前的统治

几乎没有哪段时期比亨利六世在位的最后几十年间更加动荡不安，焦虑和痛苦影响了不同的社会阶层。造成这一局面的主要原因既不是亨利六世在 1422 年即位时只是一个婴儿，也不是亨利没有其父亲的领袖魅力。1422 年 8 月，亨利五世在文森森林（Bois de Vincennes）因患痢疾而英年早逝，没有留下什么痛苦或失望。实际上，由于君主与臣民间的互信关系不断地受到侵蚀，加上经济形势急剧恶化，到了 1450 年，城镇和乡村的臣民都变得焦躁不安，削弱了各地的政治及军事领袖所坚信的公民责任。

亨利五世去世后，英格兰人曾有过一段舒适和自信的时期：他们征服了大片法国的土地并在此定居，刺激了贸易的增长，而在此的驻军也形成了稳定的生活模式，保持了相对和平的环境。亨利五世的儿子的诞生为正值春风得意的兰开斯特王朝带来了欢乐，确保了王朝的延续。庆祝活动遍及亨利五世的领地和他征服的土地：1422 年 1 月，芒特城驻军的指挥官不仅燃放了烟火，还为士兵和居民发放了葡萄酒。

亨利六世的叔叔贝德福德公爵约翰、格洛斯特公爵汉弗莱，以及他的叔祖父温彻斯特主教亨利·博福特以正式及非正式的方式，替年幼的侄子统治国家。贝德福德公爵作为法国的摄政，统治着亨利六世位于法国境内的领土（诺曼底、加斯科尼、海峡群岛），不仅拥有众多随从人员，还掌握着在法驻军的指挥大权。公爵拥有一座位于巴黎城内的宫殿（与现今的国立中世纪博物馆位于同一地点），经常在巴黎及诺曼底城市鲁昂间来回奔波，身边有一支由100名披甲战士和300名弓箭手组成的护卫队。公爵成了全欧洲最大的艺术、音乐、诗歌和金银器皿赞助人之一。在英格兰，格洛斯特公爵作为护国公，带领摄政议事会处理各项国内事务，以保持政治平衡。或者说，这至少是亨利五世立下遗嘱及其附录时的愿望：没有纷争的继承。亨利六世虽然只是一个小婴儿，但他拥有无可挑剔的血统，他的统治可能会比其父的短暂统治更伟大。

1429年，年满8岁的亨利六世在温彻斯特举行加冕仪式，其间嘉德骑士团的团员把华盖高高举过亨利的头顶，令人不禁回想起爱德华国王在位时的恢弘场景。1429年，在圣女贞德（Joan of Arc）的主持下，查理七世在兰斯接受加冕，迫使亨利采取行动，捍卫自己对法国王位的继承权。1431年12月2日，亨利进入巴黎，在两周后按照1420年签订的《特鲁瓦条约》的规定，在巴黎举行加冕仪式。在一场盛大的欢迎仪式后，巴黎的行会成员、神职人员把他尊为天授之子；12月16日，年轻的亨利离开王宫，徒步前往巴黎圣母院，在圣母院的唱诗席接受了加冕。

亨利的加冕仪式极具英格兰特色：由英格兰的大主教主持，英格兰乐师伴奏，所有人戴着鸢尾花配饰。在加冕仪式上，贝德福德公爵命人展示了时年 10 岁的亨利的系谱图，证明亨利有权统治由英法两国组成的二元政体。此外，公爵还命令为自己服务的公证人洛朗斯·科莱（Laurence Colet）为系谱图添加法文的诗句。沃里克伯爵理查德·内维尔（Richard Neville）请求诗人约翰·利德盖特把“亨利六世的头衔与血统”标题下的诗句翻译为英文。诗文宣称，亨利六世是成为圣徒的法国国王路易九世的后代：

> 只要研究一下母系血统，你就会发现
> 这位亨利是圣徒路易的第八代孙
> 是路易当之无愧的正统继承人。

在亨利六世在位期间，这份系谱图不断被复制，并以各种大小、形式、版本流传于世。

年轻的亨利国王身边有许多权势熏天的亲属，虽然他们有助于维护国内的政治稳定，但他们同样野心勃勃，有可能引发分裂。在亨利六世成年之前，许多亨利五世统治时期获得的支持都延续到他身上。亨利六世以授予臣下嘉德骑士团资格的方式，来奖励在法国服役的贵族人员：约翰·塔尔博特勋爵（John Lord Talbot，1424 年）、托马斯·斯凯尔斯勋爵（1425 年）、约翰·法斯托尔夫爵士（Sir John Fastolf，1426 年）、约翰·拉德克利夫爵士（Sir John Radcliffe，1429 年）、阿伦德尔伯爵约翰·菲茨艾伦（John Fitzallan，1432 年）、里辛的格雷勋爵约翰（1436 年）。这是一份为兰开斯特王朝浴血奋战的有功之臣的名单。在两位叔叔和一位叔祖父的指导下，亨利六世被期望具有一个统治者的所有美德。诗人托马斯·霍克利夫效仿前辈瓦尔特·米尔米特，用诗句总结了君主应当拥有的品质：贤君应当从善如流，无论男女老幼，也不管高低贵贱，都可以在他面前畅所欲言，但他也不会偏听偏信，而是会在考虑周全之后，做出有利于全体民众的最佳决策。

约翰·利德盖特以尤利乌斯·恺撒及罗马内战的历史为基础，在1422－1423年创作了名为《毒蛇一般的分歧》（*The Serpent of Division*）的散文，对政治精英内部出现分裂提出了警告。利德盖特把这篇散文献给了自己的赞助人护国公格洛斯特公爵汉弗莱，希望他“牢记分裂会造成无可挽回的损失”。罗马的精英阶层“沉迷于派系斗争，搞不清楚自己应当支持哪一方”，正因为如此，罗马共和国才会分崩离析。1425年，亨利六世的叔叔格洛斯特公爵和叔祖父博福特因争夺管辖权与影响力而引爆了激烈的派阀之争，就是这种混乱的当代例子。

英格兰王国拥有几个强力的机构，以及稳定的政治文化组成部分。1422年，议会中有接近半数的议员曾跟随亨利五世在法国作战，他们的忠诚带有个人的情感共鸣。亨利五世的弟弟和受信任的高官一直都在执行他的遗嘱，所以直到15世纪30年代，亨利五世的精神一直笼罩在他儿子身上。负责为亨利五世建立纪念教堂的枢机主教亨利·博福特在威斯敏斯特大教堂内设立祈唱堂，并在其中供奉已故国王使用过的头盔、盾牌、马鞍。坎特伯雷大主教亨利·奇切利在牛津大学建立了万灵学院，以此纪念阵亡的将士，以及国王的虔诚精神。万灵学院的成员为国王和大主教、为亨利五世及所有在法国战殁的将士终日祈祷。万灵学院是在英勇气概远不如父亲的亨利六世领导下建立的，至今仍然能看到奇切利大主教头戴主教法冠、亨利六世身着国王华服的石灰岩雕像。

年轻国王不仅继承了魅力，还得到了英格兰王国政治体制的帮助。英格兰议会便是这样一个强力的舞台。即便在经历了亨利四世罢黜理查二世，改朝换代的风波之后，议会也仍然十分依赖王室的存在来推动越来越复杂的程序。因此，1423 年的议会以亨利六世的名义召开，不到 2 岁的亨利坐在母亲的腿上出席了议会。这是一个代年幼的国王统治国家的议事会。这一届议会必须解决数个迫在眉睫的重大问题：对法国的军事和外交政策；筹措资金，偿还亨利五世因军事冒险行动而产生的巨额债务，甚至还要偿付亨利四世的部分欠款，这些债务来自加莱垄断商会①、全国各地的城镇和意大利的银行家。仍然只是一个婴儿的亨利六世根本无法意识到，父亲给自己留下的遗产分量是多么沉重。亨利五世在遗嘱中明确规定，直到亨利六世长大成人，能够独立统治英法二元政体之后，才可以释放包括奥尔良公爵查理、昂古莱姆伯爵让在内的所有身份显赫的法国俘虏。即便到了 1436—1437 年，摄政议事会完成历史任务之后，议事会的成员也仍然作为近臣，为他建言献策。从许多方面来讲，亨利从来都没有发挥过作用，除了在他自己的建筑上。这给了政敌用来批评时政的现成谈资："国王陛下偏听偏信，朝廷成了近臣的一言堂。"这是在 15 世纪 40、50 年代的政治危机中，人们常听到的口头禅。

亨利六世的父亲、祖父在位时，宗教一致性成为政府核心的施政目标。尽管普通人仍然可以在日常生活中、在自己的心中保留各式各样的宗教理念，但当局还是制定了专门的法律程序，用来杜绝公然违反正统教义的行为。王朝和政体看起来似乎都无懈可击：政

① 加莱垄断商会是以国王签发的特许状为依据在1363年成立的商会，负责英格兰羊毛出口的垄断性经营，不仅是英格兰王权的重要经济来源，还在抵御法国对加莱的进攻中起到了不可或缺的作用。

府机构引入了大量的有才之士来解决法律与秩序、经济监管和宗教廉洁等方面的问题。

以坎特伯雷大主教亨利·奇切利为代表的朝臣组成了亨利五世的中央政府，而到了亨利六世即位之后，他们或担任大法官，或处理外交事务，以绝对忠诚的态度帮助国王完成心愿。奇切利是正统教义的坚定支持者，他制定了统一的程序清单，用来审问异端罪的嫌疑人，并在 1428 年发到各教区使用。据传，奇切利经常骑着骏马长途跋涉，赶往任何需要捍卫正统教义的地方。英格兰的大法官往往都是在政治上极具远见，综合能力极高的大主教；在亨利六世统治时期，大法官通常都是训练有素的律师，而不是神学家。大法官法庭的人员十分稳定，处理了大量的政务。它由一个关系紧密的专业团体组成，他们极少吸收来自大学的新理念、新技能。1448 年，理查德·韦斯顿（Richard Weston）加入，成为该机构唯一一位受过训练的律师，并一直保持到 1465 年他去世。显然，大法官一职看中的是忠诚、勤奋和行政头脑。尽管国王年纪尚幼，但治理并没有出现松懈——在一个世代内，情况的确如此。

15 世纪 30 年代是亨利六世学习为君之道的时期，在这期间，他享受着相对宽松的青年生活。1429 年 11 月，格洛斯特公爵汉弗莱的护国公职权到期结束，但到了 1432 年，他又重新掌权，而贝德福德公爵约翰在 1433－1434 年成为政府首脑。在亨利六世的少年时代，管理英格兰在法利益的高官权贵必须做出一些艰难的抉择。一个年轻女子——圣女贞德（1412－1431）[①]——奇迹般

① 此处原文的1429年应当是指贞德的死亡年份，正确的日期是1431年，为作者笔误。

地重新点燃了法国人的斗志，对英格兰造成了严峻的挑战。贞德造成的最大威胁是，她鼓励法国王子查理对正统继承权的要求，想要推翻阿金库尔之战之后，为实现和平而牺牲王储的合法权利的政治现实。贞德先是拥立王子在兰斯举行加冕仪式，之后又辅佐王子，率领法军开展针对英格兰的军事行动。贞德的一生是传奇的一生，尽管英格兰史料对其记录甚少，除了她慷慨就义的时刻。在经历一系列失败后（1423 年在克拉旺，1424 年在韦尔讷伊），法军终于在贞德的带领下，取得了成功。1428 年，法军解救受到围困的奥尔良城，取得决定性的胜利，之后更是在 1429 年夏天，把英军赶出了卢瓦尔河谷。支持波旁王朝的阿马尼亚克派将贞德视为救世主，称她为“pucelle de dieu”（上帝的圣女），而英格兰及其盟友指责贞德是女巫。

英格兰当局及其勃艮第盟友终于擒获贞德，并宣称她是肆意妄为的女巫，把她送上了火刑柱。尽管贞德之死并没有对英格兰对法作战政策产生实质性的影响，但迫使法国的军政两界将法国必败的悲观情绪一扫而空；与此同时，以使用火药的火炮为代表，新的军事技术层出不穷，彻底改变了以占领城墙坚固的城镇为首要目标的战争模式。圣女贞德的命运同样无可争辩地证明了，在这一时期，女性在没有男性亲友的支持下，公开表达自己的宗教信仰并进入公共空间的危险处境。贞德扮作士兵，而在敌对势力眼中，像许多在之后的历史中被视为女巫的女性一样，她遭到了不洁身自好和传播异端思想的双重指控。

1435 年，亨利六世正式成为英格兰国王，他也彰显了自己的个性。1436 年，枢密院做出的决定都会以“国王在采纳枢密院的建议之后颁布的旨意”作为标题。在内政和法国事务方面，亨利还有许多要学习，并与臣下讨论以做出决策。此时的英格兰在法国战场上节节败退，他的叔叔也分成代表不同政见的派别。1436 年，在阿拉斯进行的和谈令人失望，英格兰也失去了与勃艮第派的盟友关系，亨利六世正是在如此不利的情况下开始亲政的。自英法两国签订《特鲁瓦条约》时起，在过去的十数年间，英格兰当局在处理外交关系时，一直都依赖勃艮第与法国之间的分离，以及英格兰、勃艮第和布列塔尼之间 1423 年协议的支持。现在这一政治秩序土崩瓦解了。

1435 年，贝德福德公爵的副手约翰・法斯托尔夫向亨利六世及枢密院递交了一份报告，提出了对未来的一种强硬的和悲观的看法。《特鲁瓦条约》作废之后，英格兰必须应对法国与勃艮第的合作，在各个领域与之对抗。可以预见的贸易战是法国停止从佛兰德斯各城镇购买英格兰出产的羊毛，而转向与热那亚和威尼斯结成经济同盟。只不过，由于在不久之后，勃艮第公爵领地爆发大规模内乱，这一点几乎没有实现。尽管如此，从 1436 年起，勃艮第公爵以及欧洲的其他君主，称呼兰开斯特王朝的君主只使用“英格兰之王”的尊号，而对法国国王只字不提。英格兰联合勃艮第对抗法国的政策已经彻底破产。

这对国内的军事政策产生了显而易见的影响。1436 年春，英格兰和威尔士的军队开始大规模动员。确保加莱的安全是最为重要的军事任务，因为加莱既是英格兰在欧洲大陆上的主要军事前哨，也是确保英格兰商业利益的关键所在。格洛斯特公爵汉弗莱作为加莱总管，承担起了这项任务。由于在公爵率兵到达加莱之前，围城的法军便撤离了，公爵轻轻松松地完成了任务。尽管如此，但仍有众多编年史、诗歌和报告表达了对结果的激动和自豪，把这样一件军事成就转化成了对亨利六世及其王廷的有利宣传。

在王庭内，廷臣对局势的发展各有各的看法。虽然 1435 年秋季弥漫着厄运和阴霾，但没过多久好消息传来，法国英占区被治理得井然有序，加莱之围也在 1436 年被解除。15 世纪 30 年代末，有人通过一本拉丁文小册子向亨利谏言，认为他应该寻求和平，但不能以牺牲荣誉为代价。小册子的作者把组成英格兰政体的不同阶层比作王冠上不同类型的宝石，提出亨利应当谨言慎行，争取这些阶层的支持：碧玉是忠于国王的贵族和权贵；红宝石是反对异端的主教和高级教士；蓝宝石是为民众服务的堂区牧师和修士；缟玛瑙是追求和平生活的普通民众。这位博学的作者俏皮地使用了在民间广为流传的预言，这些预言也是政治文化重要的组成部分。约翰·奥德莱（John Audelay）是奥古斯丁修会位于什罗普郡境内的豪格蒙德修道院的修士，他在 1426 年前后预言，亨利将会结束英格兰与法国的战争，统领这两个国家一致对外发动十字军圣战，夺回圣十字架。此类预言虽然多为有学问的人所写，但在那些关心政治的普通俗众之中广为传播。实际上，亨利六世并不是一位政治领袖，而只是一个慷慨大方的年轻人：他经常把仅在臣下在世时有效的恩赏转变为能够代代相传的特权，在 1438 年还因此遭到了枢密院的批评。15 世纪 30 年代末有可能是亨利六世的黄金时期；他广泛地参加与各类王室活动，这也帮他塑造出一个逐渐成长为国王的男孩形象。

宫廷女性：安茹的玛格丽特与埃莉诺·科巴姆

众所周知，任何一位成熟君王的身边都必须有一位王后。与所有王室婚姻一样的是，这是在政治外交问题上达成一致，实现双赢的重要机会。王后的人选可能推动或阻碍和平进程，必将在朝中引发激烈的意见分歧。人们普遍期待亨利能够从萨福克伯爵手里夺回实权，从15世纪40年代早期起，萨福克伯爵手便大权独揽。王室联姻也是严肃的外交问题。见多识广的法国军人、外交官菲利普·德·梅齐埃尔认为，这样的做法是和平的重大障碍，甚至还是王朝战争和混乱的原因。只不过，亨利的枢密院认为这是正确的做法，而且很快就派出了使团去考察潜在的新娘人选。安茹的玛格丽特的父亲是英勇且虔诚的安茹伯爵勒内二世（René Ⅱ）。尽管伯爵即将成为那不勒斯王国的国王，但玛格丽特既没有陪嫁的土地，也没有王位继承权。对于需要伴侣帮助有效增强王朝地位的英格兰国王来说，选择玛格丽特作为王后确实出人意料。1444年5月，14岁的玛格丽特通过代理人与亨利订婚；次年，15岁的玛格丽特与亨利完婚，获得了兰开斯特公爵领地的大片土地作为彩礼。亨利派出对兰开斯特王朝忠心耿耿的布赖尔利的托马斯·哈林顿爵士（Sir Thomas Harrington），命他率领4位绅士和12名侍卫，把玛格丽特接回英格兰，之后又拨款5 500英镑举行庆典，并在1445年4月举办了盛况空前的婚礼。为了迎接玛格丽特到来，伦敦举行了盛装游行活动，从萨瑟克开始，到康希尔，再到齐普赛街，直到经由圣米迦勒教堂（St Michael's in Querne），到达圣保罗大教堂的大门。这是一场充满希望、活力以及创新精神的活动，结合了包括宗教画像、《圣经》的经文及诗句在内的诸多元素。

什鲁斯伯里伯爵约翰·塔尔博特（John Talbot）命人制作了精美绝伦、收录了诗歌和论文的手抄本，把它作为结婚礼物，献给玛格丽特和亨利。与国王夫妇一样，伯爵献上的手抄本同样也是英法结合的产物：为手抄本编写文字的是一个坎特伯雷的作坊，而负责誊写文字、绘制插画的是一个鲁昂的作坊。手抄本的卷首插画描绘了一对身着华服、头戴宝冠的夫妇端坐于王座之上，接受廷臣送来的礼物。实际上，塔尔博特与妻子在那年春天陪玛格丽特从法国来到英格兰，很可能早已对她非常了解。手抄本中既有传授实用知识的内容，又有讲述骑士英勇作战的浪漫故事，在末尾处还收录了嘉德骑士团的章程。手抄本收录了法国女诗人克里斯蒂娜·德皮桑（Christine de Pizan）讨论战争艺术的作品《论武功》（*Fais d'armes*），以颂扬女性智慧；其中还收录了一本名为《战斗之树》的文集，它最早是献给查理六世的，宣称战争是不义之举。手抄本除了要为国王夫妇解闷，还必须提供有用的资讯；战争从未远离他们。英格兰与法国的命运紧密地交织在一起。

像所有参与政治生活的女性一样（直到今天仍是如此），安茹的玛格丽特也遭到无端的指责。1447 年，玛格丽特已经成为英法两国的外交关系中不可或缺的人物，但很快就因为参与将父亲安茹伯爵的领地曼恩、安茹割让给法国[①]的谈判而遭到了口诛笔伐。在英格兰，国王夫妇竭尽所能，尽可能地争取臣民的支持。1447—1448 年，两人仅在伦敦城内居住了大约 70 天，而大部分时间都在全国各地巡游，他们最远到达了位于英格兰西部的城镇格拉斯顿伯里，以及北方的边境重镇达勒姆。这种巡游旨在巩固对地方的控制，以及树立国王的权威，特别是在宫廷爆出丑闻之后，比如，1448 年，格洛斯特公爵汉弗莱在等候接受审判的时候神秘死亡的

---

① 法国国王同意亨利迎娶玛格丽特的条件是，英格兰应当把曼恩、安茹两地割让给法国。

丑闻。法国的编年史家雅克·杜克莱尔（Jacques du Clercq）对这样一个曾受人尊敬的人的堕落感到震惊：

> 公爵受到非人的虐待，死不瞑目……他们用牛角击打公爵的臀部，也就是那个用来排泄的地方，之后还用烧红的铁棍，把他捅了个对穿。

在一个不那么强大的国王留下的空白中，玛格丽特的身影渐渐出现。她很快就发现，丈夫是一个自我放纵而虔诚的人，虽然受人尊敬，但在政治上完全无能。1453 年，亨利因为不明原因的疾病而精神失常之后，她更是以摄政官自居，与护国公约克公爵理查德分庭抗礼。亨利的情况稍有好转之后，玛格丽特继续支持丈夫的统治。同样在 1453 年，她与亨利喜得一子，姗姗来迟的小王子倍受重视。在亨利恢复健康，约克的理查德放弃了护国公的权力之后，玛格丽特执掌大权，守护着国王、儿子和她自己。

安茹的玛格丽特能够参与国内政务和亨利六世精神崩溃是分不开的。15 世纪 50 年代，在丈夫亨利六世开始逐渐衰弱的时候，玛格丽特得到一小撮宫廷官员的引导与辅佐，渐渐地成为一位出类拔萃的统治者。发现无论是炼金术，还是草药，抑或祈祷，都无法让国王回复神智之后，玛格丽特开始认真地履行统治者的职责。作为一位拥有学识且理智的女性，她精力充沛，而且具有领袖魅力，令许多英格兰人又恨又怕。1456 年，一位名叫约翰·博金（John Bocking）的伦敦市民这样描述她："一个伟大、坚强的女人，不遗余力地追求自己的事业。"在宗教领域，玛格丽特比较保守，并没有像许多同时代的贵族女性那样，寻求全新的礼拜上帝的方式：在一卷据传与安茹的玛格丽特有关的赞美诗中，只包含了圣母马利亚的赞美诗。

玛格丽特掌权的那段时间是英格兰原有的政治架构分崩离析的时期，而她也促进和利用了派系斗争。正如玛格丽特之前或之后的宫廷女性那样，玛格丽特也被指责提拔宠臣，以及在王廷内拉帮结派。国王与王后的宫廷虽然联系紧密，但仍然界限分明，分别拥有各自的管理机构、预算、记录。玛格丽特的内廷规模不断增长，虽然她的房间拥有舒适的凸窗和幽静的走廊，但并没有采用王室的设计风格，而从环境和配备的人员上看更像大贵族的府邸。玛格丽特努力为她的家庭成员安排与主要朝臣的婚姻：1449 年，在安茹出生的宫中女侍臣乔安娜·切尔尼斯（Joanna Cherneys），嫁给了王后的内廷侍从托马斯·沙恩柏恩（Thomas Sharnebourne）。玛格丽特王后拥有顾问官，她还着力栽培年轻有为的法学生成为法官，比如，罗伯特·丹比（Robert Danby）就得到她的提拔，在 1461 年晋升为首席法官。

当男人被羞辱或贬低时，包括母亲、妻子、女儿在内，与他关系密切的女性亲属都会受到谴责。女性除了被认为会向男性施加不良影响，还会被认为性格软弱，容易受人影响。1441 年，护国公格洛斯特公爵汉弗莱受到以亨利·博福特为首的派系的攻击，名誉扫地，但他保住了自己在枢密院中的地位，成功为自己辩护。然而，到了同年 7 月，公爵夫人埃莉诺·科巴姆女爵被指控使用巫术的时候，他却无法证明妻子的清白。据说埃莉诺·科巴姆密谋进行危险的占卜，想要令亨利六世死于非命，为丈夫扫清继承王位的障碍。她被指控雇用了两位学识渊博的教士，以及一个臭名昭彰，居住在艾镇（米德尔塞克斯），名叫马格丽·茹尔德梅恩

（Margery Jourdemayne）的女巫，并与他们一起使用魔法咒语，想要谋害国王。事发后，公爵夫人虽然逃入威斯敏斯特大教堂寻求避难，但最终还是被迫接受枢密院的审判，被判有罪。公爵夫人的同谋都被处以极刑，而她忍受屈辱当众赎罪：她历时三天，从伦敦桥塔走到康希尔，有时赤脚，手里举着蜡烛，有时还不得不涉水而行。

埃莉诺很可能是因为想要为格洛斯特公爵生下继承人，才与那位因精通神秘知识而远近闻名的女巫扯上了关系。公爵夫人请来的另外两位顾问分别是一位医师和一位天文学家，他们学识渊博，都接受过大学教育。“艾镇的女巫”马格丽在给身份高贵的公爵夫人看病的同时，还使用了魔法，而许多生活在那个时代的人都相信这样能祛病除邪。马格丽早在 10 年前就因为使用巫术而被当局逮捕，她在宫廷中也很出名。埃莉诺曾是侍奉格洛斯特公爵的第一任夫人海诺的杰奎琳（Jacqueline of Hainault）的侍女，她很有可能在那个时候就让马格丽为自己服务。然而，1441 年的政治斗争使她的占卜被看作是大逆不道的罪行；有人宣称其占卜的目的是让国王尽快命归黄泉。她的私人文书博林布罗克和医师索思韦尔因预测国王的病情，对其统治国家的权威造成不利影响而遭到指控。亨利六世如此急切地想要消除人们对他健康的疑虑，以至于他马上召见两位最为顶尖的学者——国王的私人医师兼财政大臣约翰·萨莫塞特（John Somerset），以及剑桥大学校长约翰·兰顿（John Langton）——为他做星座分析。埃莉诺那两位助手受到了审判，最终惨死。博林布罗克[①]先是头戴纸糊的王冠，被押送到圣保罗十字

① 索思韦尔已经死在了狱中。

架受尽屈辱，接下来又接受枢密院的审判，被判处死刑。之后，他便被押送到刑场，在被吊起后遭开膛分尸。他的首级被送至伦敦桥示众，而他的尸身分别送往牛津、剑桥，可能还有约克和布里斯托尔，用来起震慑作用。此外，当局还把马格丽判定为屡教不改的女巫，把她送上了火刑柱。

虽然埃莉诺因为利用违禁的知识和巫术而遭到指控，被迫当众赎罪，她的几个帮手更是因此死于非命，但这些知识和巫术在当时已被广泛使用。与魔法相关的知识被人收集和传播，比如，《圣导之书》(*Ars notoria*) 就是一本了不得的百科全书般的手稿，收录了据传是所罗门王所用的魔法知识，不仅篇幅巨大，页面设计也很精美。魔法师会随身携带体量小得多的袖珍书，书中包含了药方和诅咒，以及用来驱散各类恶灵，能够让人逢凶化吉的咒语。这类知识可以像今天的自助书一样被使用，或由诸如博林布罗克、索思韦尔、马格丽之类的专家使用。虽然教会法和普通法都将使用魔法定为违法行为，牧师的布道辞和祈祷手册也抨击使用魔法的行为，但魔法仍然大行其道，被社会各阶层的人渴望和使用。

圣徒的圣物、祝福教徒的礼拜仪式这类官方认可的物品、仪式，同样与魔法存在联系。虽说埃莉诺雇佣马格丽是为了让她使用魔法，让汉弗莱公爵爱上自己，以及之后让自己怀上公爵的继承人，但这种愿望人人都有——现在也是如此。伯里圣埃德蒙修道院每年都要举行一场隆重肃穆，但又让人费解的仪式：修道院的修士会牵着一头头戴花环的公牛，沿着修道院的外墙游行。求子心切的女性会抚摸公牛的侧腹，之后便会来到圣埃德蒙的圣祠前，献上祭品，祈求怀孕。伯里圣埃德蒙修道院也是亨利六世满足精神需求的场所，院内的圣物能给他带来精神慰藉——造访这里可能是他波折的一生中最为幸福的时光。

无论政治地位高低，人们都想要在女性那里得到精神上的启发。亨利五世曾援引神秘主义者瑞典的圣布里奇特（St Bridget）的预言来支持自己的统治和行动，他还利用圣母马利亚的形象来庆祝阿金库尔之战的胜利。埃玛·拉顿（Emma Rawghton）是一位在约克北街万圣教堂隐居的女隐士，她与沃里克伯爵理查德·比彻姆保持着特殊的关系，会经常收到关于伯爵政治前景的异象和预言。严格的宗教生活为富裕的女性提供了一个职业，也给孤独的寡居生活指明了方向。当有地位和能力的男性被期望在世上有所作为时，他们就可以在女性的虔诚信仰中放松下来，有时还能从中获得启发和希望。世俗之事与情感的虔诚似乎是一种奇怪的组合，是这个世界特有的创造性矛盾。虔诚的信仰，尤其是女性虔诚的信仰，能够创造一种令人安心、不受世俗影响的氛围，让有权势且烦恼的男人获得安慰，然后重新面对世界。

亨利六世的宗教与学问

亨利六世对宗教的看法要保守得多。他在大学及修道院度过的时光可能是最快乐的；1433－1434 年，亨利在伯里圣埃德蒙修道院度过了圣诞节和复活节。为了接待国王，修道院的院长腾出了自己的居所，并且进行了改建——改建后的居所如宫殿一般，与波夫莱特修道院（加泰罗尼亚）内的居所相比也毫不逊色；亨利六世甚至还在此处召开了一届议会。在这里时，亨利被《智慧》（*Wisdom*）这样的戏剧吸引，这类道德剧常常反映人性的弱点和改善的希望。亨利还会阅读引人深思的文章，它们通常来自欧洲大陆，这类文章倡导“兼顾精神与物质的生活方式”，即在处理纷繁的世俗事务的同时，兼顾精神生活，不忘礼拜上帝。约翰·利德盖特既是修士，也是一位诗人，他受到亨利造访修道院的启发，编写了一部圣徒传记，记录了伯里圣埃德蒙修道院的主保圣人圣埃德蒙，以及被丹麦人杀害的撒克逊隐士圣弗雷蒙德（St Fremund，卒于 866 年）的一生。这部利德盖特用了近 10 年的时间才完成的传记目前由大英图书馆收藏。在传记的开篇处，第一节“用文字记录圣徒高贵的故事”的上面有一幅插图，展现了赠送仪式的场景：年轻的亨利六世被一大群修士和廷臣簇拥着，手拿此书的作者也在其中。但对于一国之君来说，沉浸宗教生活只会分散注意力，而不能训练他积极活动，来应对丑陋、暴力、毁灭灵魂的战争和王朝纷争。亨利做出了投身宗教生活的选择，但这样并不能替代政治和宫廷生活。宗教生活也许能激励一个国王，却并不能帮助他履行君主的职责。

尽管如此，亨利对道德教育的重视还是让王廷中一些能人贤士取得了举世瞩目的成果。1441 年，在访问温彻斯特学院的时候，亨利决定建立属于自己的学院，即伊顿公学，并把这项任务交给了可靠的教士威廉·韦恩弗雷特（William Waynflete）。韦恩弗雷特曾经担任温彻斯特学院的院长，1447 年，枢机主教博福特去世之后，他得到亨利的提拔，成为温彻斯特主教。剑桥大学国王学院是作为伊顿公学的兄弟院校建立的，是为那些有望进入王室小圣堂任职的伊顿公学学生提供的进修场所。剑桥大学国王学院成立于 1441 年 12 月 6 日，而这一天也恰好是国王的生日；学院是在圣约翰扎卡里堂区及临近的学校建筑基础上建立的。1445 年，国王学院更名为圣母马利亚及圣尼古拉斯国王学院，并参考了威克姆[①]在牛津大学建立的新学院。国王学院由1位院长和12名学员组成，他们要一边学习人文课程，一边在学院富丽堂皇的圣堂内为建立者亨利六世的灵魂祈祷。尽管在亨利六世在世时，圣堂的修建工作进展缓慢，但在之后的一个世纪中，它得到了每一位英格兰国王的资助。亨利八世在位时，圣堂终于完工，并且装饰了国王命人制作的玻璃器皿和木制家具。直至今日，这些家具仍在使用，为世界上最著名的唱诗班提供了舞台背景。国王学院是一个王室机构，同时维护着教会的正统教义。学院的所在地剑桥大学在学术上“保守”，与受到异端思想影响的牛津大学截然不同。国王学院的学生必须立下誓言，反对“包括威克里夫和雷金纳德·皮科克（Reginald Pecock）在内，一切传播歪理邪说的异端”。

这些活动把教育、宗教和一些行政管理方面的工作结合起来，所形成的氛围能够最大限度地让亨利六世感到舒适和安全。所以亨利六世会从伊顿公学的毕业生中选择他的专职教士与亲信，让他们在自己落难的时候陪伴左右，也就不足为奇了。亨利六世身边的一大批神职人员好似一个王廷，他们也会像廷臣那样，被提拔为教区的主教或国家官员。曾经协助亨利建立伊顿公学的约翰·卡彭特（John Carpenter）被提拔为伍斯特主教，而亨利的专职教士亨利·塞弗（Henry Sever）则成为伊顿公学的第一任校长。在处理与建立学院有关的事务时，年轻的亨利警觉、投入而且兴致盎然，急切地等待处理与项目相关的重要信件。他在这方面得心应手，赢得了臣民

① 威克姆的威廉（1320—1404）历任温彻斯特主教、英格兰大法官，是牛津大学新学院、温彻斯特学院的建立者。

的尊敬与爱戴，即便是他在议会和外交上的影响力和存在感都不足的时候也是如此。亨利获得了伊顿公学的约翰·布莱克曼（John Blacman）等人的忠诚，布莱克曼曾经担任亨利的专职教士，在15世纪60年代随亨利流亡，之后更是为亨利编写了圣徒传记。布莱克曼的著作透露出厌世情绪，符合亨利六世晚年的心境。

书 籍

在英格兰，出现了一个复杂的文学和写作世界，其中包含了诗歌、政治、宣传，以及品味和财富的展示。在亨利五世时代，诗歌被用来为国家和王朝服务，亨利五世出资启动了许多项目，其中不少项目都在亨利六世统治时期开花结果。亨利六世的几个叔叔不仅是书籍和文物的狂热收藏者，也是艺术家、诗人、音乐家的赞助人。他们以交流文化产品为手段，试图在外交、家族发展、个人荣耀等领域取得新的突破。在政治动荡和争权夺势的年代，能够让读者自助自救的书籍很受欢迎：研究面相学的小册子不仅是文化遗产的组成部分，也能够帮助读者对他人的品性做出正确的判断，避免在任用家臣、聘用顾问、寻找配偶、结交朋友时吃亏上当。书籍收集者也对历史类的书籍感兴趣，他们从那些经过改编的古代历史中寻找可能对他们有利的行为和言论，并从过去的经验中总结出与暴政、阴谋、忠诚、坚忍精神等相关的意见与建议。他们经常参与军事行动、遭受牢狱之灾，或是长途旅行，因此还收集那些与身体状态、饮食和锻炼相关的书籍，甚至还会奖励那些帮助他们锻炼身体、改善健康状况的人。

巴斯和威尔斯教区的主教托马斯·贝金顿（Thomas Beckington）

过去是格洛斯特公爵府的总管，曾经奉公爵之命前往意大利，收集对人文主义教育有指导意义的书籍，并把它们公之于众，造福大众。在教育学及学术研究领域，这是一个激动人心的时代；在托斯卡纳地区，学者们的伦理辩论广为传播，并与欧洲各地区的地方文化互动。许多教育机构都受到了把学问、美德、雄辩结合起来的理念的影响，而这些都是为功利服务的。贝金顿在教区内推行上述理念；1460 年，威尔斯大教堂的唱诗班学校宣称要训练唱诗班成员，让他们变成知书达理、听从号令的有用之人。

格洛斯特公爵汉弗莱利用他的人脉推进书籍的收集工作和获取人文主义知识的项目。一本现今由牛津大学博德利图书馆收藏的古书上有公爵的亲笔签名："Cest livre est A moy humfrey duc de gloucester"（这是一本让格洛斯特公爵汉弗莱受益匪浅的书）；此书是公爵从索尔兹伯里教区的总铎尼古拉斯·比尔迪斯顿（Nicholas Bildeston，卒于 1441 年）的遗嘱执行人手中购得的。此外，公爵还从伍斯特主教托马斯·波尔顿（Thomas Polton，卒于 1433 年）的遗嘱执行人那里购买书籍。波尔顿主教曾是英格兰教会的代表和王室外交官，十分了解欧洲大陆。贝德福德公爵约翰曾经在 1419－1422 年佛罗伦萨的人文主义学者波焦·布拉乔利尼（Poggio Bracciolini）旅居英格兰的时候，盛情款待了他，而格洛斯特公爵也像兄长约翰那样，成了文人的赞助人。公爵先后雇用了两个意大利秘书——蒂托·利维奥·弗鲁洛维西（Tito Livio Frulovisi）和安东尼奥·贝卡里亚（Antonio Beccaria），到了 15 世纪 30 年代，他成为远近闻名、深受拥戴的赞助人，经常成为人文主义著作的题献对象。

关于行为举止的建议不仅来自教士阶层编写的指导，还来自政治和市民生活参与者的经验。比如，伍斯特的威廉（William of Worcester）是约翰·法斯托尔夫爵士的秘书，曾经在1422—1435年随主人前往诺曼底，为贝德福德公爵效力。他编写了一本名为《贵族之书》(*Book of Noblesse*) 的著作，并把它献给了贝德福德公爵。在书中，当代政治与西塞罗关于友情和老年这两个重要问题的论述交织在了一起。在稍加改动之后，伍斯特编写的这本行为手册先是为亨利六世所用，之后被亨利六世的死敌爱德华四世使用。权贵阶层会从英格兰的各大高等学府物色通晓新学问的学者，让他们负责子嗣的教育工作：蒂普托夫特勋爵邀请牛津大学的导师约翰·赫尔利（John Hurley）负责儿子（也就是未来的伍斯特伯爵）的教育工作，甚至还为此为赫尔利提供了第一份圣俸。赫尔利先是陪伴勋爵的儿子在帕多瓦游学，之后又与他一起前往耶路撒冷朝圣。即便是出身贫寒的人，在为达官贵人服务的过程中，也可以去旅行和朝圣，甚至还能拜访王公贵胄，参与重大事务。

与伍斯特的《贵族之书》相似，1445—1450年，彼得·伊德利（Peter Idley）也为儿子托马斯编写了一本指导书，旨在帮其塑造公共生活中的个性。伊德利是一个大地主，在伯克郡、白金汉郡、牛津郡、米德尔塞克斯郡、萨里郡、汉普郡和伍斯特郡都拥有地产。他受益于几项任命，如沃灵福德封邑的执达吏，还在15世纪40年代多次接受国王的恩赏和豁免赋税。他地位不高，但人脉广阔（他与萨福克伯爵夫妇关系密切），同时对政治局势和国王统治所面临的挑战都有敏锐的观察。他编写的指导书除了在政治及道德问题上提出建议，还包括宗教方面的指导。尤其重要的是，他建议凡事都要有所节制，交友要慎重，而对朋友要忠诚。他详细地列出了针对不同的人给出什么样的建议，并提醒对这些建议都要谨慎：

无论是酗酒之人、胆小之人、易怒之人，还是在失去信任后又重新得宠之人，都不值得信任，不可听从他们的建议。他还列举了有一定社会地位的人在政治生活中可能遇到的陷阱，并分析了中世纪英格兰的政治文化和社会架构，其中交错着相互矛盾的效忠义务、阴谋诡计和对政府权威的公开挑战。

政治生活与社会互动都取决于国王及权贵阶层，他们与其领地的复杂联系也将他们与领地的居民联系在一起。无论是国王治理国家的方式，还是权贵的权势，都会自上而下，影响到政治体的方方面面。权贵可以提供适当的司法公正，但如果他们玩忽职守或是徇私枉法，则会滋生腐败。无论财富多寡、地位高低，绅士阶层的所有家庭都会成为各大权贵的亲从。一旦绅士阶层的成员起了纷争，权贵阶层的成员就应当化解争议，令当事人言归于好。如果化解失败，那么地方上很快就会形成反馈，不满情绪最终会触动整个政治共同体。1437 年，贝德福德郡的两大家族凡霍普家族和格雷家族间爆发了激烈的矛盾，凡霍普勋爵与格雷勋爵在对簿公堂时，都带着全副武装的随从。这两个家族的争斗迫使郡内其他的绅士家族选边站队，最终导致数十个家族的土地所有权的合法性遭到质疑。由于几乎没有权贵常驻威尔士，威尔士的绅士阶层权势尤其强盛。格兰·道尔的叛乱结束之后，行政管理者、政府官员和许多退役士兵终于得到了担任高官要职、获取荣誉头衔的机会。

学术及司法研究反映出当地居民对这些复杂问题的政治意识。这些研究以搜寻史料中记载的权利与先例为手段，为当代人的权利诉求提供依据，所以我们可以把这一类研究称为“古文物研究”。尽管这并不是什么新的手段，但随着法律程序越来越重视书面证据，一门侧重于研究司法问题的古文物研究学，由拥有学位的导师以及专门为他们服务的文书发展起来。在 1459 年召开的考文垂议会上，约翰·劳斯（John Rous）以自己的研究成果为依据，提出了反对圈地的独特观点，指出圈地会损害英格兰独特的建筑遗产。他指出在沃里克郡，人口随着圈地不断下降，导致区内的建筑年久失修，就如“伯加文尼女爵琼为丈夫修建的华丽门楼”一样。一直以来，修道院都会保留他们的完整档案，而到了这一时期，绅士阶层的家庭也在做同样的事。克莱顿的约翰·拜伦爵士（Sir John Byron）生活在兰开夏郡南部，他在自家的金库中保存了不下 300 份地契，塔顿（柴郡）的杰弗里·马西爵士（Sir Geoffrey Mascy）则特意在遗嘱中规定，将档案库留给自己的继承人。这并不意味着之前不会保留地契，而是这一时期有了档案意识。他们通常都会雇佣教士来担任文书，成为府邸一员。

在某些情况下，这项研究需要掌握拉丁文，能阅读罗马时代的历史文献，以及掌握修辞技巧。1419 年，佛罗伦萨人文学家波焦·布拉乔利尼造访英格兰时宣称，英格兰人都是“野蛮人”，想要在他们的国家找到一本像样的书，也就是传授人文主义知识的书籍，简直就是痴心妄想。但到了 1440 年，本笃会的修士，之后成为圣奥尔本斯修道院院长的约翰·惠特汉普斯特（John Whethamstead）却能够宣称，“赫利孔山之泉”① 在牛津喷涌不息，“灵感之河”在剑桥波涛滚滚，“我们加入缪斯女神的行列，吟唱好如天籁一般的诗歌”。缪斯女神启发了威廉·格雷（William Gray）等人，1434 年，格雷获得了贝利奥尔学院的文学硕士学位，之后

① 在希腊神话中，飞马珀伽索斯在赫利孔山上留下蹄印，形成了赫利孔山之泉；此泉是缪斯女神的圣泉，能够为诗人提供灵感。

便开始了他的旅行生活，在成为伊利教区的主教前，他去过佛罗伦萨、帕多瓦、费拉拉和罗马。在 1478 年，格雷去世之后，他的藏书被送到贝利奥尔学院这个让格雷与书结下不解之缘的启蒙之地。牛津大学的学者在写给格洛斯特公爵汉弗莱的信中使用华丽的辞藻，对公爵百般奉承，想要获得他的资助和藏书。贵族阶层和文人都十分欣赏人文主义文学；1453 年，牛津大学把沃里克伯爵的弟弟，年仅 20 岁但爱书如命的乔治・内维尔（George Neville）选为校长，令他成为建校以来首位贵族出身的校长。

对欧洲大陆的艺术风格和艺术家的使用，涉及形式与风格在英格兰的应用。沃里克公爵亨利・比彻姆（Henry Beauchamp）的时祷书创作于 1439－1446 年，不仅展现了法国书籍插画的艺术造诣，也具有明显的英格兰艺术风格：第 26 篇诗篇开头的插画展示了大卫王面朝上帝，顶礼膜拜的场景，但背景是英格兰的田园风光，有风车和高墙环绕的城镇。而经文还配有一整页的英格兰先知布里德灵顿的圣约翰（St John of Bridlington）[①] 的画像。同样，在 1430－1437 年，格洛斯特公爵汉弗莱也在诗篇集中加入了自己的画像。这是一个伟岸的英格兰公爵像，他跪在基督面前，而基督则以“忧患之子”的形象出现，他起死回生，离开坟墓，把鲜血洒进圣餐杯。在教育、财富、对法国文化的深刻了解（通过奥尔良的查理这类囚犯，以及安茹的玛格丽特这类通婚的女性），以及对意大利的学习共同作用下，英格兰出现了一代对文化有极大影响力的权贵阶

① 布里德灵顿的圣约翰（1320—1379）是布里德灵顿修道院的院长。据传，他在世时多次引发奇迹，比如，把水变成葡萄酒，用神力拯救遭遇船难的水手等。

层，为艺术家、作家、音乐家指明了大方向。

贸易与生活方式

宗教、文学、学术趋势都与商品和资金的流动相关。讲述旅行、描述航行路线的小册子在当时十分常见，而一本在1436—1438年前后成书，名为《英格兰政策声明》(*Libelle of English Policy*)的高度复杂的小册子则是对政治经济学的演练。这本书提出英格兰的福祉是其商贸活动的产物，而国王和议会对其有巨大影响力。《声明》是一份面向决策者的建议书，目的是劝说他们调整现有的政策方针。《声明》还建议对威尔士保持警惕（威尔士一直是叛乱的温床），并把爱尔兰视作尚未开发的财富之源，摆脱对西欧的依赖。

这是把政策、经济、政治稳定联系起来的整体性思维，还认识到国王治下之民的民族和地区的多样性。地区差异和财富水平又决定了社会治安情况、居民的流动性、生活方式、消费习惯，以及人口对疾病的抵抗能力。所有地区的居民对生活方式选择的关注都是显而易见的，只有农村地区的劳动人群对此关注最低，依旧把面包、蔬菜、奶制品当作主要的食物来源，而很少吃肉。一个区域拥有自己的饮食文化，而区域间还可以进行美食和粮食贸易。在诺福克郡及伍斯特郡的部分地区，黑麦是用来制作面包的主要粮食作物，而在萨福克郡的北部，主要的粮食作物则是大麦。森林地区有各式各样的野味；在赫里福德郡，苹果酒和梨酒是主要的酒类饮料。

虽然我们现代人经常会异想天开，认为乳猪经常出现在中世纪的餐桌上，但当时的乳猪不仅个头小，而且在冬季时很难喂养，所以烤乳猪其实是难得一见的珍馐美味。这个时期人们更多的是吃鱼。英格兰各地的修道院早已拥有规模可观的鱼塘，而大地主也开始出资建设鱼塘。比如，诺福克公爵就在 1460 年，给自己的 6 个鱼塘投放了梭鱼、河鲈、拟鲤、丁鱥、欧鳊和鲤鱼。此外，食用鱼还可以从国外进口；实际上，这是许多前往斯堪的纳维亚半岛的商船唯一可以带回的商品。1457 年 5 月，一艘名为“瓦伦丁”号的商船离开泰恩河畔的纽卡斯尔，前往冰岛，船上载有托马斯・卡斯特尔（Thomas Castell）、威廉・海桑德（William Haysand），以及他们的 8 个生意伙伴的货物，包括羊毛织物、黄油、肉类、啤酒；在返航时运回了盐渍的鲱鱼、鳗鱼、鮟鱇、鲑鱼、牡蛎。

在这一时期，食品的价格十分低廉，只占日常开销的一小部分，剩下的钱都用来购买其他商品。在数以百计的小城镇，甚至村庄中，都出现了制造业与服务业。制革业是英格兰仅次于纺织业的第二大产业，能够提供水桶、皮带、马鞍和瓶子等价格低廉的日用品。1423 年，内科及外科医师学院（College of Physicians and Surgeons）在格洛斯特公爵汉弗莱的资助下在伦敦成立，而与此同时，医疗服务也普及到全国各地的城镇和村庄中。15 世纪 40 年代，一位名叫托马斯・费雷福特（Thomas Fayreford）的医师在萨莫塞特、德文两郡行医，受到许多病人的欢迎。他详细地记录了自己为波因格斯女爵（Lady Ponynges）看病的经历，但他也会为普通民众服务。在漫长的乡村之旅中，他医治的病人除了有磨坊主、厨师、堂区牧师，还有住在茅庐草舍中的村民。他除了当面诊治病患，还出售自己配制的药膏。他甚至还可能使用据称具有治疗效果的护身符，比如，他会将写有文字的羊皮纸护身符挂在病人脖子上，并让他们以望弥撒、吃芍药根的方式来增强护身符的效力。医疗服务可以向专业医师购买，但传统护身符需要亲戚或邻居推荐。下文列出的便是一段广为流传，用来止血的护身符咒语：

> 耶稣在伯利恒出生，
> 在约旦河中受洗。
> 正如约旦河水如巨石一般，亘古不变，
> 愿此病患的伤口立即止血。
> 以圣父、圣子和圣灵的名义，阿门。

医疗和宗教生活一样，大众可以做出选择。那些提供医疗服务、生产医疗用品的从业者旨在巩固自己在市场中的地位，从而确保自己能够长期营业，赚取利润。以王室医生兼财政大臣约翰·萨莫塞特为代表的一些专业人士会把医疗服务与祈祷结合起来：1446年，萨莫塞特在布伦特福德角（Brentford End，米德尔塞克斯）成立了圣母马利亚与九等天使医院（Hospital of the Virgin and Nine Orders of Angels），为9个患者提供诊疗服务。在这一时期成立的医院更明确地规定医疗目标并提供治疗，而较早建立的医院大都侧重于提供遮风避雨之处，让病患为康复而祈祷。

城　镇

在城镇内，绝大多数制造业及服务业的从业者会按照行会的规定来生产和交易。15世纪中期，为了应对经济衰退，所有的行会都通过控制人数和原材料采购，来确保所有的成员都可以赚取足够的利润。行会在向成员提供帮助的同时，也会要求成员严格遵守行会的规定。1444 年，伦敦的杂货商行会颁布行会条例，规定透露行业秘密或是损害其他成员利益的人，都必须缴纳 20 英镑的巨额罚金。行会既可以培养消费者对产品的需求，确立流行趋势，为产品获取市场地位，又可以结交权贵，获取政治权力。一些行会把外国移民吸纳为行会成员，例如，15 世纪 40 年代，伦敦的金匠行会每年都会把数十个“荷兰人”（泛指所有来自北欧的移民）吸纳为会员。正如我们所看到的，在行会所在的城市中，执掌大权的是由市议员组成的寡头政治集团，他们每年都会选出包括高级市政官、总管、市长在内的诸多市政官员，而这些选举全都是由行会操控并为行会服务的。

在伦敦，一场政治斗争在工匠与商人间展开，即在生产者与以购买、分销为手段获取巨额利润的人之间展开。伦敦的裁缝行会与布商行会[①]利用各自的财富以及在朝廷中的人脉，为让本行会推举的候选人成为主要的市政官员而斗争。拉尔夫·霍兰（Ralph Holland）既是裁缝，也是布商[②]，他经验丰富而且心直口快，作为裁缝行会推举的市长候选人，在 1439、1440 年先后两次选举失败（由高级市政官议事会先选出两名候选人，之后由现任市长在此两人中挑选下一任市长），促使工匠们组织起一支政治武装力量，而此时，裁缝行会的律师还在议会及大法官法庭为他们的案件辩论。争夺政治权力，同时也是在争抢检查布料质量的权力（在伦敦城内

---

① 裁缝是衣物的制作者，布商除了会贩卖布匹，还会零售成衣。

② 拉尔夫·霍兰在1413—1414年前后加入布商行会，之后又在1414—1416年前后加入裁缝行会。在裁缝行会与布商行会的斗争中，他是裁缝行会的支持者。

及其集市上检查布料的质量），从而获得与此相关的经济利益，在这个经济停滞的时期尤为重要。正是基于这样的感受出现了一种情绪，它导致人们开始争论市政府的代表权，以及质疑国王签发的令状的有效性，并把矛头直接指向伦敦城的政客，比如，1440 年战胜霍兰担任市长的金匠约翰·帕兹利（John Paddesley）。实际上，到了下一年，在没有得到官方认可的情况下，拉尔夫·霍兰被推举为市长，与帕兹利选出的市长分庭抗礼。

在约克和伦敦，儿子都能取代父亲，继承自由市民权。与此同时，行会内部的政治局势导致行会成员的范围不断被调整：1434 年，铁匠行会就允许铁匠熟练工重新加入该行会的社交及宗教俱乐部圣洛伊兄弟会，以此加强熟练工与作为雇主的铁匠大师间的关系，从而提升行业凝聚力。裁缝行会寻求庞大且强大的会员群体，为此甚至还允许那些非相关行业的市民加入行会的社交及宗教团体，让他们成为兄弟会的一员。在不断衰退的经济环境、风云变幻的政治环境的影响下，伦敦城社会及政治生活的方方面面都受到严格审查。即便是权贵阶层的成员也成为城市政治的参与者，正如 14 世纪 90 年代他们所做的那样：格洛斯特公爵汉弗莱就可能帮助裁缝行会获得了国王签发的特许状，而他的妻子则在 1434 年成为该行会的荣誉成员。

在 15 世纪的英格兰，当许多城镇和港口贸易量下降、居民数量萎缩时，伦敦城仍然能发展得更好。伦敦的优势在于，作为英格兰的政治中心拥有大量需求，以及有显示城市的重要性与品味的国际游客潮。伦敦吸引来自全国各地的人才，为他们提供接受培训，提升社会地位的机会。人们可以在伦敦城及其周边地区担任重要的官职，获得在地方上难以企及的影响力与威望。比如，亚历山大·奥纳（Alexander Anne）出身约克郡的绅士家庭，是家中的幼子。他在成为律师后，加入了伦敦的布商行会，之后不仅先后担任副治安官、没收吏、特委法官，还3次当选米德尔塞克斯郡的议员。而伦敦的居民也与故乡保持联系，通常都在家乡的小村镇拥有土地，比如，一位伦敦商人就在班廷福德（Buntingford，萨福克郡）拥有一处房产。

利用专业知识实现流动的年轻人，令以社会阶层为依据划定的身份界限变得愈发模糊。尽管1413年颁布的《补充条例》（Statute of Additions）规定，只有那些拥有规模可观的地产，并能从中获取收入的人，才可以算作绅士阶层的成员，越来越多的人开始利用不同的途径来获取社会地位及收入，模糊了社会等级和尊卑的界限。亲兄弟也会因为从事不同的行业，而在不同的领域建立人际关系。以生活在伯里圣埃德蒙镇的巴雷特兄弟为例，哥哥是绅士，他的弟弟却不是，我们应当如何分析这个案例呢？哥哥约翰·巴雷特（John Baret）拥有位于圣埃德蒙镇外的土地，他去世之后，从商的弟弟就成了地产的继承人。继承地产后，弟弟便一直在伯里圣埃德蒙镇居住，那么他到底是不是绅士呢？伦敦能够授予头衔、任命官职，所以对伦敦的居民来说，这个问题并不重要，但对生活在地方上的人来说，这就重要多了。迁往城市也并不一定意味着切断与绅士阶层的联系。以雅顿的罗伯特（Robert of Ardern）为例，他虽然并不拥有骑士爵位，但却是在沃里克郡的第二大地主，1436年他的年收入为113英镑，因此被视为郡里500多位绅士的领袖。在地方上，家境殷实的地主也会表达自己对各类问题的看法。1439年，诺福克郡的郡法庭开庭时，郡督怒气冲冲地离开，抗议有大约500个该郡的居民出席，而不是被召集的当地政治社团的40个合格成员。显然，除了骑士阶层的成员，在地方上还有许多其他阶层的成员也想参政议政。为了应对这一局面，议会在 1445 年出台法案，规定只有年收入超过 100 英镑的人才有资格参与议员选举。

伦敦的财富、领导层的雄心和影响力也在不断的修建公共建筑（尤其是教堂）中得到了展现：位于富勒姆的诸圣教堂（All Saints church）因为采用了肯特郡特有的垂直哥特式风格而闻名；位于伍德街的圣米迦勒教堂在 1429 年新建了一座钟楼；位于老犹太街的圣奥拉夫教堂在 1436 年修建了全新的走廊。这与由富有的羊毛商人出资，在东盎格利亚及科茨沃尔德进行的大规模教堂重建并不一样，而是一场精心策划的扩建和装饰运动，目的是在建筑风格上跟上时代潮流，以及展现城市的繁荣。扩建、美化教堂既是一个由堂区内的全体教众共同参与的过程，也是教众展示身份地位的机会：在万圣斯坦宁教堂、家禽街的米尔德丽德教堂、康希尔的圣彼得教堂、哈特街的圣奥拉夫教堂，堂区居民在教堂的屋顶梁上悬挂自家的纹章。在邻近的威斯敏斯特大教堂，建设工作一直在进行。与现在一样，手艺精湛的匠人都很稀缺。威斯敏斯特大教堂的管理者向优秀的泥瓦匠提供生活资助，以保障他们的服务，并表达感谢之情。1445－1446 年，一位名叫威廉·索恩沃克（William Thornwerk）的泥瓦匠与妻子一起，获得了大教堂提供的救济金（即终身赡养费）；1450 年，约翰·兰道夫（John Randolf）同样也获得了救济金，在之后的 40 年中，他一直能够得到大教堂提供的生活费。

以教堂及行会大厅为代表的公共建筑为文章及理念的传播提供了场所，能够反映出当时人们对政治的关注。城市的编年史会经常记录和解读国家大事。伦敦城各大行会这一时期的记录显示居民对盛大庆典非常迷恋。这些经过伦敦街道的庆典活动在几个方面都很重要：它们在一定程度上反映出王室及权贵阶层的事务，仪式所用器物更是为布商、金匠提供很多商业机会，而木匠、画匠同样能够获得工作机会。行会的持续存在，其对历史事件的记录也就能够成为珍贵的史料，比如，金匠行会的记录描述了 1445 年安茹的玛格丽特进入伦敦城的盛景，而之后的金匠行会的成员只要阅读行会记录，便可以重温当时的盛况。

英格兰的城镇是不同人群的家园：既有世代在城内居住的市民和市民领袖，又来自北方或南方的乡下人，还有从法国、德国、低地诸国迁入的新移民。如果城镇治理有序，并且可以提供优良的食宿服务，那么就会吸引商人到来。即便是像科尔斯希尔（Coleshill，沃里克郡）这样的小城，也拥有 4 家旅店，而安多弗镇（汉普郡）则在 1444—1445 年修建了一座耗资 300 英镑的旅店。在米德兰兹的西部地区及威尔士边境，英格兰人和威尔士人混杂而居；在不列颠的北方，苏格兰人和爱尔兰人混居在一起；在特鲁罗镇（Truro，康沃尔郡）、莫尔登镇（Maldon，埃塞克斯郡），来自德国的移民做起了鞋匠。在这种杂居的环境中，街坊邻里可能被称为“苏格兰人”“皮卡第人”“布列塔尼人”，而在英格兰与外国或者各地区间出现矛盾的时候，原本和谐共处的气氛便荡然无存。英格兰与勃艮第的关系破裂之后，英格兰各地，尤其是伦敦城，爆发了针对佛兰德斯人的暴动[①]，有大约 1 800 个佛兰德斯移民被要求向英格兰国王效忠。1448—1449 年，一位来自法国的女性移民把自己的新家视为故乡，并在遗嘱中为自己所在的桑威奇（肯特郡）圣玛丽堂区

① 在这一历史时期，勃艮第公爵也是佛兰德斯伯爵。

教堂留下了 12 便士的捐款，而一位来自荷兰的女性移民同样留下了 6 便士的捐款，用来为教堂整修护墙板。然而，在 1457 年 8 月，一支由 4 000 人组成的法国军队突袭桑威奇，损毁教堂、焚烧住宅之后，当地居民对法国人的态度发生了转变，至少在一定的时间内难以修复。

在民族意识强烈的地区，对身份的诋毁可能导致真正的伤害，因此人们起诉那些用带有暗示性民族标签诽谤他们的人。1453 年，一位达勒姆城的修士把两个女人告上了主教的特别法庭，宣称她们说他出生在苏格兰；1453－1456 年，不断有人因为污蔑他人是“苏格兰牧师的婊子”“威尔士牧师的野种”而吃到官司。边境地区不断变化的政治现实让人们经常会在法律及个人生活上陷入困境。1442 年，罗伯特·林顿（Robert Lynton）想要证明自己是英格兰人，因为他的故乡杰德堡镇在他出生时仍然是英格兰的领土。1440 年，当局向所有居住在英格兰境内的异乡人征税，每人 1 先令 4 便士；在英格兰北部，那些被认为是苏格兰人的居民（通常是仆人、劳工）和盎格鲁－爱尔兰人都必须缴纳这项税款，他们在 1441 年向议会提出抗议。英格兰及威尔士各城镇存在错综复杂的特有地位、特权和偏见，而各类宗教机构也在城内拥有特权，好似法外飞地一般。像埃克塞特、诺威奇这类城市的历史都是一部居民如何与教会争夺管辖权的历史，双方争夺的焦点包括城市防御预算的分摊问题，以及审判罪犯的权力，这些罪犯与教会往往没什么关系，但得到了教会的庇护。

许多规模中等的城镇也与伦敦一样，选举本镇居民担任市政官职，为全体镇民的共同利益服务。只需阅读一下剑桥市的市政财务主管在 1445－1446 年留下的账目记录，我们就会发现一系列旨在控制货物品质和创造公民收入的细微规定：非法贩售麦酒，买卖莱茵河流域出产的葡萄酒，贩售爱尔兰纱线，都将被处以罚款。工人必须缴纳一定的费用获得许可证：鞋匠和小商贩缴纳 1 先令 8 便士；衣料裁剪工缴纳 2 先令 4 便士；手套制作大师缴纳 3 先令 4 便士。在黑死病结束后的一个世纪中，在整个欧洲，市政官员特别注意为居民提供洁净的饮用水，从公共场所清除有毒食物和材料，以及惩处有反社会倾向的人。1442 年，考文垂的市政当局规定，城内的所有妓女必须佩戴毛皮兜帽；1448 年，当局又规定任何人都不得阻塞穿城而过的排污渠，还要求肉铺必须清理堆积在店铺后方的动物内脏。也许是因为不断有人向议会递交请愿书，控诉那些开妓院发家致富的人，萨瑟克的领主温彻斯特主教威廉·韦恩弗利特（William Waynflete）出台了法规，用来管理妓院，并杜绝女性因为贫穷而被迫卖身的现象。

羊毛与毛织物

在这一时期，在欧洲的羊毛及毛织物市场中，英格兰及威尔士扮演的角色发生了巨大转变。1420—1460 年，贸易平衡发生了变化，15 世纪 30 年代毛织物出口量超过羊毛出口量。1420－1424 年，赫尔港总共出口了 4 628 包羊毛，而 10 年后的 1430－1434 年，赫尔港的羊毛出口量下降到了 2 062 包。与此同时，毛织物的出口货值总额从 1421－1430 年的 41 750 英镑，攀升到 1441－1450 年的 89 660 英镑。英格兰的羊毛经济进行了重新定位，从自 12 世纪起就已存在的羊毛生产及销售，转移到依靠数以千计的小作坊参与的，由生产、收购、分销等环节组成的毛织物供销网络。

繁忙的外交活动促成了大量贸易条约的签订，不仅将英格兰与在伦敦的意大利商人联系起来，还与汉萨同盟的城市，以及泽兰地区的贸易港建立了贸易关系。大商人对这种有利条件感到高兴，他们可以利用加莱进行贸易，因为加莱不仅控制着周围的大片地区，还能够得到英格兰驻军的保护。

羊毛及其相关产品是英格兰的主要收入来源，许多城镇生产和流通的财富都与羊毛有着一定的关系。国王的很大一部分收入来自以羊毛销售以及毛织物为征税对象所产生的税款。用羊毛生产毛织物的生产过程涉及数道相互关联的工序，要用到多种多样的专业技能。15 世纪中期，尽管英格兰的羊毛市场已经被意大利甚至西班牙的羊毛产品取代，但国际市场仍然对英格兰生产的中高端毛织品有着十分旺盛的需求。1455 年，一份下议院请愿书宣称，外国商人在全国各地用现金购买毛织物，导致毛织物价格下跌，损害了本土布商的利益。《英格兰政策声明》(Libelle of English Policie) 中也提出，应将外国商人的账期限制在 6 个月，表达出将货币政策和国家经济福祉相结合的激进观点。贸易带来的好处因地区而异；而在毛织物的生产因为战争或天灾而受到影响的时候，不同的地区遭受的损失也有差别。1439 年，斯塔福德郡、多塞特郡、赫里福德郡爆发兽瘟，大批牛羊病死；1442 年，林肯郡同样爆发了兽瘟。与此同时，在诸如威尔特郡及科茨沃尔德这样的地方，投资毛织物生产及销售的人都生意兴隆：在威尔特郡的库姆堡，河水推动缩绒机生产，仅在 15 世纪上半叶，从事毛织物贸易的商人就兴建了 50 栋住宅。

15 世纪，科茨沃尔德地区及林肯郡林齐地区的羊毛品质最为优秀。修道院拥有规模可观的羊群，会直接向羊毛商出售羊毛，有时甚至还包括意大利商人，从许多方面来讲，它们都更受采购商的青睐。由于市场更倾向于毛织物而不是羊毛，盛产羊毛的城镇便出现了一系列与其相关的专业技能：在约克郡及科茨沃尔德地区，纺纱工、染布工通常都供不应求，为女性提供了大量的工作机会。虽然城镇中的工作必须由行会组织，而女性很少有机会加入行会，但所有从事毛织物生产的女性仍然在行会的组织下进行生产。村庄渐渐地变成了毛织物的生产中心，而呢绒商则会雇用中间人为村民提供羊毛，并让他们负责毛织物的收购工作。约克城的罗伯特·柯林森（Robert Collinson）便是其中一员：1456 年，他留下遗嘱，请求在约克郡西区的许多村庄中的贫苦劳工，原谅自己从他们的劳动中获得超额利润的行为。商业道德的出现与当时的宗教论著不谋而合。这类论著不仅列出了高利贷的种类，还分析了包括倒买倒卖、分红制度、信贷、投资在内多种商业模式的内在不公和罪恶。其中一篇论文在开篇处提出“高利贷有多种多样的表现形式”，之后便列举了常见的 12 种敛财方式。

教堂建设

没有任何地方像萨福克郡及埃塞克斯郡的部分地区这样明显地依靠羊毛及毛织物贸易获得了大量的财富。即便是到了今天，人们也会为这些城镇公共事业的雄心、质量和规模感到震惊。尽管城镇居民抱怨城墙、市政建筑、市政公所的维护成本太高，但行会大厅，尤其是教堂，得到了大规模重建。依靠热衷于地方事务的少数富裕家族以及有奉献精神的个人，布莱斯堡、沃尔伯斯威克、拉文纳姆、朗梅尔福德等地都新建了教堂。这些规模巨大的公共项目涉及地产管理、建筑、雇用工人，以及项目资助等方面，能够为社区创造工作机会。资助者的代理人会雇用技艺精湛的石匠、雕刻工和画师，还会购买以前在当地见所未见的物品和画像。这些购买、雇佣、规划、记账工作都是堂会理事的任务和特权——地方官员的作用日益突出。他们通常是村庄里家境殷实的佃户，或是城镇堂区内生活富裕、受人尊敬的头面人物，他们还必须自掏腰包填补预算缺口，但与此同时，他们也被赋予了权力，并得到声望。堂会理事除了要为堂区提供包括法衣、圣餐饼盘、室内陈设等在内用于礼拜上帝的器物，还要肩负起监督堂区教众的职责，无论高低贵贱。教众经常会请求堂会理事担任自己的遗嘱执行人；许多人会在遗嘱中留下给堂区教堂的遗赠。

建筑的年代因地区而异：1450 年之后，约克郡几乎没有新建筑；萨福克郡在 15 世纪的最后几十年迎来了修建的高峰；在萨莫塞特郡，新建筑大都是在 16 世纪修建的。建筑风格也表现出了明显的地域特征。教堂高侧窗是位于中殿上方的一排明亮的窗户，目的是尽可能地增强教堂内部的自然光照。布莱斯堡教堂的高侧窗尤其宏伟，是萨福克郡的特色，在肯特郡和康沃尔郡都未发现。同样，在英格兰的东部地区，八角形的领洗池越来越普及，此类领洗池一共有八个面，其中七个面刻有圣事的图案，而第八个面则描绘了耶稣受难的场景，这也是一种石质的教理问答道具。此外，东盎格利亚的圣坛屏上画着成排的圣徒和殉道者。1436 年，利切姆（Litcham）堂区制作了圣坛屏；在这面圣坛屏上，女性圣徒位于北侧，男性圣徒位于南侧，一共出现了 22 位圣徒的形象，其中既有圣海伦娜和圣阿格尼丝这种受整个基督教世界崇敬的圣徒，又有本土的圣徒诺威奇的威廉（William of Norwich）——一个据传在 12

世纪被犹太人谋害的男童。1445 年前后，诺威奇的前任市长拉尔夫·施格兰（Ralph Seagram）请人为自己的堂区教堂圣约翰玛德马基特教堂（church of St John Maddermarket）制作了两面屏风。这两面屏风以暖红色及金色为主色调，描绘了圣阿格尼丝、圣劳伦斯、圣阿加莎等圣徒的形象，也包括诺威奇的威廉。

当地的成就激发了人们纷纷模仿，从而又促进了当地风格的形成：1426－1441 年，沃尔伯斯威克堂区教堂修建钟楼时，委托文件规定，其要与黑尔斯沃思堂区（Halesworth）的钟楼相似。诺福克郡怀门德姆（Wymondham）教堂修建钟楼的目标是高于怀门德姆修道院的主塔。圣坛屏区也是精心设计的，除了通常都会加装神龛，还都配有通往耶稣受难像的楼梯；在科茨沃尔德地区及英格兰西部地区，许多教堂的圣坛屏极其华丽，如伯福德（牛津郡）和温伯恩明斯特（Wimborne Minster，多塞特郡）的圣坛屏。

无论是早期还是晚期，也不管精巧还是简陋，这些建设项目都因集体审查带来的审慎而引人注目。1457－1458 年，哈德利堂区（诺福克郡）在重建教堂圣坛时的记录显示，堂区牧师在诺威奇的圣吉尔斯医院[①]的监督下，雇用了一个木匠，负责提供重建所需的木材、专业技术和劳动力。圣坛的修建工作由诺威奇的石匠罗伯特·埃弗拉德（Robert Everard）负责，他负责提供建筑用的石料和劳动力，材料用驳船从诺威奇运往施工地点。埃弗拉德手下有 4 个帮手，他们除了可以获得每天 3.5 便士的工资，还

① 圣吉尔斯医院在1249年成立，哈德利堂区是该医院的领地，该医院曾经在1457年主导哈德利教堂的重建工作。此处应当是原文缺字，所以在译文中做出了相应的调整。

能够得到餐食。1460－1461 年，在顶部竣工之后，堂区又请来了一个堵漏工。到了第二年，一个名叫威廉·格莱斯特（William Glayster）玻璃工为圣坛安装了 4 扇窗户，在 1462－1463 年，他还为教堂东侧的窗户镶了玻璃，收取了 33 先令 4 便士的费用。在长达 6 年的时间中，哈德利教堂的重建工作总共产生了 21 英镑 9 先令 1 便士的成本，所有的修建工作遵循季节节律，分批分次进行。诺福克郡的堂区教堂的维修、扩建为像罗伯特·埃弗拉德这样的石匠提供了大量的业务，他们同时负责诺威奇大教堂的维修工作。1447－1452 年，约克城科尼街（Coney Street）的圣马丁教堂重建的记录同样显示了参与者分批次逐步推进工作的过程。罗伯特·西曼（Robert Seman）曾经在 1425－1443 年担任该堂区的代牧，他在遗嘱中捐出了一笔资金，用来完成自己生前开始的重建工作。遗嘱执行人具有一定的警惕性，定期（每两周一次）向石匠支付酬金。遗嘱执行人、工匠和广大教众共同见证了已故代牧的愿望成为现实。

一个堂区的小型公共项目便能汇集本区域的人才和跨地区的资金。哈德利教堂的重建工作所用的石料产自北安普敦郡的采石场，再由驳船运输，横渡沃什湾，到达雅茅斯，之后再从雅茅斯出发，经诺威奇，到达布兰登，最后再经陆路运输到哈德利。北安普敦郡除了盛产石料，还有众多石匠；1445 年前后，哈斯顿村（剑桥郡）的教堂重建工作便聘请了来自北安普敦郡的石匠。虽然哈斯顿教堂的屋顶很有可能是就地建造，但这种屋顶也可以从埃塞克斯郡和剑桥郡的高级建筑中心购买。尽管重建工作会雇佣外地的匠人，使用其他地区的材料，但重建本身仍然是一项地方事务。堂会理事一般是本地人，他们居住在教堂附近，能够监督工程的进展。在堂区教堂的公共空间，个人、家庭、团体仍然能够找到具有特殊意义的时间、空间。

虽然堂会理事貌似热心公益，但他们经常会干涉他人生活，有时甚至还会采取严厉的手段。他们通过管理堂区济贫院来监督堂区的慈善活动，就像 1451 年在埃尔斯沃思堂区（Elsworth，剑桥郡）那样，也会告发那些行为不端的教众。某些活动在一些人看来是高尚的，但在另一些人眼中，却会成为彻头彻尾的反社会行为。可能正是这样的堂区名流将罪犯带到治安官或教会的视线中；比如，15 世纪 20 年代，在拉姆西庄园，堂会理事就不断地向庄园法庭举报那些违反规定打网球的惯犯。与对私人行为和言论的监督报告相比，他们对教堂重建工作的监督，更能让他们得到尊重。

乡村生活

大多数英格兰人以种田为生，15 世纪 20 和 30 年代时，生活还不错，但很快就恶化了。英格兰的东南部，与科茨沃尔德地区和牛津郡一样，农牧经济都实现了快速发展。一幅制作于 1444 年前后的地图展现了博尔斯塔尔（Boarstall，白金汉郡）的庄园结构：公地、教堂、守卫庄园主宅邸的门楼和面积多达 0.8 平方公里的鹿苑。在什罗普郡、赫里福德郡、格洛斯特郡，虽然因为格兰・道尔发动的叛乱，贸易、旅行、工作都受到了严重的影响，但当地的居民正在努力恢复。尽管许多农民仍然按照传统的惯例保有土地，但没有人身自由的农民变得少之又少。15 世纪上半叶，解放农奴已经成为普遍存在的现象：1439 年，对基布沃斯哈科特村（莱斯特郡）拥有领主权的牛津大学墨顿学院的院士，已经不再用 *nativus*

（生来为奴）一词来描述佃户。约克公爵理查德拥有一处名叫切温德（Cydewain，波伊斯郡）的领地，1447 年，他在收取 1 000 马克之后，承认了领地内所有农奴的自由民身份，在获取收入的同时，让领内的农奴和他们的家人享受到了法律上的自由。

为了确保土地能够有人居住和持续的生产，一些封建主在地租及劳役问题上显得更灵活变通。不过，另一些封建主仍然十分看重自己的封建权利，会密切关注情况的变化。在兰开斯特公爵领地内，纳尔斯伯勒辖区的奥尔德伯勒（Aldborough）的地租记录记载，虽然领主同意在“收成不佳”的那几年减免地租，但到了情况好转之后，地租马上又恢复到了原来的水平。根据温彻斯特司法管辖区 1449－1450 年的记录，当地的封建主虽然允许领民修建用于打磨工具的水车，但前提条件是新建的水车不能与领主修建的用于缩绒的水车抢生意。

直到 16 世纪，在数百个庄园内，许多佃户仍然是生来就没有自由的农奴，但已经几乎不会对佃户在出行、职业、工作等方面造成不便。农民通常会开展多种经营，并越来越强调家庭生产和饲养家畜。许多农民家庭都拥有不止一份租约，还需履行包括维护建筑物及附属建筑在内的各类义务。15 世纪 30 年代，在沃特福德（Watford，北安普敦郡），庄园的领主甚至还会向负责维修农舍的佃户支付报酬。在劳顿（Laughton，苏塞克斯郡）的佩勒姆（Pelham），佃户要为领主打柴、收稻谷、堆稻草，以及耕种庄园的私有地。农民家庭的户主既有可能是男性，也有可能是女性，但无论情况如何，他们都必须与本村的居民建立合作关系，共同从事农业生产。

合作是农村居民维持生计的重要手段，而庄园法庭是监督合作关系的司法机构。在位于泰晤士河河口的黑弗灵（埃塞克斯郡），那些没有在自己的土地上开挖沟渠的人，以及那些没能确保排水渠畅通，导致积水无法顺利排出的人，都会吃官司，被处以罚款。一旦用来防洪的堤岸垮塌，农田就会遭到水淹，因此完备的监管与强制执行制度仍然十分重要，尽管这些制度不再与个人的农奴身份挂钩。农村地区的社区设立了更广泛的监督机构，将大多数人——甚至是拥有少量土地的佃户和承租人——纳入公共权力的范围。

1452 年，当局调查了伯恩伍德森林（Bernwood Forest，白金汉郡）护林官的工作方式与职权，而调查的结果可以清楚地看出，地方官员对平民百姓生活的影响有多大。在过去的 200 年间，伯恩伍德森林护林官的职责一直在不断地变化。在最开始时，当地的居民必须以母鸡和鸡蛋的形式缴纳放牧的费用。15 世纪中叶，护林官负责监管那些拥有放牧权的人，确保他们没有违规行为，并对违规者进行处罚。他会以季度为单位，收取放牧权的使用费：圣诞节时，牛津郡的安布罗斯登村（Ambrosden）、布莱克索恩村（Blackthorn）上缴了 24 只母鸡；复活节时，这两个村子又上缴了 24 蒲式耳的燕麦、240 个鸡蛋，以及在秋季时提供相当于 240 个工作日的劳动力。为了获得在伯恩伍德森林内收集干木柴的权利，布里尔的居民要每年缴纳 1 便士，博尔斯塔尔的居民则选择在每年秋季时提供一个工作日的劳力来换取这项权利。此外，护林官的职权还包括召开会议，在会上调查辖区内的违法行为，依法惩处违法者。

在王室森林周围的地区，有许多当地居民会得到任命，成为护林官、守林人，为国王效力。获得任命之后（有些人甚至身兼数职），护林官便会建立起复杂的权力网络，管控与生活质量息息相关的日常行为。通过这种方式，农民能感受到国王的权力与威势。英格兰的河流、森林拥有丰富的自然资源，不仅能够为小农提供额外的食物来源，还能让生活安逸的乡下人享受乡村生活的乐趣。1413年之后成书的《垂钓论》(*Treatyse of Fysshynge with an Angle*) 是一本传授垂钓技术的指南书，介绍了如何制作鱼钩、如何放置鱼饵等诸多实用知识，以及垂钓者应当用白色的马鬃来制作鱼线，适合初学者和狂热的钓鱼爱好者阅读。在当时，人们会因为过度捕鱼、用竹篮捕鱼、盗渔而被罚款，但也有人能把捕鱼当作一种娱乐。

婚姻、守寡、遗产

各地的生活都以婚姻制度和与之相关的守寡为标志。婚姻支撑着当地男性承担公共任务的能力，这些任务既是他们的特权，也承载他们的抱负。因为婚姻的地位是如此重要，所以它也是不断被审查的对象。教会的婚姻法强调缔结婚姻关系的自由，这与家庭生活和财产占有的父权制框架截然相反。当秘密婚姻被认可时，它就同样具有法律效力，从而为不愿让父母对婚姻横加干涉的年轻男女提供了许多机会：在爱尔兰，许多英格兰移民就与拥有盖尔血统的当地人秘密成婚。一桩此类婚姻中女方的父亲控告男方劫持自己的女儿，但如果让态度更为宽容的旁观者评价，那么多半可以算作私奔。婚后的家庭暴力不仅存在于诗人的想象中，出现在动人心弦的诗篇中，同样存在于现实中。与前辈乔叟一样[①]，编写了散文诗

① 乔叟曾经是一个名叫塞茜尔·肖帕涅的女性的监护人；1380年，肖帕涅宣称乔叟对自己犯下了“raptus”的罪行。由于在当时，raptus一词既有劫持的意思，又有强奸的含意，所以当今的学界一直都没能就乔叟是否涉嫌强奸一事达成共识。

《亚瑟王之死》(*Morte d'Arthur*) 的诗人托马斯·马洛礼爵士（Sir Thomas Malory）也先后两次因为 *raptus*（拉丁文，意为劫持，是现代英语中“强奸”一词的词源）的罪行而被送上法庭。1450 年，马洛礼接连两次遭到指控，一次因他私闯民宅，想要劫持一个名叫琼·史密斯（Joan Smith）的女子，另一次是因为入室盗窃。这两起案件马洛礼都没有出庭受审。

两情相悦的男女便可正式成婚，但经常令父兄火冒三丈，除了会发起法律诉讼，甚至还会使用暴力手段。法庭记录显示，只要能够躲避父母的监视，包括厨房、谷仓、酒馆、养兔场在内，许多地方有可能成为私定终身的场所。一个名叫约翰·布罗吉姆（John Brogeam）的英格兰人为一个爱尔兰人工作，并与这个爱尔兰人的女儿玛比娜·亨斯（Mabina Huns）秘密结婚。然而，到了 1448 年，玛比娜发现丈夫早已与他人秘密结婚时候，便请求教会终止两人的婚姻关系。随后的证据表明，亲友们对约翰与一个爱尔兰女人结婚也非常不满。几年后，这对夫妇终于（重新）结婚，并在斯塔凯伦(Stackallan，米斯郡）的教堂举行婚礼。1455 年，也有一位居住在德罗赫达镇的人证明，他们结婚那天“晴空万里”，两位新人在谷仓内用英语表达了结婚的意图。

在爱尔兰，与威尔士、英格兰一样，教会法庭审理的案件中，绝大多数涉及婚姻纠纷，这并不是说人们无视教会法，而是利用相关的法律知识来摆脱父母长辈及家庭在婚姻问题上对自己的束缚。然而，父母的选择往往是强制的且带有威胁性，因为婚姻与家庭和土地的财富紧密相连。约克郡西部普兰普顿村的威廉·普兰普顿爵士（Sir William Plumpton）为儿子定下了娃娃亲：1446

年，他与克雷文的斯基普顿（Skipton-in-Craven）[①]的克利福德勋爵托马斯定下婚约，准备让儿子罗伯特在未来迎娶勋爵时年6岁的女儿伊丽莎白。罗伯特在结婚前就去世了，他的兄弟威廉取代了他，在1453年与伊丽莎白结婚，这也符合双方的父亲在之前的婚约中加入的条款。1461年，威廉也撒手人寰，很有可能死于陶顿之战，而普兰普顿爵士则为失去了父亲的孙女玛格丽特，以及伊丽莎白选择了结婚对象。

确认遗嘱是否有效也是教会法的管辖范围，这里也有一个涉及妇女权利的问题需要讨论，即妇女在结婚后是否可以立下有效的遗嘱。教会法认为女性拥有立遗嘱的权利，并在教会法庭上维护这一权利；普通法则强调丈夫对妻子及其财产的控制权，而在15世纪，普通法很可能占据了上风。地主阶层的女性在守寡之后，她们名下的祖产、亡夫遗产会成为其他继承人争夺的对象，因而她们会卷入旷日持久的诉讼。这迫使女性与律师、男性亲属在遗产问题上建立合作关系，并且还会像阿姆伯勒家族的书信展示的那样，让她们在守寡期间，乃至再婚之后，因法律问题与他人保持书信联系，甚至还会招待和咨询专业顾问。尽管琼·阿姆伯勒（Joan Amburgh）的丈夫已经在数年前去世，但1443年，她仍然被要求去处理亡夫关押的犯人的释放问题。

---

① 即位于约克郡境内的城镇斯基普顿，因位于克雷文地区，所以又名“克雷文的斯基普顿”。

女性的工作与社区生活

虽然在许多领域，女性都可以独当一面，但这一时期的文学作品、绘画艺术却依旧把女性描绘为懒散、多嘴多舌、不可靠和轻浮的人，而学识渊博和目不识丁的人都有这种想法。尽管这与绝大多数人的实际生活经验并不相符，但对女性是一种贬低和打压。瓦雷堂区（Whalley，兰开夏郡）的教堂墙壁上写着一句格言，提出女人应当“penses molt et parles pou”（多动脑子，少嚼舌根）；在伊利大教堂内，一张长椅的椅背突板①上刻有小魔鬼提提维鲁斯②的形象，用来提醒女性教众不要在举行宗教仪式时窃窃私语。在拉德洛城（什罗普郡）的圣劳伦斯教堂内，一张长椅的椅背突板上刻有一个头戴牛角、嘴套马辔的女性，用来提醒教堂内的女性教众不要传播流言。

这些贬低女性的语句、形象令人不快，根本就无法反映女性在家庭及工作场所中起到的重要作用。那些靠耕田、生产商品、提供服务为生的普通家庭，以及拥有庄园的地主家庭，都离不开女性在劳动力、家族关系、主动性等方面提供的支持。1450 年，约克城有一个名叫约翰·斯塔布斯（John Stubbs）的理发师，他经营着一处设有 36 个床位的旅店、一座酿酒厂和一间粮店，但如果没有妻子的全力支持，他根本顾不过来。女性虽然无法成为行会的正式成员，但她们能在家庭作坊中工作，还能训练学徒工。埃莫特·潘

---

① 椅背突板的作用是，如果宗教仪式的持续时间过长，那么长时间站立的教众就可以用它来支撑身体。

② 提提维鲁斯是听命于路西法的魔鬼，会在教堂举行宗教仪式时记录教众的闲言碎语，到他们下地狱时，将记录作为罪证，惩罚那些在望弥撒时三心二意的人。

纳尔（Emmot Pannal）是一位约克城的马具商的遗孀，她在 1458 年立下遗嘱，把工具留给了曾经与自己一起工作的仆人理查德·索普（Richard Thorpp）。在社会生产的各个环节，女性都起到了不可或缺的作用。1422－1480 年，在苏塞克斯郡出现的 153 个拥有庄园的遗孀中，只有 7.3%的人再嫁。作为一家之主，这些遗孀除了必须雇佣、解雇劳动力，还要与家庭成员和雇工一起，确定农业生产计划。1453 年时，在苏塞克斯的威尔德地区，有 4 个寡妇赶着猪群，参加了每年一度的猪市。妇女的社会贡献对维持社区纽带至关重要：在城镇和村庄，交换礼品、商品，以及家庭内部及家庭间的互帮互助都是至关重要的。

法律会影响到婚姻生活、父母与子女的关系、邻里关系，以及土地主通过庄园管理员与佃户、劳工间的交流。法律有许多层面上的执行者，与日常生活关系最为密切的层面上，法律的主要执行者是家境较为富裕的农民，他们名下都有一定数量的地产，除自给自足外还有盈余，可以拿出一部分剩余财富，用来回馈社区。这些人只要能够保持良好的名声，就会被赋予广泛的职责：他们可以担任收税员、庄园法庭的代理人、百户区法庭及郡法庭的陪审员、堂会理事，并在讨论会上针对争议和法规细则辩论。他们善于使用法律用语，甚至会使用拉丁语，还经常会思考本地区乃至全国的重大事务。

同样，堂区绅士[①]和郡绅士这些拥有土地的家族，其经济、社

① 堂区绅士是一个与郡绅士相对的概念。郡绅士不仅在郡内拥有地产，还会在郡外置业，而堂区绅士通常仅在郡内拥有一两处庄园，年收入大约相当于郡绅士的一半。

会、政治领域，以及他们的理想抱负都高度融合在一起。比如，曾经担任重要公职，官至主教，在亨利六世在位期间一直十分活跃的官员及其家庭——牛津大学万灵学院的第一任院长理查德·安德鲁博士（Dr Richard Andrew）。安德鲁通过令人赞叹的求学经历达到这一地位：他在牛津郡的一个小村庄出生，先是在温彻斯特学院的文法学校求学，毕业后又进入牛津大学新学院学习，获得了文学士的学位，之后获得了更高的学位。他是如何从这些学术和慈善机构的赞助中获益的呢？他出生在牛津郡北部温彻斯特主教的阿德伯里庄园。他的父亲在庄园内拥有一片土地，而他的叔叔是伦敦城的杂货商，对郡内事务有着举足轻重的影响。理查德·安德鲁的父亲除了在伦敦城内拥有社会关系，还在英格兰的羊毛主产区拥有一块租赁地，靠着畜牧业和贸易生活很富足。他聪明的儿子能引起主教圈子的注意，也可能是因为他与伦敦有着密切的社会联系。无论是商业往来，还是同乡情谊，抑或在战场上同生共死、在官场上互帮互助的经历，都能催生出一张贯穿全国的纵横交错的关系网络。

热情待客、礼尚往来既能收买人心，又能有效管理物资的使用，使仆从、近邻、领取圣俸的神职人员与地主阶层的家庭及社交圈子间建立起更为紧密的联系。威廉·萨弗纳克（William Savernake，卒于 1460 年）是一位后半生为布里德波特镇（Bridport，多塞特郡）的芒登祈唱堂服务的牧师，尽管他并不十分宽裕，但根据家中留下的周记，在 15 世纪 50 年代，萨弗纳克家仍然庆祝节日、招待宾客。1455 年 1 月，为庆祝主显节，萨弗纳克家大设宴席，餐桌上既有烤乳猪、烤鹅，又有用来佐餐的麦酒，还有从当地的面包房购买的馅饼，更是专门请来两位厨师负责监督宴席流程，他们在菜肴中使用了大量的葡萄干[①]。他的朋友圈也因此显现，布里德波特镇的堂区牧师、当地的两位头面人物和他们的妻子、布里德波特圣约翰修道院的院长。到了宴席结束之后，一大帮租户、邻居同样也加入了欢庆者的行列。在这样的场合，人们加深了社会关系，交流了信息，并建立了更深厚的友情。

教育与宗教本土化

堂区绅士的生活与简·奥斯汀在小说中描绘的并没有太大的区别。尽管各个地区绝不是孤立的，但各地仍然会形成独具特色的风土人情。不同的地区同样也会以不同的方式来讲述基督的故事，用不同的方法来礼拜上帝。举例来说，15 世纪中叶，在宗教问题上，萨福克郡的民众就表现出了明显的英格兰倾向：崇拜英格兰的圣徒，使用英语的宗教典籍，以英格兰特有的方式礼拜上帝。像约克公爵理查德的姐姐伊莎贝尔·鲍彻（Isabel Bourchier）这样社会地位较高的女性，甚至还会请人用英语编写能够满足阅读需求的宗教读物。奥斯本·博克纳姆（Osbern Bokenham，约 1392—1445）是克莱尔修道院（萨福克郡）的奥古斯丁修会托钵修士，1445 年主显节前夕，他作为伊莎贝尔的座上宾，出席了在克莱尔城堡举行的庆祝活动，并接受伊莎贝尔的委托，用英语编写一部讲述圣徒抹大拉的马利亚（Mary Magdalene）生平事迹的传记。在此我们得以一窥地方女性赞助人与宗教作家在轻松愉快的环境下的互动。奥斯本是肯定无法在宴会上拒绝女主人的要求的。奥斯本还为另一位女

---

① 在这一历史时期的英格兰，葡萄干是需要从国外进口的奢侈品。

性，布匹大亨约翰·克洛普顿（John Clopton）同母异父的妹妹凯瑟琳·登顿（Katherine Denton）编写了一部圣徒亚历山大的加大肋纳（Katherine of Alexandria）的传记，描述了这位广受崇敬的基督教早期殉道者的事迹。他还为当时广受推崇的圣徒安妮编写传记，而凯瑟琳的女儿就是以她的名字命名的。奥斯本成了为信仰虔诚的女性编写信仰同样十分虔诚的古代女性传记的专业户，而到了他去世之后，他用萨福克方言编写的 13 位女圣徒的传记被编集起来，成为一部名为《圣女传奇》(*Legendys of Hooly Wummen*）的著作，在当地广为流传。

威尔士的文学创作也意识到了方言和地方特色：威尔士圣徒、预言家被歌颂，如里斯·格克·埃尔利（Rhys Goch Eryri，约 1385—1448）在诗中描述了威尔士圣徒克兰诺格沃尔的比诺（Beuno of Clynnog Fawr）在阿丰目睹天堂的美景，安然离世的场景。人们对当地殉道者的兴趣因那些长途跋涉参观基督教圣地的人的见闻和诗歌而增强。朝圣者将见闻写成游记，其他的信徒便可在家中通过阅读体会朝圣之旅。1450 年，罗宾·杜（Robin Ddu）[①] 用威尔士语记录了前往罗马进行禧年[②] 朝圣之旅；金斯林恩（诺福克郡）修道院的加尔默罗托钵修士约翰·卡普格雷夫（John Capgrave）也用英语创作了《朝圣者的慰藉》(*The Solace of Pilgrims*)，记录了自己禧年朝圣的经历。

以斯托纳家族、帕斯顿家族为代表，许多绅士阶层的成员经常

---

① 威尔士诗人。

② 根据天主教的信仰，50年一次的禧年是特殊的年份，在这一年，上帝的圣恩尤其有效。

用英语来互通书信，他们的表达能力很强，对商业、政治、家族内的八卦新闻、信仰等生活经历都有记录。在朗兰、乔叟之后的 50 年中，在绝大多数的工作和娱乐领域，英语都成了最主要的语言，并且在赞美诗、祈祷、歌舞等非书面领域得到了广泛的应用。霍克利夫、利德盖特的作品中，有华美诗句的宫廷诗蓬勃发展，与此同时，散文渐渐地取代了韵文，成了浪漫主义的新载体。托马斯·马洛礼爵士的作品，尤其是他的散文诗《亚瑟王之死》，是散文承载浪漫主义的绝佳代表，反映了动荡不安的政治现实。韵文是一种流畅的文体，能够渐渐地展开故事的内容，叙述家族内斗、背叛、兄弟阋墙之类的情节，触及读者生活中的焦虑。与 15 世纪 20 和 30 年代的韵文相比，散文更为朴拙，缺少非写实的风格与韵味。

任何事情都可以用英语表达和书写。修女可以阅读用英语编写的戒律，外科医生可以在复杂的手术中使用英语，律师可以用英语获取法律知识；就连国王身边的大臣也开始用英语商议事情。尽管英格兰人在很早之前就开始说英语，但这一时期，英语成为用来下定义、表达感情、启发灵感的语言，影响到日常生活和政府权力的方方面面。英语广泛应用在公共场合，它出现在公告、指示牌上，出现在时祷书制作精美的页面上，还出现在有些粗制滥造，用皮绳挂在脖颈之上的护身符上。这类写有英语，用来帮助教众礼拜上帝的物品形式繁多、种类多样，不仅价格有高有低，大小、款式也千变万化。体积小，易于携带的口袋书是为方便教众在家中使用而制作的。一本收录了圣玛格丽特、圣多萝西的生平传记，以及一篇论述圣母马利亚的论文的口袋书，其长宽分别为 30 厘米和 16 厘米，便于终日忙于家务的主妇随身携带。教众除了可以阅读此类宗教书籍，还能通过其他方式加深对宗教的理解。堂区内的教众会筹集资金，雇来演员，让他们在表演罗宾汉的故事的同时，上演再现宗教历史的戏剧：1456 年，新罗姆尼镇（New Romney，肯特郡）上演了再现耶稣复活的戏剧，就连其他村镇的居民也慕名而来。

当时的英语既没有严格的语法规则，也没有统一的拼写方法，在许多领域都被视为潜在的威胁。英语有时会显得太过土气、过于善变、缺乏确定性，会被地方主义、派系思想利用，因此容易被人误解或表达不准确，甚至产生错误。根据阿伦德尔在 1407、1409 年颁布的教会法章程，政府一直努力阻止所有领域的讨论和交流都使用英语。因此，用英语指导堂区牧师如何传道布教的文章不能讨论涉及弥撒的问题，只有获得授权的修士和学者才能阅读《圣经》的英语译本，只有极少数用英语编写的祈祷书通过了教会的审核，被视为教众了解耶稣受难的最佳途径。与此同时，以传道者为代表，那些出于工作的原因研究英语及其表达能力的人，对英语表现出越来越强大的生命力感到自豪。在文学领域，约翰·利德盖特成为乔叟的继承人。在长诗《圣母马利亚的一生》（*The Life of Our Lady*）中，他把乔叟尊为“我的导师”，称赞他是“高贵的语言学家，不列颠的桂冠诗人”，让英格兰“粗鄙的本土语言”登上了“大雅之堂”。在这几十年间，有人制作了乔叟的叙事诗《特洛伊罗斯与克瑞西达》（*Troilus and Criseyde*）的手抄本，并配上了 90 张插图，后来被作家约翰·雪利（John Shirley，卒于 1456 年）收藏。在手抄本的卷首插画上，制作者描绘了在一块山石环绕的空地上，身着华服的贵族男女围坐在演讲台四周，听乔叟朗读作品的场景。亚瑟王的传说在这一时期广为传播。在雪利的一本藏书上，制作者抄写了位于格拉斯顿伯里镇的亚瑟墓的墓志铭。即便是社会地位较低的人，如一位名叫亨利·勒夫利奇（Henry Lovelich，活跃于

1425 年）的伦敦皮革商行会的成员，他把用英语写作当成了业余爱好，将“圣杯的历史”“梅林的故事”这两部用法语讲述的亚瑟王传说翻译成了英语，多半是为了取悦行会的其他成员。

到了 15 世纪中叶，当局对阅读和宗教崇拜的干预已经有了数十年的历史。各教区的主教监督在教区内传播的教义是否符合规定，还为传道者签发许可证，并对市面上流通的各类书籍进行审查。缉捕异端的机制也在发挥作用。坎特伯雷大主教奇切利颁布了一套标准化的问题集，用来审讯被怀疑犯有异端罪的嫌犯。这些问题被用于个别案件以及偶尔的主动审讯中，比如，诺威奇教区的主教就在 1428－1431 年发起审查活动。而林肯教区的主教切德沃思（Chedworth）则在 1463－1464 年审查了奇尔特恩（Chiltern）地区被怀疑犯有异端罪的居民。奇尔特恩的居民表现出一定的凝聚力，声称从布里斯托尔的织工“满腹经纶”的詹姆斯・威利斯（James Wyllys）那里学到了很多东西。具有领袖魅力的传道者很可能令自己传播的理念在宗教领域占据一席之地。就像得到教会的认可，被视为正统的宗教理念、习俗一样，宗教风格、品味的吸引力也具有地域性和地方性。

堂区牧师会利用堂区教堂的讲道坛向教众传播正统教义，而学者会以文字的形式，提出大胆创新的理念。15 世纪 40 和 50 年代，时任圣阿瑟夫主教，之后又成为奇切斯特主教的雷金纳德・皮科克（卒于 1460 年）发表言辞激烈的文章，反对禁止俗众阅读《圣经》和禁止宗教辩论的做法。皮科克主教研究了波希米亚王国的历史，认为这个国家因宗教争议、民族身份问题而堕入内战深渊，并警告英格兰不要继续实行太过强硬的宗教政策，否则这些冲突很有可能爆发。皮科克指出，当局规定哪些读物可以阅读，哪些读物是禁书，只会令教众阳奉阴违，降低讨论宗教问题的热情，并且无法理性对待重大的宗教问题。皮科克发表的文章引发了激烈的争议和批判，比如，一本名为《所罗门之剑》(*The Sword of Solomon*) 的小册子，将牛津大学的神学家托马斯·鲍彻（Thomas Bourchier）[①]当作题献对象。枢密院在审查皮科克的观点后做出决定，销毁他所有的著作，还在 1459 年命人把他押送至索尼修道院（剑桥郡），让他在软禁中度过余生。1450 年前后，加尔默罗会的修士约翰·卡普格雷夫在名为《朝圣者的慰藉》的著作中表达了类似的观点，但他用词更为委婉和谨慎。卡普格雷夫描述了许多位于罗马城内，用于纪念殉道者的圣祠，其中一处是用来纪念圣则济利亚（St Cecilia）的教堂。圣则济利亚以怀揣上帝的福音而闻名，卡普格雷夫想在此树立一个独立思考的读者的榜样——一位带着《圣经》的女性。在 15 世纪 50 年代，这样形象正是教会及政府所恐惧和打压的。

尼古拉斯·洛夫的著作《以基督蒙福的一生为镜》虽然在两个世代之前成书，但它仍然被视为“安全”的宗教指导书而广为流传。各教区的主教也会编写注重实用性的手册，用来指导堂区牧师的日常工作。主教是牧灵工作的主导者，并为堂区牧师提供支持：1435 年，巴斯和威尔斯教区主教约翰·斯塔福德（John Stafford，之后成为坎特伯雷大主教）组织翻译了坎特伯雷大主教佩卡姆在 150 年前命人编写的用于指导堂区牧灵工作的大纲，供辖区内的牧师使用。许多 15 世纪的手抄本收录了一本名为《纪念的凭据》

① 托马斯·鲍彻（约1411—1486）曾经在牛津大学接受教育，在毕业后进入教会，于1434年成为伍斯特主教、牛津大学校长，之后又调任伊利主教，最后在1454年成为坎特伯雷大主教。

（*The Mamorial of the Faithful*）的指导俗众的手册。此类手册通常都会着重介绍善功的重要性：信徒应当为饥饿之人提供食物，为口渴之人提供甘泉，为衣不遮体之人提供衣物，为四处漂泊的旅人提供住所，为悲痛之人提供安慰，为病人提供探视，为死者举行葬礼。一些堂区会利用艺术形式来让教众认识善功的重要性：小梅尔顿堂区（Little Melton，诺福克郡）教堂的壁画展现了向穷人施舍餐食、衣物的场景；托丁顿堂区（贝德福德郡）教堂南墙上的壁画展现了七项善事和七宗罪。在晚些时候，在布莱斯堡堂区（萨福克郡）教堂内，长椅两端用作装饰物的木刻雕塑也生动形象地展现了七宗罪：贪婪坐在钱箱上，诽谤伸着舌头，伪善虽然手拿念珠，口中祈祷，但仍然睁着眼睛。

虽然英语变得越来越普及，在许多地方取代了拉丁语和法语，但这一过程并不仅仅是英语取代其他语言的过程，而是英文作品和体裁不断增多，为宗教思想提供了多种表达模式的过程。教众必须了解的教义从未如此得到更为明确的解释，在视觉和空间上呈现它们的尝试从未如此积极，与此同时，个人品位的表达延续下来。当艺术在宗教观点的形成过程中起到重要作用时，艺术形式和内容上的创新与实验必然会得到发展。教堂通常都会配有以图画的形式展现信经内容的彩窗，目的是让教众时刻牢记基督教的真理，拉德洛教堂就在 1445－1450 年前后添加了此类彩窗。教堂内还会出现展现地狱景象的壁画，用来提醒教众，没有忏悔罪过的凡人在死后都有可能受苦受难，而“生命之轮”，就像肯普利（Kempley，格洛斯特郡）堂区的那个，则会将人的一生划分成不同的阶段，列举每一个阶段特有的道德难题。过去和现在都受到世俗财富的影响；只有在教堂中通过教会才能找到安全感和慰藉。根据占据主导地位的主教的说法，这是在回归基本，所以那些为俗众写的文章要保持通俗易懂：《主祷文》是基础中的基础，是一切其他祷文的源泉。或者，更简单地说，所有的善行、善念都可以成为祈祷，拉近与上帝的距离，正如《学会死亡》(*Learn to Die*) 的作者提出的：祈祷无论长短，都会令祈祷者与圣灵心灵相通。只要潜心祈祷，信徒就会与上帝建立起“牢不可破”的联系，永远也不会断开。

15 世纪中叶，英格兰甚至还出现了小规模的堂区图书馆，馆藏图书中有正规的祈祷书和牧师牧灵职责的书籍。堂区牧师通常都会把书籍当作遗赠，送给自己曾经服务的堂区：1457 年，柯比雷文斯沃思（Kirby Ravensworth，北约克郡）的堂区牧师约翰·艾德灵顿（John Edlyngton）就在遗嘱中把一本《圣经》、一部史书和若干祈祷书赠送给了波士顿的堂区教堂。1439 年，霍恩比堂区（约克郡北区）的代牧在遗嘱中把自己的《日课经》赠送给了堂区教堂，而他提出的条件是不要让顽童损毁它。各地的图书馆都对传道书表现出了浓厚的兴趣，不仅经典的传统书籍受到追捧，许多从拉丁文翻译成英文的新译本以及一些原创的著作也广受欢迎，比如，牛津城抹大拉的马利亚教堂的代牧约翰·费尔顿（John Felton，卒于 1434 年）编写的布道辞。各地图书馆的收藏都为当地的堂区牧师服务，尤其是城镇地区承担牧灵职责的牧师。那些想要了解宗教最新发展趋势的人也渴望阅读这些读物，比如，诺威奇大教堂和伍斯特大教堂的修士，他们还会利用书中的知识传道布教。

堂区教士受雇于堂区牧师，有些是祈唱堂的成员，还有一些负责为教众举行安魂弥撒，他们同样也是堂区其他活动的参与者：为教众的子女提供教育服务，为教众捉刀代笔，以及为礼拜仪式提供背景音乐。15 世纪 30 年代，他们为温莎城堡内的圣乔治教堂创作了用于宗教仪式的复调音乐，为脍炙人口的圣诞颂歌提供了素材。在这几十年中，音乐渐渐地变成了堂区内宗教仪式必不可少的组成部分。堂会理事这段时期的账本中不断地出现用于购置管风琴、购买乐谱的支出，以及在某些对音乐伴奏有着极高要求的节庆仪式结束之后，用来为歌者提供餐食的支出。音乐家也获得了回报，甚至有可能让他们富甲一方：1453 年，作曲家约翰·邓斯特布尔因病去世时，他已经在伦敦城的 13 个堂区内拥有房产租约。

一些堂区会制定规章，规定牧师、教士应当尽到哪些责任与义务。伦敦城科尔曼街（Coleman Street）的圣斯蒂芬教区在约 1442—1483 年制定的规章显示了堂区的神职人员要完成多少日常维护工作，以维持宗教氛围和确保仪式顺利举行。堂区教士要协助堂区牧师做一些宗教仪式和日常杂事：敲钟，准备举行弥撒时所用的面饼，照看病人，以及誊写乐谱。堂区教士既不能彼此之间闹矛盾，也不能与堂区内的教众起争执。他们与教众打交道时要彬彬有礼，要“友好地”劝教众缴纳费用。

在堂区教士提供的诸多服务中，教育服务极受欢迎，特别是向商人、律师、绅士的子女传授拉丁语。1427—1465 年，埃克塞特教区的堂区教士托马斯·绍特（Thomas Schort）深受教众的爱戴，他使用的练习册中包含了示范使用拉丁语的例子。他在布里斯托尔的纽盖特学校任教，学生中既有绅士家庭的子嗣，又有布里斯托尔城商人的后代。他们把描绘日常生活的朴素语言翻译成拉丁文，比如“今天的天气让人昏昏欲睡，搞得我哈欠连连”，或者更让人摸不到头脑的，“离教堂越近，离上帝就越远”。这是把英语翻译成优美的拉丁语的十句训练中的两句。同样，在霍尔德内斯（Holderness）有一位名叫约翰·埃尔温（John Elwyn）的教士，他在 1465 年把自己所有的文法书都捐给了亨登（Hendon）的小圣堂，为在当地文法学校学习的学童提供教材。

通过教育学习修辞学及法学技能，能为在世俗机构和教会中任职打下基础。少数享有特权和幸运的人——那些有人赞助学费的人，甚至获得了学院成员资格的人——在剑桥大学、牛津大学，以及在 1410 年后的圣安德鲁斯大学，或在 1451 年后的格拉斯哥大学接受教育，他们都有进一步发展的机会。经常参与王室管理的主教越来越多地在法学或神学领域获得高等学位。大学的高等学位——罗马法、教会法、神学、医学等专业——有利于获得王室政府、外交领域，以及司法界的工作，甚至还对成为大学教师或是学术研究有帮助。每年都有数以百计的学生结束学业，而其中有不少人甚至都没能完成任何一门课程的学习，但他们仍然能在英格兰、爱尔兰、威尔士以及欧洲大陆那些需要识字的工作中找到机会。实际上，在思考英格兰为何会出现大量异端思想，以及未获教会认可的宗教理念时，雷金纳德·皮科克认为，太多不学无术之人进入了大学，当他们以宗教权威自居在公共场合讨论复杂的宗教问题时，会扰乱宗教秩序。他认为大学应当严格把关，减少学位的授予数量。

对某些人来说，堂区提供的宗教服务还远远不够。亨利四世的主要目标是确保正统教义能够占据绝对优势，而亨利五世更加注重利用宗教画像来宣扬英格兰人的特性。亨利六世即位之后，宗教界打着维护正统教义的幌子，创造了许多新风格和新机会。一些士绅及贵族阶层的女性在修女院过着积极而有益的生活。巴金修女院(埃塞克斯郡）图书馆的藏书包罗万象，可以看出这所修女院的修女都是饱学之士。与世隔绝的修道院生活标志着一个女人有较高的社会地位，也是逃避其父为了建立社会关系，实现政治野心而安排的婚姻的途径。在修女院中承担管理职责的女性除了要应对各种挑战，还要与世俗世界进行往来。翻阅主教视察修女院后留下的文字记录，我们就会发现，修女院存在各类违反清规戒律的问题——与俗众会面、乱嚼舌根、沉迷歌舞、穿着不合规矩，也会了解修女院正常运行所要面对的各类管理问题。在这一时期，修女不仅与亲朋好友保持密切的联系，还会用纪念品和私人物品来装饰自己的房间。

男性的宗教追求更有可能让他们远离家乡。加入包括方济各会、多明我会、奥古斯丁修会、加尔默罗会在内的各大托钵修会就好比加入军队：修士可能被派往本国的任何地区，或是被派往国外为修会效力。与女性相比，在穿着打扮方面，男性教徒享有更多自由。1425 年前后，一位曾经加入加尔默罗会，名叫托马斯·斯克罗普（Thomas Scrope）的隐士在诺福克郡名声大噪。他身着刚毛衬衣，肩披粗布披风，脚戴铁镣，一边传播福音，一边宣称新耶路撒冷将降临人间。两位曾经在戈尔德克利夫修道院（格温特郡）修行的修士前往布里奇沃特堂区（萨莫塞特郡），以为逝者举行安魂弥撒为手段来维持生计。

1450 年——大灾之年

1450 年，一系列长期的紧张局势和不断恶化的事件共同导致了前所未有的广泛动荡和暴力事件频繁。到了第二年，王室的财政崩溃，国库甚至都没有足够资金，无法继续向政府官员发放俸禄；与此同时，在迫使英格兰放弃大片法国土地之后，法国国王查理七世准备率重新夺回诺曼底。那些负责制定及执行政策的大臣，尤其是在朝中最有权势的萨福克公爵威廉·德拉波尔（William de la Pole）及其手下的官员，被要求承担责任。随之而来的是针对个人的人身攻击和羞辱：格洛斯特修道院院长雷金纳德·鲍勒斯（Reginald Boulers）因为代表亨利六世与法国和谈而成为众矢之的，他名下的地产遭到了攻击；亨利六世的主要顾问奇切斯特主教亚当·莫利恩斯（Adam Molyens）——一个从低微的大法官法庭文书职位升上来的人——因其在外交上的作用而被杀；萨福克公爵遭到滥用权力的指控而被流放，在乘船前往法国的途中被水手谋杀，沉尸大海。这一时期英格兰经常遭到风暴的侵袭，加上反复征税以及为军队提供给养，给民众带来了沉重的经济负担。在15世纪30年代的10年间，英格兰的农业生产陷入了最低谷，此时正处于恢复期。这些都成了引发社会动荡和政治行动的客观条件，因为没有人会在情况最糟糕的时候聚众起事，而是在家庭生计更有保障的时候表达自己对现状的不满。

这种无序感不仅影响政治阶层，而且更广泛地影响了整个国家。广大臣民并没有把矛头直接指向亨利六世，而是希望他可以保持警惕，小心身边的近臣。英格兰各地出现了大量的传单，以及反映政治现实的小曲：叛国贼横行无忌，早已拉帮结伙，国王应当以其人之道还治其人之身，“让他们自食苦果”。而这段拉丁文的头韵诗，口气可就没有那么客气了：

> 啊，国王陛下，你必须学会严于律己，否则你就会成为孤家寡人；
>
> 如果你不能表现出为君者应有的自律，你就会成为有名无实的傀儡。

既然亨利六世一直都不愿采取行动，那么就只能由他人代劳了。

统治者并不会因为恶劣天气的出现而遭到臣民的指责，也不会因为不断爆发的疫病而被视为失道之人，民众多半会认为这是天意使然，是上帝要惩罚人类不道德的行为。但管理混乱，腐败横行，治国无方，政治混乱则会导致国王的地位被削弱，而发生在1381年的事件足以证明，民众会就到底谁才是罪魁祸首形成明确的意见。在草根政治文化的影响下，普通民众大都对国王忠心耿耿，并倾向于指责国王身边的达官贵人：他们既祸乱朝纲，又在管理领地的过程中为恶，严重地影响了平民百姓的生活。国王的顾问们在每一个领域都表现欠佳。王室的债务总量也创下历史新高，达到了37.2万英镑，比1433年时令议会头疼不已的16.8万英镑高出了一倍多。肯特郡爆发了抗议运动，民众要求国王令国政重新步入正轨。一个名叫菲利普·科福泽（Philip Corveser）威尔士商人被指控煽动威尔士人反抗英格兰的镇长，以此表达对威尔士商人在与英格兰城镇做交易时遭到不公正对待的不满。

一如既往，人们的不满与一个吸引了大量指责和仇恨的人物联系起来，1449－1450年的危机的替罪羊是萨福克公爵威廉·德拉波尔。公爵是一个曾经跟随亨利五世征战法国的老兵，之后不仅活跃在枢密院中，还成为手握大权的外交官、廷臣，他领导的王廷寻求与法国和解，结束战争。因此，人们将他与1447年向法国割让土地、处理对外事务时缺乏目的性，以及挪用巨额公款，导致英格兰军队在法国境内的前哨基地、驻防部队军费不足联系在了一起。1449年，公爵本准备寻求议会的支持，却发现与会议员反倒想要弹劾他。亨利六世最终为他争取到了流放5年的判决，但萨福克公爵在前往法国的途中被水手谋杀，再也没能返回故乡。然而，那些杀了他的人却打着圣乔治的大旗，宣称自己是忠于国王的臣民，代国王惩奸除恶。在东盎格利亚、泰晤士河谷、肯特郡等曾经是萨福克公爵权力基地的地区，公爵的追随者、亲属遭到了嘲讽和暴力对待。

在英格兰的东南地区，不满情绪引发了暴力事件，最终导致了骚乱，我们也可以阅读当时留下的历史纪录，详细地了解这一名为“凯德叛乱”的政治运动。与1381年爆发的农民起义不同，伦敦的编年史家在记录凯德叛乱时表现出了一些同情。1450年5月，杰克·凯德（Jack Cade）率领肯特郡的支持者——之后还有一部分苏塞克斯郡居民加入——模仿王室进入了伦敦城。他身穿用毛皮作衬里的天鹅绒长袍，头戴草帽，从齐普赛街出发，经伦敦桥前往萨瑟克，之后又返回齐普赛街。其间伦敦城内流言四起，一些人宣称乱兵在南安普敦烧杀抢掠，而国王的近臣已被斩首——这些传言都是真实的。以凯德为首的叛党寄希望于约克公爵理查德，认为他能巩固王室统治。他们宣称：“我们并不认为所有的领主都是恶人……也不会指责所有的法律人士，我们只是想依法办事，展开公正的调查，惩处违法乱纪之徒。”他们与1381年的叛乱者十分相似，拥有一种乌托邦式的理念，认为法律是伸张正义的工具，是普通人消除社会弊端，解决经济问题的工具。

就在苏塞克斯郡的居民思考是否应当采取行动的时候，英格兰出现了一个更为激进，把诸如“国王是个庸人”之类的语句作为口号的团体。他们在集镇举行集会，要求把地租降低到每英亩2便士。1450年秋，该团体的成员包括皮匠、瓦工、茅草匠、染匠、石匠、制帽工、铁匠在内，来自各行各业的年轻未婚的工匠，他们听取言辞激烈的演讲，有时甚至还会威胁收税员、领地总管、郡督、副郡督。1451 年，当局终于恢复了社会秩序，开始启动司法程序调查肇事者，但最终几乎所有的被告都得到了赦免。

百年战争尘埃落定

在法国的损失对英格兰王室和臣民意味着什么呢？这意味着将领的减少，生命的损失，权贵阶层失去了权威，影响了他们对法国境内、英格兰境内，以及威尔士、苏格兰边境地区领地的控制。除了数十名权贵，数以千计的绅士阶层成员也受到了在法国失利带来的冲击，见到了一些触动极大的场面：1441 年，蓬图瓦兹失陷之后，法国人在巴黎将 53 个衣衫褴褛的英格兰战俘游街示众，之后更是将他们绑到一起，推入塞纳河淹死。法国曾经象征机遇，并培养了一种奉献精神。15 世纪 30 和 40 年代，英格兰在法国的军事优势受到挑战，暴露出权贵内部的矛盾和政策分歧，引发了枢机主教博福特与格洛斯特公爵，以及约克公爵和萨莫塞特公爵之间的争斗，但法国依然是王室政策的核心。对王室头衔和土地的守护与国王对忠诚和感恩的期待完美地融合在一起。至于诺曼底人，他们不再害怕英格兰人卷土重来，并向法国军队敞开大门。

在莎士比亚的笔下，在百年战争的最后一场战斗卡斯蒂永之战（1453 年）中，什鲁斯伯里伯爵约翰·塔尔博特与儿子的死颇具戏剧性，与真实情况相去甚远，但塔尔博特是一个注重效率、忠心耿耿、勇于承担责任的士兵和统帅，是一位杰出的代表。亨利六世与安茹的玛格丽特成婚时，塔尔博特送给他们一本书作为结婚礼物，并在书中写道：“我只想向国王陛下、向您效忠，至死不渝。

我要让天下人都知道：我的心里只有国王和您。”塔尔博特这类人生活在这样一个王国：为军事行动、高级军事管理和相关外交事务提供了明确的目标和机会。身份地位较低的人可以通过成为驻军指挥官的方式，在地方总督这类权贵手下供职。在1445年去世的约翰·克雷西爵士（Sir John Cressy）就是一个很好的例子，证明了亨利五世为英格兰人提供了众多踏上仕途的机会，并在亨利六世即位之后一直延续到1453年。1430年，时年23岁的约翰作为托马斯·鲁斯勋爵（Thomas Lord Roos）的家臣，加入了以帮助亨利六世在法国举行加冕仪式为目的的远征军。1432年，约翰开始为阿伦德尔伯爵效力，之后又在1435年率领一支由28名披甲战士、90个弓箭手组成的队伍，参加了该年的在法作战行动。1436年，他成为厄镇驻军的指挥官，在厄镇失陷之后又于同年晚些时候前往卡昂，为约克公爵理查德效力。1441年，他率队参加了蓬图瓦兹保卫战，之后又在1442年获得任命，成为日索尔的驻军指挥官。在生命的最后一年中，约翰爵士是三处驻军的指挥官，直到1445年3月他因病去世。约翰爵士被安葬在他的故乡北安普敦郡的多德福德堂区。

英格兰的各个家族十分注重与在法国的同乡加强联系，在异国他乡维护本家族原有的从属及社会关系。比如，斯坦迪什家族就与蓬图瓦兹的驻军建立起了联系：1437年，在亨利·斯坦迪什（Henry Standish）担任蓬图瓦兹驻军指挥官的时候，有好几个披甲战士、弓箭手同样也姓斯坦迪什。1438年，威尔士人格里菲思·唐（Griffith Don）在唐卡维尔的手下有一半是威尔士人。然而，死亡、负伤、失散、被俘，以及在法国定居等原因造成了减员，所以在到达法国之后，随从往往由任何可用之人填补。那些赚取法国贵族赎金的人退休后能为自己修建富丽堂皇的家宅，比如，罗杰·法因斯爵士（Sir Roger Fiennes）就在 1441 年在苏塞克斯郡的赫斯特蒙苏村修建了宅邸。他用自己在佛兰德斯时积累的财富，购买佛兰德斯生产的红砖，雇佣佛兰德斯的工匠，修建了宏伟壮丽、有护城河环绕的城堡，与其作为参加过阿金库尔之战的老兵，以及亨利六世的内廷财务总管的身份相称。英格兰完整的法律及财务体系为这些人提供了支持。金融服务的发展有助于完成战时的交易。例如，1436 年，菲利波·博罗梅奥银行（Filippo Borromei and Co.）从伦敦分行支取了 1 631 英镑 4 先令 11 便士的巨款，用来为在 1429 年的帕提之战中被法军俘虏的托马斯·伦普斯通爵士（Sir Thomas Rempston）支付赎金的尾款。

亨利五世建立的驻军体系持续了大约 10 年，但从 15 世纪 20 年代开始，由于法军聘请外国专家，尤其是意大利的武器工匠，开始使用全新的火炮技术，它开始承受越来越大的压力。15 世纪 30 年代，法军虽然仍然是零星作战，但他们终于转守为攻，由协助法军作战的苏格兰士兵组成临时分队，骚扰城镇及其驻军。15 世纪 30 年代末，法国已经对英格兰的军事优势造成了严重的挑战：卡斯泰尔诺德瑟尼城堡（Castelnau-de-Cernès）失陷后，亨利六世在信中写道："城堡遭到围攻……在火炮和攻城器的攻击下化为齑粉"。1450 年，法军仅用 16 天的时间，便轰塌了巴约的城墙。在火炮技术的帮助下，法军掌握了战场的主动权，英格兰守军虽然奋勇作战，但难以与之匹敌；1451 年，在连续遭受 6 天的猛烈炮击之后，布雷斯地区的布尔格（Bourg-en-Bresse，诺曼底）开城投降。在约翰·塔尔博特战死沙场的卡斯蒂永之战中，法军的炮手"用火炮撕开了好几个大口子"，令英军一败涂地。英格兰的文人用英语改写维盖提乌斯[①]研究围城战的经典著作，对火炮这种全新的武器技术进行了反思。

当局不得不重新部署位于法国境内的英格兰及威尔士军事资源，在1452—1453年，诺曼底的驻军被重新分配到加斯科尼的17个城镇驻防。正是这类行动导致了领导层的失望，未来前景的破灭加剧了这种失望。除此之外，北方边境地区遭到侵袭，令北方地区的居民陷入困境，而消息本身也搞得人心惶惶。英格兰的经济状况也令人愁眉不展。各类当时的指标表明大地主——宗教机构和贵族——全都面临着收入下降的问题，在某些年份，尤其15世纪30年代，还出现了粮食短缺，而西米德兰兹地区还爆发了瘟疫，使情况更加严重。没有贵族家庭因为经济上的困难而家道中落，即便是频繁地支付赎金的家庭也没破产。在土地需求和农产品价格都大幅下降的过程中，深受其害的很有可能是绅士、堂区绅士，以及规模较小的修道院。肯特郡的东北部是农业十分发达的地区，但因为粮食需求的下降而被迫在播种时减少种子的使用量：在坎特伯雷境内的克赖斯特彻奇，1444年，该地的农民在播种小麦时，每英亩的种子用量从原来的4蒲式耳下降到了3蒲式耳，大麦的种子用量从5蒲式耳下降到了4蒲式耳，而燕麦的种子用量更是从6蒲式耳下降到了5蒲式耳，1447年，又进一步下降到了4蒲式耳，直到15世纪50年代，才恢复到了5蒲式耳。与此同时，牲畜的保有量也在下降，农民宁可把牲畜养肥获取肉制品，也不愿继续生产牛奶、羊毛之类，这些是即便在伦敦和低地诸国也找不到销路的农产品。

---

① 维盖提乌斯是生活在公元4世纪后半叶的古罗马文人，著有讨论古罗马军事体制的论著《论军事》。

在绝望和不信任的氛围中，不同群体和社区间的裂痕更加严重了。在英格兰各城镇的威尔士人因涉嫌煽动叛乱而遭到逮捕，而一些佃户拒绝提供服务，在某些情况下，甚至还会扰乱生产。15 世纪 30 和 40 年代，生活必需品的价格迅速攀升，由于这些商品养活了农民的家庭，是土地所有者的收入来源，还维持着商人阶层和提供服务来维持生计的市民的生活，这带来了真正的痛苦和抱怨。宽幅毛织品的出口量从 1438－1448 年的每年 5.5 万件，下降到了 1448－1471 年的每年 3.4 万件。15 世纪 30 年代到 40 年代早期，英格兰东北地区牛群数量激增，但到了 40 年代末期，疾病和需求下降终结了这一繁荣。1444－1452 年，霍斯利庄园（Horsley Manor，格洛斯特郡）的羊群几乎没能为布鲁顿修道院（Bruton Priory）产生任何收入。城镇地产的价值不断下跌，因此 15 世纪 40 年代，牛津城外的奥斯尼修道院获取的地租收入连年下降，从 1435 年前后的每年 201 英镑，下降到 1449 年的 170 英镑。在农村和城镇，由于长期收不到租金，地租收入不断下降，在地主阶层的来往书信中（比如，诺福克郡帕斯顿家族的书信），以及庄园的卷档中都能充分体现出来。伍斯特主教名下地产的收支记录表明，抗租是租户有组织的行为，也是被逼无奈的做法。欧洲的贵金属危机爆发之后，铸币用贵金属的短缺进一步加大了地租的收取难度。15 世纪 40 年代，王室铸币厂的铸币量仅相当于 15 世纪 20 年代时的 5%。15 世纪 40 和 50 年代，在经济运转不畅，政治局势动荡的情况下，即便是那些拥有大量地产、身份显赫的权贵也非常艰难，而对于那些依靠自给农业和小额商品交换来维持生计的普通百姓来说，无异于人间地狱。

政治挑战：约克公爵

出于肯特郡居民的愿望，以及对王朝权力的野心，在亨利六世缺乏领导能力，导致权贵阶层群龙无首的情况下，英格兰权势最为强大的权贵，国王的亲属约克公爵理查德对王权发起了挑战。肯特郡居民在请愿书中把矛头指向国王身边腐败的官员，而杰克·凯德宣称自己是莫蒂默家族的成员[①]，因此与约克家族也扯上了关系[②]。1450年，英格兰民间流言毫不隐讳地表达了想让约克公爵取代亨利六世，成为国王的意愿。约克公爵曾担任了一系列重要的职位，接受了考验：他先是担任法国总督，自1447年起，又担任爱尔兰总督。公爵的血统、天赋与经验使他能够成为一个合格的统治者，乃至一个王位的继承人。

在法国的那段时间，约克公爵积累了大量的经验，他还经常自掏腰包，为英格兰远征军填补数额可观的军费缺口，但这些垫付的款项一直没有被偿还。当亨利六世派他去爱尔兰时，一个适合他施展抱负的舞台为他打开了。在公爵前往爱尔兰之前的数十年，英格兰人在爱尔兰的野心几乎消失殆尽，他们实际只统治了名义上为盎格鲁-爱尔兰地区的1/3。除了在都柏林、劳斯、米斯、基尔代尔四郡，英格兰王权的统治都若有若无。爱尔兰不同于诺曼底，它的统治阶层已经深深融入了英格兰。15世纪20年代，爱尔兰接受倡议建造的用来自卫的塔楼——修建此类防御工事可获得补贴——现

---

① 杰克·凯德自称杰克·莫蒂默，而莫蒂默家族拥有王位继承权。

② 约克公爵理查德的母亲是第四代马奇伯爵罗杰·莫蒂默的长女安妮·莫蒂默。

在在基尔奇夫城堡（唐郡）、基尔马勒克城堡（利默里克郡）仍然可以见到，但到了亨利六世成年之后，几乎都被放弃了。

约克公爵是大片爱尔兰地产的继承人。1448 年，公爵率领一支由 600 名士兵组成的部队抵达爱尔兰，之后进入威克洛郡，控制住了不可一世的奥尼尔家族。在爱尔兰，中央政府的权势荡然无存，这给了公爵建立自治政权的动机和手段。1450 年，公爵渡海来到约克家族位于登比的城堡，之后横穿威尔士、威尔士边境领地，途径圣奥尔本斯，抵达伦敦城，向议会递交控诉书。公爵的派系在议会上发放小册子，并利用法律手段来挑战国王的权威，还把公爵说成总是为了公共利益而行动。在 1450－1451 年的议会上，布里斯托尔的议员托马斯・扬（Thomas Young）过早地提议把约克公爵推举为王位继承人，结果因此被捕。不过，在与萨莫塞特公爵埃德蒙・博福特就对法政策展开的斗争中，约克公爵获胜，他趁势谴责萨莫塞特公爵是一个邪恶的顾问、一个贪婪的法国属地官员，根本就不配获得国王的信任。约克公爵在 1452 年发表了《什鲁斯伯里宣言》（Shrewsbury Manifesto），列举了自己的优良品质：他敬畏上帝、珍视荣誉、充满男子汉气概，而且对国王忠诚。在 1453 年亨利突患重疾时（虽然还不清楚他的病因，但他失去了行动能力，精神也出现了问题），洗心革面的约克公爵成为护国公的不二人选。1453 年前后，博克纳姆的奥斯本编写了名为《克莱尔卷档》（*Clare Roll*）的关于美德和血统的系谱图，证明约克公爵理查德是爱德华三世的直系血亲。这是一个由优秀女性一代一代抚养的后代形成的血统，从约克公爵的母亲安妮，一直追溯到爱德华三世的次子莱昂内尔（卒于 1368 年）。到了约克公爵向王权发起挑战的时候，他似乎比亨利四世更有资格：他不仅拥有王朝血统，更兼具能力与经验。

护国公约克公爵拥有众多支持者：内维尔家族，他在北方的亲属，以及索尔兹伯里伯爵。1454年，他率军北上，镇压了埃克塞特公爵在约克郡境内发动的叛乱。然而，亨利六世恢复健康之后，约克公爵不仅失去了对枢密院的控制权，还丢掉了护国公的职位。此时，公爵必须在野心与忠诚之间做出选择。他能交出手中的大权，成为较为次要的政治角色吗？约克公爵没有退缩；1455年5月，约克家族的军队在圣奥尔本斯击败了兰开斯特家族的军队，萨莫塞特公爵战死。这不是一场叛乱，而是约克公爵与萨莫塞特公爵之间的私斗；在此之后，玛格丽特王后虽然仍然是政府的主导者，却对约克公爵忌惮三分，而公爵则几乎成了王位的法定继承人。在之后的几年，约克公爵和他的儿子马奇伯爵爱德华分别回到了爱尔兰、加莱，以避免再起冲突，他们不断加强军事实力，等待军力和联盟的壮大。

1459年，担心自己的儿子将会失去王位继承权的安茹的玛格丽特主动出击，宣称约克公爵是叛国贼，之后促使考文垂议会通过《公权剥夺法案》(Act of Attainder)，剥夺了公爵的领地、官职。1460年，约克公爵返回英格兰。9月9日，他在位于威勒尔半岛（Wirral）西北角的雷德班克（Redbank）登陆，之后横穿威尔士边境领地，在阿宾登（Abingdon）与妻子汇合。公爵此行的目的同样也是要求当局为自己平反。1460年10月，议会通过了《和解法案》(Act of Accord)，不仅答应了公爵的要求，还做出了许多其他的让步。按照法案的规定，亨利六世去世之后，王位应当由约克公爵继承，而不是在当时仅7岁的爱德华王子。以一位能干的统治者取代一个无能的国王，是以牺牲所有权贵珍视的神圣的王朝延续性为代价实现的。《和解法案》违反了世袭制度的原则，剥夺了王子的王位继承权，不难想象，这样的法案必然引发愤怒和焦虑。包括圣奥尔本斯修道院的编年史家在内，许多编年史家都宣称约克公爵在议会上咄咄逼人，无视国王的权威，先是要得到王位，之后又妥协于《和解法案》，夺取了王位继承权。公爵的敌人不再是亨利六世，而是被剥夺了继承权的王子的母亲，玛格丽特王后。忠于王后的武装力量全都集中在英格兰的北方，令北方成为反抗约克公爵的根据地。约克公爵率领支持者北上，1460 年 12 月 30 日，在韦克菲尔德（Wakefield）附近扎营的时候，遭到忠于玛格丽特的军队的突袭，就连公爵本人也丢了性命。

约克公爵的尸首被运送至约克城城门口暴尸示众，城门上还张贴了充满政治意味的告示，将侮辱公爵尸首的过程转化成了展现政治意愿的舞台。修道院编年史家约翰・沃尔瑟姆斯特德（John Walthamstead）借用耶稣遭到嘲讽，最终被钉上十字架的典故，记录了这件事：尸首被戴上纸糊的王冠，公爵被冷嘲热讽：“没有王国的国王陛下万岁！没有继承权的国王陛下万岁！没有臣民和财产的公爵大人、王子殿下万岁！”在德文郡出身的侍从詹姆斯・勒特雷尔（James Luttrell）的提议下，公爵的首级被钉在他的家乡约克城的城门上示众。索尔兹伯里伯爵在庞蒂弗拉克特被处以极刑，而约克公爵的儿子拉特兰伯爵则已经在战斗中身亡，这便是约克派的悲惨结局。

约克公爵的其他儿子受到父亲和兄弟战败身亡、受到侮辱的刺激，继续冲击王位。亨利六世仍然身在伦敦，几乎处于孤立无援的状态；1461 年 2 月，约克公爵的长子马奇伯爵爱德华在沃里克伯爵的辅佐下率领“大军”进入伦敦。一位伦敦的编年史家将这场胜利归因于得到了权贵阶层和坎特伯雷大主教的支持，他们认为“亨利不是称职的君主，不配统治国家”。3 月 4 日，马奇伯爵在圣保罗大教堂举行宗教仪式，在冗长的布道辞和祈祷文的伴奏下登上王座，成为爱德华四世。亨利六世流亡苏格兰，而安茹的玛格丽特与儿子在兰开斯特王朝的支持者的陪伴下，到法国寻求帮助。伦敦和下议院为新国王欢呼。

第六章

小小的英格兰，短暂的和平（1461—1485）

1460 年 10 月，约克公爵理查德被推举为亨利六世的继承人，对许多人来说，这是蔑视君主世袭制原则的做法，但也可以被视为对王权尊严的肯定。国王必须表现得像国王，如果他们无法正常地治理国家，那么臣民就会质疑他们的权威。亨利的失败并不是约克派把约克公爵拥立为国王的唯一依据。在批判亨利六世的施政方针的同时，他们还利用系谱学，提出公爵作为爱德华三世之子莱昂内尔的独女菲莉帕的后代，是王位理所当然的继承人。正如我们所知，约克公爵理查德战死沙场，最终暴尸约克城的城门之外并被人嘲笑。但他还是取得了胜利：在韦克菲尔德战死几个月后，他的长子便加冕成为爱德华四世。他的三子乔治、四子理查德同样成为大赢家，获得了王国最为尊贵的贵族头衔。至于后世声名，在莎士比亚的《亨利六世（第三部）》中，公爵被描述为英勇就义的殉道者。

约克派先是在 1461 年 2 月取得了莫蒂默十字之战的胜利，后又在同年 3 月，在位于利兹城与约克城之间的陶顿赢得了胜利。约克公爵理查德的长子马奇伯爵爱德华成为英格兰国王。安茹的玛格丽特、威尔士亲王，以及他们的支持者（德文伯爵、诺森伯兰伯爵、萨莫塞特公爵）没能守住伦敦。爱德华入主伦敦，夺取了王位。3 月 1 日，埃克塞特主教，也即之后的约克大主教的乔治·内维尔在圣约翰菲尔兹（St John’s Fields）[①] 宣布约克家族是王位的正统继承人，之后又前往圣保罗十字架，以布道的方式，宣扬爱德华获取王位合理合法。在大肆宣扬约克王朝的合法性之后，爱德华举行了加冕仪式，与所有篡位者举行的加冕仪式一样，爱德华的仪式同样也盛况空前。在沉寂了数十年之后，加冕仪式再一次成为歌功颂德的工具。在仪式的过程中，爱德华涂抹贝克特的圣油，恢复了长久都没有使用的礼仪。此外，在国王进入仪式现场时，教堂内还响起了以《王室赞美诗》（*Laudes regiae*）为代表，自理查二世在位时，就一直都没有使用过的赞歌：

> 爱德华是真正的国王，爱德华是正直的国王
> 爱德华是公正的、合法的、正当的国王
> 我们是他心甘情愿的臣民
> 我们心悦诚服，愿意恭顺地接受他的统治。

一切可以利用的宫廷礼仪都被动员起来，宣扬约克王朝代表着稳定、理智的统治，国王的权威毋庸置疑，更是不列颠不可动摇的传统的象征。当局将草根阶层的政治抱负、民间的政治预言与政治上的包容结合在一起，只要昔日的敌人表示效忠，则仍会被纳入权力中心。爱德华利用自己召开的第一届议会来修改历史纪录，为祖

---

① 圣约翰菲尔兹是一块位于伦敦城外的空地，在中世纪时，是伦敦市民的集会场所。

先开脱罪名；这一届议会废除了剑桥伯爵理查德在 1415 年，因参与旨在推翻亨利五世的南安普敦阴谋而遭受的有罪判决[①]。1461—1462 年，爱德华面临着法国宫廷围绕安茹的玛格丽特及亨利六世建立的联盟入侵的威胁。某个间谍报告了一个国际阴谋，参与者除了有丹麦国王，还有布列塔尼公爵、勃艮第公爵。尽管国内仍有动荡，但到 1462 年末，爱德华已经完全镇压了伦敦城内的反对派，而到了 1464 年，约克派的军队又先后在赫奇利沼泽之战和赫克瑟姆之战中大败兰开斯特派的支持者。爱德华在战场上几乎未尝败绩。海峡对岸的敌手也暂时保持了沉默。

1464 年，爱德华与格罗比的费勒斯勋爵之子约翰·格雷爵士（1461 年死于第二次圣奥尔本斯之战）的遗孀伊丽莎白·伍德维尔成婚，扰乱了国内刚刚稳定下来的局势。与爱德华成婚时，伊丽莎白已经是两个儿子的母亲，无论是在经济上，还是在外交领域，也都无法为爱德华带来任何实际利益。这场婚姻破坏了通过爱德华四世与法国国王路易十一世的妻妹结婚而结盟的计划，在政治上也有损害。爱德华在造访伊丽莎白的父亲位于格拉夫顿的宅邸时开始了这段秘密的恋情，随后在 1465 年 5 月，为伊丽莎白举行低调的加冕仪式。某些人认为，爱德华迎娶伊丽莎白的做法太不明智，是受到了邪恶魔法的影响。1470 年，在约克王朝的统治遭遇危机时，有人指控爱德华四世的岳母贝德福德公爵的遗孀卢森堡的杰奎塔（Jacquetta of Luxembourg）[②]，宣称她使用一个“样

① 剑桥伯爵理查德是爱德华四世的祖父。

② 贝德福德公爵约翰是她的第一任丈夫，她的第二任丈夫是理查德·伍德维尔（即伊丽莎白·伍德维尔的父亲）。

子好似武士的”人像，对爱德华四世施魔法，促成了这段在政治上有害的姻缘。

爱德华与伊丽莎白·伍德维尔及其亲属，还有他们在结婚之后生下的10个子女，将安茹的玛格丽特和亨利六世的庞大宫廷，转变成舒适而亲密的家庭。他的廷臣晚上会聚集在国王的寝宫中，“讨论历代先王的历史”。爱德华四世忠于他的家庭成员，并在他们年老时提供帮助。记录爱德华四世内廷事务的《黑皮书》(*Black Book*）指出，1472年前后，爱德华四世尽力让内廷实现收支平衡。他对宫廷生活做了详细规划，甚至在制订预算计划时规定内廷成员用于餐饮的开支。善于持家者必能安天下——这也正是约克派的宣传口号。在经历了血腥的内战之后，爱德华四世为受尽战火蹂躏的英格兰带来和平，而除非遇到紧急情况，否则他不会向议会提出征税要求。这种朴素的家庭生活形象是爱德华第一次作为国王时强有力的政治手段：新国王是一个朴素的人，而他的王后比前任更懂得勤俭持家。伊丽莎白并不是一个人脉广泛的法国贵族，并非在欧洲的高雅艺术和浪漫氛围中长大，而是一个舒适地融入伦敦生活的女人。实际上，她在皮匠中间也感觉很自在，而伦敦的皮匠行会不仅请求她成为荣誉成员，还在行会官方记录的插图中把她描绘为圣母马利亚。1475年前后，卢顿镇（Luton）的三一教会也在官方记录的卷头插画中描绘了爱德华四世夫妇与三位一体在一起的形象。

爱德华四世的王廷在许多方面与亨利六世的截然不同。亨利六世最喜欢隆重肃穆的宗教仪式，而在那些展现骑士精神的场合，他则会变得心不在焉，甚至还会显得局促不安。尽管亨利六世的父亲以骁勇善战著称，但他的宫廷是一个不苟言笑的场所，没有司空见惯的骑士比武，更不用说著名的骑士在决斗前那令人窒息的气氛。

在亨利六世举行加冕仪式时，英格兰王廷在巴黎举行了骑士比武，但以惨淡收场。一位巴黎的编年史家认为比武活动甚至都比不上巴黎城商人的婚礼。在亨利六世看来，嘉德骑士团的各类仪式全都是宗教仪式，而不是王廷权威的展示。

爱德华四世则截然相反，他推崇骑士精神，而且把骑士精神视为一种文化框架，可以用来加强忠诚感和战友情谊。爱德华四世的榜样并不是忏悔者爱德华，而是爱德华三世。爱德华利用即位后嘉德骑士团第一次举行仪式的机会，册封了十数名嘉德骑士，他们中既有外国的高官显贵（包括斯福尔扎家族的成员[①]和道格拉斯家族的成员[②]），也有以威廉·黑斯廷斯勋爵、波顿的约翰·斯克罗普勋爵为代表的本土贵族，还有像威廉·张伯伦爵士（Sir William Chamberlain）这样在法国战场英勇作战的骑士，以及内尔斯通（Nailstone，莱斯特郡）的约翰·艾斯里爵士（Sir John Asteley）这样在比武场上百战百胜的勇士。伊丽莎白王后的弟弟安东尼·伍德维尔（Anthony Woodville）不仅写过与骑士精神相关的著作，也是一位武功了得的骑士。1467 年，他向“勃艮第的野种”（勃艮第公爵的私生子）发起比武挑战，强化了英格兰与勃艮第刚刚恢复的盟友关系，以维持和平，实现长久的繁荣稳定。尽管约克王朝的王廷规模十分有限，国王身边只有数十名近臣，但它拥有爱德华四世这样一位明确的核心人物，而且一度沉浸在成功和好运之中。1466 年来访的波希米亚外交官加布里埃尔·特策尔（Gabriel Tetzel）对英格兰的宫廷礼仪做出了评价，尤其指出，王后在用餐时严格遵守

---

① 米兰公爵弗朗切斯科一世·斯福尔扎。

② 第九代道格拉斯伯爵詹姆斯·道格拉斯。

尊卑之序。

1461 年 11 月，爱德华通过了《公权剥夺法案》，影响了那些在内战中支持兰开斯特王朝的权贵、绅士。大片曾经属于兰开斯特派的土地都落入爱德华的手中。泰晤士河谷地曾经是安茹的玛格丽特的根据地（那些支持者现在全都被迫流亡国外），如今变成了国王的领地。在爱尔兰，奥蒙德伯爵因为坚定地支持兰开斯特王朝而丢掉了名下所有的领地。在没收死硬派兰开斯特王朝支持者的土地之后，爱德华四世便用这些土地奖赏约克派的支持者。他优先奖赏自己的亲人，在封赏两个弟弟的时候尤其大方：格洛斯特公爵理查获得了北方的土地，而克拉伦斯公爵乔治不仅获得了爱尔兰土地，到了 1462 年在米德兰兹地区也颇有斩获。与伊丽莎白·伍德维尔成婚之后，爱德华四世一下子多了一大帮亲戚——伍德维尔家族。伊丽莎白王后的 5 个弟弟都得到了爱德华的提携和奖励。伍德维尔家族在宫廷生活中如鱼得水。

爱德华一直都以英国式的国王形象示人。在登上王位之后的头 10 年间，他对法国关注很少，是一个多世纪以来，第一位不用时刻考虑加斯科尼及诺曼底的英格兰国王。尽管大法官法庭仍然会使用爱德华四世更加雄心勃勃的全部头衔，但现实是，绝大多数欧洲大陆的君主在称呼爱德华时，只会把他称为“Roy d’Angleterre（英格兰国王）”，或顶多把他尊为“Roy d’Angleterre et Seigneur d’Irlande（英格兰国王、爱尔兰领主）”。大陆领土的丧失使不列颠群岛的价值和威望得以确立。1474 年，爱尔兰议会派出的使节对爱尔兰领地做出了如下描述：“国王陛下的爱尔兰领地……不仅是王室领地的组成部分，也是历史最为古老的王室领地。”使节还进一步提出，国王有义务“守护自己的爱尔兰领地”。

以丰富的英语及拉丁语写成的预言（比如，布里德灵顿预言[①]）被改写，让它们为约克王朝的国王以及不列颠王国服务。预言性的著作和王廷的仪式都以颂扬全新的地理政治局势为目的。约克派对王朝及历史的态度与之前不同。他们宣称，约克派的财富不是靠征服得来的，而是靠王朝的权利和良好的治理得来的。威尔士的吟游诗人对此赞誉有加，宣称爱德华四世是莫蒂默家族与卢埃林家族结合[②]的结晶。以押韵诗为载体的编年史和预言用文字及图表描述了一个合法国王和他的血统。一部来自西米德兰兹地区，但名字已经无从考据的编年史提出了爱德华的七个主张，并以对长期和平统治的希望而结束：

> 愿他永久地成为林地、山岳、平原的主人，
> 愿他在王廷与海岸间来往自由。
> 狡猾的狐狸逃得不见踪影，傲气冲天的狂徒低下了头。

1465 年，爱德华命人在钱币上使用国家之船[③]的图案，并以十字架作为桅杆。国家之船劈波斩浪的景象得到了议会的肯定：下议院对爱德华终止内战、实现和平的做法非常满意，接连通过了三项拨款议案，分别用于在 1462、1463 年与苏格兰作战，以及计划在 1467 年的远征法国作战行动。尽管远征法国的作战计划没能付诸

---

① 布里德灵顿的圣约翰编写的预言。

② 爱德华四世的祖母是安妮·莫蒂默。安妮的祖先拉尔夫·德莫蒂默的妻子是卢埃林大王的女儿古拉迪斯·杜。

③ 柏拉图在《理想国》中把国家比作在大海上航行的船只，把政府比作掌舵的船长。

实施，但这一威胁促使法国与英格兰签订条约。这些努力都是为了巩固一个国王的地位，因为他的来路已铺满了鲜血，而他的统治还受到一位活着的国王和一位活跃的王后的威胁，这位王后的儿子还拥有王位继承权。

政治的动荡不安和不确定性使人筋疲力尽，但坚持到最后的人能从中获益。这个人就是爱德华四世，而此时亨利六世在苏格兰流亡，玛格丽特王后客居法国巴尔的圣米耶勒镇；巴尔夹在香槟与勃艮第之间，是安茹的勒内（René of Anjou）的领地。亨利夫妇身边渐渐地出现了流亡王廷，其成员中既有依靠兰开斯特王朝的人，也有机会主义者和理想主义者。首席法官约翰·福蒂斯丘（John Fortescue）逃离英格兰，先是加入了亨利六世设在苏格兰境内的流亡王廷，后又投靠了玛格丽特的王廷。15 世纪 60 年代末，流亡法国的福蒂斯丘编写了一本名为《英格兰的治理》（*The Governance of England*）的小册子，对英格兰的政治体系进行了分析，比之前的同类著作都更有野心。福蒂斯丘认为无论依据法律还是其他理由，爱德华四世都“无权”霸占英格兰的王位。

安茹的玛格丽特利用自己的政治资源，在法国、勃艮第四处奔波，为兰开斯特王朝寻求支持。1465 年为她铸造的纪念章，描绘了她拥有欧洲大陆风格的高贵形象。1463 年，玛格丽特向勃艮第公爵、佛兰德斯伯爵好人腓力（Philip the Good）求助，但勃艮第公爵对兰开斯特王朝的态度一直不冷不热。由于亨利四世罢黜理查二世的做法令查理六世极为不满，法国人对兰开斯特王朝的态度同样十分复杂。利雪主教托马斯·巴赞（Thomas Basin）认为，约克公爵的崛起和抱负是对兰开斯特王朝罢黜和杀害理查二世的合理反应；15 世纪 70 年代，巴赞的论点为爱德华四世树立了正面形象。

与此同时，由于欧洲大陆的政治局势发生了新变化，佛兰德斯的统治者不再与法国国王保持盟友关系，而是开始实行独立的外交政策，会时不时向英格兰示好。1467 年，爱德华的妹妹约克的玛格丽特与勃艮第公爵大胆者查理成婚，加强了两国及两个王朝之间现存的友好关系。伊丽莎白王后的弟弟安东尼·伍德维尔与威廉·黑斯廷斯勋爵一起促成了此桩婚事。如果兰开斯特王朝被看作是法国大部分地区的征服者，那么欧洲大陆的历史学家也记住了这一点，并偏爱废黜他们的约克之子。

尽管国内的和平和国外的外交关系都取得了进展，但王朝的动荡仍未结束。1469 年，约克派的军队在班伯里（北安普敦郡）附近的埃杰科特（Edgcote）与叛军交战，结果一败涂地。爱德华四世不仅为自己争取到了广泛的支持，还建立了对自己忠心耿耿的内廷，所以到了 1469 年，反对派提出全新的论调来诋毁他。克拉伦斯公爵乔治（被爱德华疏远的弟弟）、沃里克伯爵理查德·内维尔、伯爵的弟弟约克大主教乔治·内维尔发表声明，把爱德华四世与爱德华二世、理查二世、亨利六世并列为使这片土地饱受折磨的昏庸无能的统治者。爱德华的王廷被认为“把统治国家当作儿戏”；一些其他的证据证明，普通民众也对连年征税和出国作战的计划感到不满。1468 年，牛津伯爵约翰·德维尔（John de Vere）背叛了反对派，并提供证据揭露他们的野心。1469 年 1 月，格洛斯特公爵理查领导的司法委员会对反对派叛国的程度进行了调查。

在夺取王位后的头几年间，爱德华四世也许在对反对者太多宽容的同时，又显得贪得无厌。他奖赏臣下的某些做法改变了地方层面上土地所有权的分配现状，破坏了约克派与兰开斯特派之间的影响力平衡。在林肯郡这样的地区，兰开斯特王朝的支持者的地产变成了约克派的地产。同样，在米德兰兹地区，萨德雷勋爵虽然是一个稳定可靠之人，但在 1468 年，他却不得不把自己的城堡交给格洛斯特公爵。对失去世袭爵位的恐惧和势力范围变化的动荡，令 15 世纪 50 年代郡内因内战而产生的仇恨情绪死灰复燃。

也许有人会问，既然英格兰已经开始享受相对繁荣与和平的国内环境，既然英格兰的国王可以自给自足（即使有时有些残暴），既然英格兰的经济已经能够维持正常的贸易活动和物价的稳定，既然英格兰的宗教界百花齐放，民众以各种方式来展现自己的虔诚，那么为何又会出现这样的混乱和血腥事件呢？许多权贵阶层的成员和他们的支持者仍然心怀不满。沃里克伯爵的不满似乎来自个人和王朝两方面：爱德华四世不同意沃里克伯爵把长女嫁给克拉伦斯公爵，导致伯爵及其亲属无法进入王室。沃里克伯爵不仅担任许多重要职位，比如，北方王室森林的总管，还在米德兰兹地区及英格兰的北方拥有大片的领地。这些都没有使他成为对国王忠心之臣，反倒变成祸乱朝纲的野心家。在 15 世纪 60 年代末，伯爵的不满像阴影一样笼罩在爱德华的举措之上：就在爱德华计划把妹妹嫁给勃艮第公爵时，伯爵主张与法国言和，并暗地里向教皇申请豁免令，让自己的女儿能够与克拉伦斯公爵成婚[①]。1469 年，他率军发动叛乱，在埃杰科特之战中击败了约克派的军队，把兵败被俘的爱德华四世关进了沃里克城堡，并在同年 7 月进入伦敦城的时候大肆收买人心。爱德华四世幸存的军队在 1469 年 10 月重夺伦敦，迫使沃里克

① 克拉伦斯公爵（也是爱德华四世的）的母亲塞西尔·内维尔是沃里克伯爵之女伊莎贝尔·内维尔的叔祖母，所以伊莎贝尔与克拉伦斯公爵存在亲属关系，按照教会的规定，两人不能成婚。

伯爵流亡海外。1470 年 10 月，获得法国国王支持的沃里克伯爵从加莱返回英格兰，爱德华四世的弟弟克拉伦斯公爵，以及安茹的玛格丽特的残余支持者都加入了他的队伍。与历史上大多数政治联盟一样，为兰开斯特派作战的人鱼龙混杂，其中既有兰开斯特派的支持者，又有约克派的反对者。

1469 年，兰开斯特派大获全胜之后，亨利六世复辟成功，重新夺回王位。然而，这只是一个短暂的逆转。爱德华四世来到布鲁日，成了格鲁修斯领主布鲁日的路易（Louis of Bruges）的座上宾，在全欧洲最为高雅，最具艺术气息的府邸中度过一段流亡生活，同时计划重夺王位。爱德华并不指望会得到群众的支持，因为在过去的十数年间，绝大多数的英格兰人对任何一方都没表现巨大的热情，他只是预计并不会遭到强烈的抵抗。1471 年初，爱德华在拉文斯普（Ravenspur）登陆，之后取道约克郡，进入米德兰兹地区。爱德华命人四处张贴布告，为自己造势，而某位内廷的成员则编写了《记爱德华四世的到来》(*The Arrivall of Edward Ⅳ*)，记录了爱德华率军挺进巴尼特及之后的蒂克斯伯里的过程，宣称这是上帝给出的预兆，预示着爱德华必将在 5 月取得最终的胜利。据传，棕枝主日那天，爱德华率领追随者在达文特里的堂区教堂望弥撒时发生了奇迹：教堂内有一个装着圣安妮画像（在圣周期间，所有的画像都必须收置起来）的木匣子，虽然没有人触碰它，但它“发出一声巨响，打开了一个小缝”，之后又关了起来。在场的所有人都啧啧称奇，一致认为这是圣安妮“显灵”，预示着爱德华肯定会重夺政权。约克派的军队在蒂克斯伯里之战中大败兰开斯特派的军队，而更重要的是，兰开斯特王朝的继承人爱德华王子也在战斗中死亡。尽管兰开斯特派的成员纷纷逃往蒂克斯伯里修道院寻求避难，但约克派的成员把他们拖出来斩尽杀绝。约克派的成员把这个兰开斯特王朝的伤心地转变成了纪念约克王朝大获全胜的纪念堂：没过多久，便有人在蒂克斯伯里修道院的天花板上画上了“象征约克王朝的旭日”。

复辟与重建

1471 年之后，爱德华变得更加自信，还得到了大量强而有力的谋臣及支持者的支持。爱德华的弟弟格洛斯特公爵理查成了他真正的左膀右臂，在爱德华重夺王位之后，他负责抓捕和审判反对者，并成为负责英格兰南部地区的武备专员。他很有可能还为兄长做了一些见不得人的事情：他派人杀死关押在伦敦塔中的亨利六世。格洛斯特公爵肯定像莎士比亚在剧本中表达的那样，对国王的地位做出了这样的评价：

> 国王一露面，便可令
> 臣民欢欣，臣下鼓舞，
> 而敌人则会变得灰心丧气。
>
> （《亨利六世》第三幕第一景第 185—187 行）

然而，官方对外宣布那个曾经是国王的人因“忧伤过度”而死亡。

在兰开斯特家族遭到毁灭性的打击之后，统治家族内部开始出现裂痕，野心勃勃的兄弟们争夺势力范围，活在暴力之中。曾经参与叛乱的克拉伦斯公爵乔治已悔过自新，在最后的关头与兄长言归于好[1]，获得了丰厚的奖赏。大片曾经属于沃里克伯爵及其追随者的土地都变成了他的囊中物；毕竟，他也是沃里克伯爵的女儿伊莎贝尔的丈夫，还可以借助妻子的血缘关系，染指比彻姆家族和德斯潘塞家族的领地。1471－1472 年，格洛斯特公爵与克拉伦斯公爵为了争夺面积可观的地产而兄弟反目，最终被传唤至御前议事会上宣泄不满。1472 年，理查迎娶沃里克伯爵之女，曾经在 1470 年被伯爵许配给亨利六世之子威尔士亲王爱德华的安妮·内维尔（Anne Neville），这进一步加剧了兄弟两人间的矛盾。安妮是沃里克伯爵的次女，她在 1471 年 4 月的巴尼特之战失去了父亲，紧接着未婚夫也在 5 月的蒂克斯伯里之战中战死，之后在姐姐伊莎贝尔及姐夫克拉伦斯公爵的管束下生活。为了与她成婚，理查甚至不得不把她从克拉伦斯公爵府中劫走。理查安排安妮在教堂中避难，同时据理力争，提出安妮有权继承米德兰兹地区的一部分地产。在此之后，格洛斯特公爵成了克拉伦斯公爵在米德兰兹的近邻，在 15 世纪 70 年代中期，他们以达成和解的方式，解决了许多土地争议。但格洛斯特公爵并没有完全原谅悔过自新的克拉伦斯公爵，就连他的兄长爱德华四世也是如此。1477 年，一个自称精通魔法的托钵修士被迫认罪，供出了自己与克拉伦斯公爵府的某个下人勾结，以加速爱德华国王及其继承人威尔士王子的死亡为目的，使用魔法的罪行。这与 30 年前埃莉诺·科巴姆遭到的指控几乎如出一辙；克拉伦斯公爵闯进御前议事会的会场抗议，结果遭到逮捕，爱德华不仅没收了他的所有领地，还决定待到下一届议会对他做出审判。克拉伦斯

① 克拉伦斯公爵是在巴尼特之战（1471年4月14日）前夕与爱德华和好的。

公爵没能掩饰对爱德华及其继承人的矛盾心理；他的野心也太过于张扬。上议院既没有为他求情，也没有挑战正在上演的家庭悲剧；1478 年 2 月 18 日，克拉伦斯公爵在伦敦塔中被处决，而不绝于耳的坊间传言宣称他被淹死在马姆齐甜酒的酒桶中。爱德华四世背上了杀害亲兄弟的恶名；尽管没有人公然反对约克王朝井然有序的政府，但也很少有人打心底里拥戴国王和他的家人。

爱德华悲剧性的对手亨利六世反倒受到了民众的推崇。亨利在世时，他身边的近臣打着他的旗号行事，在 1470－1471 年，曾一度推翻了爱德华四世的统治。亨利反倒是在去世之后才变得更具号召力。亨利葬于萨里郡的彻特西修道院，在他下葬后不久，当地就不断地传出墓穴引发了奇迹的消息。爱德华四世想要阻止民众把这位死去的国王当作圣徒崇拜；约克大主教就在 1479 年禁止民众向教堂内的亨利六世雕像敬献供品。爱德华甚至还考虑过要解散亨利倾注了大量心血的伊顿公学。

约翰 · 布莱克曼曾是亨利六世的专职教士和长期密友，作为伊顿公学的院士圈里的一员，他是极少数能够让亨利放松心情的人；1484 年前后，布莱克曼创作了《生平传记》(*Life*)，记录了这位如基督一般的国王。与所有以俗众为主题的传记作品一样，即便在一些日常琐事中也能发现圣洁的暗示：亨利从不放鹰狩猎；他从不随身携带匕首、长剑；他除了终日祈祷，还会阅读基督教经典及编年史，而从来不会沉迷于轻佻的世俗文学；他对生活在内廷的青年男女严加管教，防止他们犯下罪孽；遇到赤身裸体之人，他都会避而远之；他建立了伊顿公学、国王学院这两所因信仰虔诚而闻名于世的学府。在丢掉王冠，失去所有的土地，变得一无所有之后，亨利反倒赢得了一切，拉近了自己与基督的距离。理查三世改变了兄长的策略，命人把亨利六世的遗体移葬至温莎城堡，让更多的民众能够更方便地来凭吊。亨利殉教者的形象在民众的心中逐渐形成，没过多久，就出现了对他的苦难和死亡崇拜而获得奇迹的相关报告：北安普敦郡阿什比圣莱杰斯村（Ashby St Legers）的一个疯女人恢复了神智；苏塞克斯郡的霍灵顿，一位失明的代牧重见光明；某位失主在向亨利求助之后，很快就找回了自己被盗的三头猪。不仅很多时祷书上出现了向亨利祈求的祈祷词，许多圣坛屏——比如，盖特利村（Gateley，诺福克郡）的——也开始展示亨利与其他基督教殉道者站在一起的景象。在之后的几十年中，在沃尔伯斯威克、霍斯特德，以及英格兰的其他地区，民众也都开始向亨利的人像敬献供品。

当沃里克伯爵在巴尼特[①]战死，克拉伦斯公爵与爱德华四世言归于好之后，约克王朝的反对势力似乎已全部被粉碎。15 世纪 70 年代，爱德华四世采取了十分宽松的提拔和奖赏政策，许多兰开斯特派家族获得了领地。其中比较著名的是约翰·帕斯顿（John Paston）的例子，他虽然在巴尼特与爱德华四世作战，但 1477 年诺福克公爵去世之后，他却取得了对凯斯特城堡的继承权，尽管这个奖赏备受争议。爱德华四世也终于能够腾出手来，关注那些包括爱尔兰在内，在之前几乎被完全遗忘的地区。像往常一样，在英格兰动荡的几年里，英格兰人在爱尔兰的定居点遭到猛烈的袭击，在 1470－1472 年也是如此。1474 年，爱德华以创立圣乔治兄弟会，授予兄弟会选举会长、建立常备军的权利的方式，试图加强盎格鲁－爱尔兰权贵的权势。1477 年，当他的儿子乔治出

① 原文是蒂克斯伯里克，为笔误，已改正。

生后，爱德华把他任命为爱尔兰总督，虽然小王子有名无实，但爱德华的做法极具象征意义，他还把经验老到的黑斯廷斯勋爵任命为副总督。

堂区与教士

堂区教堂是民众开展宗教生活最主要的场所。堂区牧师与教众很熟悉，但这样通常会令教众失去对牧师应有的尊重。受过大学教育的堂区牧师比以往任何时候都多。在这几十年中，书本也变得越来越普及，虽然绝大多数仍然是手抄本，但到了 15 世纪 80 年代，印本也渐渐地多了起来。牧师在履行各种职责时，书本都可以成为他的好帮手。各类指导堂区牧师（通常都是收入微薄的代牧）如何履行牧灵职责的手册，在严守正统教义的同时，提供友好的阅读体验，能够帮助他们完成要求高及多层次的教务工作。15 世纪 70 年代约克郡的某位牧师的笔记收录了经过总结精炼的教义及实践知识，帮助教众及牧师解决在日常生活中要面对的核心问题：忏悔以及牧师在弥撒中所起到的作用；基督教婚礼的基本规则。笔记还以自问自答的方式给出了一些问题的答案，比如，“为什么大斋节期间不能吃其他肉类？”“因为上帝虽然因亚当的罪孽而降下诅咒，但并没有诅咒鱼类，所以鱼肉相比其他肉类更为洁净”；又比如，“为什么在举行弥撒的时候，祭坛上的面饼、葡萄酒会变成耶稣的圣体、圣血？”“因为如果面饼没有发生转化，那么教众就会不敢领圣体了。”对“何为女性”这样一个问题，笔记给出的答案为，“她们是会让男性误入歧途的存在”，而男性则是“精神的化身”。这些回答汇聚了数个世纪的神学和学术讨论的结晶，以问题集这种方式呈现，可以指导受众，并于 15 世纪 70 年代传入英格兰北方，惠及当地的教众。

神学家和各教区的主教仍然会投入大量精力来指导教士阶层，为他们编写实用的指导手册，同时帮助普通的教众。这一直都是英格兰教会的优良传统。一些堂区的教众十分幸运，能通过更为生动的表现形式，对圣事产生更为深刻的理解，例如，1482 年，塔特歇尔村（Tattershall，林肯郡）的堂区教堂定制了描绘七项圣事的彩窗，分别展现了举行七项圣事时的场景——牧师小心翼翼，把受洗的婴儿放进了领洗池。由于教士阶层是教会制度的根基，教会当局一直都十分注重教士的人数及素质。为了避免出现大量没有收入的教士，教会当局建立了相应的制度，要求所有的候选人在接受圣品前，都必须证明自己有足够的收入：可以是私人财产产生的收入，也可以是堂区给出的圣俸，还可以是修道院提供的资助。这种规定名为“叙任资格”；虽然提供收入证明的修道院、宗教机构、大学往往只是名义上与叙任者存在资助关系，但这仍然会帮助没有家庭的教士建立一些有用的社会联系。一些俗众会提供相当于“叙任资格”15%的收入，促使自己的亲朋好友，或那些受过良好教育的从属接受圣品。在接受圣品之后，这些人就会按照资助者的要求，从事各种各样的活动——履行牧灵职责、教书育人、管理祈唱堂，以及文职工作。

主教通常都忙于国家及地方事务，经常被压得喘不过气，所以他们会请来许多名为副主教的帮手，让他们处理教区内的日常教务。许多农村地区的堂区牧师也会将职位较低的教士聘请为专职教士，让他们作为自己的副手，履行一部分特定的职责。堂区教士通常会管理土地、地租、羊群等许多属于堂区教堂的财产，以保证堂区教堂拥有持续产生的收入。一些财产数量可观，并且拥有出资相助的保护人的堂区是难得的肥缺，能够让堂区牧师过上舒适的生活：根据 1478 年的记录，诺福克郡的奥克斯尼德堂区（Oxnead）每年可以产生 8 英镑 16 先令的收入。尽管奥克斯尼德教堂只是一座小教堂，但它拥有规模可观的附属建筑、地产：一座拥有多个大厅及房间的牧师居所、一座谷仓、一个鸽舍、两片果园、0.09 平方公里的草场、一条可以打渔的小河。尽管该教堂的服务对象只有 22 人，但其每年开支却与收入水平中等的自耕农家庭不相上下。奥克斯尼德堂区的新任堂区牧师是一个大学毕业生，他十分幸运，是阿格尼丝·帕斯顿（Agnes Paston）介绍来的。他除了要履行牧灵职责，也会参与当地的土地所有权事务。

到了第二年，玛格丽特·帕斯顿（Margaret Paston）想要帮助自己的儿子瓦尔特成为诺福克郡另一个堂区的堂区牧师。然而，由于瓦尔特是一个既没有达到担任牧师的最低年龄，又不符合神职人员身份要求的年轻人，帕斯顿家族的朋友诺威奇教区的总管威廉·皮坎厄姆（William Pykanham）拒绝了玛格丽特的请求，并责备她不应当推举无法履行职责的人担任堂区牧师。在 15 世纪的英格兰，人们意识到教士阶层会受到严格的监管，只要出现了不愿履行职责的牧师，那么他就多半会被教众告上教会法庭。堂区牧师必须履行多种多样的职责。在 15 世纪末，威斯贝奇堂区（剑桥郡）的记录册的补充内容反映出堂区牧师的日常工作的确十分繁杂：几条与婚姻法相关的记录、瞻礼日的列表、一段祈祷词，以及一些从遗嘱中节选出来记录遗赠的文字。

只不过，堂区牧师并不能解决所有的问题；他们不仅会犯错，有时甚至行为不端。1472 年，伦敦城内的某个代牧吃到了官司，原因是他在布道的时候声称即便是已经被革除教籍的人，也可以在瞻礼日来到教堂聆听圣言。1484 年，伯明顿堂区（伍斯特郡）的教众向墨顿学院的院长投诉，宣称院长任命的代牧不仅私吞了教众献给教堂的蜡烛，还侮辱堂会理事，更是在公共草场上放牧大量的牛。更糟糕的是，他向别人透露了某位教徒做出的忏悔，而负责为他打理家务的弟媳宣称他乱搞男女关系，甚至连弟媳的妹妹都不放过。墨顿学院驳回了这些投诉。尽管如此，这一案例依然能够代表这一时期数以百计类似事件的情况，同时让人们了解代牧与教众经常会因为什么样的原因而陷入争执。

15 世纪中叶的严重经济危机结束之后，大教堂和各堂区都对教堂开展必要的维护工作，有时甚至还进行非必要的扩建。1463 年，诺威奇大教堂附属修道院的屋顶因雷击而遭到了破坏；1470 年，大教堂开始屋顶的重建工作，不仅新建了华美的石头拱顶，还命人在拱顶上雕刻了 47 个圆形凸饰。这些凸饰都画有圣经故事的彩色图画，比如，大利拉剃掉参孙的头发，以及约瑟站在一袋袋装得满满的稻谷的前面，好似一个自豪的地方官。布里斯托尔城诸圣教堂留下的记录册证明，在 1464 年教堂遭遇灾难之后，管理者同样也果断采取了应对措施。在圣灵降临节那天夜里，大火焚毁了堂区教堂位于科恩街的附属建筑；到了第二天，堂区马上就以每人 2 便士的工资雇用了 4 个工人，让他们清理被大火烧焦的木材并搜集宝贵的铅，可能是想要将来用于修理屋顶。在伦敦城，圣墓教堂在得到教众的遗赠之后在 1473 年得以重建；康希尔的圣米迦勒教堂在 1474 年维修了教堂的北侧；家禽街的米尔德丽德教堂新建了装饰型的垛口。

在农村地区，堂区教堂新建了塔楼或者安装了新的彩窗，不同的教堂会根据本地居民的品位，以及捐款及可用资金的数额，决定新建扩建的形式与规模。1485 年，盖特利堂区（诺福克郡）的教众遗赠给堂区教堂的圣坛屏由八面嵌板组成，其中的四面嵌板描绘了男性圣徒的形象，而另外的四面描绘了女性的圣徒。嵌板上既有受所有基督徒崇拜的圣徒，也有英格兰本国的圣徒：圣母马利亚，作为殉道者的亨利六世，圣伊利莎白[①]，一个很可能是马克耶特的克里斯蒂娜（Christina of Markyate）的形象（一位 12 世纪与圣奥尔本斯修道院有关的圣徒）。在塔特福德教堂（Tatterford church，诺福克郡）的圣坛屏上，一面嵌板展示了两个女性的形象，其中一人是修女，虽然可能是当地很有名望的人物，但我们无法确定她的真实身份，另一个人则是头戴王冠，身披绯红色斗篷的圣海伦。得到当地的一批教众的捐款之后，桑顿道纳姆教堂（萨福克郡）修建了一座拥有底座的塔楼。工匠使用石头和燧石拼凑出的字母依然清晰可见：在底座的北侧有 M、J 这两个大写字母，分别代表圣母马利亚和耶稣，而位于底座西侧及南侧的字母则是捐款者姓名的首字母。

通过本地的精心制作或是对国外引进图像的加工，教堂使用的宗教图像库不断得到补充。英格兰出现了一种名为“礼拜日的基督”的图像，其目的是杜绝在礼拜日及瞻礼日（根据英格兰教会圣人历的规定，一年有超过 100 天都是瞻礼日）工作的陋习。在此类图像上，只穿着缠腰布的基督伤痕累累，鲜血横流，他的身边则摆满了造成这些伤口的手工业及农业工具：梳羊毛的铁梳子、剪子、钩子、刀子、大剪刀。此类图像的寓意是，那些无视戒律，在瞻礼日只顾着工作而不愿前往教堂的人，是现今令基督受苦受难

① 施洗约翰的母亲。

的人，而布雷格、彭威斯的圣贾斯特（St Just in Penwith，康沃尔郡）、西奇尔廷顿（West Chiltington，苏塞克斯郡）、安普尼克鲁西斯（Ampney Crucis，格洛斯特郡）的居民，以及许多其他地区的居民都持有这种观点。布劳顿（白金汉郡）的堂区教堂使用的宗教图像批判的对象并不是那些在安息日工作的人，而是那些在教堂内交头接耳的女人——每一句闲言碎语都会让耶稣的身体受到伤害。

英格兰的教堂使用来自不同地区的建筑及装饰风格，而教堂建筑本身则好似一张反复书写的羊皮纸，记录了大大小小的扩建、修缮工作。许多教堂新建了门廊；一些教堂入口处上方的房间成了向学生传授宗教知识及拉丁语文法的教室。15 世纪中叶，堂会理事的账本中出现了相关的开支，足以证明教堂长椅正变得越来越普及。1460 年，康希尔的圣米迦勒教堂向某位木匠支付了 8 先令的工钱，请他为教堂安装长椅；1476 年，伦敦城的圣玛丽山教堂安装了“新的长椅”。许多长椅的两侧都有极其精美的木雕，在弗雷辛菲尔德（萨福克郡）的堂区教堂现在仍能看到。

教众在堂区能够接触到一些有趣且增长见识的设施。在胡克诺顿（牛津郡）堂区，教众会使用诺曼时代的领洗池来举行洗礼圣事，领洗池四周刻有亚当与夏娃，以及知善恶树，而由于该堂区得到了萨福克伯爵夫妇的资助，胡克诺顿教堂成为一座具有垂直哥特式风格的建筑。这些乐善好施的资助人，不仅帮助教堂修建了与新建的绿色大理石塔楼配套的中殿，而且也是尤厄姆（牛津郡）济贫院的建立者。在完工之后，胡克诺顿教堂的中殿不仅有敞亮的西大门，还拥有精美的琢石台阶和 8 座尖塔。

富人会建立新唱堂，纪念自己故去的亲人，虽然平民也有这种愿望，但他们不会建立新的祈唱堂，而是会在堂区教堂内为亲人修建坟墓。此类插入的建筑经常会令教堂的结构发生变化：1476 年，为了容纳约翰·塞伊爵士（Sir John Say）位于南侧廊的墓穴，布罗克斯本教堂（Broxbourne church，赫特福德郡）不得不增加侧廊的长度。此类插入的建筑还会重塑教众在礼拜仪式上所见到的中心区域的景象：在瓦萨尔（斯塔福德郡）的堂区教堂内，约翰·弗拉克斯尔（John Flaxall）设立于圣母马利亚小圣堂内的祈唱堂就恰巧位于耶稣受难像的下方。有时候，单单一份遗赠就能带来很大收获。1484 年，理查德·肖克爵士（Sir Richard Chocke）的遗孀玛格丽特·肖克在遗嘱中安排了纪念亡夫的事宜：她向阿什顿教堂（萨莫塞特郡）捐赠了天鹅绒和锦缎纺织品及挂毯，还出资为教堂修建了彩窗，彩窗的正中央是肖克家族的纹章，两侧则是圣徒画像。

遗嘱和堂会理事的账本记录表明，15 世纪末时，堂区教堂内出现了越来越多的器物，每一种器物对应一个新的用途。在当时，对圣母马利亚的崇拜已经十分普遍。1466 年，沃尔伯斯威克（萨福克郡）的堂会理事留下记录，描述了教众齐心协力做出的贡献：购买圣母马利亚画像花费了 5 先令；为画像购买底座花费了 5 便士；购买安放画像的神龛花费了 6 先令 10 便士。1474 年，蒂尔尼（诺福克郡）堂区的诸圣教堂在购买神龛时花费了 13 先令 7 便士，而购买摆放在神龛内的圣母像花费了 1 英镑 6 先令 8 便士。源自欧洲大陆的新的崇拜对象输入英格兰、威尔士之后，很快就为各地区的堂区所接受，比如，对圣安妮的崇拜。从 15 世纪 60 年代起，以耶稣之名举行的弥撒成为纪念弥撒的新选择，而到了 1457 年之后，耶稣圣名瞻礼日新晋成为受到广泛认可的宗教节日。

约克家族遵循当时的大趋势，参加向圣像祈祷、以冥思的方式崇拜上帝和阅读指导俗众的宗教书籍等主流宗教活动。无论从哪个方面来看，约克家族的宗教信仰都是极正统的。爱德华四世请求教皇颁布赦免令，获得了在威斯敏斯特大教堂的圣斯蒂芬小圣堂内建立“通向天堂的圣玛丽小圣堂”的许可，以此来提升圣斯蒂芬小圣堂对教众的吸引力。在英格兰，约克王朝的女性是第一批使用念珠的人，念珠可以帮助人们思考圣母马利亚的一生和耶稣受难的场景。尽管不再为宗教异见的危险所困扰，但约克家族还是大力支持国王学院、剑桥大学这类守护正统教义的学府，甚至还为新成立的剑桥大学圣凯瑟琳学院增加了一倍的捐赠，用来聘请一位导师和三位院士，并要求他们编写及传播宣扬正统教义的神学论著。尽管如此，神学辩论仍在继续进行，而在这几十年间，欧洲大陆的教会改革如火如荼，涉及教会权威、教化俗众的方式，以及将《圣经》翻译为本国语言使用的价值等问题。牧师在举行宗教仪式时进行的祈祷虽然很受重视，但教众也十分注重自己在私下祈祷的体验，无论有没有祈祷书、念珠、圣像的辅助。教众除了会为逝去的亲友祈祷，也会为自己的光明和美好的生活而祈祷。在这一时期，广大教众会以多种不同的方式祈祷，以期实现各式各样的目的。

约克派的家庭风格带有尼德兰式的虔敬，他们在少年时代和流亡期间就非常熟悉这种风格：以举行隆重的宗教仪式，以及私下用华美的祈祷书祈祷的方式来崇拜上帝。伊丽莎白·伍德维尔的时祷书是典型的贵族女性在日常生活中使用的祈祷书。这本时祷书小巧玲珑，扉页上的图画展现了女性捐赠者的形象，而正文每一页上都有一小篇祷文，有许多以女性圣徒为对象的祈祷词。“黑斯廷斯时祷书”很可能是被关入伦敦塔的爱德华五世随身携带之物；这本时祷书配有惟妙惟肖的图画，与祈祷文相辅相成，页边处几乎没有分散注意力的装饰，的确是一本极具实用性和吸引力的祈祷书。有时华美的饰品也会成为帮助信徒祈祷的工具。在格洛斯特公爵理查位于北约克郡境内的宅邸附近发现的“米德尔赫姆珠宝”便是一个例子；这件菱形的纯金吊坠大约在1450—1475年制成，其上镶有蓝宝石、珍珠，还有用蓝色的颜料书写的咒文。吊坠体现了家族成员所期待的高级工艺，其上用来保护所有者的咒文则包括祈祷文和流传于民间的神秘咒语。

约克王朝宫廷的文化源泉不同于理查二世和亨利六世那种超凡脱俗的宗教、艺术和文学。约克王朝的宫廷文化更加“接地气”，更能得到商人、自耕农、绅士、宗教团体、堂教众的认同，尽管宫中的达官贵人用黄金、珠宝来打造器物，而普通的民众只能使用白银、木头等材料。“米德尔赫姆珠宝”上的咒文与阿克尔镇（诺福克郡）的居民罗伯特·雷内斯（Robert Reynes，一个农民和地方官）的摘录簿上的文字几乎一字不差，都是用来避邪的咒语。同样的，爱德华四世虽然热衷于炼金术，但他与那些负责管理铸币厂，想要通过实验解决英格兰贵金属钱币缺陷的官员没太大的区别。爱德华能够稳定国内政治局势、缓解紧张的社会关系，可能是因为他善于把自己塑造成“人民的国王”。

包括管风琴音乐、合唱音乐在内的教会音乐不断发展，成了有辨识度、受众广泛的艺术形式。包括约克大教堂、温彻斯特大教堂、韦尔斯大教堂在内，许多大教堂不仅拥有历史悠久的唱诗班，还设立了学校，甚至还会为唱诗班聘请专职的指挥，而这些指挥还负责创作、编排唱诗班使用的音乐。训练少年歌者的需求渐渐地演化成了为其提供教育的过程，也为唱诗学校的出现创造了条件。1471年，王室小圣堂的成员包括26位专职教士、8位唱诗班歌手，还有1名教授唱诗班的少年歌者文法知识的教师。宫廷乐师会为宫中的宗教仪式创作优美的音乐，而这些音乐也会在民间广为流传。许多堂区教堂拥有威斯敏斯特圣玛格丽特教堂在举行弥撒时所用音乐的乐谱；这段弥撒音乐创作于 15 世纪中叶，但直到 15 世纪 80 年代，也仍然有很多堂区教堂抄写它的乐谱。像伦敦城的圣詹姆斯加利凯思教堂（St James Garlickehithe）这样的堂区教堂都拥有唱诗班曲谱，其中收录了知名作曲家的作品。因此，即便是那些场面并不十分隆重的场合也会有音乐相伴。1482 年，欣厄姆（诺福克郡）的罗伯特·莫利立下遗嘱，向唱诗班歌手赠送了 7 套法衣，向唱诗班的少年歌者赠送了 7 套“白色罩衣”（rochetty，即少年歌者使用的法衣），而他的要求是，唱诗班要在他下葬之后那个礼拜日在教堂中为他歌唱。祈唱堂牧师随处可见，令宗教仪式变得更加周密，更具延续性，他们祈祷的声音、举行仪式的景象超越了祭坛，甚至小圣堂的限制。约翰·莫特拉姆（John Motram）是伦敦城圣玛丽山教堂的祈唱堂牧师，他拥有一本精美的“轮唱赞美诗集”，由于诗集非常珍贵，该堂区的堂会理事宁愿将诗集出售获利，也不愿把它作为礼物保留下来。包括圣玛丽山堂区在内，许多堂区的教堂会雇用圣保罗大教堂的唱诗班为其服务。当然，伦敦有丰富的音乐和众多音乐家。那些为达官贵人、王室宗教机构，以及在圣保罗大教堂服务的专职教士、牧师也会为堂区、医院、小圣堂提供有偿的专业服务。

戏剧可以教化民众，也能够让农村地区的居民在完成繁重的工作之后，享受到文娱活动，因此受到推崇。戏剧作品在专业化程度、长度、艺术水平等方面千差万别。1481 年，泰姆镇（Thame，牛津郡）上演了一部讲述雅各及其 12 个儿子故事的舞台剧，这也是为堂区筹措资金的重要手段。教众会把复活节圣墓[①]当作基督的坟墓，举行极具戏剧性的守夜仪式，迎接即将在复活节当天起死回生的耶稣。此外，泰姆堂区还会把戏剧用作烘托宗教仪式的手段，比如，在圣周五与复活节星期一之间，上演以耶稣的葬礼与复活为主题的表演。1482—1483年，泰姆堂区还上演了以圣乔治为主题的戏剧。堂区上演戏剧的频率受到堂区资金状况和演员是否到访等因素的影响。

除了每年在农村及城市堂区上演的数百场戏剧，以及在贵族庆典、骑士比武、入城仪式及宴会上上演的舞台剧，在某些城市还出现了一种形式独特的连环剧，有时被称作“耶稣圣体”。其中最广为人知的可能是约克城的连环剧，该剧共分为48幕，是一部由俗众用英语台词表演，展示基督教历史的舞台剧。（“不列颠节”[②]举办期间，约克城重新上演了这部连环剧，之后该剧成了约克城定期上演的剧目。）约克城的城市档案收录了这部在1470年前后编写的连环剧的剧本，这并非偶然。上演这部场面宏大的连环剧是牵动全城的重要事件，负责组织演出的是城内地位举足轻重的各大行会，每个行会都必须负责一幕表演的布景及演出工作。在约克郡的西区，还有一部分为32幕的连环剧流传了下来，讲述了从创世记

① 复活节圣墓是一个拱门状的凹陷处，为英格兰及威尔士教堂的特有建筑特征，通常设在圣坛的北墙中，作用为存放十字架和圣体，目的是纪念耶稣死后入葬，之后又死而复生的神迹。

② 不列颠节是1951年夏季在英国举办的全国性展览活动，其主会场设在伦敦城，并同时设有数个分会场，共吸引了数百万人前来参观。在未来的数十年间，该展览影响了艺术、手工业、设计、体育等领域在英国的发展。

到最后审判的历史（即“汤利连环剧”）；东盎格利亚也有一部分为 20 幕的连环剧。这些制作精良的连环剧证明了英语作为本土语言在宗教教育中的生命力，又证明了城市中的法团及行会高超的能力，还可以证明教士阶层（连环剧的编写者、指导者）能够与俗众（连环剧的出资者、表演者和观众）进行有效的合作。表演者与观众都参与了一项复杂的宗教及社会活动：嘲讽诺亚、取笑约瑟，摆出要对扮演基督的友邻大打出手的样子，目睹舞台上展现的地狱之口的恐怖景象。

连环剧寓教于乐，能够增长见识，并起到劝诫作用。与其他宗教指导一样，连环剧同样也会不断地提醒受众，他们迟早都会面对死亡。这一点也体现在一种名为“尸体之墓”的墓葬雕塑形式上，此类墓葬分为上下两层，上层的墓像展示了逝者形象，下层的墓像则是逝者腐败不堪的尸体。例如，位于萨尔（诺福克郡）的布里格墓，以及位于韦尔斯大教堂（萨莫塞特郡）内的托马斯·贝金顿之墓。此外，在这一时期，英格兰还涌现出了一大批教导读者“如何体面地面对死亡”的著作，并由早期的印刷机大量印制。在温莎城堡的圣乔治教堂中，一面椅背突板描绘了“死亡之舞”的景象：死神抓住了一个有钱人，正准备把他掳走。以“末日”景象展现的死亡及死后的世界，通常都会出现在十字架之上，作为圣坛拱顶上方的壁画。温哈斯顿（Wenhaston，萨福克郡）的圣彼得教堂内有一幅存世至今的木版画，展现了最后审判景象，是在 1480 年前后，由一位布莱斯堡修道院的修士绘制的。这幅画作鲜艳的色彩和生动的场景如今仍然有很强的吸引力。基督位于图画的上方，他端坐在彩虹之上，掌管着人类的命运。灵魂获得救赎的信徒（一位国王、一位教皇、一位枢机主教）离开炼狱，而那些罪孽深重的人被魔鬼拖入地狱之口。该画原本位于圣坛入口的上方，这意味着图画会作为布道辞的一部分，向教众灌输教义。它使得教众在望弥撒时会产生不祥的想法。死亡与死后的世界一直都是人们关注的大事，而那些没能做好充分准备的人必定不得善终。准备工作包括反思自己，处理好涉及亲朋好友、生意伙伴的所有事务，投入足够的时间与金钱用于积德行善，请人在自己死后进行灵魂祈祷。

对死亡的关注触及了所有人，解读死亡的传说也很普遍。祈唱堂是由那些能够牺牲一部分地产及地租收入的人建立的，他们也是英格兰社会的重要组成部分。格洛斯特公爵理查建立了米德尔赫姆学院（约克郡）和一处位于巴纳德堡内的祈唱堂，而在成为理查三世之后，他又在约克大教堂建立了圣威廉学院，并为学院配备了100名祈唱堂牧师。1482年，民事诉讼法院的法官理查德·肖克爵士（前文已经介绍过他的遗孀为他灵魂的救赎所做出的努力[①]）在布里奇沃特堂区（萨莫塞特郡）的教堂建立了一个仅有一位牧师的祈唱堂。

大大小小的祈唱堂能够为祈唱堂牧师提供收入来源，让他们安心地为建立者（通常都是一对夫妻）的灵魂举行安魂弥撒，以及为建立者的父母及子孙后代祈祷。为了确保祈唱堂能够持续不断地产生收入以保证牧师能够履行职责，祈唱堂的建立者会指定执行人监督祈唱堂的运营状况；通常情况下，监督人都是能够永续存在，值得信赖的机构。1469年，格洛斯特郡科德灵顿庄园的领主约翰·科德灵顿（John Codrington）与妻子一起把祈唱堂的监管权

① 此处原文为Chokke，为作者拼写错误，实际上是前文提到的Chocke。

托付给了布里斯托尔城内的多明我会托钵修士。纽彻奇（肯特郡）的约翰·科布斯（John Cobbes）在1472年立下遗嘱，规定自己在纽彻奇的地产应当由本地最为贤明的24位居民管理，从而确保这些地产能够持续不断地为4名牧师提供收入，让他们可以一直在纽彻奇教堂内为他的灵魂祈祷。

在向堂区捐款捐物时，捐赠者通常会在注重宗教信仰的同时，兼顾捐赠的实用性：在这一时期的肯特郡各堂区接受的绝大多数捐赠是可以用于弥撒仪式的物品，其中有近一半是布料、华盖、用来遮盖十字架的织物和亚麻布。1482年，威廉·凯内特（William Kenett）捐赠了一枚银戒指，熔化后用来为堂区制作圣餐杯。堂区内的教众会通过遗嘱捐赠必要的物品，或支持特定的活动。1459年，在伦敦城东市场路（Eastcheap）的圣安德鲁贺伯特堂区（St Andrew Hubbard），一个名叫琼·雷诺（Joan Reynold）的居民在遗嘱中捐出了40先令用于为堂区维修钟塔，到了1479年，该堂区有一个名叫约翰·布鲁格（John Brugge）的居民捐献了用来为堂区牧师购置长袍的款项，而另一位名叫约翰·哈珀姆（John Harpham）的居民捐出了40先令为堂区牧师制作新的十字褡[①]。该堂区的居民清楚堂区都有哪些实际的需求，会根据具体情况做出捐赠。女性信徒还经常会捐出自己的衣物、饰品，用来装饰自己喜爱的女性圣徒的画像、雕像。

成千上万的堂会理事是各堂区物质及精神遗产的管理者。每个堂区通常有两位堂会理事，每年从那些家境殷实，在堂区所在的城

① 十字褡又称“祭披”，是牧师在举行弥撒时罩在长袍外面的宽大长袍。

镇、村庄中广受尊敬的居民中选出。堂会理事除了要为堂区编写物品清单、管理公款，还要捐献香火钱，以确保圣像及圣徒祭坛前的烛火长明不灭。堂会理事还尽其所能记录账目，其中包括一些小物品，如羊毛、蜡、现金、法衣、布匹、书籍、器皿等，这些都是教众在生前或遗嘱中捐赠给堂区的。

被选出执行这些任务的人通常都是那些已经担任过其他的官职，证明了自己的能力或意愿的人。泰姆堂区有一位名叫约翰·查普曼（John Chapman）的镇民，他不仅在1449—1482年先后11次当选堂会理事，也是租种林肯主教名下土地的租户，还经常担任法庭陪审团的成员。他还是杂货商、鱼店老板，能够提供有用的服务，而他的妻子可能是麦酒生产的参与者，因为他曾经由于违反了管理麦酒生产的法规而遭到罚款。诺福克郡阿克尔镇的罗伯特·雷内斯与查普曼十分相似，他不仅是该镇的地方官，同时是行会官员、收税员，参与对当地的宗教基金会管理，以及当地的法律及行政管理事务。

这些领域所需要的技能基本一样：良好的英语读写能力，粗通与记账及法律相关的拉丁文术语，懂得区分不同的司法管辖范围，了解当地及区域性的市场中基本粮食作物及经济作物的交易活动，拥有一定的投资及风险管理知识。罗伯特·雷内斯的工作日记是一份独特的史料，记录的内容包括祈祷词、谚语、法律条款、时事大事，能够反映雷内斯的兴趣爱好与职责范围。虽然雷内斯可以用拉丁文列出简短的圣事列表，但绝大部分谚语、格言却仍然是用英文写的，比如，有讽刺性的谚语：“法律是人定的，爱情是渺小的，善举是不多见的，事实真相都是‘马后炮’。”

地方官员也会承担起传讯重罪犯及违法分子的职责，成为连接地方与中央及教会法庭的纽带。1462 年，在威斯贝奇（剑桥郡）开庭的下级教会法庭审理了涉及巫术的指控，以及该镇的 7 个屠户违反教会规定在安息日当天营业的不当行为。教会法庭把收取的罚金用来救济镇内贫民和维修教堂。负责监督邻里亲朋，向法庭揭发违法者的人，正是以查普曼、雷内斯为代表的堂会理事。

他们的努力也形成了一个社会监管网络，并在英格兰日益紧密地传播。像肯特郡的福特威奇（Fordwich）这样的小社区，经常会对本地居民的反社会行为进行惩罚：暴力伤人、破坏围栏、恶语伤人、沉迷游乐活动。言语尖刻的女性尤其容易成为众矢之的，因脏话而吃到官司的女性几乎相当于男性的 8 倍。被告上法庭的女性都是已婚女性，而这是因为，当时的已婚女性应当遵守特定的社交礼仪，一旦出现了不守规矩的泼妇，就必须严加惩处。如果有女性骂别人是贼人、荡妇，那么她就会遭到游街示众的惩罚，由吹着笛子的乐手开路，沿着镇内的主要道路行走。这样做是为了起到威慑作用，不过在某些城镇，这种情况下允许女性缴纳罚金，而不是当众受辱。

休闲活动越来越受到堂区贵族团体的审查，这些人在管理堂区、庄园，抑或城市内的行政区方面表现突出，在司法及财政领域担任重要的职位，而且职位经常代代相传。在罗姆福德（埃塞克斯郡），如果有仆人在下班后出现在酒馆，那么他们的主人就会被罚款，而到了 1477 年，该镇“葡萄藤酒馆”的经营者则因为营业到很晚收到了罚单。人们对户外活动和大众娱乐活动的矛盾态度，从对一种名叫野营或“露营球”的体育活动的态度就可以看出，这是一种兼具足球及手球特征的混合运动。在一个世纪之前，当局禁止民众进行包括网球、投环游戏、足球等在内的体育娱乐活动，到了 15 世纪 70 年代，当局开始为民众提供用于进行此类体育活动的场地，并且制定了相应的规则。乔恩·博特赖特博士（Dr Jon Botwright）是斯沃弗姆堂区（诺福克郡）的牧师，也是剑桥大学基督圣体学院的导师；1474 年，他把一块露营球场地赠送给了该堂区，这是一个可以让“他们进行跑步、射箭，以及各项遵纪守法的游乐活动”的地方。在东盎格利亚地势平坦的村庄、城镇，如萨克斯戴德村（Saxtead）、斯托马基特镇（Stowmarket），当局都会划出供民众使用的露营球场地、绿地。博特赖特博士的态度反映出审查和让步态度的结合：既然“他们”要进行游乐活动，那么就必须划定用于游乐活动的专门区域，并且列出什么样的活动才能算作恰当的活动。

多重司法管辖权加强了对民众的监管和惩罚。15 世纪末，伦敦的市长与高级市政官发表宣言，将卖淫定为违法行为（如 1483 年）；他们也谴责了通奸这种由教会法庭管辖的不法行为。伦敦教会法庭主要管理民众的性生活和婚姻生活（相关案件占案件总量的比例超过了 60%），而涉及诽谤中伤的案件所占的比例不到 1/4：1471 年，审理了 980 起案件；1484 年，764 起。除了教会法庭，其他的司法机构也对这些问题感兴趣。婚姻准则的执行也属于地方事务：1471 年，在发现儿子不愿结束婚前同居关系之后，托马斯·伍利（Thomas Wulley）向当地的治安官求助，请求他以通奸的罪名发起民事诉讼，迫使儿子迷途知返。库克家族是在伦敦城内数一数二的布商，该家族的成员骚扰一个名叫简·基德（Jane Kydde）的女子，想要迫使她放弃与年轻的菲利普·库克（Philip Cooke）的婚约，但基德并没有把库克家族告上教会法庭，而是（在 1478－1484 年）向国王递交请愿书，请求国王为自己主持公道。婚姻和血统、女人和财产，都出现在旷日持久的婚姻案件中，在世俗法庭或是教会法庭，负责处理相关案件的律师、法官都忙得焦头烂额。

尽管在过去的 100 年间，许多英格兰的家庭通过迁徙或被领主释放，都渐渐地摆脱了农奴的地位，不仅取得了对土地的自由保有权，还争取到了自由民的地位，但对那些能够证明自己对土地和人民拥有领主权的人来说，仍然能够获得一定的经济及政治利益。而农奴制度余威尚在，这一点通过一些案件的频率就能看出来，这些案件涉及一个人把他人称作“农奴”的诽谤指控。1461 年，一些来自林肯郡斯波尔丁镇（Spalding）的证人专程前往在威斯贝奇镇开庭的教会法庭，为一个被指为农奴的自由民家庭作证。农奴制度的存续具有明显的地区差异，在诺福克郡的封建领地，农奴制度仍然根深蒂固。个人的身份地位往往与个人的某些缴费义务相联系：在萨尔柯克霍尔庄园（诺福克郡），几个从事手工业的劳动力（制作灯笼的工匠、小贩、牧羊人、裁缝）必须每年向庄园主缴纳数便士的税款。庄园主需要制作清单和记录来管理这些微小的义务，而其中有几份这样的记录保存至今。1476 年，斯波尔丁修道院（林肯郡）的图书管理员劳伦斯・明特灵（Laurence Myntling）编写了一本记录册，详细列出了租种修道院名下土地的佃户家系，可追溯至几代人之前。1462－1475 年，惠特比修道院的院长托马斯・皮克林（Thomas Pickering）编写了一本类似的记录册，只是记录的是不同社会阶层的家系。其中记录了生活在修道院所在地区的 35 个绅士家庭的“历史”，并为约克教区的教会法庭提供依据，完成遗嘱认证工作。此类记录除了可以帮助领主，同样可以帮助个人维权。位于克朗奇区（Crouch End）的托普斯菲尔德霍尔庄园（Topsfield Hall）有一个名叫尼古拉斯・金斯敦（Nicholas Kingsden）的租户，他被传死于 1464 年的陶顿之战，而他的姐姐继承了父亲对庄园中土地的租用权，多亏了庄园的租户记录，尼古拉斯才能返回家园，并从姐姐手里夺回了本应属于自己的租用权。

法律与法律培训

英格兰是一个遵循成文法的王国，与普通法、商业法[①]相比，议会通过的法案更具法律效力。这使得对法律服务的需求不断增加，还提升了法律领域的专业化程度，而这一切为法律界人士提供了更为宽广的职业前景和更丰厚的回报。法律培训在人生的早期就开始了，在文法学校学习之后，到了 15 岁，那些有一定才能并且能够获得支持的青年，就会进入律师学院学习。律师学院与大学中的学院一样，具有一定的地域及社会特征，因此，诺福克郡东雷纳姆（East Raynham）的罗杰·汤曾德（Roger Townshend）才会在 1454 年被父亲送入东盎格利亚人控制的林肯律师学院学习[②]。首席法官约翰·福蒂斯丘认为，律师学院不仅是法律学校，还是绅士的学府。律师学院是能够使学生沉浸于培训、社交和讨论法律知识的教育机构。学院的课业繁重，学习也很紧张。如今的法律界也仍然在使用许多律师学院在这一时期使用的教学方法——通过死记硬背的方法，再结合由学员举行模拟审判的方式来学习判例法，以及法律文书的格式；或是大量旁听庭审，通过

① 商业法（law-merchant）指在中世纪时期适用于全欧洲的商法；它与普通法类似，同样也是判例法。

② 诺福克郡位于东盎格利亚地区。

实践来了解法庭的运作方式及风格。与大学的学院一样，律师学院也让高年级的学生通过个人监督或实习制度教导低年级的学生。律师学院汇聚了大量有志青年，他们一起生活、工作和竞争，而校园生活也欢快无比，经常举办舞会及长时间的节庆活动。在1471—1472年的圣诞季，弗尼瓦尔律师学院的庆祝活动从诸圣日一直持续到了第十二夜。在首都伦敦，各大律师学院还是独具慧眼、充满活力的艺术赞助人。这一传统也一直延续了下来。莎士比亚的戏剧《第十二夜》(*Twelfth Night*) 很可能就是在1602年1月在中殿律师学院进行的首演。

在持续时间和课程的适用性上，律师学院的培训与教会大学中的教育相当。学员在律师学院中建立的人际关系能够影响他们从业之后的业务，以及所能取得的“成就”。人脉广泛、经验丰富的律师经常会获得成为巡回法院法官的机会。前文提到的罗杰·汤曾德就在1482年成为巡回法官，他先是被派往北方巡回法庭工作，其间经历了大量的长途旅行，之后又被调回南部家乡的巡回法庭。被任命为普通法法庭的法官是事业有成的重要标志，但真正的进步来自实践中的专业性，即在某一特定领域成为权威。总的来讲，15世纪下半叶，普通法法庭的民事案件审理量不断下降，这有利于大法官法庭及商法法庭的发展。大法官法庭是以大法官为核心建立起来的衡平法院，在15世纪，其地位得到了惊人的提升。在约克王朝掌权的数十年间，大法官法庭的案件审理量整整翻了一倍，从1475年之前的平均每年243起案件，增长到了1475—1485年的平均每年553起案件。大法官法庭成为商人及小地主的首选法庭，其建立了与普通法体系完全不同的法律传统与法律专业知识。在伦敦城的“博士法庭”，法律专家以罗马法为依据，处理与航海及海事相关的案件。罗马法的律师又被称为民法律师，他们渐渐地在王室中央政府崭露头角。约翰·莫顿博士（Dr John Morton）正是这样的人，他是首位成为“主事官”[①] 的罗马法法律专家。他曾作为法律顾问，接连为牛津大学的校监乔治·内维尔（后来成为约克大主教[②]）的法庭，以及设在圣玛丽勒波教堂的坎特伯雷大主教法庭（坎特伯雷教省的最高教会法庭）服务，获利丰厚。

法律是优秀从业者提升社会地位的阶梯，甚至有些只是普通自耕农的家庭，只用了一代人的时间，便达到了绅士阶层，社会地位提升的速度十分惊人。包括帕斯顿家族、霍伊顿家族、克利尔家族、汤曾德家族在内，数个诺福克郡的家族都留下了珍贵的史料。约翰·汤曾德（John Townshend，卒于 1460 年）靠为诺福克郡的权贵及绅士提供行政管理服务，获得了对大量土地的租用权和对数座庄园的所有权，并且与斯凯尔家族、伍德维尔家族建立了关系，能够把儿子送入林肯律师学院深造，以及为自己的子女在绅士阶层中寻找结婚对象。约翰的儿子罗杰没有辜负父亲的期望，成为伊丽莎白·伍德维尔的法律顾问。对于以土地财富为基础的社会制度和以提供正义为基础的王权制度来说，优秀的律师至关重要，因此，只要律师不参与政治斗争，那么他们就几乎不会受到任何政治风暴的影响。罗杰·汤曾德就是一个很好的例子；他后来还为伊丽莎白·伍德维尔的女婿亨利·都铎（Henry Tudor）效力。

法律之所以会成为进步的工具，是因为它是几乎每一个人都会

① “主事官”的全称为“卷宗保管及主事官和英格兰大法官法院记录官”，是权力仅次于首席法官的法官。

② 此处原文有误：乔治·内维尔曾不是坎特伯雷大主教，而是约克大主教；后来成为坎特伯雷大主教的是约翰·莫顿。

在生命中用到的专业知识。许多伦敦城内的大家族是由自耕农及乡村律师的后代创立的。他们会借鉴绅士家族现成的经验，为子嗣进行周密的职业规划，并在培训、学习和婚姻方面提供指导。例如，约翰·萨尔雅德爵士（Sir John Sulyard）是一名律师，不仅在萨福克郡拥有地产，还在伊普斯威奇镇内拥有房产，他在伦敦城内外的事业也都很发达；1474－1475 年，萨尔雅德拿出了一部分地租收入用于儿子在当地文法学校的教育，这所学校至今仍很出色，萨福克郡绅士阶层都把孩子送去学习。

既然那些事业有成的律师与权贵及绅士家族都有联系，那么他们就必须在这些他们的事业所依赖的家族之间小心行事，但在政局动荡的年代，这些联系也可能变成威胁。文斯利代尔（Wensleydale，约克郡）的迈尔斯·梅特卡夫（Miles Metcalfe）是内维尔家族的律师，曾经为约克王朝的三兄弟效力。他是由来自北方（约克郡的北区、东区）的律师组成的小圈子的一员，而这个小圈子是格雷律师学院的主要支持者。虽然梅特卡夫在伦敦及威斯敏斯特接受教育、开展工作，但他仍然尽力维持自己在北方的社会及家族关系。他还成了沃里克伯爵的总审计长，在工作的过程中接触到他的资助人的财产。他与妻子一起加入了在约克城内极具声望的基督圣体行会，在沃里克伯爵倒台之后，他又以投靠格洛斯特公爵的方式逃过一劫，后来他的儿子也在那里找到了靠山。1483 年，在爱德华五世成为国王的那几天内，他在约克郡办事，这也许是他明智之举，或者纯属幸运，从而避免了那些日子给许多正直的人带来的痛苦。

地主阶层

平常人家成为绅士阶层的成员，总是会引起那些拥有地位和特权的人的抱怨。像帕斯顿家族、汤曾德家族和梅特卡夫家族这样的新绅士，经常遭人非议。只不过，对于守护大土地所有者的利益，这些新绅士不可或缺，而这些大土地所有者必然不居住在他们拥有的大部分土地上。诺福克公爵约翰·霍华德（John Howard，卒于 1485 年）每年都要在自己位于斯托克拜奈兰德村（Stoke-on-Nayland）的宅邸滕德林大厅居住一段时间，而另一部分时间在位于伦敦城斯特普尼区的宅邸居住。对霍华德这样的权贵来说，政治局势越是不稳定，他们就越是要经常在威斯敏斯特及王廷抛头露面。

尽管划定社会阶层的界限十分困难，但当局也做过尝试：1474 年召开的考文垂议会做出规定，只有年收入超过 10 英镑的人才能算作绅士阶层的成员。在规模更大、地位更高的家庭中，划分的方式则是府中人员在就餐时座位的排序，以及餐食的差别。亨利·斯塔福德爵士（Sir Henry Stafford）和他的妻子玛格丽特·博福特女爵（Lady Margaret Beaufort）住在沃金（萨里郡）的豪宅，1469 年，府邸的绝大多数成员吃的是牛肉、羊肉、面包和麦酒，但另有大约 1/4 的成员的食物更加精致：小牛肉、阉鸡和小母鸡。最重要的是，“好领主”的观念决定了信任和忠诚的关系：1465 年，议会对萨莫塞特公爵的指控中，他的一项罪名是他“没能坚守绅士风度和高贵荣誉，根本就不能算作绅士阶层的成员”。

权贵的财富和权力通常依靠他们手下专业的、报酬丰厚的臣仆、教士、律师、领地总管，以及熟悉领地状况的人员来管理。权贵的府中还出现了一批精通图书制作、史籍编写、地图绘制的人。

约翰·劳斯（John Rous）是一位古文物研究者，毕业于牛津大学，曾作为专职教士，加入了沃里克伯爵在盖伊克里夫（Guy's Cliff）建立的祈唱堂。他还为伯爵编写了一部史籍，讲述了内维尔家族光辉的历史；这部史籍成书于15世纪70年代，其中几份记录内维尔家族族谱的卷档存世至今。各大城镇也开始利用印章与纹章，想要从谱系学和历史学的角度证明自己的独特地位。在权贵阶层的周围出现了一个由绅士家庭组成的复杂关系网络，其中绅士阶层的成员时刻准备接受既有荣誉又有挑战的职位，作为最高级的管理者，为权贵管理土地与领民。例如，未来亨利七世的母亲玛格丽特·博福特，她在德文郡、萨莫塞特郡、诺森伯兰郡、北安普敦郡、林肯郡、威斯特摩兰郡拥有大片的领地，而雪利家族、帕克家族、布雷家族都为她效力，帮她管理地产。

“自耕农”这个词用来描述一个特定社会阶层，许多律师与臣仆，为权贵阶层效力的人都来自这一阶层，而他们中某些有雄心和动力的人获得了社会地位和物质回报。描述罗宾汉英勇事迹的文学作品体现了管理大片鹿苑、森林的自耕农的近乎英雄主义的自豪感。管理森林的工作必须同时兼顾森林环境和经济利益，保证森林能够产生足够的收入，用来维持贵族阶层独特的生活方式。守林员要保护森林植被，维持动物数量以供领主狩猎，巡视森林的边界，以及惩罚盗猎、盗伐的不法之徒。各个等级的护林员都在首席护林官手下工作，他们大都是当地的自由民，有一定的社会地位，能够获得领主的信任。森林管理者的职业也产生了一些具有地方特色的姓氏，比如，在文斯利代尔，就出现了亨特、福里斯特[①]这两个姓

① 分别意为猎人、护林人。

氏。国王和大贵族举办狩猎活动时，森林管理者会承担起各种各样仪式性的职责，比如，管理猎犬和分解猎物的尸体。狩猎活动中以道德经济支配报酬和猎物在不同社会群体间的分配。

无论是管理土地和商业利益，还是对娱乐和社会活动进行监管，都需要地位截然不同的社会阶层使用一套约定俗成的规则。要保持这一体系有凝聚力并合乎情理，国王就必须以身作则，因为国王是权贵中的权贵，是优秀的领主，是和平的维护者和战争的领导者。本书介绍的历史时期之所以会动荡频发，在很大程度上与国王未能提供安全保障有关，也与统治阶层内部的家族斗争有关，这种斗争不仅令许多地区的权贵想入非非，就连身份低微的臣民也不愿安分守己。爱德华四世有一段时间试图通过专注内廷生活来稳定民心，既没有率兵出国作战，也没有举行大规模的典礼与仪式。他位于埃尔特姆（肯特郡）的住所是一处令人印象深刻的传统建筑，以一座砖木结构的大厅为核心；他既没有修建宏伟的宫殿，也没有制作精美的艺术品。他只是把爱德华三世的少数做法付诸实施：1478年的《黑皮书》提出，内廷的财务总管应当寻找“以前的王廷曾经使用过的良好的、古老的、严肃的、有益的规则”。爱德华三世是一个“在内廷说一不二的人”，对约克王朝的国王来说，他的确可以作为灵感的源泉，是值得学习的榜样。

书籍与阅读习惯

对于那些在堂区、城镇或是王廷维护秩序、确保社会安定的人来说，文字的普及和识字率的提高既是有利的发展，也带来一定挑战。虽然对许多人来说，读写能力大体上只是一种工作中用到的工具，但在 15 世纪末期的英格兰、威尔士、爱尔兰，读写能力也使人们从广泛流传的阅读材料中受益。随着印刷技术的发展，新出现的印刷行业的团体开始融入城镇中传统的行会体系：这些年约克城的自由民中只有一个文字抄写工和一个装订工；而约克城的腰带制作匠不再只是生产马具、狗项圈，也开始生产书夹。在这一时期，伦敦城的文具商组织成立的行会也得到了认可，他们把祈祷文街及伦敦桥当作活动中心。文具商开办的作坊吸收了新出现的印刷技术，就像使用印刷术印制约翰·福蒂斯丘爵士著作的莫尔顿的作坊那样。到了 15 世纪 70 年代，印刷术的潜力在大批量地生产传统手抄本作品中得以实现。威廉·卡克斯顿（William Caxton）[①]在威斯敏斯特的印刷作坊的第一批印刷品是教廷在 1476 年颁布的赦免令。对我们现代人来说，这就是一份表格；唯一一份存世至今的印刷本上，有人以手写的方式，添加了亨利·兰利和凯瑟琳·兰利的名字。他们因忏悔罪行而获得赦免。赦免令产生的收入都归威斯敏斯特大教堂所有，以用来为教堂的重建工作提供资金。卡克斯顿位于威斯敏斯特的印刷作坊不仅印刷了第一版乔叟的诗集，以及民族史诗《布鲁特》(*Brut*)[②]，还印刷了许多广泛使用且意义重大的祈祷书。在布鲁日做学徒工的经历帮助卡克斯顿积累了欧洲大陆的知识，让他得以成为伦敦城的文具商，并以令人耳目一新的方式经营印刷作坊。

印刷书经过了一段时间才在社会上拥有传统书籍的阶层普及，

① 威廉·卡克斯顿（约1422—约1491）是英格兰的商人、外交官、作家；他是把印刷术介绍到英格兰的人。

② 《布鲁特》成书于1300年之后，书名取自不列颠王国的缔造者布鲁图斯（布鲁图斯同样是不列颠名称的由来）。

并向其他人群发展。最有可能印刷出版的书籍通常都是祈祷书和教义问答书。《萨勒姆时祷书》(*Sarum Hours*) 是英格兰南部地区最为常用的祈祷书，该书的印刷本最早在 1475 年出版，到了 1500 年，市面上已经出现了 29 个不同的版本。

在印刷术刚刚出现的那段时间，书籍通常都是新旧形式结合：一幅用传统的手绘技术绘制、上色的袖珍画展示了一位名叫纪尧姆·菲谢（Guillaume Fichet）①的印刷商把枢机主教贝萨里翁编写的祈祷书献给爱德华四世的景象；这本书于 1472 年在巴黎印制，但书中加入了由英格兰的工匠手绘的插图。在长达数十年里，印刷本与廉价的手抄本共存，当时的手抄本同样能够大批量的生产，而且同一批产品没有太大的不同，比如，在这几十年间，英格兰国内使用的上千本《时祷书》便都是从低地诸国（尤其是布鲁日）进口的手抄本。除了宗教仪式，在数以千计的堂区，牧师履行牧灵职责也需要书籍，1483 年，卡克斯顿印刷出版了英译版的《黄金传说》(*Golden Legend*)，满足了这一需求——这是一本讲述基督教圣徒生平事迹的权威著作。用羊皮纸制作的泥金装饰手抄本是按照出资者的要求制作的精品，每本都独一无二，仍然深受有品位的人的青睐。斯凯尔斯勋爵安东尼·伍德维尔是一位翻译家，会命人把自己翻译的作品制作成精美的手抄本。他把克里斯蒂娜·德·皮桑创作的哲学小短文翻译成英语，并编成了《哲学家名言录》(*The Dictes and Sayings of Philosophers*)，同样也把皮桑的作品，被视为王者镜鉴的《政治体之书》(*Livre du Corps de Policie*) 翻译成英文，

---

① 纪尧姆·菲谢（1433—约1480）是法国的学者。1470年，他与德国的人文主义学者约翰·海恩林合作，把印刷术介绍到了法国。

并且把这两本书献给了爱德华四世，供他的儿子使用，同时也供爱德华本人学习。

人们广泛阅读世俗文学，其中主要包括浪漫小说、古典诗歌和历史类书籍。约翰·帕斯顿把古罗马诗人奥维德的作品《爱的艺术》(*Ars amatoria*) 借给了一个在宫中供职的朋友，而这位朋友写信给帕斯顿，承诺一定会按时归还；此外，帕斯顿还把约翰·利德盖特的长诗《玻璃神殿》(*The Temple of Glass*) 借给了自己的儿子约翰，而儿子询问父亲有没有利德盖特的叙事诗《底比斯围城战》。卡克斯顿以绅士阶层的成员为受众，印刷了一本名叫《论象棋游戏》(*The Game and Play of Chess*) 的指导书，以程式化的方式研究了象棋的游戏规则与策略。一个名叫埃德蒙·里德（Edmund Reed）的乡绅继承了位于博尔斯塔尔的领地（白金汉郡），他同样会阅读骑士文学、利德盖特及高尔创作的长诗，以及讲述如何管理领地的书籍。在这些畅销书中，也有为绅士阶层家庭的年轻人提供教育的书籍。卡克斯顿作坊印刷的头一批印本中有一本教授儿童餐桌礼仪的诗集，是利德盖特在1476年创作的，它以大大的黑体字印刷，还加入了一首永远不会过时的《又圣母经》(*Salve regina*)[①]，用来赞美圣母马利亚。

在这几十年间，英格兰出现了新学校，新建了济贫院，还涌现出为图书的编写提供资金的赞助人，甚至还出现了移动图书馆。绝大多数赞助行为是地方性的，会令特定的堂区成为受益者：

① Salve regina意为“圣母您好”，是天主教用来赞美圣母马利亚的祈祷文。清代时到达中国的传教士之所以会把Salve regina翻译为“又圣母经”（意思是“另一篇圣母经”），是为了避免与《圣母经》混淆。

1473年，罗杰·福克纳（Roger Fawkner）的遗孀玛格丽特·福克纳（Margaret Fawkner）在剑桥郡的圣玛丽堂区为贫苦之人建立了一座济贫院；她把以堂区牧师名义出租地产所获的租金用来为济贫院提供资金。1479年，罗彻斯特主教约翰·阿尔科克（John Alcock）把父母位于赫尔城内的老宅用作校舍，为自己度过童年时光的堂区建立了一所规模不大的学校。在15世纪下半叶的50年间，约克教省一共新建了25所学校，而英格兰的西部地区新建了26所学校。教育是与灌输服从和尊重的习惯相联系的。一些教导儿童餐桌礼仪的话语显得十分亲切，我们现代人也会觉得非常耳熟：

> 不要把脑袋凑到餐盘上；嚼东西的时候不要喝水。吃饭的时候不要抠鼻子、剔牙、抠指甲……不要多嘴多舌，但如果有大人和你说话，就一定要有问必答。

从许多方面来讲，图书与贸易活动息息相关。伦敦桥的管理人除了要收取关税、通行费，还要管控都有哪些书籍进入英格兰。在发现有人利用占星学做出可疑的、具有煽动性的预测后，王室中央政府便会要求伦敦桥的管理人与伦敦城的文具商相互配合，收缴发表不当言论的出版物，并将妖言惑众者绳之以法。不过，管控还比较适度；伦敦城的居民会经常阅读讨论政治问题的报道，而兰开斯特王朝的支持者，比如，伦敦城的库克，则更是可以与流亡海外的安茹的玛格丽特保持联系。伦敦城的史家发展出了新的记录历史的文体，用生动的笔触，绘声绘色地记录发生在自己身边的公共事件，与由修士编写的传统的历史、编年史形成了鲜明的对比。伦敦的市政图书馆至今还保存着某位伦敦的编年史家对亨利六世复辟过程的描述：亨利六世是一位“向往精神生活，道德高尚”的国王，他统治的“并不是现世的王国”，所谓的复辟不过是他身边的人精心策划以实现政治野心的手段。

政治与议会

15 世纪 60 年代，议会通过了征税提案，但也提出了许多限制性的条件，而国王在这 10 年间没有制定雄心勃勃的施政方案。到了 15 世纪 70 年代，议会开始支持国王的新计划。在 1472 年的议会上，议长斯蒂灵顿在致开幕词时以“国家现状”为主题发表了慷慨激昂的演讲，指出国王之所以会寻求下议院的支持，是因为他想要在对外保护英格兰的边境安全的同时，对内维护社会的稳定。根据亨利五世时期的经验，爱德华四世将维护国内的安定和主动对外作战巧妙联系起来，以为国王服务并提供报酬的手段，争取到了社会中潜在的不安定因素的支持。对法作战计划的受益者包括那些绅士家庭的年轻人、未来驻军的指挥官，以及商人——他们可以利用加斯科尼、诺曼底两地失而复得的港口来开展贸易活动。当局准备了金色和深红色的长袍，以迎接爱德华四世在兰斯举行的加冕仪式。在这个王室计划中，全国上下都获得了好处和希望。对法国作战计划并不是不同王朝间的战争，而是基于政治经济学的理性分析之后所采取的合理行动——至少这的确是爱德华希望上下两院认可的观点。

议会与国王一拍即合。约克王朝复辟的一项政治后果是，议会里挤满了约克王朝的支持者：在议会中，有 14%的议员是忠于国王的臣仆，而这些臣仆又有许多通过血缘及婚姻关系与爱德华四世沾亲带故。至少在当时，没有人能够对爱德华的权威造成真正有威胁的挑战。尽管下议院通过征税提案，但人们对终止了长达 20 年血腥内战的国王表示忠诚。15 世纪 70 年代是约克王朝巩固胜利的时期。爱德华整顿了这个国家，那些在 15 世纪 60 年代仍然忠于兰开斯特王朝的人也在 15 世纪 70 年代与约克王朝达成和解，放弃了他们之前效忠的对象。约翰·福蒂斯丘不仅是伟大的王室臣仆，也是知名的思想家、作家，而他就是一个很好的例子。他曾经随亨利六世流亡苏格兰，之后又投靠流亡法国的安茹的玛格丽特，在此期间他一边建言献策，一边撰写大量的文章，支持兰开斯特王朝，忠诚之心毋庸置疑。蒂克斯伯里之战尘埃落定之后，福蒂斯丘陷入了进退两难的境地：他若是加入约克派，他将取回自己被没收的领地，并重回权力中心。福蒂斯丘决定妥协，在 1473 年前后编写了一本名叫《关于几篇写于苏格兰境内的文章的宣言》(*Declaracion upon certain writynges sent oute of Scotteland*) 的小册子，纠正了自己以前在系谱学领域发表的对约克王朝不利的言论，并成为一个可靠又能干的王室宣传员。他的思想和观点也反映在 15 世纪 70 年代约克王朝的王廷发表的文章中。这些文章支持对法战争，并为约克王朝的合法性辩护，甚至还提出，对英格兰及其海外领地的总体利益来说，爱德华四世成为国王是万幸之事。

尽管我们很难评估政治动荡造成的人员损失，但的确让英格兰人付出了沉痛的代价。大批的权贵和他们的子嗣战死，也以极高的代价考验和维系着忠诚，而人们为了生存不断做出选择。与以往一样，特权最高的人面临的风险也越大，但同样，他们的选择也更多。在这场被莎士比亚称作玫瑰战争的王位之争中，一共有 49 个贵族死于非命，其中有 34 人战死沙场，而另外的 15 人是被处决的。这场内战还令 44 个贵族女性成为寡妇，而她们中有差不多一半的人选择了再嫁。数位贵族及绅士阶层的女性选择继续守寡，而没有再满足家族的期待，卷入王朝和家族的婚姻网中。一些至亲被杀害的知名贵族女性寻求豁免及一个穿着丧服悼念逝去亲人的空间，而“守节的誓言”更能为她们的做法披上宗教的外衣，让她们变得神圣不可侵犯。在这一时期，许多贵族女性成了“立誓守节”之人。什鲁斯伯里伯爵约翰·塔尔博特在北安普敦之战中为兰开斯特王朝战死之后，仅仅过了 9 天，他的遗孀伊丽莎白就获得了批准，成为立誓守节之人，到了 1464 年，伊丽莎白又寻求教廷的赦免，放弃守节者的身份再婚。15 世纪 80 年代，在约克省，立誓守节者的数量几乎翻了一番。在注重宗教生活的家庭中，亲朋好友通常都会鼓励丧偶的女性成为立誓守节者。

贸易与城镇生活

爱德华四世实现和平之后，贸易活动开始恢复正常，几乎惠及英格兰和威尔士的所有家庭。时代正在不断地变化：15 世纪 50 年代，平均每年只有 2 到 3 艘船从泰恩河畔纽卡斯尔出发，离开英格兰；到了 1465－1466 年，提升到了每年 7 艘。15 世纪 40 和 50 年代，由于英格兰与法国及低地诸国的贸易中断，进口商品的价格节节攀升，英格兰人在日常生活及饮食方面都变得更加节省。人们重新估量了对奢侈品的消费，尽管那些能够消费得起的富人仍然寻求食品美味多样。因此，在 15 世纪中期，达勒姆大教堂的附属修道院将葡萄酒的消费量减半，但仍然会使用从外国进口的生姜、肉桂、肉豆蔻、丁香、豆蔻、胡椒、无花果、葡萄干和糖来为食品调味。

爱德华四世在位时，英格兰的出口贸易已经发生了根本性转变，主要的出口商品早已从羊毛转变成了毛织物，因为市场对毛织物的需求更为稳定。即便如此，羊毛的生产者也仍然能够时来运转，以伍斯特郡、达勒姆郡、德比郡为例，羊毛的收入都出现了大幅的回升。有远见的地主顺应时代的潮流：在诺福克郡，汤曾德家族圈出了大片土地，并且扩充了羊群的数量。当大地主（包括几个宗教团体）可以重新通过羊毛获利时，他们便开始扩建。以温彻斯特的斯威森修道院为例，修道院的扩建工程为当地的镇民提供了工作及收入。地区的优势也在恢复，特别是锡和铅的开采，这对生成白镴至关重要，而民众日常生活所用的镴制器皿、厨具都是用白镴制造的。然而，不同的城镇的境遇仍然大为不同。并不是所有的城镇都能收获经济复苏的红利：剑桥只是一座小城镇，既不是商业中心，也没有独具特色的产业，而仅仅是一座为满足剑桥大学的基本需求而出现的集镇。15 世纪初，剑桥镇的经济状况便开始衰落，到了 1463－1464 年，它不得不向中央政府求助免除城镇特权费，以及减免税赋。

和平的时间越长，外交努力及其成果就越广泛——比如，在 1474 年与汉萨同盟签订的《乌得勒支条约》（Treaty of Utrecht），以及在 1475 年与法国签订的《皮基尼条约》（Treaty of Piquigny）——商人也就越愿意承担风险，不断加大海外投资力度。在葡萄牙，英格兰的商人不仅得到当局的保护，还获得了建立聚居区的权利，甚至还得到了成立宗教兄弟会的许可。而派出全副武装的士兵保护运送货物的船队，必然会使葡萄酒和胡椒的价格上涨。爱德华四世只是把地主阶层的财富视为征税对象，而不对贸易商、制造商的存货及金银征税。1472－1475 年，他征收了大量的税款，与亨利五世在入侵法国之前所征税款不相上下。当局重新实施了用来禁止奢侈的法规，与鼓励谨慎投资的政策相辅相成。1463 年，法律规定不同社会阶层的成员在穿衣着装时，必须符合本阶层的身份：只有大贵族才能佩戴金饰，穿着天鹅绒的服饰；所有身份低于骑士的人都不得穿着用锦缎或丝绸制作的服装。

与亨利五世在位时一样，城镇作为财富的来源、支持的提供者，得到了国王的重视。爱德华在 1464、1473 年先后两次插手约克城的市长选举，并界定了选民的范围，而到了 1482 年，他亲自认可了市长选举的结果。爱德华清楚地认识到，城镇的权力架构既可以促进贸易，也可以阻碍贸易。当时城镇的头面人物通常会从事多种经营活动，而羊毛贸易是最为主要的经营内容。正因如此，在 15 世纪 70 年代，泰姆镇（牛津郡）最为富有的居民是一位叫杰弗里·多默（Geoffrey Dormer）的“羊毛贩子”。前文已经介绍，以多默为代表的镇民参与了堂区事务，以及地方政治、法律和重大庆典活动。自 1453 年起的 50 年中，纽卡斯尔城一共选出了 22 位市长，其中有 20 人是参与海外贸易的商人。英格兰北方的商人开始探索北海，甚至与卑尔根建立了贸易联系；各城市的市长纷纷积极推动对内及对外贸易。

日用品以及某些日常生活中必不可少的服务比以往流通得更为广泛。这一过程不仅提振了人们的需求，还创造了广泛参与的消费与偏好模式。医疗服务也变得十分普及。许多大众行业都获得了成立行会的权利：1462 年，伦敦城的外科医师不仅成立了行会，还以爱德华四世、格洛斯特公爵为荣誉成员；不久之后，伦敦城的理发师也成立了行会。1474 年，伯里圣埃德蒙的法庭认可了该镇的理发师选举行会管理人的权利，并且允许该行会参与基督圣体节期间举行的游行活动。修道院一直十分注重为在院内修行之人提供优质的医疗服务，而到了这个时期，修道院还雇用了内科医生，为那些在修道院开办的施赈所、济贫院中寻求救济的穷人看病问诊。医院也变得更为专业，为患者提供真正的医疗服务。

英格兰商人在不列颠群岛和其他地方行商的过程中，为了保护人身及灵魂的安全，他们会加入宗教兄弟会，这不仅能够在客死他乡的情况下确保有人为自己的灵魂祈祷，还能与其他城镇志同道合的商人建立社会关系。此外，关于航海者的文字作品也在不断发展，比如，爱德华四世在位时出现的“航海路线图”(routier)，可以引导从英格兰出发的船长沿着爱尔兰、威尔士、英格兰的海岸航行，直到抵达比斯开湾。以纽卡斯尔、赫尔、波士顿、金斯林恩为代表的城镇则一直与伦敦竞争，尤其是在对外贸易领域。这些城镇在对外贸易领域所占的稳定份额小得可怜：纽卡斯尔城的羊毛出口量仅占全国出口总量的 3%，而其贸易对象也主要是佛兰德斯及尼德兰商人。伦敦正在不断与其他城市抢生意；伦敦城作为清算中心，是进口货物的卸货港，而伦敦的商人控制着许多商品的国内分销业务。爱德华四世把外国商人视为英格兰经济急需的强心剂，鼓励他们在英格兰开展业务。

尽管伦敦的人口增长缓慢，到了 15 世纪中期前后还不到 4 万人，但伦敦的城市规模和需求仍然不断增长，不仅在近郊的地方新建了许多新的城区，还出现了大量新的工业。伦敦的城市管理变成了一项越来越烦琐的工作，所以伦敦的市政官员也都变成了全职的行政官。1478 年，伦敦市政当局任命了第一任市政检查员[①]；1485 年，伦敦 24 位市政官员的薪俸总额为每年 200 英镑。此外，在伦敦城还有许多受人尊敬的市民愿意不领俸禄，免费为城市服务，因为这种公民活动不仅能带来荣誉，还有助于建立有益的社会关系。令人惊讶的是，众多伦敦商人都想要获得骑士爵位，而且也有许多人如愿以偿，越来越普遍的共识是，平民阶层除了可以以立军功的方式来获得骑士爵位，也可以通过为国王忠诚服务成为骑士。在这一时期，许多商人家族的社会地位不断提升，最终在都铎时期于法律、贸易、公共服务等领域大放异彩，其中最主要的是博林家族。

农产品的市场价格长期波动，人口的死亡率居高不下，加上权贵阶层身陷国家层面的政治斗争，因此在 15 世纪 40 和 50 年代，即便在庄园这样一个相对稳定的层面，也出现了一定的不稳定性。爱德华四世成为国王之后，许多庄园的播种模式表现出了持续性，从一个侧面反映出此时更为稳定的社会环境。一些更有进取心的庄园管理者要么通过主张封建权利，剥削农奴，要么通过选种在市场上十分抢手的商品的方式创收。木材便是这样一种商品；一些庄园会把树木的采伐权以每 100 棵为一批的方式转让出去，所产生的收入甚至有可能达到庄园总收入的 10%左右。然而，到了 15 世纪 70 年代，一些庄园的经营者的态度开始变得更为积极主动。有大量的证据表明，在肯特郡，许多庄园开始开挖沟渠、修建围栏、砍树开荒，甚至还会终止租约，收回租户手中的土地。随着粮食价格的大幅回升，种植小麦、燕麦变得有利可图。手中有余钱的人纷纷开始以低廉的价格购买良田，几乎不用担心投资风险。许多绅士家庭在 15 世

① 市政检查员的职责是管理伦敦城的商业不动产。

纪的最后25年间积累了大量的财富，并购置了良田和住宅。萨福克郡的萨尔雅德家族就是一个很好的例子——约翰·萨尔雅德是萨尔雅德家族第一个出人头地的人，他先是在1451年进入林肯律师学院，成为该学院最负名望的大律师之一，之后又在1484年成为御前法庭的法官。他把手中可以调配的资金全部用来购买地产；在15世纪60和70年代，他做出明智的判断，购买并整合了属于不同庄园的小块地产，甚至还与当地的农民达成了周密的作物共享协议。他还拥有大量羊群：在韦瑟登庄园（Wetherden）、普勒姆霍尔庄园（Pulham Hall），他就分别拥有2个规模达到400只羊的羊群。在当时的经济环境下，他将这2座庄园的年收入从15世纪70年代的每年大约35英镑，提升到了1483－1485年的每年大约54英镑。他把韦瑟登庄园选为府邸，并继续收购庄园周围的小片地产。到了寿终正寝的时候，他不仅已经成为骑士，同时也是多座庄园的领主。

约克王朝的成员善于利用宣扬虔诚精神的文字与图像来展示本王朝的权势。其中最隆重的一次是在1476年7月，在格洛斯特公爵理查的主持下，重新安葬了理查的父亲约克公爵理查德。格洛斯特公爵的做法既展示了自己的孝心，又彰显了约克王朝权势。1460年12月，韦克菲尔德之战结束后，约克公爵及拉特兰伯爵的尸体被运送到约克城米克盖特门（Micklegate Bar）之外的瓮城示众。1461年，爱德华四世在陶顿之战大获全胜之后，命人收殓他们的尸体，并安葬在庞蒂弗拉克特修道院的教堂内，并且在伦敦的圣保罗大教堂举行了纪念仪式。然而，到了15世纪70年代，约克王朝的野心，再加上格洛斯特公爵理查的天赋，激发了更多的欲望和想象。格洛斯特公爵命人修缮约克家族在福塞林海（北安普敦郡）建立的联合教堂，不仅为教堂更换了玻璃彩窗，还重新装饰了教堂的墙面，准备在 1476 年 7 月 21 日至 30 日的仲夏时节将约克公爵的遗体运到这里。为约克公爵送葬的队伍以平均每天 30 公里的速度向目的地前进。在丧主格洛斯特公爵的率领下，主教、修道院院长、男爵、伯爵跟随运送约克公爵遗骸的灵车缓缓前行。重新下葬的仪式在数位主教的主持下在教堂里顺利完成。约克公爵的新坟墓设有等身大的墓像，他身着用白色鼬皮镶边，显示公爵身份的蓝衣，被手持火把的穷人和送葬者包围着。坟墓上的墓志铭回顾了公爵生前的丰功伟业：他是拯救了蓬图瓦兹和诺曼底的英雄，他是平定爱尔兰的功臣，他是令法国国王瑟瑟发抖的名将，他是许多领地合法的继承人，他多子多孙，其中的一个人还成为英格兰的国王。

在经历了命运的沉浮之后，约克派和兰开斯特派都有许多人死于非命，成为政治殉道者，同时是本派系的成员用来追思逝者、回顾往昔、寻求认同感的政治标志。斯克罗普大主教变成了约克派的英雄；当时出现了一首诗，把大主教被杀的事件描述为兰开斯特王朝“残暴专制，随意使用暴力”的证据。1468 年，爱德华四世甚至还重新派人守护斯克罗普大主教墓前的圣祠。人们对这些事情的关注催生了大量全新的表现形式，其中大部分以诗歌为载体，感叹世事的无常。《爱德华四世的生平》(*Life of Edward Ⅳ*) 的插图画师运用命运之轮的图像，在插图中描绘了爱德华端坐在命运之轮的王座上的景象，宣称他得到了命运的眷顾。在当时，一首颇具代表意义的短诗宣称：

> 世事变化无常，
> 转瞬间沧海桑田，
> 世人众说纷纭。

在这纷繁的世间，
又有何人能置身世外？
就算是老谋深算之人，也只能随波逐流。

在短诗的结尾处，诗人向上帝求告："请帮我们脱离现世的苦海，让我们得以善终！"在经历了内战的苦难、命运的沉浮之后，肯定有不少人尝试以修行替代尘世的生活。在这几十年间，出现了大量讨论政治动荡的文章，它们或出现在诗歌中，或出现在讲述政治及法律知识的小册子中，数量远远超过了哲学和历史类的文章。

知识界的人士从各种角度对治国理政方式进行了思考，所用的参考资料既包括古典著作，也有早期基督教的著作，甚至还有许多新思想、新观点的原创著作。一些英格兰人受够了和平幸福的生活，希望爱德华四世承担起军事领袖的责任，但爱德华本人并没有大动干戈的想法。1473 年，威廉·伍斯特[①]重新把《贵族之书》献给了爱德华四世，希望爱德华能够出兵法国，对之前的不光彩的条约和让步进行报复。尽管爱德华为此征收了税款，甚至还雇用了医师和外科医生为战斗提供医疗服务，但 1475 年的对法作战计划草草收场。由于爱德华的盟友勃艮第公爵没有如约提供援助，远征军没有达到军事目标。路易十一世与爱德华签订了《皮基尼条约》，承诺每年向爱德华支付 1 万英镑，而爱德华则暂时放弃对法国王位的诉求。双方还讨论了让约克的伊丽莎白与法国的王太子成婚的可能性。这场戛然而止的军事行动使得格洛斯特公爵与兄长爱德华四世之间的裂痕变得更加明显。

① 即前文（第五章）提到的伍斯特的威廉。

从许多方面来讲，格洛斯特公爵理查都是约克公爵行动力和领导力的真正继承人。他作为统治约克郡的领主，证明了自己领导者的能力，而他作为国王的左膀右臂，又证明了自己在处理政治问题时的灵活性。理查也在战斗中证明了自己，他曾经跟随兄长爱德华参加了蒂克斯伯里之战、巴尼特之战，之后又镇守英格兰的北部边境，频繁地与苏格兰军队交战，最终在 1482 年解了贝里克城之围。理查不仅对政府的工作机制很感兴趣，还经常参与自己领地内城镇及地区的地方事务。约克城是理查的心之所系；约克城的历史纪录表明，他曾以仲裁的方式解决了因非法捕鱼而发生的争议，因为非法捕鱼有可能会影响约克城的财政收入。理查以约克城为基地，镇守北方边界，并不断地招募士兵与苏格兰人作战。他通过谦和亲民的入城仪式，以及赠送珍馐美馔、金银器皿、佳酿美酒的方式，与这座城市保持着紧密的联系。

理查三世

1483 年 4 月 9 日，爱德华四世平静地去世之后，新国王的叔叔格洛斯特公爵理查成为托孤之臣，将会辅佐年仅 12 岁的爱德华五世，以及他的弟弟约克公爵。在爱德华四世去世后的几天内，理查便召集了英格兰北方的权贵，为刚刚过世的国王举行纪念仪式，到场的权贵向爱德华的继承人宣誓效忠。新国王的舅舅里弗斯伯爵[①]率领一支人数可观的护卫队前往拉德洛，准备把年轻的新国王和他的弟弟护送至伦敦。理查伙同白金汉公爵，从约克郡出发，在

① 即安东尼·伍德维尔。

斯托尼斯特拉特福拦截了护卫队，宣称将会把两位王子护送到伦敦塔，直到举行加冕仪式。此后，理查导演了不列颠历史上最让人不齿的政治阴谋之一：他谋杀了关押在伦敦塔内的两位王子，自己登上了王位。

在把侄子护送至伦敦后的几周内，理查便启动了法律程序，宣称他并不是爱德华四世的婚生子。按照教会法的规定，如果在结婚前已经与其他人订立婚约，那么此婚姻就会成为无效婚姻。理查在议会上宣称，他的兄长爱德华四世在与伊丽莎白·伍德维尔成婚之前，已经与埃莉诺·巴特勒女爵（Lady Eleanor Butler）定下了婚约，所以两人的婚姻是无效婚姻，而他们的后代也失去了婚生子女的地位。在英格兰和威尔士的主教法庭上，此类案件数以千计，都是婚姻中的一方以另一方早已与他人订立婚约为由，希望法庭宣布自己的婚姻是无效婚姻。只不过，这里发起诉讼的并不是夫妻中的任何一方，而是早已去世的丈夫的弟弟。埃莉诺·巴特勒已经在 1468 年去世，所以理查的目的并不仅仅是废除兄长与伊丽莎白王后的婚姻关系，而是想要宣称王位的继承人是私生子。正如理查所陈述的，既然爱德华四世根本就无法与伊丽莎白成婚，那么他们的子嗣也就来自通奸的父母，而非婚生。尽管此案本应属于教会法庭的管辖范围，但由于它同时涉及公共利益，所以在议会中进行了讨论。议会宣布爱德华与伊丽莎白的婚姻是无效婚姻；伊丽莎白失去了王后的尊号，变成了伊丽莎白·格雷，仅仅获得了 700 马克的年金。

理查打的是什么算盘呢？这恐怕早已成为历史的不解之谜。面对年轻的国王，以及以王太后伊丽莎白为首的庞大家族，他肯定感到自己的地位岌岌可危。他很可能认为自己会遭到边缘化，甚至还有可能遭到以国王的舅舅里弗斯伯爵为首的新权贵的迫害。他也许是害怕重现安茹的玛格丽特杀害他父亲约克公爵的做法，自己被斩草除根。他本可以回到自己位于英格兰北方的领地，远离宫廷政治，不再参与国政，就此平静地安度余生。通过质疑两位王子的婚生子地位，以及公然指责伊丽莎白，他用事实证明，长久以来伊丽莎白王后对他的恐惧和怀疑是合理的。

理查继续推进他的政治活动。6 月 22 日，神学博士埃德蒙·肖（Edmund Shaw）在圣保罗十字架布道时，宣称理查是王位的正统继承人。理查的支持者开始寻求主要政治人物的支持——6 月 24 日，白金汉公爵劝说伦敦市长和高级市政官支持理查；两天后，一个由贵族及绅士组成，但不算正式议会的集会请求理查即位为王。伦敦塔中的两位王子很可能就是在白金汉公爵前往市政厅的那段时间死于非命的。几天后，多梅尼科·曼奇尼（Domenico Mancini）致信他的保护人维埃纳大主教，宣称理查已经无视所有亲情友情了。威尔士诗人曼萨法恩的戴维兹·阿颇卢埃林·阿颇格鲁菲兹（Dafydd ap Llewellyn ap Gruffydd of Mathafarn）创作的颂歌毫不隐讳，把理查称为杀害两位“基督天使”的“卑贱的野猪”。

虽然莎士比亚在《理查三世》中描绘了两位王子遇害的场景，令人肝肠寸断，但这只是延续了对理查长期谩骂的传统。都铎王朝夺取王位之后，以波利多尔·弗吉尔（Polydore Vergil）、托马斯·莫尔（Thomas Moore）为代表的史家所写的歌功颂德或口诛笔伐的记述，几乎无法还原历史真相。爱德华四世的医师约翰·阿金廷（John Argenteyn）向威尼斯大使多梅尼科·曼奇尼透露，爱德华五世担心自己会死于非命。阿金廷是最后一个看到爱德华仍活着的人，而在两位王子遇害之后，他肯定也见到了他们的尸体。阿金廷是英格兰最负盛名的学者之一，他曾多年在海外旅行和学习（尤其是意大利），积累了大量与医学及炼金术相关的知识。返回英格兰之后，他成为国王学院（剑桥郡）的院长，很快就目睹了发生在约克王朝内部的诸多重大历史事件。他后来得到了亨利七世的重用，成为亚瑟王子的医师，在1508年寿终正寝；直至今日，国王学院的礼拜堂内也仍然保留着他的铜像。像阿金廷这样的人，能做些什么来扭转这两个孩子的命运呢？

7月6日，理查举行盛况空前的加冕仪式，游行的队伍从威斯敏斯特大厅出发，前往威斯敏斯特大教堂。仪式遵循惯例，进行了包括宣讲布道辞、向国王效忠、涂抹圣油、黄袍加身、戴冠、授予王权标志等在内的环节。尽管如此，理查的加冕仪式也仍然不是普通的加冕仪式。此时国内流言四起，广大臣民人人自危。新国王马上开始着手提升自信心，并通过造访自己最喜欢的地区来展示威严：他率领王廷出巡，把目的地定为英格兰的北部地区。他准备利用出巡的机会，赢得英格兰南部地区的支持：他造访了温莎、牛津大学、伍德斯托克，拜访了居住在明斯特洛弗尔（Minster Lovell）的宫务大臣，之后又穿过泰晤士河谷，途径格洛斯特、沃里克、考文垂、莱斯特、诺丁汉，最终抵达约克。8月29日，理查在约克城举行了盛大的入城仪式，之后又在城内逗留了3个多礼拜。其间有交换礼物活动，以及庆典活动（约克城以上演讲述圣经故事的戏剧而闻名），而理查的儿子爱德华受封成为威尔士亲王。沿着国王巡游的路线，王朝的财富与实力从各个方面得到了展示，而沿途的城镇也抓住这个好机会，寻求国王的恩典：格洛斯特城被并入一个郡，而林肯城重新商定了城镇特权费的金额。

然而，理查既没有令局势恢复常态，也未能让自己的国王身份得到臣民的认可，而他为达成上述目的所举办的一切仪式很快被证明都是徒劳的。1483 年 10 月，在林肯郡停留的理查得知部分地区的权贵及骑士准备推翻自己的统治，其中包括威尔士的东南部，埃克塞特、纽伯里、索尔兹伯里的周边地区，以及肯特郡。这场起义的政治协调者是爱德华四世的近臣白金汉公爵[①]。只不过，叛军既没能从伦敦塔中救出伊丽莎白・伍德维尔和她的几个女儿，又没有夺取对伦敦的控制权，到了 11 月末，理查返回威斯敏斯特。尽管理查的统治并没有被推翻，但叛乱还是令他非常不安，在罗彻斯特、格雷夫森德、梅德斯通、吉尔福德、汤布里奇等地，小范围的骚乱一直持续到 1484 年 1 月。用来惩罚叛党的《公权剥夺法案》一共列举了 55 个叛军领袖，他们都曾为王室效命，是约克王朝关系网的成员。他们中还有 18 人是爱德华四世的近臣，是他的亲卫骑士或贴身侍从。这些人都已经向爱德华五世宣誓效忠，那么现在理查篡夺了王位，他们该是谁的人呢？所以，他们被抓捕，受到审判，并以各种方式受到惩罚：剥夺公权、收取罚金，以及被迫缴纳保证金，确保不会在未来继续惹是生非。总的来说，那些曾经为约克王朝尽忠的臣仆都得到了赦免，并暂时获得了新国王的青睐。在赦免叛党时，理查采用了说教的语气和一种自我辩解的修辞，就好像让他们“在道德上改过自新”一样。在驱逐自己的政敌，曾为多塞特侯爵的托马斯[②]时，理查在信中把他描述为“玷污处女的贞操、拆散他人的婚姻、骚扰良家妇女的荒淫无耻之徒”。

---

① 白金汉公爵曾经在理查三世夺取王位的过程中立下汗马功劳，但他之后又与理查失和，所以就与亨利・都铎结成政治同盟，发动了叛乱。

② 即托马斯・格雷；他是伊丽莎白・伍德维尔的儿子，是爱德华五世同母异父的哥哥。

理查必须在稳定当下政局的同时，重新思考自己的未来。他小心翼翼地选择来自不同亲缘关系的人进入王廷，并同时派出家仆，把他们安排在与他们没有地方上的社会关系和并不预先存在忠诚度的郡县。一些曾经为爱德华四世效力的人得以继续为理查效力：理查德·克罗夫特（Richard Croft）自1471年起担任马奇伯爵领地的接管人，之后又身兼威尔士亲王的内府总管、议事会议长两大要职，并代亲王管理位于米德兰兹西部的大片领地，而后他又成了理查的财务官。约翰·伍德爵士（Sir John Wood）曾经在爱德华四世的最后一届议会上担任下议院议长，他与克罗夫特一样，也成了理查三世的财政官。理查还请早已隐退的老臣出山，比如，曾经捐献资金，帮助牛津大学修建教学建筑的约翰·罗素（John Russell）主教就接受任命，成为大法官。

在失去了自己的儿子、王位继承人爱德华之后，理查在政治斗争中的处境变得更为不妙。这也助长了宣称理查计划与妻子安妮离婚，并与自己的侄女约克的伊丽莎白成婚的谣言，1484年圣诞节之前，克罗兰修道院的编年史家便抱有这样的观点。流言蜚语甚嚣尘上，不信任的气氛如此浓厚，以至于到了安妮·内维尔去世之后，理查的亲信警告他说，如果他迎娶伊丽莎白，那么人们就会认为，他在杀死了这个女孩的弟弟之后还想要与她成婚，则必定会发动叛乱。实际上，数位编年史家表达了对这桩婚事的强烈反对；有些人，如为内维尔家族服务的牧师约翰·劳斯，甚至还宣称理查毒杀了自己的妻子。1484年，在类似齐普赛街十字架这样的地点，时不时地会有人张贴煽动不满情绪的传单。同年，自欺欺人的理查在接见德国访客时宣称，伦敦塔中的两位王子消失之后，自己与臣民的关系牢不可破，哪怕是与土耳其人作战，也肯定能够克敌制胜。

民众对理查三世的不满是有事实依据的。一些叛党逃到布列塔尼，与布列塔尼公爵一起，成了支持流亡政府的中坚力量。所有反对理查的人都把希望寄托在了亨利·都铎的身上，他口碑良好，又从母亲玛格丽特·博福特女爵庞大的地产中获得大量支持，并利用约克王朝的内部矛盾崛起。自 1471 年起，亨利·都铎便流亡布列塔尼，成为布列塔尼公爵弗朗西斯二世（François II）的座上宾。在那里他逐渐长大，并接受训练，还与布列塔尼及法国的权贵建立了密切的关系。到 1483 年 10 月，在旁人眼中，他已经成为一位经验老到的政治领袖，能够胜任率领军队入侵的任务。理查三世动用外交手段，向布列塔尼公爵提议签订盎格鲁－布列塔尼条约，以共抗法国，希望借此削弱亨利在布列塔尼的地位。亨利·都铎连夜逃离布列塔尼，并于 1484 年 10 月投奔法国宫廷。得到法国国王的支持之后，亨利为 1485 年 7 月入侵英格兰的军事行动做好了准备。就在亨利发难前的一个月，为了稳住新盟友布列塔尼公爵，理查下令在国内招募 1 000 名弓箭手，供公爵调遣。

理查三世在自己在位的最后一年中没有采取任何主动的行动，而只是在等待中忍受着流言和焦虑。很难想象，在彼此相识如此之久、如此之深的参与者之间，应该如何找到破局之路，化解相互忌惮的紧张关系。在难以愈合的创伤和记忆的循环中，这种动态类似令人厌倦的功能失调，而追随者和效忠模式又强化了这种动态。理查与之前一样，仍然沉浸于各项政府事务之中：他会与不同领域的专家举行会谈，比如，1485 年 6 月，他就与星室法庭的法官会面，审查了用来惩处那些篡改法庭记录的文书的法律程序。在私人生活中，理查靠读书和祈祷来寻求慰藉。成为国王之后，理查在自己的

《时祷书》中添加了几段新的祈祷词。尽管祈祷词通常都拥有统一的格式，但理查新添加的祈祷词具有强烈的忏悔性质：

> 啊，敬爱的主耶稣基督……你是奉万能的天父之命来到人间的圣子……
>
> 求你安抚那些伤心欲绝之人，让我再也不会受苦受难、受到诱惑、悲痛欲绝……
>
> 让你的仆人理查国王获得解脱吧，让我再也不用受尽磨难、悲不自胜、麻烦缠身……

理查还会阅读讲述王国兴亡的史书，甚至还为蒙茅斯的杰弗里的著作《不列颠诸王史》(*History of the Kings of Britain*) 添加了批注，并幻想自己在和平时期所能扮演的角色。他还阅读了卡克斯顿为1485年问世的印刷版《亚瑟王之死》所写的序言，其中建议在和平时期，“国王应当举办骑士比武，宣扬骑士精神”。

1485年8月11日，理查得知，亨利·都铎已经率兵在米尔福德港（彭布罗克郡）登陆。实际上，早在4天前，亨利就已经率领一支不下1 000人的军队，搭乘7艘战船，抵达英格兰。登陆之后，亨利挥军北上，准备直捣理查的老巢。亨利从威尔士的沿海地区出发，先后进入什罗普郡和斯塔福德郡，途中一支由吉尔伯特·塔尔博特爵士率领的队伍，以及一支由里斯·阿颇托马斯(Rhys ap Thomas) 率领的威尔士军队加入，为他提供了不下5 000人的生力军。与此同时，英格兰北方的约克家族成员纷纷加入了理查率领的军队。开战前的那天晚上，双方在申顿（Shenton）及萨顿切尼（Sutton Cheney）之间的雷德莫尔平原（Redmore Plain）扎营，营地与莱斯特郡的集镇博斯沃思仅有 3 公里之遥（现在普遍认为，战场的地点位于临近的沃里克郡）。理查不仅拥有兵力优势，手中还握有两个十分重要的人质：塔尔博特爵士的儿子和托马斯·斯坦利勋爵（Thomas Lord Stanley）的儿子；虽然托马斯是约克派坚定的支持者，但他同时是亨利·都铎的继父（他是玛格丽特·博福特的第四任丈夫）。斯坦利勋爵和他的弟弟威廉·斯坦利爵士（Sir William Stanley）麾下一共有大约 3 000 名士兵，是决定战斗胜负的关键所在。后来的记载将这个夜晚描述为不祥的黑暗经历，理查发现自己被魔鬼袭击。戴维兹·阿颇卢埃林在颂歌中将理查称作“来自伦敦的小毛虫”。

8 月 22 日早晨，久经沙场的理查率军抢占了一块名叫安必恩山（Ambien Hill）的高地，不仅能够俯视雷德莫尔平原，其侧面还有一片沼泽地，可以保护本方的侧翼。约克王朝[①]的老臣，自 1461 年起就担任御膳侍从的诺福克公爵约翰率领先锋部队，麾下共有 1 200 名士兵；理查在亲卫队的护卫下，率领由大约 2 000 名骑兵组成的主力部队紧随其后；率领后卫部队的是亨利·珀西。一支由牛津伯爵约翰率领、由弓箭手组成的部队在山下与理查率领的军队对峙。在第一轮箭雨之后，亨利·都铎发起了一次大胆的行动，他命令牛津伯爵率领手下穿越沼泽地，向据守在高处的敌军发起冲击，猛烈攻击理查的前卫部队，并击杀了诺福克公爵。这下就暴露了由国王率领的骑兵部队。理查挥舞战斧，浴血奋战，即便是胯下的战马被敌军击杀（“一匹马！谁给我一匹马！”[②]）。同一时代的

① 此处原文为兰开斯特王朝，为笔误，已在译文中更正。

② 摘自莎士比亚的戏剧《理查三世》。

史学家描述了理查英勇的奋战。他拒绝了手下牵来的战马，没有逃离战场；在波利多尔·弗吉尔笔下，“理查深入敌阵，血战而亡”。在似火的 8 月骄阳之下，理查率领的骑兵乱了阵脚，随后是可怕的血腥战斗。斯坦利勋爵临阵倒戈加入亨利·都铎的阵营，这场战役就决出了胜负。

斯坦利用理查掉落在战场上的王冠为亨利举行了简短的加冠仪式，把他拥立为亨利七世。此后，亨利·都铎迎娶爱德华四世的长女约克的伊丽莎白，建立了既算不上约克派，又算不上兰开斯特派的新王朝、新血脉，为建立全新的政治现实提供了新的可能性。一个厌倦了战争、对最近发生的流血事件感到震惊的国家，欣然接受都铎王朝这样一个以都铎玫瑰为标志的新的混合体——它既不是白色，也不是红色，而是兼而有之。

这是一个充满可能性的世界，而不是确定性的世界，在新国王做出的许多微小决定中受到考验。亨利七世代表了许多人寻求安定政治局面的诉求，他们中包括英格兰人、威尔士人、法国人、苏格兰人、首都伦敦的居民，以及佛兰德斯人。然而，理查三世在英格兰北方建立的强大霸权并未被征服。在之后的 10 年中，亨利七世顽强地完成了这项艰巨的任务。

在有不确定性的地方，也有大量的善意。在一份描绘理查三世宗谱的卷档上，作者用红色的墨水标出了所有可能的王位继承人，而到了亨利七世夺取王位之后，作者用黑色的墨水划出了一条粗粗的直线，标出了那个迎娶约克王朝女性继承人，开创新未来的外来之人。社团、家族和个人的野心从未消失，在即将到来的 16 世纪，英格兰会开辟新世界，在世俗及宗教领域迎来翻天覆地的变化。

后 记

到了 1485 年,《空王冠：中世纪晚期的不列颠》叙述的历史便告一段落。对传统的英格兰历史，也就是以君主的兴衰沉浮为主题的历史来说，这一年是具有里程碑意义的一年。不过，本书还讲述了许多其他的故事——比如，古人如何应对饥荒与战争，如何努力确保自己能够在现世及来世获得精神的安宁，如何在城镇中或村庄内以不同的方式生活，如何在包括法律、教会、地方政府、军事服务、对法国被占区的治理、贸易与制造等在内的诸多领域实现自己的理想与抱负。对男性和女性，自由民和农奴，熟知拉丁语或用于行政管理的法语的学者和那些基本上只懂得英语的普通人，那些掌握了一门手艺从事生产工作的匠人和那些注定为领主服务的臣仆来说，前景截然不同。

在本书叙述的历史时期的许多生活经历让我们意识到，我们现今仍然会遇到与古人类似的挑战，事实的确如此。只不过，我们也必须认识到，本书讲述的历史是 14 和 15 世纪，发生在一个由国王统治的领土内，它的领土包括英格兰、威尔士，以及爱尔兰和法国的部分地区。尽管这些领土并不包含不列颠诸岛的全境，但史学界还是意味深长地将其称作不列颠。它们的特点是遵从同样的政治秩序，服从相同的法律，使用相似的行政区划单位，相互间保持着稳定而有规律的交流。这些领土由同一位君主统治，各地的居民也建立起与统治者间的互动：他们会成为包括世俗法律、教会法律在内，诸多法律在地方上的执行者，他们会在议会中寻求代表，判断应当如何分摊税赋，他们会管理自己所在的堂区，承担堂区教堂的维护工作，追悼逝者，偶尔还直接提出抗议。他们还会因为与某个地区的权贵有亲缘关系而受到提拔，有时甚至还会受到爱国主义思想的激发。

在本书叙述的历史开始的时候，那时的人们是大饥荒的受害者，经历了常人难以想象的苦难，而他们的子女受到了黑死病的侵害，见证了近半人口因病死亡的惨景——到目前为止，就死亡率而论，即便是在非洲爆发的艾滋病也远远无法与黑死病相提并论。哪怕是到了下一个世代，人们依然害怕它——黑死病在 1361、1369 和 1371 年爆发了不太严重的疫情。这一代人还从暴力的政权更迭中吸取了政治教训，见证了身为权贵的堂弟把身为堂兄的国王赶下王位，夺取王冠的过程。下一个世代的人可能并不完全相信那个篡夺王权的新君能够稳坐王位，尽管亨利四世镇压了叛乱，但国内仍然流言四起，总有人宣称自己遇见了准备重夺王位的理查二世。尽管这一代人很少参加战争——无论在北方还是在法国——但下一代年轻人很容易被战争再次激发。他们响应极具领袖魅力，已经成为亨利五世的王子的号召，征服了诺曼底的大片土地，为下一代人开创了一片新天地。

在 15 世纪，由于人口数量的下降，土地的产出能满足人们的温饱，并维持着广泛的生产和制造活动。在所有地区，市场都能以极高的效率，为居民提供服务与商品。社会分工进一步细化之后，即便是财力并不雄厚的堂区，也能够聘请其他地区技艺高超的石匠、艺术家来装点教堂。四处行医的医师为全国各地的村庄、堂区带来了医疗服务，而流浪艺人与经营羊毛和布料的商人一样，足迹遍布各处，影响了几乎每一个人的日常生活。在英格兰南部，许多农业工作都是为了满足伦敦这座大都市对粮食的需求，也增强了人们对首都生活的参与感。伦敦还自然而然，成了民众表达政治诉求的地点——比如，发生在 1450 年的凯德起义就是一个很好的例子。

社会的安定、经济的繁荣与民众的政治活动之间存在着密切而复杂的关系，即便是到了我们的时代，观察家也很难捋清这两者间的关系。通常情况下，无论是以法庭记录为代表的官方文件，还是以编年史为代表的公开历史记录，都不会记载民众的政治活动。因此，我们无法了解当时人们的各种政治观念，以及他们如何表达观念，如何用观念来指导实际行动：我们只能在偶然的情况下记录拒付租金事件，记录公众对特定形式的统治方式表达不满，记录领民对领主滥用暴力的厌恶，甚至记录下一家之主作威作福，虐待妻儿。如果能获得以上这些记录，我们就可以加以利用。人们除了会在极度痛苦，无法养活家人的时候采取行动，也会在自己的权利遭到侵害和质疑的时候果断出击。15 世纪，政治演变为内战和暴力，贵族阶层林立，领导阶层因为利益无法实现而心怀不满，先是德比伯爵亨利被迫流亡国外，之后又发生了约克公爵理查德对国王的统治心怀不满的风波。这两位权贵的追随者也都被裹挟到一次又一次激烈对峙之中：他们与政敌恶语相向，闹上了法庭，又相互抹黑对方的形象，最终在战场上拼个你死我活。正如我们在波斯尼亚、卢旺达和伊拉克所看到的那样，恶棍与精神失常的暴徒都会浑水摸鱼，借机作乱。

本书的书名提到了王冠——其所代表的王权为法律、仪式、记忆提供了框架，也塑造了庄园、小城镇、堂区内及邻里之间的日常生活。王冠的空洞让我们探究王权的意义何在，以及它又会在什么样的情况下变成毫无意义的符号。头戴王冠之人宣称统治大片的疆土，而以其名义行事的复杂的行政管理机构，管理着全国的资源和人民。它的潜在力量巨大，与王权相关的理念，比如，国王能够利用王权达成什么样的目标，或是到底谁才是王权正当的所有者，一直都是决定国内政局的重要因素，不仅影响权贵及绅士阶层的成员，而且涉及依靠他们来确保自己的权益和人身安全的普通人。

在本书叙述的这段历史中，王朝的诉求在公共事务中起主导作用，在这个由议会提出建议却仍由拥有王室血脉的国王和王子统治的王国，其赋予了王权实际意义。国王必须拥有一些虽然难以言表，但不可或缺的品质，使他从家族的领袖转变为基本合格的统治者，否则就会使这些诉求变得尖锐起来。对领主地位的诉求是核心：当一个国王不能像一个享有特权的大人物那样行事时，那么任何其他权贵都可能认为自己是更好的人选。如果能够从系谱学的角度证明自己拥有对王位的继承权，那么他就会集合支持者，公然争夺王位，比如，1399 年的德比伯爵亨利、1450 年的约克公爵理查德、1461 年的马奇伯爵爱德华。相反，理查三世则没有在 1483－1485 年证明自己是名正言顺的统治者。

《空王冠：中世纪晚期的不列颠》一书介绍了存在于中世纪晚期的各种民间机构：大学、法庭、宗教兄弟会、行业公会、市政议事会、图书馆、庄园、学校，以及举办耶稣圣体游行的组织。只不过，这些机构的存在并没有消除对君主品质的依赖问题——无论是实际的，还是存在于想象之中的。宗教改革加深了这种依赖性，因为君主成了复杂而又极具多样性的宗教制度的守护者，所以中世纪末期的制度与之后几个世纪的制度有着大量的共同之处，它们都可以算作不列颠的旧制度。

《空王冠：中世纪晚期的不列颠》止于1485年。尽管许多史家都宣称，亨利七世的出现意味着英格兰出现了一种“新”的君主制度，代表整个王国进入了新时代，不仅将会在行政管理领域表现出更大的活力，还会在欧洲，乃至全世界的舞台上展现出雄心壮志，但真正明智的读者应当对“新”保持警惕。1485年夏末，在英格兰，一些人松了一口气，另一些人欢欣雀跃，认为和平即将降临，而约克王朝与兰开斯特王朝合二为一。然而，大家也应当意识到，“新”是以编写政治口号为生的职业宣传家经常使用的形容词。在体验“新”政治的活力的过程中，读者会停下来询问，所谓的“新”政治是不是那些为掌权者服务，想要控制民意的宣传家创造出来的幻觉，而这样的幻觉一直是史家迫切希望认可的。绝大多数的改变，特别是那些深刻的改变，都是缓缓发生的，其充满实验性，须经过深思熟虑谨慎对待，而生活在其中的推动者往往会忽视它。

谱系表

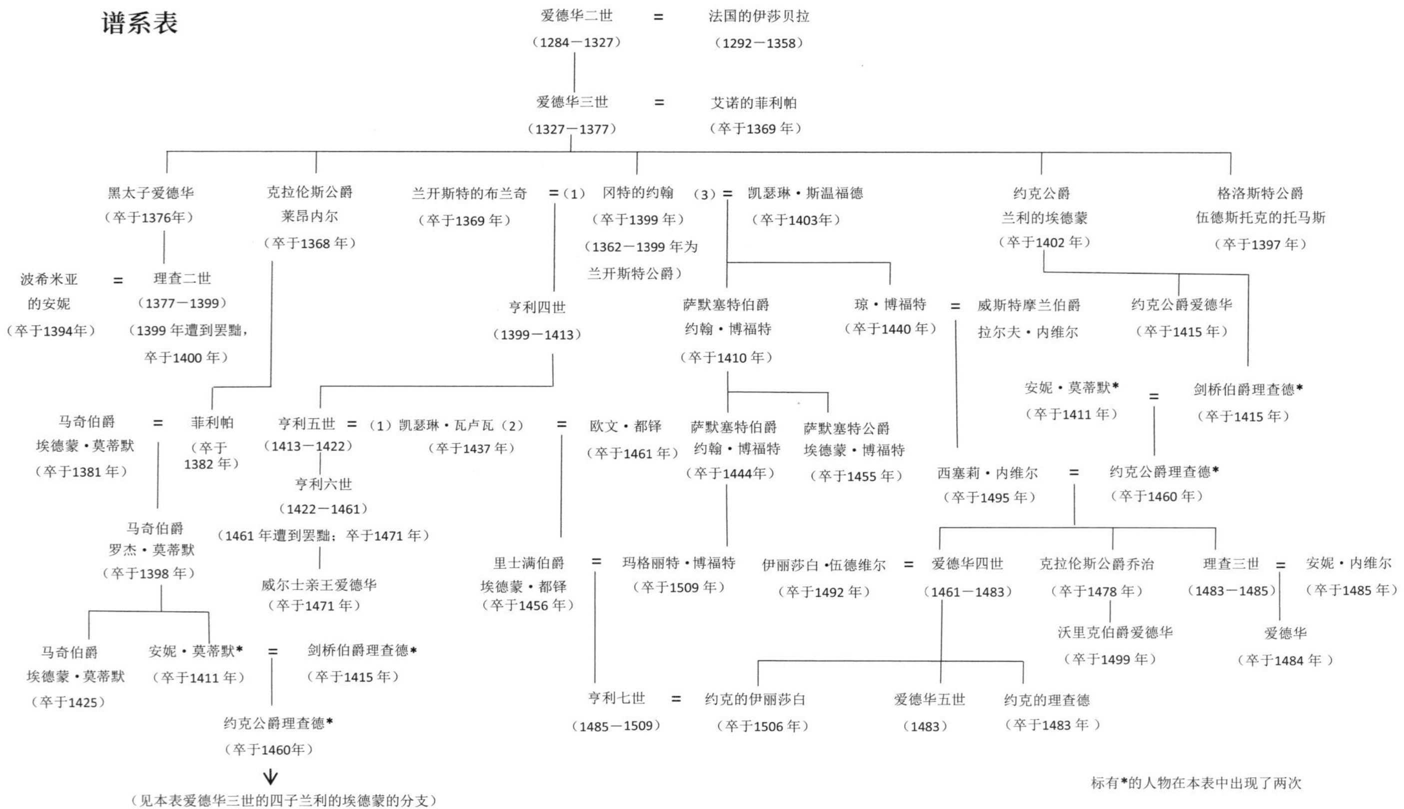
爱德华二世
（1284—1327）
=
法国的伊莎贝拉
（1292—1358）
爱德华三世
（1327—1377）
=
艾诺的菲利帕
（卒于1369 年）
黑太子爱德华
（卒于1376年）
克拉伦斯公爵
莱昂内尔
（卒于1368 年）
兰开斯特的布兰奇
（卒于1369 年）
=（1）
冈特的约翰
（卒于1399 年）
（1362—1399 年为
兰开斯特公爵）
（3）=
凯瑟琳・斯温福德
（卒于1403年）
约克公爵
兰利的埃德蒙
（卒于1402 年）
格洛斯特公爵
伍德斯托克的托马斯
（卒于1397 年）
波希米亚
的安妮
（卒于1394年）
=
理查二世
（1377—1399）
（1399 年遭到罢黜，
卒于1400 年）
亨利四世
（1399—1413）
萨默塞特伯爵
约翰・博福特
（卒于1410 年）
琼・博福特
（卒于1440 年）
=
威斯特摩兰伯爵
拉尔夫・内维尔
约克公爵爱德华
（卒于1415 年）
安妮・莫蒂默*
（卒于1411 年）
=
剑桥伯爵理查德*
（卒于1415 年）
马奇伯爵
埃德蒙・莫蒂默
（卒于1381 年）
=
菲利帕
（卒于
1382 年）
亨利五世
（1413—1422）
=（1）凯瑟琳・瓦卢瓦（2）
（卒于1437 年）
=
欧文・都铎
（卒于1461 年）
萨默塞特伯爵
约翰・博福特
（卒于1444年）
萨默塞特公爵
埃德蒙・博福特
（卒于1455 年）
西塞莉・内维尔
（卒于1495 年）
=
约克公爵理查德*
（卒于1460 年）
亨利六世
（1422—1461）
（1461 年遭到罢黜；卒于1471 年）
马奇伯爵
罗杰・莫蒂默
（卒于1398 年）
威尔士亲王爱德华
（卒于1471 年）
里士满伯爵
埃德蒙・都铎
（卒于1456 年）
=
玛格丽特・博福特
（卒于1509 年）
伊丽莎白・伍德维尔
（卒于1492 年）
=
爱德华四世
（1461—1483）
克拉伦斯公爵乔治
（卒于1478 年）
理查三世
（1483—1485）
=
安妮・内维尔
（卒于1485 年）
沃里克伯爵爱德华
（卒于1499 年）
爱德华
（卒于1484 年）
马奇伯爵
埃德蒙・莫蒂默
（卒于1425）
安妮・莫蒂默*
（卒于1411 年）
=
剑桥伯爵理查德*
（卒于1415 年）
约克公爵理查德*
（卒于1460年）
（见本表爱德华三世的四子兰利的埃德蒙的分支）
亨利七世
（1485—1509）
=
约克的伊丽莎白
（卒于1506 年）
爱德华五世
（1483）
约克的理查德
（卒于1483 年）

标有*的人物在本表中出现了两次